La salvación de toda la creación

La ecología del pecado y la gracia

Howard A. Snyder
con Joel Scandrett

© 2016 Ediciones Kairós
Caseros 1275 - B1602ALW Florida
Buenos Aires, Argentina
www.kairos.org.ar

Ediciones Kairós es un departamento de la Fundación Kairós, una organización no gubernamental sin fines de lucro dedicada a promover el discipulado y la misión integral desde una perspectiva evangélica y ecuménica con un enfoque contextual e interdisciplinario.

Diagramación: Adriana Vázquez
Diseño de portada: Pablo Alaguibe
Revisión editorial: Alejandro Field y equipo editorial de Ediciones Kairós

Ninguna parte de esta publicación puede ser reproducida, almacenada o transmitida de manera alguna ni por ningún medio, sea electrónico, químico, mecánico, óptico, de grabación o de fotografía, sin permiso de los editores.

Queda hecho el depósito de la ley 11.723

Todos los derechos reservados
All rights reserved

Impreso en Argentina
Printed in Argentina

Snyder, Howard A.

La salvación de toda la creación: la ecología del pecado y la gracia / Howard A. Snyder; dirigido por C. René Padilla - 1a ed. ilustrada - Florida: Kairós, 2016.

344 pp.; 23 x 15 cm.

Traducción de: Raúl Padilla.

ISBN 978-987-1355-67-9

1. Teología Social. I. Padilla, C. René, dir. II. Padilla, Raúl, trad. III. Título.

CDD 261

A Janice,
una sanadora verdadera

Contenido

Prólogo	7
Introducción	11
Primera parte:	
El divorcio del cielo y la tierra	17
1. El gran divorcio en la teología cristiana	19
2. La historia de la iglesia: La consumación del divorcio	31
3. Corrientes de renovación: Esperanza de reconciliación	55
4. El agujero en la cosmovisión cristiana	73
Segunda parte:	
La enfermedad y la sanación	107
5. La ecología del pecado	109
6. Los gemidos de la creación	131
7. El Evangelio	147
Tercera parte:	
La misión sanadora de Dios	175
8. Misión: Dios, gente, tierra	177
9. La misión y el reino de Dios	201
10. Misión, sanación y el fin de la escatología	215
Cuarta parte:	
La comunidad sanadora	245
11. Redescubrir la iglesia	247
12. Las marcas de una comunidad sanadora	273
13. La comunión de la tierra y el cielo	303
Conclusión	323
Bibliografía	335

Prólogo

«El cielo es un lugar maravilloso»

¡Ah!, ¿de veras?

Aun en mis años de cristiano adolescente sentía cierto descontento confuso con la prometida vida en el más allá que celebrábamos en la iglesia. La salvación se reducía a ir al cielo. El cielo era lo supremo. Sin embargo las descripciones del «cielo» me parecían estáticas, anodinas y descoloridas cuando las comparaba con el hermoso mundo que me rodeaba.

No me parecía que en el cielo sucediera mucho, a excepción de adoración sin fin y a mí eso no me atraía mucho que digamos. En mi niñez y adolescencia, en general me gustaban los cultos pero ciertamente estaba contento de que no duraran eternamente. A veces así me parecía, pero eso no estaba bien. Tal vez sea que de acuerdo con la visión cristiana, como el medievalista Jeffrey Burton Russell (mi viejo profesor) lo expresaba: «El cielo es lo opuesto del aburrimiento, porque su gozo siempre crece». Pero yo no lo sentía así.

Desde luego, entendía que esa visión del cielo era la que debía deleitarme. Era lo importante de verdad y por lo tanto yo debía anhelar ir al cielo. Si no lo anhelaba, el problema residía en mí; yo no era lo suficientemente espiritual y mucha de la prédica acerca del cielo y la espiritualidad, aunque era buena y a veces entretenida, me parecía que tenía precisamente la intención de convencerme de que yo no era lo suficientemente espiritual.

Nuestra iglesia insistía en la resurrección real de Jesús en el espacio y en el tiempo. «De la tumba se levantó». Nos aferrábamos a la resurrección, pero no entendíamos totalmente lo que ella significaba. Ahora veo que hacíamos precisamente lo que N. T. Wright previene en su libro Surprised by Hope. Pensábamos que «creer en la resurrección corporal de Jesús representa toda la acción sobrenatural de Dios en el mundo, que legitima una visión de arriba hacia abajo de la realidad. En otras palabras, un dualismo en el cual lo sobrenatural es el mundo real, en tanto que lo natural, lo mundano, lo de este mundo es mayormente insignificante y secundario».

En comparación con el pasado de mi vida en la iglesia, he obtenido una visión nueva de la jornada que he transitado. No ha sido un viaje de la «materia» al «espíritu», de lo material a lo espiritual, como inicialmente me había imaginado. Ha sido, más bien, un peregrinaje a la unión de la materia y el espíritu, la boda del cielo con la tierra, a una comprensión de la salvación que incluye la creación.

Ahora veo que a lo largo de toda mi vida (por lo menos en los últimos sesenta años) he estado persiguiendo el anhelo, mayormente inconsciente, de enlazar la tierra con el cielo. Este ha sido un peregrinaje hacia una visión de la salvación como restauración o sanación de toda la creación. ¡Menuda sorpresa, ya que la visión de la creación íntegra y sana es precisamente la visión bíblica! La larga lucha de la iglesia por aceptarla es el tema central de este libro. Mi propio peregrinaje refleja una historia mayor.

Ante la visión de la realidad según la cual la materia y el espíritu son de hecho dos mundos distintos, tenemos distintas opciones. Una es aceptar tal interpretación como la cosmovisión cristiana y tratar de vivir de acuerdo con ella haciendo lo posible para evitar la esquizofrenia, pero sufriendo una tensión sin solución. O podemos escoger la visión de la materia sobre el espíritu y abandonar la espiritualidad como algo irrelevante o inalcanzable, aunque tal vez sea real. (En su adolescencia, mi hermano mayor abandonó el cristianismo porque «los chicos no cristianos se divierten más».) O podemos elegir la visión del espíritu sobre la materia, e intentar de la mejor manera ser «espirituales» negando o despreciando el mundo material como podamos. Ese ha sido el impulso dominante de la tradición cristiana. Finalmente, podemos hacernos totalmente dualistas, con una cosmovisión en dos niveles, y funcionar como si el «espíritu» y la «materia» fueran dos mundos sin conexión alguna, incongruentes, cada uno con una serie de reglas diferentes. Según yo lo percibo, esta cuarta opción parece ser la más popular entre los cristianos estadounidenses.

Ninguna de estas alternativas es satisfactoria. Ninguna es bíblica. La suposición en que se basan es errada. La Biblia ofrece una mejor visión: el espíritu y la materia no son dos mundos diferentes. Ambos son dimensiones entrelazadas de un mundo que Dios creó y quiere redimir, salvar, liberar y sanar en su totalidad.

Prólogo

Este libro parecerá ser un cambio radical de mis escritos anteriores. No es así. La semilla está en todos mis libros anteriores. Sin embargo, este explora en detalle el fruto de un gran cambio en mi modo de pensar que ha estado madurando por largo tiempo.

Su fuente es doble. En primer lugar, mientras estudiaba en el seminario aprendí un concepto que todavía es fundamental para mí: el estudio inductivo de la Biblia. No la estudiamos para confirmar lo que ya creemos sino para entender lo que realmente enseña, sea que reafirme o que despedace nuestras suposiciones. A través de los años he empleando el estudio inductivo de la Biblia y este ha sido un continuo viaje de descubrimiento marcado por momentos claves cuando nuevos hallazgos han cristalizado hermosamente. Mi fuente principal han sido y todavía son las Escrituras.

En segundo lugar, sin embargo, los tiempos que estamos viviendo me han influenciado. Algunos lectores verán aquí una señal preventiva, pero cuando se trata de interpretación bíblica «siempre ha sido así». El Espíritu Santo siempre ha obrado a través del contexto cultural de la iglesia para sacar a la luz la verdad de las Escrituras. La iglesia temprana desarrolló la doctrina de la Trinidad en respuesta a las corrientes filosóficas y culturales predominantes en la sociedad helénica. El contexto cultural de la Europa medieval provocó, en parte, la Reforma. Finalmente la iglesia reconoció la inmoralidad del perverso tráfico colonial de la esclavitud (y del sistema de explotación económica que lo sostenía), hasta el punto que pesó más y más en la conciencia de la gente.

Asimismo hoy la preocupación por el medioambiente está induciendo a la iglesia a reexaminar la enseñanza bíblica sobre la creación, la mayordomía y la curación de la creación. ¡Esto es emocionante! La salvación significa una creación curada, sana, y esta es una noticia estupenda y grandiosa. Las buenas nuevas de Jesús son aún mejores de lo que habíamos pensado.

Introducción

¿Una iglesia saludable en un planeta enfermo?

¿Puede haber una iglesia saludable en un planeta enfermo? Si la salvación significa la curación de la creación, entonces la respuesta definitiva es «no». Si el mundo está enfermo, la iglesia también se ha contagiado. El cuerpo de Cristo no es inmune o antiséptico. La iglesia no habita en un ambiente libre de gérmenes, en un glóbulo inmaculado, separado de los males del mundo.

Pero, aunque contagiada, la iglesia todavía puede ser una señal y un agente curativo siempre que la gracia de Dios reviva y fluya a través de ella. Al escribir este libro, nuestra esperanza es nutrir el crecimiento de iglesias sanas en un planeta enfermo; iglesias que por el Espíritu de Dios se conviertan en agentes presentes y futuros de curación.

¿Qué es la salvación?

Aquí nuestra primera preocupación es la salvación como tal. Este libro se enfoca en preguntas básicas: Dios, la naturaleza del mundo que Dios «tanto amó», la encarnación, la expiación, la resurrección y la promesa de Jesús de volver a la tierra «con poder y gran gloria » (Mt 24:30; Lc 21:27). En especial nos enfocamos en la representación básica de la salvación como sanación o curación e intentamos mostrar qué significa esto para la iglesia, su misión y la sociedad de hoy. Nuestro objetivo es ayudar a superar conceptos de salvación que se fijan mayormente en experiencias espirituales íntimas, eternidad en el cielo, o aun muy escasamente en la salud de la iglesia y su crecimiento.

Este no es un libro de ética medioambiental. De la ética, referente al medioambiente u otros asuntos, haremos mención cuando convenga, pero como consecuencia, no como causa. Hoy mucho del pensamiento cristiano medioambiental es inútil porque no parte de la cuestión fundamental en cuanto a la salvación de la creación por parte de Dios. Asimismo, la mayoría de los libros sobre el cuidado de la creación comienzan en el lugar errado y no se adentran en ello lo suficiente. Este libro se ocupa de mayordomía medioambiental y asuntos relacionados con ella, pero ese no es su foco central.

La gran preocupación de la iglesia es la salvación, y desde el punto de vista bíblico, salvación significa en definitiva la creación sanada. La promesa de Dios es oír los lamentos de la humanidad, que él «los sanará» (Is 19:22). Dios anuncia: «¡Paz a los que están lejos, y paz a los que están cerca! y promete «Yo los sanaré» (Is 57:19). «¡Vuélvanse, apóstatas, y los curaré de su infidelidad!» (Jer 3:22). Cuando el pueblo de Dios de veras vuelve a Dios, él promete: «restauraré su tierra» (2Cr 7:14). Justamente, la Biblia promete «un cielo nuevo y una tierra nueva» (Is 65:17; 66:22; 2 P 3:13) restaurados. Recordamos que en el Antiguo Testamento la palabra para paz es *shalom*, la cual equivale a bienestar total: un pueblo saludable en una tierra floreciente.

Sanar el mundo: estas son las buenas nuevas de Isaías 6:9-10 que Jesús se adjudicó a sí mismo, proclamando que si la gente se vuelve a él «los sanaría» (Mt 13:15). Jesús era el Gran Sanador. Sus milagros curativos señalaban poderosamente la presencia del reino de Dios; la restauración de la creación. Jesús envió a sus discípulos «a predicar el reino de Dios y a sanar a los enfermos» (Lc 9:2). Cuando hablaba del reino de Dios, en efecto, hablaba de la curación, la clase de paz y curación que sólo él puede prometer y dar verdaderamente.

Desde luego, el evangelio es también justificación por la fe, expiación, perdón y nuevo nacimiento. Pero la verdad mayor, la que incluye todos estos aspectos es curación, sanación completa, restauración de la creación. En el libro de Apocalipsis, las hojas del árbol de la vida «son para la salud de las naciones» (Ap 22:2). El profeta Isaías dice del Mesías: «Ciertamente él cargó con nuestras enfermedades y soportó nuestros dolores, ... traspasado por nuestras rebeliones, y molido por nuestras iniquidades; sobre él recayó el castigo, precio de nuestra paz, y gracias a sus heridas fuimos sanados» (Is 53:4-5). «Él mismo, en su cuerpo, llevó al madero nuestros pecados, para que muramos al pecado y vivamos para la justicia. Por sus heridas ustedes han sido sanados» (1 P 2:24). Joel Green[1] lo pone claramente cuando dice que es una metáfora admirablemente idónea para

---

[1] Green, *Salvation* (Salvación), 52-53

expresar la naturaleza de la salvación en los escritos bíblicos: «De las Escrituras mismas, tenemos una perspectiva completa sobre la salud humana en el mundo y en relación con Dios, así como también maneras bien desarrolladas de identificar la enfermedad que se extiende como cáncer en toda la familia humana, minando incluso el mundo que los humanos llamamos hogar». Desde este punto de vista, la curación no permite la categorización de la persona o su salvación en «partes», como si la vida interior y la exterior pudieran separarse. Más aun, en sentido significativo, la curación no nos permite pensar en la restauración de individuos como si fuera de uno a la vez, sino que nos obliga a incluir en nuestras categorías a la comunidad humana y, en efecto, el cosmos. La gente no se salva separadamente del mundo que la rodea. Para la curación, la responsabilidad recae sobre todo en el poder e iniciativa de Jehová, el que sana, y en Jesús, el coagente de Jehová, por medio de quien el beneficio renovador de Dios está disponible. Finalmente, la metáfora de la curación es una invitación al pueblo de Dios no sólo a que reciba los buenos dones de Dios de la salvación, sino a que también sea agente curativo, y una comunidad de compasión y restauración.

¿Cómo y cuándo se realiza esta curación? Estos son asuntos que debemos indagar.

Primero un diagnóstico

¿Qué se requiere para establecer iglesias saludables en un planeta enfermo, iglesias que sean más parte de la curación que de la enfermedad?

Lo primero que se necesita, desde luego, es un diagnóstico. ¿Qué nos aflige? ¿Qué aflige al mundo? ¿Qué aflige a la iglesia? Los cristianos creen que la Biblia provee un verdadero diagnóstico, y que la curación se halla en Jesús.

Típicamente decimos que el problema es el pecado. Pero, ¿qué es el pecado? Mientras a menudo pensamos que es la violación de la ley de Dios, la Biblia lo describe como una enfermedad moral más fundamental, que ha contagiado cada parte de la existencia humana, aun la tierra misma. El profeta Oseas gráficamente lo describe así:

> Ya no hay entre mi pueblo fidelidad ni amor, ni conocimiento de Dios. Cunden, más bien, el perjurio y la mentira. Abundan el robo, el adulterio y el asesinato. ¡Un homicidio sigue a otro! Por tanto, se

resecará la tierra, y desfallecerán todos sus habitantes. ¡Morirán las bestias del campo, las aves del cielo y los peces del mar! (Os 4:1-3).

Hay quienes han muerto por un diagnóstico errado. Todos hemos oído de tales casos; tal vez ha ocurrido en su propia familia. El médico se equivocó, o la enfermedad no se descubrió a tiempo, o la ciencia médica no había avanzado lo suficiente para saber cuál era el problema. O quizás el paciente no dio atención a los síntomas y no pidió ayuda.

La iglesia sufre del problema de un diagnóstico errado. Por una parte, hemos insistido en que el pecado es un todo absoluto («depravación *total*»), y por otra, no hemos indagado adecuadamente el significado del pecado como una infección moral y espiritual («*depravación* total»). En su lugar, especialmente en el cristianismo occidental, hemos tenido la tendencia a reducir el pecado a asuntos de *la ley* desconectados de *la vida*. Consecuentemente, hemos fallado en cuanto a ver que la curación de Dios es tan absoluta como la enfermedad. Hemos olvidado o eludido detalles bíblicos vitales en cuanto a la naturaleza del problema como a la naturaleza de la solución, porque hemos pasado por alto el tema bíblico del pecado como una enfermedad.

En otras palabras, el mundo hace frente a un problema de doble flanco: la enfermedad moral llamada *pecado* y los síntomas del conflicto: la alienación, la discordia, la violencia, la injusticia y la opresión, síntomas de la enfermedad. Hasta cierto punto podemos encarar los síntomas, pero la solución consiste en resolver el problema de la enfermedad misma y hallar la curación completa.

En este punto la revelación bíblica es absolutamente esencial. La Biblia es claramente tajante y realista en cuanto a la naturaleza de nuestra enfermedad moral. Esta enfermedad es, cabalmente, uno de los mayores temas de las Escrituras. Del Génesis al Apocalipsis, la Biblia está llena de pasajes que atestiguan la corrupción moral que afecta a todos los seres humanos y al mundo en que habitamos.

Veamos, por ejemplo, la horrible historia que se narra en Jueces 19. Un hombre levita maltrata a su concubina y permite que otros abusen de ella y la violen. Cuando ella muere, él «tomó un cuchillo y descuartizó a su concubina en doce pedazos, después de lo cual distribuyó los pedazos por todas las regiones de Israel», clamando por venganza contra los violadores (Jue 19:29).

En Jueces no se moraliza sobre esta historia, aunque la lección moral es clara. Algo horrendamente malo ha sucedido en el mundo y afecta e infecta *todo*. Las Escrituras son muy claras al establecer que este problema es espiritual, moral, teológico, social, económico, político y aun físico. No podemos simplemente aislar un aspecto del problema y separarlo del resto de la realidad enferma en que nuestro mundo ha caído.

El problema terrenal y humano es, en otras palabras, ecológico: toda nuestra existencia humana en todas sus dimensiones está enferma. Lo espiritual, lo físico, lo social y lo político, todos están enmarañados. Esto significa que soluciones por partes no funcionan. No hacen más que tratar una parte del problema y, en el proceso, dejan realmente otros aspectos de nuestra situación aún peor de lo que estaban.

Aquí, intencionalmente empleamos el concepto de ecología porque la ecología es el marco conceptual más completo que tenemos para visualizar la compleja relación mutua de factores que componen la vida humana y la de nuestro planeta. Mediante un entendimiento ecológico, todo se relaciona con todo lo demás. El estudio de ecosistemas nos ayuda a entender la naturaleza de estas relaciones y hallar maneras de trabajar para obtener sistemas estables y prósperos, sobreponiendo los males que dañan o incluso destruyen un ecosistema a través del tiempo. Como veremos después, este concepto ecológico es bíblico en su fondo y puede ser una herramienta importante para ayudarnos a entender el mensaje curativo del evangelio global.[2]

Visión general

La salvación representa la creación curada, pero para entender esto primeramente, tenemos que sanar algunos males teológicos y cerrar algunas brechas en la enseñanza cristiana.

Una de las peores brechas, la del divorcio entre el cielo y la tierra, se ha desarrollado en la teología cristiana a través de la historia. Este divorcio y la resultante «sobre-espiritualización» de la salvación lo tratamos en la *primera parte* del libro. Aquí, al igual que a lo largo de todo el libro, aspi-

---

[2] La base para llegar a un entendimiento ecológico de la salvación se discute en Howard A. Snyder *Liberating the Church* (Liberando a la iglesia), capítulos 2 y 3; *Models of the Kingdom* (Modelos del Reino), capítulo 11; «Coherence in Christ» (Coerencia en Cristo) y en *Decoding the Church* (Decodificando a la iglesia), capítulos 4 y 7, así como en otros autores, como lo veremos más adelante.

ramos a mantener juntos varios temas que tienden a disociarse, evitando asimismo, por ejemplo, cualquier «sub-espiritualización» de la salvación.

La *segunda parte* ofrece el diagnóstico, la enfermedad y su cura. La humanidad sufre de una enfermedad moral atroz y mortal que afecta todo. Esta parte trata de la naturaleza del pecado y describe el evangelio como la curación completa. Muestra la manera en que las buenas nuevas de Jesucristo son el remedio de la enfermedad del pecado, y por lo tanto el remedio para sanar a toda la creación. Se discuten los ciclos de muerte que marcan la condición humana y los ciclos de vida que Dios trae por su Espíritu.

La *tercera parte* examina la misión curativa de Dios. La misión de Dios (*missio Dei*) es la curación de la creación, que comienza por la relación del humano con Él. Esta misión prevé y promete el cumplimiento total de las promesas bíblicas de «un nuevo cielo y una nueva tierra». Al considerar la misión como curación esta parte también reexamina el significado del reino de Dios.

La *cuarta parte* describe a la comunidad curativa: la iglesia, el cuerpo de Jesucristo. ¿Qué significa para la iglesia ser la comunidad curativa de Dios en la tierra, que encarna y extiende la salud en todas las dimensiones interrelacionadas del cielo y la tierra?

Concluimos con una meditación sobre la vida hoy en la Nueva Creación.

Este libro es único en varias dimensiones. Primero, extrae los materiales bíblicos sobre la enfermedad del pecado y la salvación como curación, con un muy esencial pero desatendido énfasis bíblico. Segundo, adopta un enfoque ecológico coherente, busca intencional y consistentemente cerrar las brechas, extender puentes entre polos opuestos y fortalecer puntos débiles que a menudo impiden relatar la narración cristiana. Tercero, toma en serio la historia, traza proyecciones que se deben entender si la iglesia ha de ser completamente fiel y saludable hoy. Cuarto, toma en serio la tierra desde una perspectiva bíblica, ya que el evangelio es ante todo el pueblo de Dios y la tierra de Dios aunque a menudo la tierra simplemente desaparece o se desintegra en la teología cristiana y en gran parte no se la toma en cuenta en nuestro discipulado.

Finalmente, el libro provee nuevas imágenes, y se profundiza en aspectos tradicionales de la iglesia. Libros sobre la iglesia continúan apareciendo, pero pocos dan una visión completa de ella como comunidad curativa en la tierra y como primicias de la Nueva Creación que ya nos apremia.

Primera Parte

EL DIVORCIO DEL CIELO Y LA TIERRA

1

El gran divorcio en la teología cristiana

La mano del Señor no es corta para salvar,
ni es sordo su oído para oír. Son las iniquidades de ustedes
las que los separan de su Dios. Son estos pecados los que lo llevan
a ocultar su rostro para no escuchar.

Isaías 59:1-2, NVI

LA SALVACIÓN SIGNIFICA LA CREACIÓN SANADA. ¿Pero por qué necesita sanación la creación? La respuesta breve es que toda la creación está enferma por el pecado. Primero tenemos el misterio de la caída de Satán, a la cual sigue la caída de la humanidad descrita gráficamente en Génesis 3. Con el pecado vino la enfermedad moral y una enemistad cuádruple del hombre y la mujer con Dios, consigo mismo, del hombre y la mujer entre sí, y con la tierra. Todo esto y especialmente la enfermedad del pecado, se explica de una manera nueva en los capítulos 5 y 6 de este libro.

La enfermedad del pecado trajo la enemistad, un divorcio, entre la gente y su hacedor y entre la gente y su mundo, su entorno, el cual es el planeta tierra.

Divorcio es una metáfora idónea para todo el problema de las relaciones entre Dios, los seres humanos y la tierra. El pecado, sin duda alguna, provocó el divorcio entre el cielo y la tierra, y la salvación se refiere a cómo sobreponerse a este divorcio en el presente y en el futuro. En definitiva, la salvación implica la boda final del cielo y la tierra en la nueva creación. Por eso el libro de Apocalipsis habla de «la cena de las bodas del Cordero» (Ap 19:9).

Sin embargo, se debe comenzar con un primer relato; existe otro divorcio, un divorcio secundario que también pide ser sanado. Este es el gran divorcio entre el cielo y la tierra en la teología cristiana. Debe confrontarse este divorcio; en efecto, sanar el divorcio teológico es la clave para alcanzar la curación mayor que implica y promete la salvación. Por lo tanto comenzamos este libro con la enigmática, pero prácticamente no narrada, historia del gran divorcio en la teología cristiana. Mostraremos la forma en que aconteció el divorcio, para que entonces comiencen la sanación y la reconciliación.

Primero, necesitamos un diagnóstico teológico de base. Piénselo así: un matrimonio se aproxima al divorcio, sus problemas son profundos y aparentemente no tienen solución. Buscan un consejero confiable, tal vez un pastor, y le comparten su dolor. ¿Es posible la reconciliación? Sí, pero existe un problema preliminar: el consejero descubre que la pareja ha interpretado mal qué es el matrimonio en sí; piensan que sólo tiene que ver con una «compatibilidad» sexual y emocional sin entender las diversas otras dimensiones morales y espirituales del matrimonio cristiano. El consejero debe diagnosticar el problema antes de comenzar el proceso de reconciliación. La pareja primero debe comprender por completo de qué trata el matrimonio antes de vivirlo.

Sucede lo mismo con la iglesia. Así como el consejero debe escuchar la historia de la pareja para poder ser una influencia sanadora, también nosotros tenemos que entender la historia que llevó al divorcio teológico de la tierra y el cielo. En los tres capítulos breves que siguen mostramos cómo se produjo el divorcio entre el cielo y la tierra, para después indicar la senda a seguir hacia adelante.

¿Pero, este gran divorcio existe en realidad? Sí, y damos testimonio de su existencia cuando:

- pensamos que la salvación trata sólo del alma, y no del cuerpo;
- no vemos significado espiritual en las cosas materiales;
- vemos la vida en la tierra como algo irreal o de poca importancia;
- vemos la muerte física como el fin de nuestra vida terrenal;
- pensamos que la belleza en esta vida (la naturaleza, la gente, el arte, la música) no tiene importancia alguna, excepto cuando muestra belleza espiritual;

- vemos el mundo actual como algo maligno o totalmente bajo el control de Satanás;
- pasamos por alto el mandato bíblico de ser mayordomos de la creación;
- vemos el espíritu y la materia como dos categorías opuestas e irreconciliables.

Dondequiera que abunden estos síntomas, hay evidencia del gran divorcio teológico entre el cielo y la tierra que existe en la tradición cristiana. Tal vez, la evidencia más clara de este divorcio es el descuido de larga data (con pocas excepciones) de la iglesia en cuanto al cuidado del jardín, la tierra que Dios nos ha dado. La devastación, contaminación y desertización de este jardín son señales de este divorcio. Señales que nos dicen a gritos que hemos pasado por alto algo elemental. Un vistazo breve de la historia de la iglesia nos aclara las razones.

Surgimiento del cristianismo, 30 a 330 d.C.

Después del mensaje de Pedro el día de Pentecostés, «los que recibieron su mensaje fueron bautizados, y... se unieron a la iglesia unas tres mil personas. Se mantenían firmes en la enseñanza de los apóstoles, en la comunión, en el partimiento del pan y en la oración» (Hch 2:41-42).

Esta es una narración nueva; pero desde luego es también la continuación de la historia del Antiguo Testamento. Ahora, las promesas del Antiguo Testamento de un Mesías, la unción del Espíritu Santo y la renovación del pacto con Dios se hacen realidad.

Sin embargo, la iglesia de Jerusalén en realidad no es «la iglesia del Nuevo Testamento». La iglesia de Hechos 2 no es totalmente el modelo bíblico, como algunos suponen; es la simiente, el episodio inicial de la historia. Después de la dispersión de Hechos 8, y especialmente con el nacimiento de la iglesia en Antioquía, comenzamos a ver cómo es realmente la iglesia del Nuevo Testamento, su realidad, su dinámica, su visión y su misión. En el surgimiento del cristianismo como un movimiento global, Hechos 11-13 describe mejor que Hechos 2 el nacimiento de la iglesia. Pero, desde luego, todo es parte de una misma narración.[1]

---

[1] Ray Anderson en *An Emergent Theology for Emerging Churches* (Una teología emergente para iglesias emergentes) establece claros contrastes entre las iglesias de Jerusalén y Antioquía y muestra por qué deberíamos prestar más atención a Antioquía.

Ya para el final del Nuevo Testamento, la iglesia se ha extendido a muchas ciudades importantes del Imperio Romano. El libro de los Hechos termina en Roma con el ministerio de Pablo allí. Las cartas de Apocalipsis 2-3 a las siete iglesias nos dan una mirada rápida acerca de la iglesia en Asia Menor (hoy en día Turquía) hacia el año 90 d.C. La iglesia ha crecido increíblemente, pero debemos recordar que todavía es casi una secta clandestina en el Imperio Romano, diminuta e «ilegal». Sin embargo, para entonces la fe ha avanzado más allá de los límites del Imperio Romano, y se ha extendido a Siria, India, norte de África y Armenia, la cual llegaría a ser la primera nación cristiana.

Dentro del mismo Imperio Romano la iglesia todavía funcionaba principalmente «por debajo de las pantallas» del interés público. En esencia era una red de comunidades caseras, sin edificios propios ni templos hasta alrededor de mediados de los años 200.

Luego ocurre un evento clave, un punto de inflexión. Hacia el año 300 d.C. los cristianos eran tan numerosos a través del imperio que ya era imposible ignorarlos. La conversión del emperador Constantino en el año 312 (vivió alrededor de los años 272-337) ocasionó un cambio rápido e históricamente crítico. El cristianismo rápidamente dejó de ser una minoría menospreciada y se convirtió en la religión favorita del imperio. Este período de surgimiento alcanzó su apogeo en los primeros años del siglo IV con la tolerancia oficial del cristianismo (Edicto de Milán, 313 y Concilio de Nicea, 325). La iglesia cristiana parecía que había triunfado, había conquistado el Imperio Romano.

El surgimiento del cristianismo entre los años 30 y 330 d.C. aproximadamente es un relato sorprendente. Podemos resumir estos trescientos años al trazar tres temas claves: la narración de Dios, el proyecto redentor de Dios y la iglesia visible.[2]

La narración, el proyecto, la iglesia visible

Los años desde el final del libro de los Hechos hasta alrededor del año 330 d.C., nos dan idea de la continuidad de la iglesia, de una narrativa en desarrollo. Los primeros cristianos sabían que Dios estaba actuando

---

[2] Estos temas reflejan en parte los énfasis de «Call to an Evangelical Future» (2006) enunciados por el difunto Robert E. Webber en colaboración con un buen número de personas. Para un resumen y exposición, incluído todo el texto en cuestión, véase Webber, *Ancient-Future Worship* and *Who Gets to Narrate the World?* (La adoración antigua-futura y Quién se ocupa de narrar el mundo), ambos publicados póstumamente.

entre ellos a pesar de las dificultades y persecuciones. La iglesia se multiplicaba en cantidad, en extensión geográfica, en influencia creciente, en organización, en complejidad teológica; surgieron herejías y se refutaron; se cruzaron barreras culturales; se logró un consenso sobre el canon de las Escrituras. Empero la iglesia se hacía más y más diversa, con formas variadas de organización y liderazgo, diferentes énfasis doctrinales en distintos lugares y gran variedad de conflictos y controversias.

El Concilio de Nicea del año 325 (considerado ampliamente como el primer concilio ecuménico) y los subsecuentes concilios nos dejaron el Credo Niceno, que marca el consenso temprano sobre puntos doctrinales esenciales, particularmente con respecto a la identidad de Jesucristo.[3]

El Credo Niceno afirmaba que Dios creó "todas las cosas visibles e invisibles"; que Dios proporciona salvación a través de la encarnación, vida, muerte y resurrección de Jesucristo, y que Jesús volverá y establecerá el reino eterno de Dios con «la resurrección de los muertos» y la vida eterna bajo el reinado de Dios.

La primera iglesia entendió claramente que el proyecto redentor de Dios se centraba en la historia de Jesucristo y la victoria del Dios Creador–Redentor en Jesús. Incluía la esperanza del retorno de Jesús en la historia, la resurrección física de entre los muertos y el reinado eterno de Dios. Así que la narrativa de Jesús se erige sobre la narración del Antiguo Testamento y la amplía, la cual esencialmente es la historia de Dios, del pueblo de Dios y de la tierra de Dios.

Basados en Efesios 1:10 y otros pasajes, algunos de los primeros autores cristianos desarrollaron una teología sobre el «proyecto» o la «economía» (*oikonomia*) de Dios, una poderosa idea teológica que hoy es objeto de reevaluación.[4] Durante este período, probablemente la mayor contribución a la iglesia para entender el plan redentor de Dios fue la gran compilación teológica de Ireneo de Lyon, que falleció en el año 202 d.C. Ireneo interpretó el proyecto divino de redención como creación-encarnación y re-creación. Robert Webber destaca que «estas tres palabras engloban el marco básico del pensamiento bíblico antiguo», que contrasta con el paradigma creación–pecado–redención que más tarde predominó en la iglesia

---

[3] Véase Davis, *First Seven Ecumenical Councils*.
[4] E.G., Reumann, *Stewardship and the Economy of God*. [Mayordomía y la economía de Dios].

del Occidente.⁵ El marco creación-encarnación re-creación es también consistente con la estructura Dios-Pueblo-Tierra de la narrativa bíblica, como veremos luego.

El concepto de la «economía de Dios» puede ser útil especialmente para ayudarnos a explorar el significado de ecología, un concepto afín,⁶ y en la sanación del divorcio entre el cielo y la tierra, por lo que volveremos a este tema en los capítulos siguientes. También es relevante para entender la naturaleza y visibilidad de la iglesia.

El Credo Niceno dice muy poco sobre la iglesia. El credo original del 325 ni siquiera la menciona. Cincuenta y seis años más tarde, el Concilio de Constantinopla enuncia el Credo Niceno–Constantinopolitano revisado (381 d.C), el cual describe la iglesia en sólo cuatro palabras: «una, santa, católica, apostólica». Estas cuatro palabras claves descriptivas prontamente se consideraron como las «señales» o «notas» de la iglesia.⁷ Es significativo que el credo no hace distinción alguna entre una iglesia «visible» y una «invisible»; la iglesia es al mismo tiempo visible e invisible.

La visibilidad es siempre importante en el testimonio de la iglesia. ¿De qué manera el cuerpo de Cristo fue realmente visible durante los primeros tres siglos?

Aun para el año 300 d.C. la iglesia cristiana era todavía una red de iglesias caseras. Claramente el término «iglesia» se refería a la comunidad cristiana: comunidades cristianas locales dispersas a través del Imperio Romano y más allá. En un sentido más general, «iglesia» significaba toda la comunidad cristiana en la tierra. Ya que a los creyentes que habían muerto se los consideraba parte de la iglesia, ésta era más que la suma de sus partes visibles. Dondequiera que haya una comunidad cristiana genuina, la iglesia es visible e invisible a la vez. Así pues la iglesia primitiva fue principalmente un grupo de comunidades locales visibles de gente que adoraba a Jesucristo y que procuraba vivir visiblemente la vida de Jesús

---

⁵ Robert Webber, *Ancient-Future Worship*, 169. Para un breve resumen del pensamiento de Ireneo, véase *Ibíd.*, pp. 94-98, 169-77.

⁶ La palabra «ecología», basada en el término griego para «hogar» (*oikos*), «acuñada por el zóologo alemán Ernest Haeckel in 1866» ha sido enormemente útil conforme la humanidad progresivamente ha entendido la complejidad e interconexión de todas las formas de vida y su intrincada relación con la tierra. Carl Safina, *View from Lazy Point*, p. 28.

⁷ El credo que a menudo se cita hoy como «Credo Niceno» (325) casi siempre es realmente el Credo Niceno- Constantinopolitano del 381.

en su sociedad y vecindario. Aunque habían surgido líderes cristianos visibles —apóstoles, obispos, diáconos y otros— la iglesia era visible ante todo como *koinonía*, como una comunidad cristiana reunida alrededor de Jesucristo y marcada por él. La visibilidad de la iglesia todavía no era un asunto de edificios, instituciones u oficinas públicas.

Como resultado, durante este período temprano, la iglesia y su misión eran una sola cosa. Los primeros cristianos no creían que la iglesia «tenía una misión» sino que la iglesia era la misión de Dios en el mundo, el cuerpo viviente de Cristo, la encarnación visible de las buenas nuevas. Iglesia y misión no eran dos conceptos separados. Esta era la clave del plan de Dios, de la economía de Dios.

Cuatro tendencias perturbadoras

Durante sus primeros siglos, la iglesia era dinámica, crecía y era visiblemente contracultural. En parte, esto se debía a que se la veía con sospecha y a menudo era oprimida por la sociedad greco-romana reinante. Pero conforme pasó el tiempo, la iglesia empezó a gozar de mayor aceptación cultural y entonces se desarrollaron cuatro tendencias que resultarían perturbadoras en los siglos posteriores; tendencias que contribuyeron al divorcio teológico entre la tierra y el cielo.

En primer lugar, en términos de doctrina y percepción de sí misma, la iglesia abandonaba y reemplazaba la narrativa íntegra y amplia por formulaciones doctrinales abreviadas. El enfoque teológico comenzó a cambiar de narración a credo. Era un cambio apologético y teológico inevitable conforme los líderes y apologistas de la iglesia abrazaban (principalmente) las filosofías griegas corrientes. Bajo la presión por defender y consolidar la doctrina ortodoxa, los primeros teólogos cristianos se dedicaron diligentemente a enunciar, en densas pero memorables afirmaciones de fe, las creencias cristianas esenciales. Este proceso condujo a notables logros doctrinales, particularmente en lo que se refiere a la cristología y a la trinidad.

Así surgieron los grandes credos ecuménicos de la iglesia. Por una parte, sirvieron (y todavía sirven) como anclas muy importantes de las creencias de la Gran Tradición Cristiana. Por otra parte, este esmero por los credos comenzó a opacar la amplia historia de la iglesia de redención y misión y tendió a empujar a la iglesia hacia una dependencia excesiva de la doctrina formal en sí.

Esto no es argumento en contra de los credos; los grandes credos de la iglesia son señales de verdades confesionales sustanciales; son puntos críticos de consenso; son estacas que afirman doctrinas centrales; son hechos históricos esenciales de la narrativa. Innegablemente, los credos en sí sintetizan la narración. La mayor parte de los credos son resúmenes muy selectivos de la narrativa cristiana, que hacen hincapié en puntos doctrinales particulares discutidos comúnmente. Esta selectividad significa que se descuidan otras dimensiones claves de la narración redentora más amplia, y con el tiempo fácilmente se olvidan, lo cual distorsiona la narrativa central.

El problema crece cuando la iglesia sustituye la narrativa por el credo, o cuando reduce la narración de la iglesia a la narración abreviada de los credos. Cuando el credo echa sombra sobre la gran narrativa, fácilmente la misión se convierte en la defensa de la doctrina en lugar de la proclamación y la práctica de las buenas nuevas de Jesús en el mundo. Los credos, que pueden ser recursos útiles en la misión y el discipulado, se convierten en el enfoque central y así pueden sustituir a la misión.

Los grandes credos son, desde luego, parte de la narrativa cristiana: están enclavados en la narración de la iglesia pero cuando reemplazan a la narrativa, las Escrituras y la misión son subestimadas. En los mejores momentos, la iglesia ha mantenido unidos el credo y la narrativa. En los peores tiempos, se ha centrado en los credos y en la defensa de la doctrina en perjuicio de la narrativa cristiana y la misión contenidas en las Escrituras.

En los debates doctrinales de los cuales surgieron los primeros credos, la narrativa en sí se vio alterada. La iglesia comenzó a alejarse de su propia visión de comunidad de «extranjeros y peregrinos» (1P 2:11), «extranjeros y peregrinos en la tierra» (Heb 11:13), a un pueblo peregrino en camino. Más y más se vio a sí misma como una comunidad establecida, unida por la doctrina y la liturgia.

No debemos, sin embargo, ir demasiado lejos al enfatizar la distinción entre narrativa y credo. Las primeras «reglas de la fe» —modelos de credos aparentemente enunciados como declaraciones de fe por los conversos al ser bautizados— ya existían hacia el fin del primer siglo. Tales síntesis de fe fáciles de recordar ayudaron mucho a la mayoría analfabeta y no contradecían la narrativa bíblica general; eran síntesis de la narrativa cristiana. Podemos encontrar en el Nuevo Testamento mismo estas "fórmulas" o declaraciones resumidas (por ejemplo, Filipenses 2).

Una segunda tendencia relacionada con la anterior fue la creciente influencia del dualismo neoplatónico. A pesar de los logros de Ireneo y otros, las ideas neoplatónicas de espiritualidad y doctrina comenzaron a incrustar una cuña que favorecía la preeminencia de lo espiritual sobre lo físico, lo cual modificó el entendimiento cristiano del espíritu y la materia y debilitó la visión bíblica de un todo integrado.[8] Fue significativo el impacto de esta percepción sobre la interpretación bíblica: el neoplatonismo empezó a distorsionar la manera en que se entendía la diferenciación entre el espíritu y la carne en las enseñanzas de Jesús y en los escritos de Pablo (por ejemplo Jn 3:6, 6:63; Ro 8:3-13).

En cuanto a este punto, muchos exégetas han destacado la influencia duradera del padre griego Orígenes (hacia 185-258). Alister McGrath considera a Orígenes «un teólogo muy creativo con inclinaciones platónicas que sustentó la idea de que la resurrección era puramente espiritual».[9] MacGrath señala que, aunque el dualismo radical entre espíritu y materia era «común en la cultura helénica del período del Nuevo Testamento», la «mayoría de los teólogos cristianos tempranos se opusieron enérgicamente a él». A pesar de todo, el dualismo neoplatónico contaminó seriamente la teología cristiana, y las consecuencias continúan hasta el día de hoy. Orígenes expresa el asunto crudamente: «Las cosas invisibles e inmateriales del cielo son verdad, pero las cosas terrenales visibles y materiales son copias de cosas verdaderas, no verdaderas en sí mismas». Thomas Torrance comenta: «Las implicancias de esta manera dualista de pensar han tenido gran repercusión».[10]

Un tercer hecho que distorsionó la narrativa bíblica llegó con el fin de la edad de los mártires y el surgimiento del ascetismo, ambos como resultado de la tolerancia constantiniana. Conforme se consideraba la santidad de manera más ascética, es decir, era literalmente escapar de la

---

[8] El neoplatonismo, el renacer de la filosofía y cosmovisión del filósofo griego Platón (hacia 428-347 AC) hace una radical y nada bíblica distinción entre el espíritu y la materia, plenamente valorando el mundo espiritual sobre el físico. Aunque el neoplatonismo procuró sobreponerse, en cierta medida, del dualismo de la filosofía de Platón, se mantuvo dualista en cuanto al espíritu y la materia. (El término neoplatonismo mismo proviene del siglo XIX). Un dualismo muy similar se encuentra en el gnosticismo, una temprana herejía que los autores del Nuevo Testamento, tales como Juan y Pablo, tuvieron que combatir.

[9] Alister E. McGrath, *Brief History of Heaven* (Breve historia del cielo), pp. 33-34.

[10] Thomas F. Torrance, *Trinitarian Faith* (Fe trinitaria), pp. 34-35. La cita de Torrance es de *In Canticum canticorum* 2, de Orígenes.

humana y negar o reprimir las pasiones humanas, la narrativa cristiana pasó a ser algo sobrenatural. La buena intención de devoción total a Dios se vio comprometida por el dualismo platónico nada bíblico entre el espíritu y la materia imperante en ese momento.

Con estos tres cambios la narrativa cristiana trataba cada vez menos acerca del viaje desde Jerusalén y Antioquía «hasta los confines de la tierra» (Hch 1:8) y el reino visible de Dios, y más acerca de la travesía de la tierra al cielo. El discipulado se orientaba ahora principalmente hacia arriba en lugar de hacia adelante. La salvación se convirtió básicamente en un movimiento de la materia hacia el espíritu. En este período temprano ya encontramos las raíces de esta tendencia. Su apogeo total llegaría después, como veremos más adelante.

Durante estos siglos tempranos, tuvo lugar un cuarto cambio decisivo: de comunidad (*koinonia*) a jerarquía (*ierarchia*), del sentido de ser el cuerpo de Cristo carismático de «unos y otros» a ser una institución organizada y estructurada jerárquicamente. Hacia el año 300 d.C. la jerarquía tripartita de obispo, presbítero y diácono estaba firmemente establecida en gran parte de la iglesia. Estaba bien sellada la división entre «clérigos» y «laicos».[11]

Estas cuatro importantes tendencias eran claras desviaciones de la visión bíblica del plan de Dios. Son testimonio de la influencia de la sociedad greco-romana, especialmente de la filosofía griega y de la organización sociopolítica romana.

En resumen: el surgimiento del cristianismo en los primeros tres siglos vio la rápida proliferación de comunidades cristianas locales a lo largo del Imperio Romano y más allá. Estas comunidades de discípulos estaban firmemente comprometidas con Jesús y su misión, y eran tenaces en la esperanza de la resurrección y la vida eterna en Dios. Los seguidores de Jesús se asían a la esperanza de la salvación completa, la creación sanada, cuando Cristo vuelva. Mientras tanto, estaban ocupados en vivir la vida del reino de Dios y ser la comunidad sanadora de Dios en la tierra.[12]

---

[11] Los debates sobre el movimiento hacia una estructura más jerárquica produjeron algunas de las divisiones más tempranas en la iglesia, lo cual reforzó la tendencia institucionalizadora. Snyder en *Signs of the Spirit* (Señales del Espíritu) muestra cómo las reacciones al «primer movimiento carismático» de la iglesia, la Nueva Profesía («Montanismo») en los siglos II y III produjo mayor énfasis en la estructura, autoridad y jerarquía de la iglesia—todo esto un patrón familiar en la sociología de la religión.

[12] Véase Stark, *Rise of Christianity* (La iniciación del cristianismo).

Sin embargo al mismo tiempo la iglesia se estaba apartando de la narrativa bíblica y de la comunidad «carismática» participativa y tendía a enfocarse en propuestas doctrinales y una organización jerárquicamente estable. Esto y otros factores finalmente modificarían el concepto de salvación de la iglesia y desde el punto de vista teológico, la iglesia se dirigía hacia el divorcio del cielo y de la tierra.

Entonces, llamativamente, el emperador romano se convirtió al cristianismo y el mundo cambió. La conversión de Constantino dejaría dramáticamente su marca en la iglesia y en la historia del mundo. La conversión del emperador hizo más llevadera la vida de la mayoría de los cristianos sin embargo con el transcurso de los años, los efectos secundarios de este hecho harían aún más difícil para la iglesia entender la salvación como creación sanada.

2

LA HISTORIA DE LA IGLESIA
La consumación del divorcio

Así por causa de la tradición anulan ustedes la palabra de Dios.
Mateo 15:6

Más o menos cada quinientos años «la iglesia siente la urgencia de liquidarlo todo», escribe Phyllis Tickle en su libro *The Great Emergence* (El gran surgimiento). El cristianismo institucional cada tanto se ve conmovido y surgen nuevos movimientos y modelos que en el proceso también reviven lo viejo.

Tickle cree que la iglesia una vez más está «en el punto de inflexión de un nuevo período de quinientos años», es hora de un cambio mayor. «Podemos estimar nuestras penas al cotejarlas con los modelos y logros de cada uno de los puntos de inflexión previos que hemos atravesado». Alega que la Gran Reforma de 1500, el Gran Cisma de 1054 y los eventos circundantes, y el ascenso del papa Gregorio el Grande hacia 590, justo cuando el Imperio Romano se desintegraba, fueron momentos claves de "liquidación" que Dios usó para infundirle nuevo aliento a la iglesia.[1]

No importa qué pensamos de la teoría de Tickle, ésta desarrolla la cuestión de la dinámica de la renovación de la iglesia pero deja de lado la pregunta clave de cómo se entendía la salvación misma, y evita así el divorcio crítico entre el cielo y la tierra. Esa dinámica clave se la puede entender mejor al mirar la narrativa de manera distinta. La gran noticia no es *El gran surgimiento* sino *El gran divorcio entre la tierra y el cielo*.

---

[1] Phyllis Tickle, *Great Emergence* (El gran surgimiento), pp. 16-31. Tickle acredita al obispo episcopal Mark Dyer por la idea de cada 500 años «venta en baratillo».

El complicado tapiz de la historia de la iglesia es una obra de gran belleza, pero no debemos pasar por alto las penosas lágrimas, las orillas ásperas y los abrojos enredados en el tejido. A través de los años, se ha expresado fielmente y también se ha abusado desvergonzadamente del poder del evangelio.

Hoy en día los cristianos tienen conocimiento de los abusos de las Cruzadas, los brotes de antisemitismo, el mercadeo de la salvación a través de indulgencias que luego desencadenó la Reforma. Pero detrás de todos estos eventos y como base e importante causa de todos ellos, estuvo el divorcio del cielo y de la tierra. La historia de la iglesia desde alrededor del año 330 al 1500 es el relato de la consumación de esa ruptura, que interrumpió la esperanza del evangelio de la creación sanada.

Este capítulo delinea los pasos que conducen al divorcio, y algunos de sus resultados. Desde luego, no todo son malas noticias; el Espíritu de Dios siempre estuvo obrando. Es erróneo considerar la narración de la iglesia, o la historia en general, ya sea como un resbalón en bajada o un ascenso sostenido (ambos errores comunes). La realidad es más compleja y más interesante. La narrativa se despliega de a poco, no se detiene.

Los mil doscientos años que siguieron a la conversión de Constantino se dividen naturalmente en dos períodos, 330-800 y 800-1500. En ambos debemos reconocer el argumento o la narrativa, la manera en que se veía el plan redentor de Dios, y cómo la iglesia era realmente *visible*.

Acuerdos y transacciones culturales, 330/800 d.c.

Los cinco siglos del 330 al 800 fueron trascendentales para la iglesia. Hacia el año 800 la mayoría de las iglesias asiáticas y africanas habían caído bajo el dominio musulmán. En 410 los «bárbaros» habían invadido Roma, «la ciudad eterna». El Imperio Romano se desmoronaba y se hacía pedazos. Pero la iglesia sobrevivió en medio de las tribus paganas al norte, especialmente en Irlanda, a través del ministerio de San Patricio (hacia 389-461) y el movimiento misionero celta que brotó de su influencia. La fe cristiana también se extendió a China durante este período con la misión nestoriana bajo el liderazgo de Alopen en los 600.

Sin embargo para nuestro objetivo, el argumento principal pasa a través de Europa. Los eventos claves de esta fase ocurrieron al comienzo: la conversión de Constantino, el reconocimiento del cristianismo como la religión oficial del estado (380), la caída del Imperio Romano, y la correspondiente influencia creciente de Constantinopla (hoy Estambul), fundada por Constantino en el año 330.[2]

A través de estos cinco siglos, casi universalmente, se admitía la unión de la iglesia y el estado, a excepción, desde luego, en los dominios musulmanes. Es difícil sobreestimar cuánto alteró el matrimonio entre la iglesia y el estado en Europa el propio entendimiento de la iglesia misma y cuánto contribuyó al divorcio del cielo y la tierra. La edad de la cristiandad, que duraría 1700 años, había comenzado.[3]

¿Cómo se entendía la salvación en este período y cómo veía, literalmente, la gente a la iglesia?

La narración, el plan, la iglesia visible

Si el reconocimiento de la iglesia por el Imperio Romano y la caída de Roma sólo treinta años después cambió drásticamente la narración cristiana, fue Agustín de Hipona (354-430) quien le dio un nuevo argumento. En su influyente obra maestra *La ciudad de Dios*, Agustín, el santo norafricano, reinventó la narración de la salvación, al verla como una lucha permanente entre «La ciudad de Dios» y «La ciudad del hombre», que al final termina con la victoria de la ciudad de Dios. Esta ciudad era esencialmente la mística Nueva Jerusalén, la Ciudad Celestial, más una realidad espiritual que una realidad terrenal o política, aunque todavía personificada en la iglesia institucional; la tarea de la iglesia era ante todo la mística Ciudad de Dios.

Una visión sin base bíblica, según la cual «el espíritu es perfecto, la materia es imperfecta», está presente en muchos de los escritos de Agustín, porque su cosmovisión estaba influenciada fuertemente por el pensamiento neoplatónico. Agustín hacía tanto hincapié en el pecado original que la bondad primaria de la creación había quedado eclipsada.[4] La afir-

---

[2] El completo florecimiento del cristianismo bizantino (constantinopolitano) ocurrió bajo el reinado del emperador Justiniano (527-565) y la emperatriz Teodora (hacia 500-548).

[3] El hecho que la mayoría de los historiadores señalen la transición de la temprana iglesia a la cristiandad medieval en los 500s en lugar de los 300s, indica cuánto el modo de pensar iglesia-establecimiento se había arraigado en el cristianismo occidental y cuán poco se entiende, aun hoy en día, la transición revolucionaria de los 300s.

[4] Meyendorff, *Byzantine Theology* (Teología bizantina), pp. 143-45; Pelikan, *Emergence of the Catholic Tradition* (El surgimiento de la tradición católica), pp. 292-301, 313-18.

mación bíblica de la imagen de Dios en la humanidad y de la manifestación de la gloria de Dios en la naturaleza había sido olvidada en gran medida. Aunque él veía que la creación manifestaba la gloria de Dios, parece que no apreciaba el lado material de la creación como un buen regalo de Dios, ni tampoco entendía el papel de la tierra en el plan de Dios.

Mientras tanto, la iglesia continuó desarrollando su doctrina, liturgia y estructuras. Dos innovaciones importantes fueron el *Año cristiano*, un modo litúrgico de celebrar los grandes hechos del drama de la salvación, y la *Liturgia de las horas*, la cual se observaba ampliamente en las comunidades monásticas y es muy útil para organizar nuestros días al servicio de Dios. Aunque había cambiado el argumento, muchos cristianos comunes continuaron llevando vidas santas y devotas.

Para el año 800 se habían llevado a cabo los siete grandes concilios ecuménicos. A través de ellos tanto la iglesia oriental como la occidental, habían alcanzado un consenso histórico en cuanto a los puntos doctrinales esenciales de los credos. Dadas las conspiraciones y manipulaciones políticas, culturales, personales y de la iglesia institucional involucradas, sólo el Espíritu Santo pudo haber mediado en este sorprendente consenso.[5]

Los mayores movimientos monásticos surgieron en este período, el más notable de los cuales fue el de la Orden de San Benito. San Benito de Nursia (hacia 480-547 d.C.) fundó la primera comunidad benedictina en Monte Casino, cerca de Roma, en los primeros años del 500; parece que cercana a ésta, su hermana melliza Escolástica comenzó una comunidad de mujeres. El monacato había comenzado antes en África, pero el crecimiento llamativo y la expansión de los benedictinos a través de Europa establecieron el modelo dominante para docenas de órdenes (de hombres y mujeres) y miles de monasterios posteriores. Entre tanto, las órdenes celtas (que ya mencionamos) fueron fundamentales durante este período para la evangelización de Escocia, Inglaterra y el Norte de Europa.

Las órdenes monásticas fueron una fuerza renovadora, una fuente de vitalidad para la iglesia durante este período, aunque a menudo adoptaron o promovieron el dualismo entre el alma y el cuerpo. El legado es mixto y, de hecho, es testimonio de un doble cambio crítico en la narrativa cris-

---

[5] Esto no quiere decir que se ignora la creciente separación entre Oriente y Occidente conforme la teología de Occidente se veía más y más bajo la influencia del pensamiento de Agustín. En el Oriente, los conceptos de Agustín en cuanto al pecado y la depravación casi no tuvieron influencia alguna, aunque el neoplatonismo era muy marcado.

tiana. Primero, el carácter de la teología de Agustín —que hacía hincapié en el pecado y la perversión humana, y dejaba de lado el énfasis bíblico de la humanidad creada a imagen de Dios y de la bondad del orden creado— se convirtió en la visión dominante del mundo. En el año 529 el Concilio de Orange (Francia) ratificó la doctrina de Agustín del pecado y la gracia, lo cual inclinó a la iglesia occidental hacia un énfasis extremado en la perversión y en la carnalidad pecaminosa del humano y un énfasis menor en el discipulado integral como la norma de la experiencia cristiana.

En segundo lugar, las enseñanzas de Jesús sobre lo costoso del discipulado se degradaron a meros «consejos de perfección» para los pocos elegidos —mayormente monjes, monjas y ascéticos— en lugar de servir como el modelo a seguir por todos los cristianos. El resultado fue una visión de la experiencia cristiana en dos niveles. Esto es perfectamente entendible, dada la estrecha unión entre el estado y la iglesia que esencialmente consideraba al clero cristiano algo así como funcionarios del estado. Un buen número de cristianos eran creyentes nominales; esencialmente paganos bautizados.[6] Afortunadamente, en las comunidades monásticas se mantuvieron la vitalidad cristiana y el estudio intelectual serio. Pero nadie, aparte de algunos grupos periféricos o «herejes», cuestionó la idea de que el discipulado devoto se reservaba para la élite espiritual, no para la gente común y corriente.

Al revisar este período siglos más tarde, el pastor anglicano John Wesley vio en la alianza de la iglesia y el estado que había comenzado con Constantino («constantinismo») el mayor desastre en la historia de la iglesia. Wesley dijo:

> [La herida más grande que el verdadero cristianismo] jamás recibió ... ocurrió en el siglo IV con Constantino el Grande, cuando se autocalificó como cristiano y derramó un diluvio de riquezas, honores y poderes sobre los cristianos; especialmente sobre el clero ... [Así que], cuando desapareció el peligro de la persecución, y la riqueza y los honores beneficiaron a quienes profesaban el cristianismo, «los cristianos no se degradaron poco a poco sino que más bien preci-

---

[6] En buena medida la vitalidad de la fe cristiana se mantuvo entre mucha gente y familias gracias a las «terceras órdenes» (terciarias) las cuales recibían su inspiración y guía de las comunidades monásticas locales.

pitadamente se entregaron a toda clase de vicios.» ... Entonces, no comenzó la Edad de Oro de la iglesia, sino la Edad de Hierro. [7]

Pero la visión medieval demostró que los verdaderos santos podían huir de esta triste realidad y vivir una vida más elevada. Hacia el año 800, el ideal de espiritualidad cristiana había llegado a significar el ascenso hacia el reino del espíritu, una travesía hacia el mundo espiritual, gozando de una «visión beatífica» permanente que se concebía como la esencia de la vida eterna. Los santos podían habitar el cielo mientras todavía vivían en la tierra.

¿De qué manera era visible la iglesia durante este período? ¿Dónde se la podía ver? Principalmente en sus estructuras, instituciones, jerarquía y sacramentos. Los emblemas visibles más obvios de la iglesia eran los templos y los asentamientos monásticos que aumentaban en cantidad. También era visible en su clero, especialmente la jerarquía, que para esta época había hecho amplio uso de atuendos que combinaban reproducciones sacerdotales del Antiguo Testamento con elementos de la corte real.

Así pues, para el 800 la iglesia era visible de distinto modo que en los primeros tres siglos. Era visible, pero no en las comunidades cristianas locales del período temprano, las familias, las iglesias caseras y la gente común, sino en los edificios sagrados, el clero con sus atuendos llamativos, y los asentamientos monásticos aislados. La iglesia había desarrollado una rica liturgia, pero para la mayoría de la gente era una liturgia para mirar, más que para «practicarse» como la «obra diaria y permanente de la gente» en su servicio a Dios (lo cual es el verdadero significado de liturgia).

Entonces aquí hay un contraste crudo y dramático de dos modos de ser iglesia; dos expresiones de la fe cristiana.

---

[7] John Wesley, *The Bicentennial Edition of the Works of John Wesley* (Edición bicentenaria de las obras de John Wesley), sermón 61, «Misterio de iniquidad», párrafo 27 (*Works*, 2:462-63). Wesley añade: «¡y este es el evento que la mayoría de comentaristas mencionan en triunfo! ¡Sí, muchos de ellos suponen que esto cumple la Revelación, la Nueva Jerusalén que desciende del cielo! En su lugar ello dice que fue la venida de Satanás y todas sus legiones del fondo del abismo: Visto desde entonces, él había establecido su trono sobre la faz de toda la tierra, y reinó sobre el mundo cristiano y el pagano sin control alguno» (párrafo 28; *Ibíd.*, p. 464)

El divorcio del cielo y la tierra, 800-1500 d.C.

Y llegamos al tercer acto del drama, el gran período de 700 años, desde cerca del 800 al 1500, que culmina en la «Alta Edad Media».

La iglesia de Oriente y en parte la de África, a menudo sobrevivieron bajo opresión o tolerancia limitada del Islam. Hacia el año 1000 d.C. nació la Iglesia Ortodoxa rusa, a lo que siguió un movimiento misionero significativo. Stephen Neill destaca: «El mundo le debe mucha gratitud a aquellos misioneros que del año 1000 d.C. en adelante propagaron la cultura cristiana a través de Rusia». Con la caída de Constantinopla en manos del Islam en 1453, la Iglesia Ortodoxa rusa empezó a considerar a Moscú como «la tercera Roma» y heredera verdadera del cristianismo ortodoxo. «La primera Roma ha caído en herejía... Constantinopla, la Segunda Roma, ha caído bajo el dominio del Islam. Sólo queda Moscú, llamada por Dios a ser el centro del mundo en estos tiempos postreros».[8]

Mientras tanto Europa sufría tensiones culturales, eclesiásticas y políticas entre Europa del sur, con su centro en Roma, y Europa del norte, donde el cristianismo surgía de formas distintivamente francas (más tarde francesas), germánicas, celtas, anglosajonas, escandinavas y eslavas. Las distintas tribus paganas de Europa se habían cristianizado de diversas maneras, al menos en parte. La cultura cristiana medieval tomó forma y echó raíces. Este fue un período dinámico conforme el cristianismo medieval luchaba en medio del conflicto de culturas, tribus, cosmovisiones, ideas, reinos y personalidades.

Del año 800 en adelante, el cristianismo medieval se mantuvo unido política y eclesiásticamente por medio del llamado Santo Imperio Romano, el cual, como se ha dicho a menudo, no era ni «santo», ni «romano» y ni siquiera en realidad un «imperio», pero todavía era una fuerza unificadora. Sus figuras clave fueron Carlomagno (747-814), rey de los francos, el papa León III, y sus respectivos sucesores. Como lo explica Stephen Neill: «Cuando el día de Navidad del año 800 el papa León III en Roma coronó como emperador al rey Carlomagno, se creó la extraña ficción arqueológica del Santo Imperio Romano, que estuvo destinada a durar poco más de cien años». Carlomagno —hombre de fe, saber, habilidad política, y a veces crueldad— «puso en marcha el Renacimiento Carolingio que fue

---

[8] Neill, *History of Christian Missions* (Historia de las misiones cristianas), pp. 77, 180.

una de las épocas más brillantes» del Medioevo.⁹ Este resurgimiento fue precursor del Renacimiento que vendría más tarde en los 1400.

A lo largo de este período, la premisa imperante era que la iglesia y el estado eran uno; un reino o una nación no podían tener más que una fe. (Los cristianos y los musulmanes estaban de acuerdo al menos sobre este punto.) Así nació la síntesis cristiana medieval: el cristianismo medieval de Occidente.

Se deben destacar seis elementos clave de esta síntesis:

1. La *teología escolástica*, representada por la *Suma Teológica* de Tomás de Aquino (1225-1274). Aquino combina muy bien la teología de San Agustín con la filosofía aristotélica, la cual se había recuperado a través de fuentes islámicas y judías. La *Suma* estableció el modelo «escolástico» con que se practicó la teología católica, y después la teología protestante, hasta mediados del siglo XX (aunque obviamente el escolasticismo protestante difería en su contenido).

2. Las *múltiples catedrales góticas* del medioevo eran una declaración teológica que expresaban tanto una cosmovisión como una genialidad arquitectónica. «Iglesia» y «edificio de la iglesia o templo» ahora eran casi sinónimos. Más adelante diremos algo más sobre este asunto.

3. La *creciente importancia central de la misa* la cual, por la doctrina de la transubstanciación, se interpretaba como la repetición real del sacrificio físico de Jesucristo para nuestra salvación.

4. El sistema de los *siete sacramentos*, en el cual la misa era central y la ordenación sacerdotal esencial. La ordenación confería a los sacerdotes exclusivamente una «señal indeleble» que les permitía administrar los seis sacramentos, en especial la misa. Así pues el clero tenía la llave de la salvación. Este sistema equivalía a una «tecnología sacramental» pragmática en la cual las técnicas religiosas correctas producían resultados garantizados.

5. La iglesia en la tierra, *la santa institución jerárquica,* el reflejo terrenal visible e indispensable, agente de la jerarquía celestial y la única que adjudica gracia, todo centrado en el papado.

---

⁹ *Ibíd.*, pp. 67-68.

6. *El uso del latín como idioma sagrado de la iglesia*, lo cual inevitablemente fomentó la ignorancia teológica, la superstición y la concepción mágica de la fe y las prácticas cristianas. La frase en latin *hoc est corpus meum* («este es mi cuerpo») fue la base de la frase «hocus-pocus»[10].

Podemos entender mejor la importancia de estos seis elementos si los miramos a través de la perspectiva de la narrativa, el plan y la visibilidad de la iglesia.

La narración, el plan y la visibilidad de la iglesia

Hacia el año 1500 el divorcio entre el cielo y la tierra era ya casi definitivo e inalterable; la unión de la iglesia y el estado produjo esa ruptura. Ahora se ve al cristianismo como la travesía de este mundo al del futuro; del mundo de la materia pecaminosa al mundo del espíritu perfecto. Dios ha determinado el camino al cielo, y es a través de la iglesia y sus sacramentos e instituciones. Es de esperarse que sólo unas pocas personas especiales puedan practicar en la tierra «los consejos de la perfección» y vivir una vida santa y devota. En cierto sentido la narración fundamental es ahora cíclica; el ciclo de estaciones terrenales y litúrgicas. Sin embargo, también es lineal. De la narrativa se extiende una línea vertical —hacia los cielos, al igual que los capiteles solemnes de las grandes catedrales— en lugar de una línea horizontal que avanza con la narración en el tiempo, la historia y el reino de Dios en la tierra. Hace tiempo se ha olvidado la narración bíblica central del pueblo de Dios que le sirve fielmente en la tierra.

Así pues, el plan de Dios era salvar almas por medio de los sacramentos de la iglesia de manera que pudieran escapar del sufrimiento físico de esta vida hacia un estado etéreo de felicidad infinita. Sin embargo, se describía el infierno como un lugar físico muy real, con fuego verdadero y tormentos inimaginables. En este período se pintaron y dibujaron muchas imágenes del infierno, que con el tiempo llevarían al *Infierno* de Dante y el *Paraíso perdido* de Milton.

También se consideraba el cielo como un sitio real aunque muy diferente. En el sistema concéntrico *ptolemeico*, la cosmovisión de entonces, el cielo estaba más allá que las estrellas más lejanas, supuestamente era el

---

[10] Nota del traductor: «hocus-pocus» es de uso común en inglés; en castellano la palabra cabalística correspondiente es «abracadabra».

reino del espíritu puro. Estaba tan lejos de la tierra como fuera posible. El medievalista Jeffrey Burton Russell destaca:

> En el siglo XVI, generalmente la gente todavía creía que el cielo era un sitio real y que tenía una dirección específica —arriba, en el firmamento ... La descripción de Dante en 1321 de subir hacia *arriba* desde la Tierra a través de las esferas de la luna, los planetas y las estrellas al [reino] celestial bien cabía en la geografía y la astronomía de ese tiempo y de doscientos años más tarde. Aún en 1600, muy poca gente sabía algo del modelo heliocéntrico de Copérnico que quitaba a la Tierra del centro del sistema solar.[11]

La iglesia estaba todavía unida en matrimonio a la cosmovisión antigua. Así que conforme los descubrimientos de Galileo (1564-1642) comenzaron a minar la cosmovisión heliocéntrica tradicional, la iglesia y la cultura se vieron perturbadas. De esta manera, «para el año 1700 no mucha gente instruida creía todavía en la antigua cosmología geocéntrica».[12]

En los años 1500, sin embargo, la antigua cosmovisión todavía tenía influencia, y en este modelo el sistema sacramental de la iglesia, la jerarquía, las estructuras y tradiciones, sus monasterios y catedrales, todo encajaba como un plan divino muy prolijo, la «economía» de Dios de la salvación. La visión de la historia era que Dios había dispuesto el desarrollo de la iglesia y sus tradiciones. El gran contraste entre la primera iglesia y su condición actual no era evidencia de infidelidad; sino que mostraba la gloria y la sabiduría providencial de Dios a través de la historia. En el siglo XII el obispo Otto de Freiburg escribió: «Francamente, en realidad no sé si la próspera condición actual de la iglesia es más grata a Dios que su temprana humildad. La condición temprana era tal vez mejor, pero la presente es más agradable».[13] El obispo identificaba el reino de Dios con la iglesia y veía que el reino de Dios llegaba a su madurez en el orden político y eclesiástico de su época.

Ahora la iglesia cristiana era muy visible, cada vez más a medida que la «cruzada de las catedrales» se puso en marcha en los años 1100.[14] Las

---

[11] Russell, *Paradise Mislaid* (El paraíso invertido), p. 17 (énfasis en el original).

[12] *Ibíd.*, Copérnico (1473-1543) demostró que la tierra no era el centro del universo, pero giraba alrededor del sol; Galileo demostró que ni la tierra ni el sol eran el centro del universo.

[13] Chenu, *Nature, Man and Society* (La naturaleza, el hombre y la sociedad), p. 240.

[14] Gimpel, *Cathedral Builders* (Constructores de catedrales), pp. 27-41.

grandes catedrales, los monasterios y templos parroquiales a través de todo el continente europeo y las islas británicas, y de igual forma a través de gran parte de Rusia, eran el nuevo rostro visible de la iglesia. La iglesia era visible también en sus estatuas y vestiduras, y en sus sacramentos. Para el año 1500 la iglesia se hacía visible también en el surgimiento de las escuelas catedralicias de París, Oxford y Cambridge. Las órdenes monásticas, que durante mucho tiempo habían sido centros educativos, hicieron posible el nacimiento de instituciones que llegarían a ser las famosas universidades de Europa recurriendo a fuentes musulmanas y sus precedentes.[15]

El gran aumento en la cantidad de catedrales góticas en los años 1200 se ajusta precisamente a la arquitectura teológica de la Edad Media. Las grandes catedrales combinaban innovaciones técnicas, recaudación efectiva de fondos, y fervor religioso. Los avances arquitectónicos clave fueron el arco en punta (en lugar del ovalado), los arcos arbotantes que hacían posible soportar muros más altos y arcos más anchos, y la cúpula con nervaduras.[16]

Algunos clérigos denunciaron la manía de la construcción de catedrales como una epidemia diabólica. Un parisiense escribió en 1180: «Es pecado construir la clase de iglesias que se construyen hoy en día. Las iglesias monásticas y las catedrales se construyen por usura y avaricia, por astucia y mentiras, y por el engaño de los predicadores». Pero esto iba en contra de la opinión popular y de la pasión de la creciente burguesía medieval que buscaba no ser menos que otros en el esplendor de sus edificios. «Nada era demasiado opulento ni demasiado grande», nota el historiador Jean Gimpel. «La casa de Dios se construía a la imagen de la Ciudad Celestial, y la casa de Dios era algo admirable: era el lugar de adoración y el hogar de la gente».[17]

Gimpel añade:

> Ya no se reconoce la dualidad del mundo cristiano representado por la austeridad de San Bernardo de Clairvaux, por un lado, y el

---

[15] La «más antigua universidad del mundo» es Al-Ashar al-Sharif in Cairo, Egipto, la principal universidad islámica sunni Zahniser, *Misión y muerte de Jesús*, 1.

[16] El arco en punta sería el emblema más reconocible del estilo gótico, y es todavía hoy. Véase, por ej., Loth y Sadler, *Only Proper Style* (El único estilo apropiado).

[17] Gimpel, *Cathedral Builders* (Constructores de catedrales), pp. 32, 38.

lujo y la ostentación de los constructores de catedrales como el abad Suger (1080-1151, «padre del estilo gótico»), por el otro.[18]

Pero detrás de esto está el dualismo de la visión cristiana medieval del mundo, un dualismo entre el espíritu y la materia con raíces profundas, como ya hemos visto. La catedral con sus capiteles elevados y un gran altar era la vía sagrada entre el cielo y la tierra. Así (al igual que con el templo del Antiguo Testamento) nada era suficientemente bueno ni demasiado costoso.

El simbolismo de la construcción de catedrales medievales era una declaración teológica. Los capiteles altos y las eminentes naves dirigían al devoto hacia arriba, lejos de la tierra, hacia la morada de Dios. De hecho las catedrales decían: ¡Miren hacia arriba! Allí está su verdadero destino; allí pasarán la eternidad, alejados del mundo degradado. Este es un lugar santo; el portal principal a la realidad espiritual eterna.

Cielo y tierra, iglesia y estado

Ya antes dijimos que el matrimonio de la iglesia y el estado produjo el divorcio del cielo y la tierra. Esto sucedió de tres maneras. Introdujo una distinción entre lo sagrado y lo secular; consolidó la fisura entre el clero y el laicado; y abrió el camino para las cruzadas. Explicamos:

La unión de la iglesia y el estado introdujo la distinción entre lo sagrado y lo secular. Desde luego, el Antiguo Testamento recalca la diferencia entre lo santo y lo común, pero esto no es lo mismo que la división entre lo sagrado y lo secular. «Para que puedan distinguir entre lo santo y lo profano, y entre lo puro y lo impuro, y puedan también enseñar a los israelitas todos los estatutos que el Señor les ha dado a conocer por medio de Moisés» (Lv 10:10-11). Pero aquí el Antiguo Testamento sugiere la categoría «secular» en el sentido actual de «amoral», «irreligioso», «no espiritual», en otras palabras, fuera de toda consideración de lo moral, ético o espiritual. Todo lo contrario: Dios es soberano sobre todo, y aun lo «profano» e «impuro» están en el ámbito de su interés, juicio, y posible redención.

El pacto del Antiguo Testamento y el nuevo pacto se refieren a la santificación de toda forma de vida. Nada está más allá del alcance del reino de Dios; nada queda fuera de la esfera de la obra del Espíritu Santo. No hay dos conjuntos de reglas éticas; nada es «secular». En el nuevo pacto

---

[18] *Ibíd.*, p. 18.

en Jesús el rito de santificación del Antiguo Testamento es cuestión del corazón y de la proclamación activa del dominio de Dios sobre «todas las cosas» como parte de un discipulado fiel. Jesús «declaraba limpios todos los alimentos» (Mr 7:19). La palabra secular (en latín: *saeculum*), textualmente significa «la edad presente». Así que «secular» está «relacionado con el mundo y sus asuntos; cosas no religiosas ni sagradas; cosas mundanas».[19] Pero el Nuevo Testamento deja en claro que el evangelio se aplica al mundo actual y al futuro; el Cristo resucitado ahora tiene autoridad sobre todos los poderes, «no sólo en este mundo sino también en el venidero» (Ef 1:21).

Desde Constantino, se han considerado cada vez más cuestiones espirituales como sagradas o del otro mundo, mientras el mundo material y sus asuntos son seculares o «mundanos», que en realidad no se espera que funcionen bajo la ética de Jesús. La iglesia luchó intensamente con este misterio, teológica, política, económica, y aun militarmente. En general, la iglesia ha aceptado la separación entre lo sagrado y lo secular. La principal cuestión latente a través de mil años de historia medieval ha sido en qué punto trazar la línea que separa lo sagrado de lo secular, de qué forma mezclarlos o mantenerlos separados (más tarde Martín Lutero intentó resolver el problema con la doctrina de los «dos reinos»).

Esta es la manera primordial en que la unión de la iglesia y el estado apresuraron el divorcio entre el cielo y la tierra. Pero en segundo lugar, este matrimonio también reafirmó la división entre el clero y el laicado. La ruptura comenzó antes, como ya hemos visto, pero la unión entre la iglesia y el estado la consolidó. En efecto, como el gobierno sostenía económicamente al clero, el resultado final fue una sociedad con tres niveles: la iglesia (o sea, el clero, el Primer Estado), el gobierno (es decir, la nobleza), y todos los demás (los campesinos). Así pues, en líneas generales la sociedad estaba dividida entre «los que oraban», «los que luchaban», y «los que laboraban» y producían los alimentos (esto se aplicaba sólo a los hombres: los «estados femeninos» eran virgen, esposa, y viuda).[20]

La separación entre el clero y el laicado, junto a la diferenciación entre lo sagrado y lo secular, quedó tan entretejida en la visión cristiana medieval que conceptualmente se hizo invisible; simplemente parte del tejido de la realidad.

---

[19] *World Book Dictionary*, 2:1881.
[20] internet: http://cla.calpoly.edu/-dschwart/engl430/estates.htrnl.

En tercer lugar, el matrimonio de la iglesia y el estado allanó el camino para las Cruzadas. La lógica es bastante clara. Cuando la iglesia y el estado son uno, la iglesia tiene acceso a ejércitos y armas. Jerusalén había caído ante el nuevo imperio político religioso del islamismo en el año 638. Después de la caída del Imperio Romano, Europa se encontraba en caos y la iglesia era demasiado débil para hacer algo al respecto, hablando en términos mundanos. Sin embargo, hacia el año 1000 los principados feudales habían reunido sus ejércitos, y gran parte de Europa estaba ligeramente unida a través del santo Imperio Romano. Ahora surgió la idea de una Santa Cruzada para liberar la Tierra Santa de las manos de los herejes «infieles». El período de doscientos años de las Cruzadas había comenzado. La iglesia había hallado su posible misión militar, nueva y apasionante.

Todo esto es inimaginable sin la unión en matrimonio de la iglesia y el estado.

Algunos de los santos más capaces y píos de la iglesia, como el gran líder y reformador monástico San Bernardo de Clairvaux (1090-1153), apoyaron el movimiento de las Cruzadas. La Primera Cruzada empezó en 1095 y cuatro años más tarde los cruzados franceses liberaron Jerusalén. El historiador Norman Cantor describe este evento como «un avance decisivo». La Primera Cruzada «inaugura la era de la Edad Media Alta de los siglos doce, trece y primeros años del catorce. Fue la época en que Europa occidental desarrolló una creatividad sin precedentes en la literatura y las artes visuales y avanzó notablemente en teología, filosofía, devoción popular, gobierno y derecho, como también en cuanto al crecimiento de la población, y la expansión económico-comercial y urbana».[21] Estos acontecimientos también dispararon el aumento del capitalismo. El dinero era escaso. El historiador Niall Ferguson, en su libro *The Ascent of Money: A Financial History of the World* (El ascenso del dinero: una historia financiera del mundo) escribe:

> Las Cruzadas, al igual que las conquistas posteriores, fueron tanto un esfuerzo por sobreponerse a la escasez europea de dinero como conquistas espirituales.[22]

---

[21] Cantor, *Inventing the Middle Ages* (Inventando la edad media), pp. 26, 27.
[22] Ferguson, *Ascent of Money* (El ascenso del dinero), p. 23.

Estas cruzadas militares facilitaron gran parte del dinamismo de la Edad Media Alta, incluida la «cruzada catedralicia». Pero este dinamismo y creatividad se habían puesto al servicio de una cosmovisión errada.

La interpretación bíblica medieval

El estudio de la Biblia floreció durante la Edad Media Alta. La recopilación de textos y manuscritos, y el estudio riguroso y persistente en las comunidades monásticas y escuelas catedralicias fueron la base de dos adelantos esenciales. El primero fue el surgimiento de las famosas universidades europeas, producto de las escuelas catedralicias. En segundo lugar, más tarde llegó la distribución de Biblias, comentarios y textos teológicos, gracias a la reciente invención de la imprenta.

Irónicamente, sin embargo, el florecimiento del estudio de la Biblia no condujo a recobrar la visión bíblica de la creación sanada, como podría haberse esperado. Las razones son educativas para nosotros hoy. Hubo tres tendencias de la interpretación medieval de la Biblia que en realidad abrieron aún más la brecha entre el cielo y la tierra: la predilección por los escritos de Pablo y los Salmos sobre los Evangelios, la preferencia por las interpretaciones simbólicas y místicas de los textos bíblicos, y un interés renovado por el idioma hebreo y el Antiguo Testamento.

1. *La predilección por los escritos de Pablo* se remonta a siglos anteriores. Como dice Beryl Smalley: «La primacía de las Epístolas paulinas y de los Salmos [sobre los Evangelios] en la enseñanza de las Escrituras es igualmente común tanto en Oriente como en Occidente».[23] La tendencia a limitar la interpretación de las Escrituras a la visión de Pablo, en lugar de al revés (algo que todavía persiste hoy), se puede rastrear a tiempos bien anteriores a la Reforma protestante. (En contraste, algunos grupos periféricos, sectas «herejes», y reformistas como Francisco de Asís tomaban los Evangelios y el ejemplo de Jesús en la tierra como modelo de la fe cristiana y el discipulado. Más tarde los anabautistas y sus herederos hicieron de este modo de seguir a Cristo su objetivo principal.)

2. Además de la predilección por Pablo, estaba la tendencia duradera también de siglos anteriores, *a interpretar gran parte de las Escrituras de manera simbólica o mística:* a buscar el «sentido espiritual» más allá del «sentido literal». Cuando está bajo el control de las Escrituras, esto es legítimo. Pero la preferencia por interpretaciones simbólicas y místicas fá-

---

[23] Smalley, *Study of the Bible* (Estudio de la Biblia), p. 361.

cilmente abre las puertas al neoplatonismo y al dualismo entre el espíritu y la materia.

Robert Grant señala: «En el período tardío de los escritos de los padres de la iglesia y en el Medioevo» los exégetas desarrollaron «un sistema de alegorización» por el cual encontraban cuatro, y a veces hasta siete, significados a los textos bíblicos. Los cuatro significados más comunes que se buscaban eran el literal, el alegórico, el moral, y el analógico o místico. De estos el «método de interpretación bíblica más importante y característico... no era el literal sino el alegórico».[24] Smalley añade: «Los padres latinos, seguidos por los asistentes de Carlomagno, hicieron que el estudio de la Biblia sirviera a sus necesidades actuales. Conservaron el sentido literal y la crítica del texto, pero sólo como base para la interpretación espiritual». Por un lado, el estudio de la Biblia se puso al servicio de la espiritualidad mística y, por otro lado, en defensa de las doctrinas de la iglesia y su lugar en el orden político-social. En general, el estudio de la Biblia «subordinaba la erudición ... al misticismo y la propaganda».[25]

3. *Un interés renovado por el hebreo sobre el griego* fue otro factor que tendió a separar la tierra del cielo. ¡Esto es muy irónico! Se podría suponer que centrarse en el hebreo y el Antiguo Testamento contrarrestaría el neoplatonismo griego. Sucedió todo lo contrario, en parte debido a las dos tendencias que acabamos de señalar, y en parte por razones socioculturales y aun geográficas.

Con el transcurso del tiempo, los eruditos de Occidente se apartaron cada vez más de sus primeras raíces orientales; tuvieron la influencia de los primeros padres griegos, especialmente la de Orígenes, «el más audaz alegorizador de la iglesia antigua» que aplicó «el método metafórico de los misterios griegos» a las Escrituras judías.[26] Se podría decir que se le dio un carácter místico al hebreo en lugar de considerarlo simplemente un idioma humano. Pasó a ser considerado como el «idioma del cielo» con «privilegio mágico sobre otros»; escribe Smalley. «Parecería que el griego tenía poca santidad comparado con el alfa y omega del habla».[27]

Smalley afirma que un estudioso occidental que quisiera dominar el idioma griego «habría tenido que ir a Bizancio [Constantinopla] o al sur

---

[24] Grant and Tracy, *Short History* (Breve Historia), p. 85.
[25] Smalley, *Study of the Bible* (El estudio de la Biblia), p. 358.
[26] Grant, *Letter and Spirit* (Letra y espíritu), p. 101
[27] Smalley, *Study of the Bible* (El estudio de la Biblia), p. 362

de Italia o a Sicilia, mientras que [fácilmente] podría aprender hebreo de su vecino judío».[28] El rabí o erudito judío local era «una línea telefónica al Antiguo Testamento». Sin embargo, la interpretación bíblica judía de aquel entonces era sumamente mística. Smalley sugiere que el estudioso bíblico cristiano «en sus relaciones con la sinagoga ... dejaba de lado su desaprobación de sus representantes actuales por el respeto que tenía por el pasado. El judío, no importa cuán despreciado o perseguido fuera, podía relacionarlo con los patriarcas, profetas y salmistas». «No había fuente tan obvia para el estudio del Nuevo Testamento». De ahí que «el investigador medieval latino [tendía] a concentrar sus esfuerzos en el estudio del hebreo y del Antiguo Testamento, y al Nuevo lo dejaba a un lado».[29]

Smalley demuestra la manera en que «la devoción a las propiedades místicas del hebreo convencían al hebraísta medieval de que sus estudios le conducían a la esencia de la materia. Sentía que se introducía a la fuente más profunda del significado del texto».[30] En otras palabras, los comentaristas se sentían atraídos por los textos bíblicos hebreos, pero su interpretación de esos textos estaba fuertemente influenciada por la interpretación mística judía de las Escrituras común en aquel entonces. El estudio del Antiguo Testamento, por lo tanto, no llevaba a una cosmovisión bíblica, sino a una creciente visión mística, idealizada.

El error fundamental aquí era ver el Antiguo Testamento como alegoría en lugar de la historia real de salvación, un error que todavía hoy prevalece en el cristianismo popular. Las Escrituras hebreas se convirtieron en *el trasfondo místico tipológico* del evangelio, y no el contexto histórico necesario para entenderlo apropiadamente.

La alegorización de la Biblia es, sobre todo, una manera de evitar la embarazosa materialidad, la carnalidad, las pasiones y el historicismo del Antiguo Testamento. El gran escándalo del Antiguo Testamento —en la actualidad al igual que en el Medioevo— es que es tan, pero tan terrenal. Job exclama «desde mi carne», no desde mi espíritu, «veré a Dios» (Job 19:26). Lo mundano del Antiguo Testamento es un bochorno para el pensamiento neoplatónico. La solución es convertir gran parte del Antiguo Testamento (e incluso parte del Nuevo) en alegoría, buscar el significado «verdadero», superior, «espiritual» de la Biblia. En esa exégesis, entonces

---

[28] *Ibíd.*, pp. 361-62.
[29] *Ibíd.*, pp. 362-63.
[30] *Ibíd.*, p. 362.

y ahora, los símbolos son bíblicos, pero la cosmovisión es platónica, no hebraica. El resultado: se selló más el divorcio entre la tierra y el cielo.

Esta interpretación del Antiguo Testamento explica en gran medida la popularidad de Pablo sobre los Evangelios, incluso hoy. Los comentaristas medievales preferían un Jesús espiritualizado en lugar del Jesús histórico que fue y permanece totalmente humano y al mismo tiempo totalmente Dios. Esto no era culpa de Pablo. Aunque él a veces empleaba la alegoría para explicar la economía divina, su alegoría siempre estaba dominada y controlada por la historia real. Pero en gran parte de la interpretación bíblica posterior, la alegoría controlaba (y reinterpretaba) la historia.

Esto no quiere decir que todas las alegorías bíblicas medievales eran erróneas. La cuestión es que las interpretaciones alegóricas desarraigaron y reemplazaron la interpretación histórica más literal, con sentido común, y le dieron a la historia bíblica un significado distinto, más teológico y «espiritual». La interpretación y la cosmovisión eran más platónicas que hebraicas y, por consiguiente, distanciaron más la tierra del cielo.

El redescubrimiento de la naturaleza

Los años 1200 trajeron una perspectiva nueva de la naturaleza y el mundo natural. ¿Significaría esto recuperar la importancia bíblica que tiene el suelo y la tierra en el plan de Dios? Podría haber sido así, pero no lo fue. Debido a la brecha teológica existente entre la tierra y el cielo y la primacía del misticismo, el nuevo énfasis sobre la naturaleza no condujo a un apropiado uso bíblico teológico, sino que llevó a su secularización.

Smalley escribe: «Todas las criaturas, sean obras de la naturaleza o del arte, [ahora eran] dignas de ser examinadas». Un «interés creciente en el funcionamiento de los procesos naturales en el ser humano y el universo [llevaron aun] a preguntas respecto a la física de las narraciones bíblicas» con «un deseo pujante de entender exactamente cómo sucedieron los hechos». Pero por el cisma de la cosmovisión entre el espíritu y la materia, este estudio de la Biblia no produjo un sentido de salvación como creación sanada o la unión matrimonial del cielo y de la tierra. En su lugar, impulsó y selló aún más el divorcio. Smalley destaca que estamos en «presencia de una etapa de la secularización del pensamiento medieval».[31]

---

[31] *Ibíd.*, pp. 371-72.

Entonces aquí se amplió la brecha: por un lado, la secularización, y por el otro, el misticismo. Esta brecha culminó en los escritos místico-histórico-escatológicos de Joaquín de Fiore (hacia 1135-1202), un abad italiano que quería reformar la iglesia y en particular la Orden del Cister. En su *Harmony of the Old and New Testament* (Armonía del Antiguo y el Nuevo Testamentos) y otros escritos, el autor expuso su teoría sobre las tres edades de la historia, la cual alcanzó enorme popularidad.

Antes de los escritos de Joaquín de Fiore, la interpretación místico-espiritual de las Escrituras «se había mantenido dentro de límites reconocidos» y sin especulación escatológica demasiado amplia.[32] De Fiore, sin embargo, mezcló la doctrina de la Trinidad, el libro de Apocalipsis, y la interpretación místico-simbólica de las Escrituras, y creó su teoría de las tres edades, una teoría dispensacionalista que en cierta manera se asemeja a la teoría dispensacionalista del premilenio de John Nelson Darby expuesta seis siglos más tarde.[33]

El modelo dispensacionalista de Joaquín de Fiore fue novedoso por su creatividad y simplicidad. La exégesis bíblica ya había establecido el principio de que los presagios del Antiguo Testamento se cumplían en el Nuevo, mediante el empleo intenso de la alegoría y la tipología. «¿Por qué [entonces] el Antiguo y el Nuevo Testamentos no deberían ser presagios de un tercer período?»[34]

De Fiore identificó el Antiguo Testamento con el Padre, el Nuevo Testamento y la edad de la iglesia con el Hijo, y una edad nueva, inicial, de renovación con el Espíritu. Esta edad nueva del Espíritu estaba por comenzar. Consigo traería el florecimiento completo de la promesa del evangelio, una dispensación de amor en la cual la gente gozaría de comunión íntima con Dios. Las órdenes monásticas de la iglesia, llenas del espíritu, tendrían un papel preponderante, al sustituir en gran medida a la jerarquía de la iglesia. En esa misma época surgió y se expandió la nueva orden franciscana. Muchos vieron en los franciscanos la vanguardia de la edad del Espíritu que se aproximaba.

De Fiore fue creativo en sus ideas y sus matemáticas, al igual que John Darby muchos años más tarde. De Fiore dedujo que la nueva edad del Es-

---

[32] *Ibíd.*, p. 286.

[33] Véase el capítulo 4. Para un resumen de Joaquín y su influencia, véase Snyder, *Models* (Modelos), pp. 30-33.

[34] Smalley, *Study of the Bible* (El estudio de la Biblia), p. 287.

píritu comenzaría en el año 1260, basándose en pasajes como Apocalipsis 11:3 («Por mi parte, yo encargaré a mis dos testigos que, vestidos de luto, profeticen durante mil doscientos sesenta días») y 12:6 («la mujer huyó al desierto, a un lugar que Dios le había preparado para que allí la sustentaran durante mil doscientos sesenta días»). La lógica parecía clara, una vez que él la había indicado.

Sólo en la edad del Espíritu la gente podría entender completamente los secretos espirituales más profundos de la Biblia. Se dejaría de lado la cáscara del significado literal de las Escrituras.

Tomás de Aquino (hacia 1225-74) refutó las ideas de Joaquín de Fiore en su monumental *Suma Teológica*. Sin embargo, el compatriota de de Fiore, Dante Alighieri (hacia 1265-1321), en su *Divina Comedia*, lo representó en el paraíso. Esto se entiende, ya que Dante consideraba la realidad suprema como una luz inmaterial; «para él la verdad suprema es que el alma queda enceguecida por la luz».[35]

En de Fiore vemos el atractivo recurrente de la especulación apocalíptica. Su teoría novedosa parecía explicar mucho sobre el mundo y la iglesia, e inspiraba esperanza: Dios estaba a punto de hacer algo nuevo. Sin embargo ese «algo nuevo» no era la unión del cielo y la tierra, sino una espiritualización intensificada de todo lo material. En este sentido la visión de de Fiore se puede interpretar como «la culminación de la tradición patrística que había identificado la letra con la carne, y había considerado la interpretación espiritual, la prerrogativa especial de lo religioso, como su antítesis», como sugiere Baryl Smalley.[36]

Las contracorrientes de la renovación

Sin embargo, llamativamente, corrientes frescas de renovación realmente se hacían sentir. En parte era una reacción, y hasta repugnancia, por las Cruzadas con sus excesos y la pompa que le trajeron a la gente en el poder, tanto de la iglesia como del estado. Muchos fieles anhelaban el retorno a la sencillez del primer cristianismo.

Este anhelo al final se convirtió en un impulso incipiente hacia la reforma, llegando a lo que algunos han llamado «el avivamiento evangélico

---

[35] Edwards, *Christianity* (Cristianismo), p. 259.
[36] Smalley, *Study of the Bible* (El estudio de la Biblia), p. 289.

del siglo XII».[37] Este impulso alcanzó su punto espiritual más alto con San Francisco (hacia 1182-1226) y Clara de Asís (1194-1235) y los miles de jóvenes seguidores. Las comunidades de franciscanos y las «pobres clarisas» aumentaron en cantidad e hicieron visible la iglesia de muchas maneras.

Dios le dijo a San Francisco: «Anda, reconstruye mi iglesia, que está en ruinas». La primera reacción de San Francisco dice mucho, pues indica lo que significaba «iglesia» en su tiempo. Naturalmente pensó que Dios quería que reparara los templos. (Hoy en la elaborada Iglesia de San Francisco en las afueras de la antigua ciudad de Asís se puede ver un fresco en el cual San Francisco sostiene simbólicamente el edificio inclinado de una iglesia.)

Al entender «reconstruye mi iglesia» con un sentido físico, Francisco y sus amigos comenzaron a restaurar la vieja capilla de San Damián, en la bajada de Asís. Poco a poco, Francisco se dio cuenta de lo que Dios en realidad quería decir. La iglesia era el pueblo de Dios, no los edificios. Hoy, una de las vistas más inspiradoras en San Damián, es una pequeña escultura en bajo relieve de Francisco al recibir la divina misión: «Anda, reconstruye mi iglesia».

En alrededor de treinta años, miles de franciscanos, clarisas y otros vivían la iglesia visible llevando una vida de sencillez y servicio. Fue uno de los movimientos más grandes de la historia cristiana. Una vez más la iglesia era visible y le recordaba a la gente la primera iglesia. Un observador dijo que los franciscanos «aumentaron en cantidad en tan poco tiempo que prácticamente en todas las provincias de la cristiandad hay frailes». Otro comentaba la manera en que «esta forma de vida completamente nueva» de los franciscanos atraía en especial a los jóvenes.[38]

Los franciscanos, las clarisas y en menor grado los dominicianos renovaron la vida de la iglesia en gran parte de Europa. Los valdenses (Pedro Waldo, 1179-1218), supuestamente herejes, también fueron una fuerza renovadora en la misma época.

---

[37] Chenu señala que la aspiración a restaurar la iglesia a su estado primitivo no sólo provocó un impulso hacia la reforma moral sino que también vigorizó una indagación profunda de la fe cristiana que dio como resultado importantes avances en teología. Las dos direcciones del empuje renovador lo simbolizan, por una parte, Francisco de Asís y Clara de Asís, y por otra Tomás de Aquino.

[38] Esser, *Origins of the Franciscan Order* (Orígenes de la orden de los franciscanos), pp. 37-38.

Aun así, la visibilidad de la iglesia continuó principalmente a través de sus estructuras físicas y su jerarquía, aliada con el estado. Aunque mucha gente común descubría a Dios a través de los franciscanos y otros, todos sabían que la iglesia portaba la cruz en una mano pero (por medio del estado) podía llevar la espada en la otra. Después de todo, esta no fue sólo la edad de los franciscanos sino también de las Cruzadas, de las cuales todavía sufrimos las consecuencias.

Conclusión: El divorcio se confirma

Hablamos del «divorcio del cielo y la tierra» porque esa frase capta la clave del desarrollo de la historia de la iglesia durante el extenso período de más de 1200 años. La encarnación y resurrección de Jesús unieron el cielo y la tierra. En Jesucristo el reino de Dios se hizo visible. Cuando el Imperio Romano se convirtió al cristianismo, y especialmente cuando se estableció el gran imperio cristiano bizantino, indudablemente parecía que el reino de Dios había llegado a la tierra.

Pero con el ocaso de Roma, la conquista islámica, la politización creciente de la iglesia y la ausencia de un discipulado cotidiano en el pueblo cristiano, el cielo se hizo más y más distante, bien, bien arriba. La tierra no estaba «llena de la gloria de Dios», salvo cuando se la veía fugazmente a través de los sacramentos o el misticismo del otro mundo. «El fin de la edad» llegó a significar el momento en que «Cristo aparecerá en su gloria y buscará a los suyos para llevarlos consigo al cielo», escribió Henri de Lubac, en lugar de la reconciliación del cielo y la tierra, la sanación de la creación.[39]

Randy Maddox expresa claramente la tendencia general:

> Mientras las Escrituras hablan del objetivo final de Dios de salvación como «cielo y tierra nuevos» (es decir, la transformación de todo lo que hay en el universo), ... los cristianos a lo largo del primer milenio [llegaron] a suponer más y más que nuestro estado final está "arriba en los cielos" ... visto como el reino donde los espíritus humanos viven en cuerpos etéreos y se unen eternamente a todos los demás seres espirituales —¡una categoría que no incluye los animales!— en la adoración continua al Ser Supremo. En con-

---

[39] De Lubac, *Four Senses* (Cuatro sentidos), p. 179.

traste, suponían que el universo físico, que abandonamos cuando morimos, al final sería destruido.[40]

Hacia el año 1500 el divorcio de la tierra y el cielo era casi un hecho. Se vio cuestionado sólo por algunos milenialistas, espiritualistas y grupos proto-anabautistas como los valdenses —que la iglesia oficial consideraba herejes— y hasta cierto punto por los franciscanos, las clarisas y otros grupos que adoptaron el ideal de «la pobreza apostólica». Decimos «hasta cierto punto» porque, a pesar de su amor por la naturaleza, San Francisco (como reacción comprensible a la iglesia oficial) llevó una vida excesivamente ascética que negaba el mundo y glorificaba el sufrimiento y la pobreza extrema. Teológicamente en realidad no superó la división del cielo y la tierra de manera totalmente bíblica. En cierto sentido, la reforzó.

Hacia el año 1500 la iglesia cristiana, en Oriente y Occidente, había aceptado totalmente el divorcio del cielo y la tierra. En efecto, más que aceptarlo, inconscientemente lo asumió como parte de la cosmovisión de la iglesia. El cisma entre la tierra y el cielo sólo podía salvarse por medio de los sacramentos y la experiencia mística. Al morir, el alma abandonaba la tierra y alcanzaba la felicidad atemporal en un cielo espiritual. Gran parte del arte medieval representa este punto de vista dramáticamente. Por ejemplo, el cuadro de Dirk Bouts el Mayor, «Ascenso desde el paraíso restaurado», lo manifiesta bien (1450). ¡Sin saberlo, la iglesia estaba al borde de una reforma y renovación mayor!

---

[40] Maddox, «John Wesley's» (Escritos de John Wesley), p. 47. Maddox indica que John Wesley «bebió este juicio sobre nuestro estado final durante su niñez, y a través de su ministerio lo presentó como algo obvio y sin problemas» En la última década de su vida, sin embargo, «Wesley rescató las imágenes de la renovación cósmica de Dios, y cambió su punto de vista del 'cielo sobre la tierra' a la futura nueva creación» (*Ibíd.*, p. 47).

En su cuadro *Ascenso desde el paraíso restaurado* (1450), el pintor flamenco Dirk Bouts representa a los redimidos que se elevan de la tierra al cielo. (Colección del Musée des Beaux-Arts at Lille, Francia).

3

Corrientes de renovación
Esperanza de reconciliación

*Si a un árbol se le derriba,
queda al menos la esperanza de que retoñe
y de que no se marchiten sus renuevos.
Tal vez sus raíces envejezcan en la tierra
y su tronco muera en su terreno,
pero al sentir el agua, florecerá;
echará ramas como árbol recién plantado.*
Job 14:7-9

Corrientes frescas de renovación empezaron a conmover a la iglesia hacia el año 1500. Esas corrientes de renovación han fluctuado como marea, pero continúan hasta el presente.

Sucesivas corrientes de renovación dieron vida nueva a la iglesia y extendieron su testimonio a través de los siglos. Los movimientos de renovación no comenzaron con la reforma protestante; la renovación siempre ha sido parte de la historia de la iglesia pero una nueva era importante comenzó en los 1500.

Este capítulo esquematiza estas corrientes de renovación en dos fases: de 1500 a 1800, y de 1800 a la actualidad. La segunda fase la denominamos la «edad de la globalización del evangelio». La cuestión primordial es: ¿Estos vientos frescos de renovación dieron finalmente nacimiento a una visión para la reconciliación del cielo y la tierra? ¿Qué resultó del divorcio de la tierra y el cielo, de la separación que debilita el poder completo de las buenas nuevas como el mensaje de la creación sanada?

Travesías de renovación, 1500-1800

En líneas generales, los movimientos de renovación conmovieron repetidamente al cristianismo occidental a lo largo de los trescientos años transcurridos entre 1500 y principios de 1800.[1]

La Reforma Católica (o «Contrarreforma») en el sur de Europa, y el notable surgimiento a nivel mundial de las misiones de la Sociedad de Jesús (jesuitas), dieron un soplo de vida nueva al catolicismo romano; convengamos que estos movimientos no eran tan «evangélicos» como les hubiera gustado a los protestantes. Todavía estaban afectados por la ambigüedad política de la alianza entre la iglesia y el estado. Sin embargo, el Espíritu de Dios parecía actuar de forma sorprendente en las obra de religiosos como Santa Teresa de Avila, San Juan de la Cruz, San Ignacio de Loyola y San Francisco Javier. Cuando emergió la Reforma Protestante en el norte de Europa, la iglesia católica romana ya enviaba misioneros devotos a la India, China y todo el continente americano, que acompañaban o seguían los pasos de los conquistadores españoles y portugueses. Actualmente en la iglesia de San Ignacio de Loyola en Roma (que abrió sus puertas en 1650, construida en el sitio del antiguo templo de Isis), se pueden contemplar en el techo los dramáticos frescos que representan a las primeras misiones jesuitas en Asia, África y América.

Pero la Reforma Protestante fue la mayor fuente de renovación que marcó este período de trescientos años. Las reformas de Lutero, Calvino, Zwinglio, Menno Simons y los primeros anabautistas prepararon el terreno para el gran avivamiento en la Europa continental, las Islas Británicas y (más tarde) Norteamérica. Por medio de estos movimientos, de diversas maneras y en distintos lugares, la iglesia se vio agitada, renovada, castigada, y luego inspirada para la misión mundial como nunca antes.

Estas renovaciones acompañaron en gran medida el colonialismo europeo. Por lo tanto su historia es una historia muy entremezclada y confusa. A pesar de esta ambigüedad, el Espíritu Santo obraba tanto en la renovación de la iglesia como en la expansión de su visión misionera mundial.

Aquí nos encontramos en un punto decisivo. Durante el período de la Reforma sólo los anabautistas y unos pocos primeros grupos de «herejes»,

---

[1] Hasta cierto punto esto es verdad también en cuanto a la iglesia del Oriente, y aun al judaísmo y al islamismo, pero nos fijamos en especial en la cristiandad de Occidente.

como los valdenses, habían objetado a la unión en matrimonio de la iglesia y el estado. Los protestantes, como los católicos (y los musulmanes, a su manera), simplemente asumían que la iglesia y el estado debían ser uno. Era así su cosmovisión. La religión de la gente debía ser la del rey. Los que no estaban de acuerdo no eran meros disidentes: eran subversivos políticos, herejes que merecían la muerte o el destierro. Esa era la lógica del derecho divino de los reyes y del matrimonio de la iglesia con el estado.

A menudo se malinterpreta al movimiento anabautista o movimiento protestante radical respecto a esta cuestión. A estos cristianos fervientes se los llamó «anabautistas» —o sea, «re-bautizadores»— por cuanto insistían en el bautismo de los creyentes adultos, y tanto los católicos como los protestantes los rechazaban. Sin embargo, el tema no era tanto el bautismo en sí, sino su objeción a la alianza de la iglesia y el estado. Desde la perspectiva tradicional, si la iglesia y el estado son uno, entonces el bautismo y la ciudadanía son uno. Ser cristiano implica ser ciudadano, y viceversa. En contra de este punto de vista, los protestantes radicales insistían en el bautismo de los creyentes adultos para trazar una línea clara entre la iglesia y el estado. La fe cristiana requería una decisión concienzuda de seguir a Jesús, no sólo una aceptación pasiva de la religión del estado.

El bautismo de los creyentes adultos era una protesta en contra del matrimonio de la iglesia y el estado. ¡Esa era la gran herejía anabautista! La ironía es que los muy difamados anabautistas fueron los precursores, a un costo muy alto, de la visión de la iglesia que la mayoría de los cristianos da por sentado actualmente.[2]

Después de la Reforma Protestante tuvieron que pasar doscientos años para que alguien dentro del cristianismo cuestionara seriamente el matrimonio de la iglesia y el estado. Poco a poco con la aparición y el crecimiento de diversos grupos «disidentes» —que incluía a algunos bautistas en Inglaterra y más tarde a los cuáqueros— estos se ganaron el derecho de vivir y adorar según les dictara su conciencia. La libertad de la economía religiosa que ahora damos por sentada no fue el resultado de una política progresista o de un gran adelanto teológico, sino porque la cantidad de creyentes independientes y disidentes había crecido tanto

---

[2] Particularmente buena es la perspectiva de Durnbaugh, *Believers' Church* (Iglesia de creyentes).

que tenían que ser tolerados.[3] En Norteamérica, desde sus comienzos en los EE.UU. había tanta mezcla religiosa que ningún grupo podía llegar a ser la iglesia del estado, excepto en unas pocas colonias durante cortos lapsos de tiempo. EE.UU. se fundó con garantía de libertad religiosa, una innovación increíble, que Thomas Jefferson celebró con alegría.

La narración, el plan, la iglesia visible

La narración y el plan. Estas corrientes renovadoras desviaron un poco la trama de la historia cristiana. Creció la esperanza de que Dios estuviera haciendo algo nuevo. En Europa continental, la Guerra de los treinta años (1618-48) y el hastío por las luchas doctrinales de los protestantes sobre cuál era exactamente la creencia correcta (a veces conocida como «Escolástica protestante») despertó el anhelo de renovación. Los pietistas y la renovada Hermandad Morava en el continente, junto a los puritanos en Inglaterra, intentaban recobrar el potencial que había desatado la Reforma un siglo y medio antes.

Los movimientos de renovación y avivamiento desde mediados de los años 1600 y durante los 1700, cambiaron el modo de pensar, y con ello la dirección de la narración cristiana. El pastor luterano Philip Jakob Spener fue clave en el crecimiento del pietismo continental; habló de «la esperanza de tiempos mejores» y la posibilidad de un «nacimiento nuevo» o el «renacer», no sólo de las personas sino también de la iglesia misma. La gente dejó de mirar a Lutero y el pasado, y comenzó a mirar hacia el futuro, a las nuevas cosas que haría el Espíritu. Una mentalidad similar caracterizó a los primeros metodistas y al Avivamiento Evangélico de Inglaterra. Lo mismo se puede decir del Gran Avivamiento en Norteamérica.[4] Todavía actualmente los historiadores polemizan sobre la influencia de este movimiento en el destino nacional de los Estados Unidos y en la formación de la doctrina del Destino Manifiesto de ese país.

A pesar de estas grandes renovaciones, la narración cristiana central no cambió mucho. La expansión mundial de Europa, el contacto con otros

---

[3] Hubo un paralelo irónico en el siglo IV cuando el (pagano) Imperio Romano finalmente tuvo que tolerar a los cristianos porque su número había crecido tanto al punto que tenían influencia ejemplar, como los muestra Stark, *Rise of Christianity* (comienzos del cristianismo).

[4] De entre las muchas fuentes, véase en especial Snyder, *Signs of the Spirit* (Señales del Espíritu); Ward, *Protestant Evangelical Awakening* (Avivamiento evangélico protestante); Noll, *Rise of Evangelicalism* (Surgimiento del evangelicalismo).

pueblos y religiones, y la revolución industrial, contribuyeron a una sensación expansionista y dinámica de un mundo lleno de posibilidades y oportunidades. Pero la iglesia y el estado, y por lo tanto también la cristiandad y el imperio, estaban todavía estrechamente unidos, no sólo dentro del catolicismo romano sino también en la mayoría de las ramas del protestantismo. Esto produjo mensajes claramente ambiguos durante el gran período de las misiones protestantes que estaba por comenzar.

Y el divorcio del cielo y la tierra no se sanó. El papel que protagonizó la tierra —el orden creado— en el plan de Dios fue nulo o casi nulo, excepto como algo para ser conquistado, dominado y empleado para producir ganancias económicas y extender el imperio. No era nada que debía ser cuidado, protegido o redimido.

En Europa, la «teología del pacto» o «teología federal» o «conveniolista» (derivado de *foedus*, la palabra latina para «convenio») en los años 1600 parecía ofrecer esperanza de una visión más bíblica de la salvación. Con el acento colocado en los pactos bíblicos, esta teología dio cabida a la acción humana y a los procesos históricos en la economía divina. Era una forma de evitar la ortodoxia rígida del escolasticismo reformado. Desafortunadamente, sin embargo, algunos teólogos importantes de esta corriente, como Johannes Cocceius, se olvidaron en gran medida del pacto de Dios con la tierra misma (Gn 9:8-17; Jer 33:20, 25); la tierra, el suelo como tal, todavía era prácticamente invisible; la mirada estaba puesta en el pacto entre Dios y los humanos.[5] Si los puritanos estadounidenses a veces relacionaban la promesa bíblica de la tierra con su país como la tierra prometida, era como resultado del pacto de gracia divina con el pueblo elegido, y no como un pacto particular y diferenciado con la tierra en sí.

Los movimientos de renovación y avivamiento alimentaron un sentido más amplio de responsabilidad personal y vida santa. Pero por lo general, los cristianos influenciados por la renovación —metodistas, bautistas, congregacionalistas, luteranos o de los movimientos de la nueva restauración en Norteamérica— entendieron que el plan redentor de Dios significaba el traslado final de la tierra material a un cielo espiritual. Desde luego, esta era la cosmovisión que habían heredado. Los cristianos tenían

---

[5] Johannes Cocceius (1603-69), a pesar de su preocupación bíblica, se enfocaba casi exclusivamente en la relación entre Dios y el humano, y hacía poca o ninguna referencia a la tierra y la relación de Dios con ella. Eso se entiende, dados los debates de ese tiempo. Ver McCoy, *Covenant Theology of Johannes Cocceius* (Teología del pacto de Johannes Cocceius).

poca expectativa en la restauración del cielo y la tierra; tenían poca esperanza de que fuera una posibilidad real y actual que la voluntad de Dios se cumpliera «así en la tierra como en el cielo».[6]

Esto queda muy claro en los himnos y cánticos de mediados de los años 1800 y 1900, todavía ampliamente difundidos. Están llenos de versos como los siguientes:

> En cruz, en la cruz, sea mi gloria para siempre / Hasta que mi alma en éxtasis[7] encuentre más allá del río su descanso. («En la cruz»)
>
> Entonces a mi hogar lejano él me llamará algún día / Donde para siempre compartiré su gloria («En la tosca vieja cruz»)
>
> Seguro tengo un hogar futuro en el cielo, en esas mansiones sublimes («El cielo descendió», 1961)

«Cuando allá se pase lista» (por James M. Black, 1856-1938) celebra «esa mañana radiante y diáfana en que los muertos en Cristo se levantarán, y la gloria de Su resurrección compartirán», pero su destino final es «su hogar que está más allá que los alrededores», no los cielos y la tierra renovados. Aquí el problema no es la visión de «descanso» y «hogar» eterno, sino más bien la idea que el futuro final del cristiano consta de «almas rescatadas» en un «hogar lejos» de cualquier forma de mundo material, en lugar de la reconciliación de cielo y tierra. Claramente, esto no es bíblico.

Desde luego, estas ideas no surgieron en los años 1800. Ya estaban bien arraigadas en la teología evangélica y en la experiencia del avivamiento de los años 1600 y 1700. Isaac Watts (1674-1748) escribió:

> Cuando pueda leer mi título de propiedad
> De las mansiones en los cielos.

Los himnos de Charles Wesley (1707-88) son un caso interesante de estudio por su aparente ambivalencia acerca de la esperanza cristiana. En conjunto, los himnos de Wesley tienen un mensaje ambiguo. Algunos hablan positivamente de la resurrección, la nueva creación, la transformación, y del reino venidero de Dios. Pero otros describen la tierra como «un

---

[6] Las muchas comunidades utópicas en los EE.UU., y otros lugares, en los 1800s (y antes), en este contexto se entienden mejor por medio de contrastes. Ver, por ejemplo, Holloway, *Heavens on Earth* (Los cielos en la tierra).

[7] Fanny Crosby escribió esto antes del surgimiento del dispensacionalismo premilenario, por lo tanto «*alma en éxtasis* [Rapture]» no tiene relación alguna con la palabra inglesa «Rapture» (rapto) sino que que conlleva el sentido de delicia o éxtasis.

sueño» (o una pesadilla), algo de lo cual hay que escapar, y la muerte como una amiga liberadora. Así hay versos como estos:

> La travesía de la vida se termina;
> La aflicción mortal ha pasado:
> La edad que pasen en el cielo,
> Por siempre ha de durar.
> («No lamentes la muerte de tu hermano fallecido»)

O estos:

> Aquí en la tierra, nada merece un pensamiento
> Sólo cómo puedo escapar de la muerte
> ¡Que nunca, jamás muere!
> Cómo asegurar mi propia elección;
> Y cuando en la tierra fallo, protegido
> Una mansión en los cielos.
> «¿Y sólo para morir he nacido?».[8]

A la vez, John Newton (1725-1807) escribió:

> Conforme la flecha alada vuela
> Veloz a encontrar su blanco;
> Conforme el relámpago desde los cielos
> Raudo, no deja huella alguna
> Así velozmente nuestros
> días fugaces se nos van en la rápida corriente de la vida
> Hacia arriba, Señor, eleva nuestros espíritus
> Todo en esta tierra no es más que un sueño.
> («Mientras, con incesante senda, el Sol»)

Los cristianos celebran con razón la promesa de los evangelios de vida eterna. Pero esa promesa no se trata en última instancia de la huida de la tierra, sino acerca de la nueva creación que sana el divorcio de la tierra y el cielo.

Los movimientos de renovación a lo largo de los años 1700 y 1800 se centraron en la experiencia personal; este era su punto fuerte y lo atrayente pero al enfocarse en la experiencia personal se desviaron hacia el

---

[8] (Desde el punto de vista bíblico), uno de los peores y más escapistas himnos de Charles Wesley es «Líder de almas fieles», que se refiere al «viaje a los cielos», al encuentro «con nuestro Salvador en los cielos», a «Nuestro eterno hogar en lo alto», y a «Esta tierra [que] no es nuestro hogar».

individualismo («mi propia experiencia, validada principalmente por mí mismo») y tendió a opacar la visión más amplia de Dios y el propósito de su reino. Otra vez aquí la himnología de la iglesia da algunas pistas. Los grandes himnos «de siempre» del cristianismo, muchos de ellos antiguos, son generalmente de estructura Trinitaria, y terminan en un verso de alabanza a la Trinidad. En contraste, los «Gospel Songs» («Cantos evangélicos») del avivamiento culminan típicamente con un enfoque individualista del cielo «en el dulce futuro». Los himnos trinitarios son muy escasos.[9]

Algunos movimientos de renovación —principalmente el movimiento metodista (o metodismo) y el pietismo— compensaron el individualismo y el «otro mundismo» por medio de estructuras de una comunidad responsable. Los *Pietist collegia pietatis* (grupos pequeños de crecimiento

---

[9] La iglesia seriamente necesita nuevos himnos que expresen completa esperanza bíblica —no sólo esperanza del cielo— como contrapeso a los cientos de nada-bíblicos o sub-bíblicos que hay. Una vez que se comienza a buscar, es espantoso ver cuántos himnos y cantos populares confunden, o no son bíblicos, en algunos versos. Tales cantos refuerzan el divorcio tierra-cielo o inculcan la idea de salvación íntima (individual). De entre las docenas que podrían citarse, añadimos los siguientes, que son teológicamente problemáticos.

¿Te ha lavado la sangre? «Cuando el prometido venga, ... ¿estará lista tu alma para las mansiones esplendorosas?».

Jesús debe cargar la cruz solo: «entonces iré a mi hogar a ceñirme la corona»; «Los ángeles, de los cielos bajan y lejos llevan mi alma».

Mi fe espera en Ti: «Cuando de la vida termina su pasajero sueño ... Oh, a los cielos eleva segura mi alma rescatada».

A todos supera el amor divino: «Hasta que en el cielo tomemos nuestro lugar».

En un lejano pesebre: «alístanos para los cielos, a vivir contigo allí».

Hoy Cristo ha resucitado: «Remontarnos hemos donde Cristo nos ha guiado ... sigamos a nuestro excelso líder ... Nuestros son la cruz, la tumba, los cielos» (no la tierra).

El día de resurrección: «De la muerte a la vida eterna, de la tierra a los cielos».

Regocíjate, el Señor es rey: «Nuestro Señor el juez vendrá y llevará a sus seguidores a su eterno hogar en los cielos».

Oh Zion, apresúrate: «Para salvar Su perdida creación se inclinó, y murió en la tierra para que el hombre vivir pueda en los cielos».

Mi Jesús, te amo: «En mansiones de gloria y sin fin deleite ... en tan esplendorosos cielos».

Seré como Jesús: «Todo el camino de la tierra a la gloria»; «Que en los cielos El me encuentre».

Sostenme: «¡Brilla a través de las sombras, y dirígeme a los cielos. La mañana de los cielos despunta, y las vanas sombras de la tierra huyen!»

Él me mantiene cantando: «Pronto vuelve a saludarme más allá del estrellado cielo; Encumbraré mi vuelo a desconocidos mundos, con Él reinaré en lo alto».

y discipulado) y las reuniones de las «clases metodistas» de crecimiento personal nutrieron las comunidades que neutralizaron en un grado considerable el narcisismo espiritual. Cuando los metodistas estadounidenses y británicos abandonaron en los años 1800 ese sistema de clases y crecimiento perdieron su defensa esencial contra el individualismo subjetivo excesivo.

Los movimientos de renovación de los años 1700 y 1800 típicamente eran optimistas en cuanto a la experiencia personal de la gracia de Dios, pero no muy optimistas en lo que se refería a la transformación o sanación de la tierra y sus problemas. Aunque eso variaba, reflejaba en parte el estado de ánimo general de la sociedad. En general, no era tan así entre los metodistas, dado su «optimismo de la gracia».[10]

El cristianismo en los EE.UU. gozó de una explosión de optimismo durante los movimientos de avivamiento de la pre-Guerra Civil de los años 1820 y 1830, y más tarde con el surgimiento del Evangelio Social en las décadas de 1880 y 1890. Los cristianos creían que el reino de Dios podía manifestarse en esencia en el mundo. Pero este optimismo pronto murió, primero por la sangrienta Guerra Civil, y más tarde por la debilidad teológica del evangelio social y el surgimiento del premilenialismo dispensacional («Darbianismo, Scofieldismo»). Gran parte de la iglesia, y en especial el protestantismo conservador norteamericano, pasó de optimismo a pesimismo respecto al orden actual. Naturalmente este pesimismo reforzó el divorcio de la tierra y el cielo.

En términos generales, otras dos fuerzas ahondaron más la separación de la tierra y el cielo. La revolución industrial, con el fundamento filosófico del Iluminismo o «Siglo de las Luces» europeo, consideraba la tierra no como la creación de Dios sino como «bienes raíces», y sus «recursos naturales» estaban para ser explotados para beneficio personal y de las corporaciones. Otro factor fue que el vasto continente norteamericano (con sus habitantes originarios diezmados por las enfermedades europeas introducidas en los 1500 y las frecuentes masacres de la población aborigen llevadas a cabo por las fuerzas del gobierno) parecía estar des-

---

[10] El optimismo de John Wesley en cuanto a lo que Dios podía hacer por el Espíritu en la experiencia humana por medio de Jesucristo tendía a extenderse a un moderado optimismo en cuanto a la reforma y a la eventual transformación de la sociedad, y finalmente de toda la creación. Similar optimismo de la gracia se observa en el líder pietista Philip JakobSpener y el líder moravo Nikolaus von Zinzendorf. Ver Snyder, *Signs of the Spirit* (Señales del espíritu), pp. 155-57, 221-22, 233-34.

habitado y era tentador. He aquí un inmenso cofre de tesoros dado por Dios que había que explotar, no un nuevo Edén que había que proteger. Irónicamente, los originarios estadounidenses comprendían mejor la importancia ecológica de la tierra que los cristianos europeos.

Los avivamientos de los años 1800 que acompañaron a la expansión de la frontera norteamericana estaban llenos de paradojas y ambigüedades. El Espíritu de Dios llenó de fe a las masas, pero el relato estaba adulterado. La visión del plan redentor de Dios sufrió muchos de los males de la cristiandad medieval, incluyendo una cosmovisión que vació a la tierra de su significado divino y le quitó al cielo su significado bíblico completo y de promesa escatológica.

Esta pérdida del significado real del cielo continuó y continúa actualmente. Las imágenes populares de «calles de oro», «portadas de perlas», «mansiones» elegantes y demás, están más relacionadas con la cristiandad medieval que con la cristiandad bíblica. Las imágenes son bíblicas, más o menos, pero el uso de estas imágenes como mobiliario típico del cielo es fruto del Medioevo, no de las Escrituras ni de la iglesia temprana. Una idea estática sobre-espiritualizada del cielo, ha sustituido en gran medida la imagen y promesa bíblica del reino de Dios.

Bíblicamente, las «mansiones» del cielo son transitorias. No son el final de la narración.[11] Las «habitaciones» o «viviendas» que Jesús promete en Juan 14:2 son la casa de huéspedes donde los santos esperan a Jesús para que los regrese a la tierra, su verdadero hogar, con sus cuerpos transformados. Esto es, después de todo, el propósito del retorno de Jesús «con poder y gran gloria» (Mt 24:30, Lc 21:27); «el tiempo de la restauración de todas las cosas» como se ha prometido (Hch 3:21), el momento en que la voluntad de Dios de verdad se cumpla en la tierra como en el cielo. Supuestamente, este lugar de descanso (descrito metafóricamente en Apocalipsis como «bajo el altar») es donde la gente de Dios que ha muerto, descansa y espera, y donde los mártires claman a Dios «¿Hasta cuándo?» (Ap 6:9-11).[12] Muchos cristianos se sorprenderían al saber que en la Bi-

---

[11] Las traducciones contemporáneas de la Biblia ahora usan «viviendas» o «habitaciones» en lugar de «mansiones». En edades pasadas, «mansión» significaba «vivienda», «habitación», no una lujosa casa particular, como las del presente.

[12] Es imposible saber hasta qué punto estas imágenes son un acomodo a las limitaciones del presente conocimiento humano, al lenguaje y a la experiencia. No está claro que tiempo signifique lo mismo después de la muerte; tal vez al morir la persona cristiana inmediatamente «se despierta» a la resurrección, aunque la gente que sigue viva experimente un largo pasar del tiempo. Aquí hay asuntos de dimensiones complejas. De todos

blia, como afirma Richard Middleton, «no hay ni una sola referencia al cielo como el destino eterno del creyente».[13]

El desmoronamiento de la visión bíblica del reino de Dios y su reemplazo por la idea de almas incorpóreas en el cielo ahora está consagrado en muchos himnos populares y cantos evangélicos, como ya lo hemos visto. Cuando cantamos alabanzas a Dios «con los santos en la gloria, reunidos junto al mar cristalino», etcétera, nos comportamos como si el libro de Apocalipsis terminara en los capítulos 4 o el 15, en lugar de los capítulos 21 y 22 y la visión de los cielos y la tierra renovados.

La iglesia visible. Todo esto nos vuelve al asunto de la visibilidad de la iglesia. ¿De qué manera el cuerpo de Cristo era visible durante los períodos de renovación?

Por un lado, la iglesia siguió siendo visible principalmente a través de sus estructuras e instituciones, los templos y una variedad creciente de entidades educativas, hospitales y organizaciones filantrópicas. Pero también era visible en la vida transformada de la gente movida por el espíritu de avivamiento y renovación.

En Inglaterra y Norteamérica, «la gente llamada metodista» se destacaba por su vida devota y santa. Lo mismo se puede decir de los primeros cuáqueros y moravos y muchos otros cristianos de otras tradiciones que habían sido movidos por el Espíritu por medio de los movimientos de renovación. Si bien la religión de la mayoría de las iglesias era menos visible en su liturgia, sacramentos y templos majestuosos, cada vez se hacía más notable en sus numerosas humildes capillas y tabernáculos, en su comunidad visible y comprometida, y en la calidad ética de la vida de la gente.

En resumen, los siglos XVII, XVIII, y XIX se vieron agitados por corrientes de renovación que continúan moldeando la fe cristiana hasta la actualidad. Históricamente, a menudo están interconectadas la renovación y la misión, y esto lo vemos aquí. El movimiento mundial de misiones protestantes del siglo XIX tuvo su nacimiento en los movimientos pietista, moravo, metodista y otros movimientos renovadores de los dos siglos previos.

---

modos, en varios lugares las Escrituras hablan de la consciente y bendita vida de los santos que han muerto, y el paso de la muerte física al estado de perfección total.

[13] Middleton, *New Heaven* (Nuevos cielos), p. 86.

Así que desde los años 1500 a los primeros años de 1800, gran parte de la iglesia estuvo en un camino de renovación y expansión de su misión mundial.[14]

GLOBALIZACIÓN DEL EVANGELIO, 1600-2000

El siguiente acto del drama nos trae a la actualidad. Es la edad de la globalización del evangelio. Para los protestantes el período va, en términos generales, desde 1800 a 2000, pero para los católico romanos comienza dos siglos antes con las misiones católicas mundiales. Para los pentecostales, comienza alrededor de 1900.

El gran historiador de las misiones Kenneth Scott Latourette llamó el siglo XIX (específicamente, de 1815 a 1914) el «Gran siglo» de las misiones cristianas. Fue un período grandioso de la expansión mundial del movimiento cristiano.[15] Sin embargo, fue más admirable el crecimiento espectacular del cristianismo pentecostal y carismático del siglo XX.

El Apocalipsis hace referencia a «una multitud tomada de todas las naciones, tribus, pueblos y lenguas; era tan grande que nadie podía contarla» (Ap 7:9). Por primera vez en la historia, en el siglo XIX esa imagen describía a la iglesia visible real, cristianos de todo el mundo en cientos de naciones y culturas. Fue el fruto de la extraordinaria divulgación misionera protestante en especial desde Europa y Norteamérica, además de los continuos emprendimientos misioneros católicorromanos y ortodoxos anteriores.[16]

El evangelio resultó ser muy agradable y adaptable para prácticamente todas las culturas del mundo. Desde luego, siempre existió el peligro del sincretismo. Pero el evangelio ha sido una realidad transformadora sin límites para diversas «tribus, pueblos y lenguas» en todo el mundo, y to-

---

[14] Durante este período un número de movimientos de renovación tuvo lugar en la iglesia ortodoxa oriental, en el catolicismo romano, así como en el protestantismo. El judaísmo también tuvo importantes movimientos de renovación.

[15] Latourette, *History of Christianity*, 1061-1345 (Historia del cristianismo, 1061-1345). Latourette calculó el «Gran siglo» del fin de las Guerras Napoleónicas en Europa en 1815 al comienzo de la I Guerra Mundial en 1914. Aunque se ha criticado su designación como una exagerada expresión del optimismo occidental del siglo XIX, el crecimiento de la cristiandad durante los 1800s en verdad no tuvo igual.

[16] Una competente y amena vista breve es la de Tucker, *From Jerusalem to Irian Jaya* (De Jerusalén a Jaya iraní).

davía lo es. Entonces, ¿qué pasó con la narración, el plan redentor y la visibilidad de la iglesia durante este período?

La narración, el plan, la iglesia visible

La familia cristiana creció admirablemente durante este período. Se hizo inusitadamente diversa. Los cristianos ahora adoraban no sólo en idiomas europeos, rusos y estadounidenses, sino también en cantonés, coreano, hindi, bantú, guaraní, árabe, japonés, tamil, creole y cientos de otros más. Por primera vez el evangelio alcanzó en verdad «hasta los confines de la tierra» (Hch 1:8, 13:47). El hecho importante es que la narrativa sigue avanzando precisamente en la dirección en que Jesús y los profetas bíblicos habían previsto. En cierto sentido, la narración ahora está llegando a la cima.

Pero eso no es todo. El relato también incluye la drástica disminución del cristianismo en Europa y Norteamérica, el crecimiento mundial del islam, del budismo y del hinduismo, la expansión del humanismo secular y económico y del materialismo, y así también el surgimiento de la cultura cibernética.

Se ven señales positivas. La fe cristiana renace en la Europa secularizada con las iglesias étnicas y de inmigrantes, y la misión cristiana se globaliza. Esto es algo nuevo. Misioneros dedicados de Corea, China, India, África y Brasil ahora difunden el mensaje en todas las naciones del Atlántico Norte. Para el año 2000 se enviaron más misioneros del llamado «Tercer Mundo» que de las naciones del Atlántico Norte.

Algo sin precedentes es el aumento notable de la diversidad cultural de la iglesia. Desde luego, desde el principio la iglesia se vinculó e interactuó con diversas culturas, eso siempre ha sido parte de la historia, pero hoy el crecimiento cuantitativo ha producido cambios cualitativos. En la actualidad, los líderes, teólogos e instituciones influyentes aparecen tanto en Asia, África y Latinoamérica como en los países del Atlántico norte. Todo el auge de esto nos sorprenderá cuando veamos que la mayor parte de las publicaciones, los conocimientos teológicos nuevos y las iniciativas recientes ya no salgan de Occidente, sino de los remotos confines del mundo, en general desconocidos para los cristianos de Occidente, o sólo conocidos como puntos lejanos perdidos en un mapa misionero.

Esta globalización impresionante del evangelio es parte del plan redentor de Dios. «Todos los confines de la tierra; ante él se postrarán todas las familias de las naciones (Sal 22:27). La salvación de Dios es «la esperanza de los confines de la tierra y de los más lejanos mares» (Sal 65: 5). «Todos los confines de la tierra verán la salvación de nuestro Dios» (Is 52:10).

Todavía no entendemos la promesa en toda su magnitud. El reino de Dios aún no ha llegado por completo. No somos testigos de que la tierra esté llena del «conocimiento del Señor como rebosa el mar con las aguas» (Is 11: 9; Hab 2: 14). Todavía esperamos la total renovación de la iglesia y la venida del reino en su plenitud.

Los frutos visibles de la globalización

El compromiso global de la iglesia con diversas culturas ha sido inmensamente positivo. Sí, existen muchos casos de explotación, sincretismo y acuerdos nefastos. Pero aún así, la globalización del evangelio ha dado como resultado cuatro grandes beneficios.

En primer lugar, la globalización del evangelio ha demostrado que el evangelio puede florecer en diversas culturas y ambientes. Hay evidencias de que el evangelio de Jesús transciende y echa raíces en las distintas culturas del mundo.

En segundo lugar, la globalización de la iglesia le ha servido de ayuda para distinguir entre evangelio y cultura; y también a reconocer y concertar las diferencias. En todos los lugares donde ocurre la globalización, surge la pregunta clave: ¿Cuánto de lo que creemos y hacemos es realmente cristiano, y cuánto es mera tradición cultural? ¿Cómo reconocemos la diferencia?[17]

En tercer lugar, la globalización de la iglesia recalca la diferencia entre la identidad cristiana y la identidad nacional. Los cristianos son ciudadanos del reino de Dios, no sólo ciudadanos de un país. La globalización del evangelio hace que conceptos como el patriotismo, la seguridad nacional y la soberanía nacional sean relativos, porque el reino de Dios es una realidad mundial, supranacional, y la iglesia es el cuerpo de Cristo y el pueblo de Dios en todo el mundo.

En cuarto lugar, la globalización del evangelio plantea la cuestión de la cultura misma como un asunto clave de la teología. Obliga a la iglesia a

---

[17] Estos ya no son asuntos nuevos en las misiones cristianas, pero ahora son problemas globales e ineludibles como nunca antes.

desarrollar una teología de la cultura basada en las Escrituras, la teología, las prácticas misioneras, la ecología, y el conocimiento antropológico.

Por estas razones, la globalización de la iglesia podría dar lugar a una visión nueva de la iglesia, el evangelio, y el reino de Dios, en resumen, todo el plan redentor de Dios.[18] Teológicamente, puede ser la clave para la reconciliación de la tierra con el cielo —la sanación de la creación— conforme los cristianos reconsideran el plan de salvación de Dios.

La globalización de la iglesia también afecta radicalmente la visibilidad de la iglesia. La globalización le da a la iglesia muchos rostros nuevos de varias maneras. En primer lugar, ahora la iglesia es visible en muchos más lugares. Realmente es visible a nivel mundial, se la puede ver en casi todos los países y culturas del mundo. Sin embargo, también es llamativamente invisible para mucha gente y en muchos lugares.

Segundo, la visibilidad de la iglesia ahora es mucho más diversa. No todos los cristianos se parecen entre sí. Aunque la mayoría de sus templos parezcan diseñados e importados de Europa o los EE.UU., hay otros elementos que demuestran la nueva diversidad de la iglesia concretamente.

Tercero, la iglesia tiene ahora visibilidad en Internet, algo inimaginable hace cincuenta años. Esto tiene un potencial tanto positivo como negativo, y un significado que hasta aquí ha sido insondable.

Cuarto, en muchos lugares la iglesia todavía es visible principalmente por sus edificios e instituciones, en lugar de serlo por las comunidades visibles de discipulado. En algunas sociedades su visibilidad es estática, edificios inertes e instituciones crepitantes. En otros lugares su presencia es mucho más dinámica, que se nota principalmente en discípulos y comunidades visibles que se parecen a Jesús, notable en el caso de las iglesias caseras de la China cada vez más numerosas. En muchos lugares la visibilidad de la iglesia es una mezcla confusa de imágenes vivas y muertas. En otros, la iglesia en realidad es invisible en cuanto a edificios, instituciones y símbolos físicos, pero se la ve claramente en su carácter piadoso y generoso, en esas «obras de amor y misericordia» por medio de las cuales «el reino de Dios se hace presente».

---

[18] Este es otro motivo por el cual los primeros tres siglos de la iglesia no deberían tomarse como preceptivos sin un análisis crítico

Una agenda en espera

Al mirar a lo largo de los setecientos años pasados, desde alrededor de los años 1500, vemos un admirable relato del crecimiento y la expansión de la iglesia, y del aumento de su diversidad. Trazamos muchas vías y senderos de renovación. La promesa del evangelio se hace más visiblemente real, y geográfica y más ampliamente distribuida culturalmente. Hoy en día existe realmente una iglesia cristiana mundial que, a pesar de sus fallas, da testimonio empírico del poder del evangelio y del cumplimiento de la profecía bíblica.

Pero todavía queda una agenda. La iglesia se ha extendido por toda la tierra, pero a menudo en realidad no la ve. La iglesia todavía está lejos de darse cuenta de su enorme potencial para renovar y sanar la tierra. Millones de personas se han reconciliado con Dios. Pero la promesa de salvación plena como creación sanada espera hacerse realidad y ser visible a lo largo de todo el mundo.

En el fondo, lo que está en cuestión es un problema de cosmovisión. Nuestra breve reseña histórica nos muestra que el evangelio es tan poderoso como antes. Pero su poder total de sanación no se desencadenará hasta que la grieta en la visión cristiana del mundo se sane.

3. Corrientes de renovación

William Blake, La reunión del alma y el cuerpo en la resurrección (1808), ¿una visión de la unión en matrimonio de la tierra y el cielo? Grabado de Louis Schiavonetti inspirado en el poema de Robert Blair «El sepulcro»: El cuerpo surge del sepulcro, el alma desciende de una nube; se mueven con una energía inconcebible; se encuentran, para no separarse jamás. La imagen está en el dominio público.

4

EL AGUJERO EN LA COSMOVISIÓN CRISTIANA

*Porque así como las aguas cubren los mares,
así también se llenará la tierra
del conocimiento de la gloria del SEÑOR.*
Habacuc 2:14

Dos veces en el lapso de cinco minutos el pastor de los niños les dijo: «Algún día Jesús va a volver y nos llevará al cielo» ¿Esto es lo que les enseñamos a nuestros niños? ¿Dónde se encuentra eso en la Biblia? No existe. El relato cristiano se ha tergiversado conforme se ha alejado de sus raíces bíblicas. En los capítulos previos vimos cómo sucedió.

Pero la lógica de esta mitología cristiana popular todavía es convincente, ¿verdad? Jesús vino a la tierra para llevarnos al cielo. Si Jesús nos va a llevar allí, el cielo es importante y la tierra no lo es. El cielo es permanente, la tierra es temporaria y pasajera.

Esto no es parte de la ortodoxia cristiana histórica. Es heterodoxia.

Hoy en día el cielo es popular, y no sólo entre los cristianos. Según una encuesta del 2007, el 81% de los estadounidenses dice creer en el cielo, un alza del 9% en sólo diez años.[1] Abundan los libros acerca del cielo, desde los de Ann Graham Lotz *Heaven: My Father's House* (El cielo: el hogar de mi padre) y *Heaven: God's Promise for Me* (El cielo, la promesa de Dios para mí), el conocido *Heaven* (El cielo) por Randy Alcorn («una autoridad en materia del cielo»), al de Mitch Albom *The Five People You Meet in Heaven*

---

[1] Miller, *Heaven* (El cielo), p. xix.

(Las cinco personas con quien te encontrarás en el cielo) y muchos más.[2] Como dice el historiador Jeffrey Burton Russell en su libro *Paradise Mislaid* (El paraíso extraviado): «el cielo, a pesar de siglos de ataque y burla, sobrevive y florece a principios del siglo XXI».[3]

Tal vez no sorprenda que «para muchos estadounidenses, el cielo es el reino de la máxima satisfacción personal».[4] Pero creer en el cielo y creer en el evangelio cristiano son dos cosas distintas. El Nuevo Testamento se enfoca más en la resurrección que en el cielo. Sin embargo, Lisa Miller destaca que entre los estadounidenses, a pesar de que la idea del cielo es más popular, «se está debilitando la creencia en la resurrección».[5] Sólo alrededor de un 25% de los estadounidenses espera tener un cuerpo en el cielo, y sólo el 33% cree en la reencarnación, ¡incluidos uno de cada cinco que profesa ser cristiano! Miller, profesor de estudios religiosos en la Universidad de Boston, dice: «Parece fantástico e irracional que vayamos a tener un cuerpo en el cielo».[6]

Estas tendencias subrayan el problema que aborda este libro. Aparentemente muchos cristianos no se dan cuenta de que la Biblia se enfoca muy poco en el cielo, y se fija más en la tierra y en la restauración de la creación (como demostraremos en los capítulos que siguen).

Queda claro que el cristianismo actual tiene un gran problema en cuanto a su cosmovisión. Si se compara el evangelio bíblico con el que comparten muchos cristianos, se nota una desconexión que distorsiona las buenas nuevas. Se descubre un agujero en la cosmovisión cristiana, una brecha que explica el divorcio teológico entre el cielo y la tierra.

En la Biblia, «cielo y tierra» tiene una connotación de un todo, la creación física completa, no dos reinos separados.[7] En el pensamiento cris-

---

[2] Un crudo contraste es el clásico libro de Wendell Berry *Gift of Good Land* (El don de la buena tierra).
[3] Russell, *Paradise Mislaid* (El paraíso desubicado), p. 157.
[4] Miller, *Heaven* (El cielo), p. 216.
[5] *Ibíd.*, 216.
[6] *Ibíd.*, 107,109.
[7] Mientras que en la Bíblia «cielo» o «cielos» a menudo significa «firmamento, atmósfera», y a veces nombra el trono de Dios o su morada más allá de la tierra (Sal 11:4), más a menudo «cielo» forma un par con la «tierra» para designar todo el orden creado, como en Gn 1:1; 2:1 4; 4:19; 14:22; 24:3; 27:28; Éx 20:11; 31:17; Dt 4:26; 30:19; 31:28; 2R 19: 15; 2Cr 2:12; Esd 5:11; Sal 69:34; 113:6; 115:15; 121:2; 124:85134:3; 146:6; 148:13; Is 24:21; 37:16; Jer 23:24; 33:25; Dn 6:27; Mt 5:18; 11:25; 24:35; 28:18; Mr 13:31; Lc 10:21; 21:33; Hch 4:24; 14:15; 17:24; Ef 3:15; Fil 2:10; Col 1:16; 1P 3:7; Ap 5:13; 14:17.

tiano, sin embargo, se ha dividido ese todo en dos partes. Como hemos visto, ocurrió un divorcio. Lo que Dios unió, la iglesia lo separó.

¿Un agujero en nuestro evangelio? ¿Cómo puede ser? En su libro profético *The Hole in Our Gospel* (El agujero en nuestro evangelio) Richard Stearns (director de la organización Visión Mundial USA) denuncia «la visión limitada del reino de Dios» que se observa en muchas iglesias. Impartimos «un evangelio con una brecha», afirma Stearns, no el evangelio íntegro. Demuestra cómo «al hacer hincapié casi exclusivamente en la vida del más allá se reduce la importancia de lo que Dios espera de nosotros en esta vida. El reino de Dios [en nosotros] tenía por objeto desafiar y cambiar todo en nuestro mundo degradado aquí y ahora. No tenía la intención de ser una vía de escape del mundo, sino más bien el medio para redimirlo». Stearns demuestra bíblicamente que el «evangelio» —el evangelio íntegro— representa mucho más que la salvación personal de individuos. Conlleva una «revolución social» cimentada en la obra de Jesucristo y el poder del Espíritu.[8]

Fíjese en las Escrituras con cuidado y verá que Stearns tiene razón. ¿Pero por qué la iglesia ha reducido la esfera de las buenas nuevas? La razón es teológica; el agujero en nuestro evangelio no es sólo el fracaso en poner en práctica el evangelio íntegro, es nuestro descuido y omisión de las enseñanzas bíblicas acerca de la creación, el mundo hermoso que hizo Dios. La raíz es el asunto de la doctrina de la creación. La enseñanza bíblica sobre la creación es completamente clara. Pero la enfermedad del pecado se ha infiltrado en todas las culturas humanas tan profundamente que la gente persevera en su malinterpretación de la creación: su naturaleza, su propósito y el plan de Dios de su sanación. Malinterpretar la creación es malinterpretar el evangelio.

Las enseñanzas bíblicas se pueden distorsionar por filosofías e ideologías, por la economía y la política, a tal punto que los cristianos no entienden el significado de la verdad bíblica básica. Este capítulo muestra la manera en que la enseñanza bíblica acerca de la creación se tergiversó con el tiempo. Primeramente nos fijamos en el concepto de «naturaleza» para luego explicar más a fondo el agujero en nuestra cosmovisión.

---

[8] Stearns, *The Hole in Our Gospel* (El agujero en nuestro Evangelio), 17, 20 (énfasis en el original).

«NATURALEZA»: CUATRO VISIONES DEFORMADAS

Los angloparlantes tienden a hablar más de la naturaleza o el orden natural que de la creación o el orden creado. Pero para los cristianos el asunto es la *creación*, y no lo qué es «natural».

Por lo general, el pensamiento popular deforma la visión bíblica de la creación de cuatro maneras. Esto dificulta la comprensión que tienen los seguidores de Jesús de su significado bíblico. Y sin eso, la idea de creación sanada tiene poco sentido.

La naturaleza romántica

El romanticismo es la primera distorsión. Ha dado forma a las ideas de Occidente especialmente desde los años 1800. El romanticismo ve la naturaleza como la gran fuente de toda belleza y verdad. En un compromiso creativo e imaginario con la naturaleza encontramos sentido, y aun trascendencia en la vida. La naturaleza eleva nuestros pensamientos y sentimientos a lo sublime, a la verdad.

Como movimiento de la cultura occidental, el romanticismo tuvo sus comienzos en la Europa de fines de los años 1700. Sus formas de expresión fueron la poesía, la música y las artes visuales. Fue una reacción frente al racionalismo del Iluminismo, el dominio de las estructuras aristocráticas del poder y, más tarde, la revolución industrial.

La naturaleza en su poder y belleza, y el poder y la belleza del lenguaje conforme se comprometió con la naturaleza, fue la fuente más profunda de verdad y entendimiento verdadero.[9]

Los cristianos no fueron inmunes frente a este estilo y moda. Las ideas románticas se entrelazaron con la cosmovisión cristiana a tal punto que actualmente muchos cristianos tienen una visión de la creación más romántica que bíblica.

¿Esto no es bueno? ¿No deberíamos apreciar y gozar de la naturaleza, y emocionarnos? ¿Esto no es un alivio en un mundo industrial y tecnológico?

---

[9] En *Age of Wonder* (La era de la maravilla), Richard Holmes indica que la segunda ola de la revolución científica en los 1700 en realidad combinó el romanticismo con la investigación científica, creando así la «ciencia romántica».

El problema es que el romanticismo contiene verdades y errores. Ya que toda la creación refleja la belleza y creatividad de Dios, gozamos de la belleza de la naturaleza, y está bien así. Nos deleitamos con los colores de las flores y los atardeceres, nos maravillamos ante la complejidad de todas las formas de vida y la vasta estructura del universo. Escuchamos «la música de las esferas». Gozamos del arte y la literatura del romanticismo.

Pero esto es sólo la mitad del relato. La naturaleza no siempre es algo bello. Como escribió el poeta inglés Tennyson, en la naturaleza existen «las [ensangrentadas] marcas de la garra de un felino» («*red in tooth and claw*»).[10] El reino animal está lleno de depredadores, violencia y muerte, millones de criaturas grandes y pequeñas que se devoran entre sí. Las Escrituras son muy francas en cuanto a esto. La visión bíblica del mundo no es romántica. Reconoce el estado caído y la fugacidad de la naturaleza «La hierba se seca y la flor se marchita, pero la palabra de nuestro Dios permanece para siempre» (Is 40:8).

Así que la creación es una fuente de verdad y belleza: la belleza que emana de la creatividad de Dios y la verdad que procede de tal belleza. Pero la naturaleza nos muestra también la verdad de la violencia, la caída y la esclavitud a la muerte. Podemos gozar de la belleza de la naturaleza y gloriarnos en ella, y a la vez ver que algo está mal en el orden creado, una creación sumida en una enfermedad que sólo Dios puede curar. Así que lo que sea que aprendamos de la «naturaleza», necesitamos la revelación de la Palabra de Dios.

---

[10] Man ...
Who trusted God was love indeed
And love Creation's final law—
Tho' Nature, red in tooth and claw
With ravine, shrieked against his creed.
Alfred, Lord Tennyson, "In Memoriam A. H. H." (En memoria de A. H. H.)(1850). *Strephens et al., Victorian and Later English Poets* (Poetas ingleses de la época victoriana y posterior), p. 65.
Nota del traductor: Opto por ofrecer una traducción libre, no literal, basada en la información que se encuentra en el sitio web www.phrases.org.uk/meanings/red-in-tooth-and-claw.html:
El hombre ...
Quien confiaba que Dios es amor, desde luego,
Y que el amor es la ley final del Creador,
Aunque la Naturaleza salvaje, con su hocico ensangrentado,
Con rapiña gritó contra su credo.

La naturaleza como artículo de consumo

La segunda distorsión de la cosmovisión bíblica es la «mercantilización»: hacer de todo una mercancía o producto de mercado. Hoy, la visión romántica de la naturaleza está superada casi totalmente por esta segunda fuerza.

Si los poetas son románticos, los capitalistas son mercaderes. Para ellos, la naturaleza significa «recursos naturales» y la naturaleza es mera materia prima para sacar un beneficio. Hoy en día, la nueva ironía de la sociedad contemporánea globalizada es el mercadeo del romanticismo; la mercantilización de la cultura misma. La manera en que se vende el arte y la música indígenas como productos en los mercados del mundo es sólo un ejemplo. El capitalismo global ha descubierto el valor comercial del romanticismo, es simplemente una mercancía.[11]

Al igual que el romanticismo, la mercantilización tiene verdades y errores. Sí, la naturaleza generosamente provee «productos de consumo», «materias primas» y «recursos naturales». Sí, la tierra es abundante y pródiga en recursos para sustentar la vida humana (aunque no ilimitadamente). Dios puso su tierra buena bajo nuestro dominio (Gn 1:26, 28), y es apropiado usarla prudentemente.

Pero la tierra le pertenece a Dios, no a nosotros. No es propiedad privada de individuos ni naciones. No pertenece a corporaciones, sean nacionales o transnacionales. «Del Señor es la tierra y todo cuanto hay en ella, el mundo y cuantos lo habitan» (Sal 24:1). Dominio significa tener la tierra en custodia para toda la gente, incluidas las generaciones futuras. En ninguna parte de las Escrituras se conceden derechos ilimitados de explotación de la creación para obtener beneficios económicos, para convertir toda la tierra en una producción industrial en serie. Dios es el dueño del universo, por lo tanto todos los seres humanos somos responsables ante Dios de los usos y abusos de la tierra. Dios le pide cuentas a la humanidad por el bien común. Todos somos responsables ante Dios de la administración sostenible del orden creado.

La mercantilización es una explotación sacrílega; en última instancia, una alucinación peligrosa. No es la manera en que la Biblia ve la creación.

---

[11] Rifkin, *Age of Access* (La era del acceso).

La adoración de la naturaleza

Hay quienes adoran la naturaleza. Endiosan el orden creado; lo convierten en su dios. Esto es romanticismo al extremo.

Y no es nada nuevo. El apóstol Pablo se pronunció en contra de quienes «cambiaron la verdad de Dios por la mentira, adorando y sirviendo a los seres creados antes que al Creador, quien es bendito por siempre» (Ro 1:25).

En realidad, la adoración de la naturaleza es antigua. Hoy en día está volviendo en el misticismo de la nueva era, diversas formas de panteísmo, y aun en formas panteístas de teología cristiana. Se está desdibujando la línea bíblica entre el Creador y lo creado. La naturaleza, Dios y nosotros mismos nos estamos convirtiendo en una sola cosa.

Hay algo de verdad aquí. La naturaleza es sublime en el sentido que puede abrir nuestra mente a lo espiritual y trascendental, como enseña el romanticismo. Pero la naturaleza no es Dios. La idolatría es siempre tentadora. Puede ser una adoración manifiesta y absoluta de la naturaleza, pero también puede expresarse en formas más sutiles: adoración de uno mismo, de otra persona, de nuestros bienes personales como autos, casa, libros o mascotas, de nuestra cultura, de nuestra música, de nuestros juguetes electrónicos, de nuestra tierra, de nuestro «derecho» a usar y abusar de la tierra solamente para nuestros propósitos personales.

La adoración es lo que constituye realmente el centro de nuestra vida; nuestra preocupación primordial y dominante. Si nuestro centro de atención son nuestros derechos, nuestras cosas, nuestra tierra, y aun nuestra cultura o nación, adoramos la creación, no al Creador.

¿Qué adoramos? ¿Cuáles son nuestras idolatrías? ¿Adoramos sólo a Dios y tratamos su bella creación como el regalo mediante el cual le adoramos y servimos más completamente? La Biblia dice que no se adore la naturaleza. Existe otra distorsión quizás más común entre cristianos comprometidos: no la adoración de la naturaleza pero sí la sobre-espiritualización de ella.

Los cristianos pueden sucumbir a cualquiera de estas visiones tergiversadas de la creación. Pero para muchos la mayor tentación es su espiritualización: no pueden ver que Dios ama y restaurará el mundo físico que él hizo. Así que encaremos de frente el asunto.

La espiritualización de la naturaleza

La espiritualización es la visión de que la creación no tiene valor en sí misma, es sólo una guía a la verdad espiritual. Cuando espiritualizamos lo físico y lo material, nos desviamos de la senda bíblica y somos presa del romanticismo y la mercantilización. En el romanticismo gozamos de la naturaleza, pero sólo porque nos «eleva» a verdades espirituales «más altas y majestuosas».

En la mercantilización, ya que el mundo material no tiene valor en sí mismo, podemos hacer lo que queramos con la naturaleza: la usamos y abusamos de ella para nuestro provecho, sin tener en cuenta su propia integridad y bienestar. Está claro que esto es dualismo: fracturamos lo que las Escrituras juntan y unen.

La visión espiritualizada del mundo material se ha convertido en la visión predominante del mundo del evangelismo popular estadounidense. Es lo que le permite a Billy Graham, por ejemplo, escribir sin reservas: «Por la cruz y la resurrección de Cristo, podemos esperar con ansias y confiados una morada eterna en el cielo».[12] En esta visión, la materia sólo tiene valor porque (1) sustenta nuestra vida económica y física, y (2) nos enseña lecciones espirituales, que nos recuerdan lo que es «realmente» importante. Como vimos en los capítulos previos, las raíces de esta plaga se remontan a la historia de la iglesia, mucho antes del surgimiento del evangelicalismo.

Esta espiritualización simplemente no es lo que la Biblia enseña. Dios no se rebajó al crear cosas materiales. Honró y dignificó la materia al crearla mediante su propio poder, y de manera suprema, al encarnarse en la creación material.

Así que hay verdad y error en la espiritualización. La verdad es que toda la creación tiene en su interior espíritu, realidad espiritual, significado espiritual. Esto es "natural" y, por supuesto, inevitable ya que la existencia misma de la materia viene del poder creativo de Dios. ¡Por eso las figuras bíblicas y metáforas, las parábolas de Jesús incluidas, tienen sentido! Las cosas materiales pueden enseñarnos lecciones espirituales.

---

[12] Billy Graham, prefacio en Lotz, *Heaven* (El cielo), p. ix. Más adelante mostraremos la incoherencia de la visión según la cual Jesucristo se levantó físicamente para salvarnos sólo espiritualmente. La nueva creación debe ser tan física como la resurrección de Jesús; si no, solo *pareció* que Jesús se levantó físicamente, lo cual es herejía.

Pero esto es sólo la mitad de la narración bíblica. La otra mitad es que el orden creado tiene su propia realidad, su propia integridad y dignidad, su propio fin y destino. Las cosas físicas y las distintas formas de vida tienen su propio «derecho a existir» porque vienen de la mano de Dios y están bajo su supervisión. Jesucristo «sostiene todas las cosas con su palabra poderosa» (Heb 1:3).

Los seguidores de Jesús deben rechazar estas cuatro distorsiones antibíblicas: el romanticismo, la mercantilización, la adoración y la espiritualización. Debemos ver la creación tal cual la presentan las Escrituras. Debemos habitar el mundo físico de espacio, tiempo y materia tal como es en verdad. Debemos verlo desde el punto de vista bíblico: la creación de Dios en relación permanente con él y con su plan principal.

No haremos un romance de la naturaleza, pero reconoceremos su belleza y su violencia. No haremos de la naturaleza un artículo de consumo, explotándolo y desconociendo que es propiedad de Dios y un bien común. No adoraremos la naturaleza, borrando o desdibujando la línea entre el Creador y su creación. Y tampoco espiritualizaremos el mundo material. Recordaremos que la tierra en su materialidad y forma física es buena. Más aún: veremos la manera en que la creación tiene un papel esencial en todo el plan redentor de Dios: la sanación de la creación.

El agujero en la cosmovisión del «evangelicalismo»

Señalar estas cuatro distorsiones nos ayuda a identificar un enorme problema en el cristianismo popular. Ahora entendemos por qué los cristianos aceptan tan fácilmente el divorcio del cielo y la tierra.

Observemos en especial el «evangelicalismo» estadounidense. ¿Por qué los evangélicos no han tomado más en serio la administración responsable y el cuidado de la creación? ¿Por qué los esfuerzos para enfrentar la contaminación del ambiente, el cambio climático, el exterminio de especies, y la protección de lagos, bosques y ríos a menudo se ven como políticamente equivocados o incluso moralmente subversivos? Muchos evangélicos creen que la inquietud por una correcta administración del ambiente surge de una agenda política perversa que es anti-Dios, anti-estadounidense y anti-libre mercado.

Es un misterio. Los evangélicos aseguran creer en la autoridad total de la Biblia. Sin embargo, especialmente en los EE.UU. (en otros lugares menos), la mayoría de ellos lee la Biblia de una manera extraña: excluyen totalmente el cuidado de la creación, o le dan tan poca importancia que en efecto se pierde. Nuestra impresión de lo que hemos visto en gente que ha vivido mayormente en la comunidad evangélica es que la mayoría de los evangélicos estadounidenses simplemente no cree que la Biblia enseñe nada sobre el cuidado de la creación como una parte esencial de las buenas nuevas. La mayoría no acepta la idea de que la preocupación ambiental es una parte indispensable de su testimonio cristiano fiel.

La causa de esta aversión por el cuidado de la creación es un agujero abierto en la capa de ozono de la teología evangélica. Se han infiltrado visiones no bíblicas del medioambiente y se ha dejado de lado la perspectiva bíblica.

Este agujero se ve más claramente cuando volvemos sobre los pasos del cristianismo occidental. El relato del divorcio del cielo y la tierra que hemos visto en los capítulos anteriores explica gran parte del problema. Desde nuestra perspectiva de principios del siglo XXI, podemos identificar una serie de cambios históricos que, paso a paso, nos condujeron a nuestra errada cosmovisión contemporánea. En su conjunto, estos cambios explican las cuatro distorsiones que hemos señalado anteriormente. Muestran cómo llegamos adonde estamos ahora.

Hoy enfrentamos una barrera de siete caras —una ventana gruesa que oscurece la visión bíblica, en especial en lo referente a la creación. Los elementos clave de esta barrera son: (1) la herencia teológica de la filosofía griega, (2) la huella de la Ilustración («Siglo de las Luces»), (3) la ideología del capitalismo, (4) el individualismo de la cultura occidental, (5) el patriotismo acrítico, (6) la subestimación de la doctrina bíblica de la creación, y (7) el dispensacionalismo premilenario.

Revisemos cada uno brevemente. Una vez identificadas las piezas y vistas cómo encajan, se resuelve el rompecabezas de la resistencia evangélica al cuidado de la creación.

La herencia teológica de la filosofía griega

Como vimos en el capítulo 1, la iglesia cristiana de los siglos II y III luchó con las ideas de la filosofía griega, populares en ese momento en el Imperio Romano. Los primeros estudiosos cristianos hicieron una obra magistral en defensa de la racionalidad de la fe cristiana, vista desde la perspectiva helénica. También combatieron esa perspectiva conforme

4. El agujero en la cosmovisión cristiana

aclaraban cuestiones básicas de la doctrina cristiana. Algunos avances son fruto de estos esfuerzos, en especial el Credo Niceno y otras declaraciones que determinaron el consenso básico sobre la cristología y la Trinidad.

Pero se pagó un precio alto por estas interacciones. Desviada sólo un paso de la enseñanza bíblica, la teología cristiana comenzó a ver el mundo material como algo separado y estrictamente inferior al mundo espiritual. Como está sujeta a cambios y putrefacción, la materia está contaminada, y es algo de lo cual se debe escapar. La inestabilidad humana, incluyendo las pasiones físicas, se debe vencer o dominar.

El problema es que esta visión es más de Platón (cuatro siglos antes de Jesús) que del Nuevo Testamento. Tampoco es la del Antiguo Testamento. Platón enseñó que al morir, el alma vuela a un cielo espiritual invisible donde vive por siempre libre de los temores, las locuras y las pasiones desenfrenadas del cuerpo físico. Eso es la perfección.[13] En los primeros siglos de la iglesia, surgió una versión cristianizada de esta visión como parte del teísmo ortodoxo clásico. A Dios se lo consideraba puro espíritu, inmutable, imperturbable, casi estoico. Se interpretó el ideal cristiano como la negación o la evasión del mundo físico, en busca de un mundo de contemplación espiritual pura de Dios, como ya hemos visto.[14] En la espiritualidad cristiana antigua, esta perspectiva se ve más claramente en el ascetismo radical de los ermitas «Padres del desierto» que rechazaba el cuerpo.

En el capítulo 2 vimos la forma en que la idea no bíblica de que «el espíritu es perfecto, la materia es imperfecta» penetró profundamente en la teología occidental. La vida ideal en el cristianismo medieval —aunque no la vida real de la gran mayoría— era huir del mundo con sus cambios y pasiones. El mundo natural era un mero símbolo o una sombra, una

---

[13] En *Heaven* (El cielo), pp. 43-46, Miller da un resumen de las ideas de Platón: «El enfoque racionalista de Platón en cuestiones de Dios y el cielo ha influido a cada uno de los teólogos cristianos desde Clemente de Alejandría» en el siglo II (*Ibíd*., 115). Randy Alcorn llama *Cristoplatonismo* a «la creencia no bíblica de que el reino del espíritu es bueno y el del mundo material malo». Esta visión se cierne como una nube oscura sobre la visión común del cielo» y «tiene un efecto devastador en nuestra capacidad de entender lo que las Escrituras dicen» acerca del cielo y la tierra. Alcorn, *Heaven* (El cielo), p. 52; cf. 476-78. El libro no confronta adecuadamente visiones subcristianas del cielo y la tierra, pero desafía en serio el dispensacionalismo premilenario, que no está completamente libre de *Cristoplatonismo*.

[14] Esta visión, que dio como resultado el clásico teísmo cristiano, ha sido duramente criticada por mucha de la teología actual incluyendo el «teísmo abierto» de Clark Pinnock y otros.

exhibición vana, una metáfora que llevaba hacia una realidad espiritual eterna más elevada; tenía poco valor en sí mismo. Para muchos, la vida ideal —aunque inalcanzable para la mayoría— era la vida del santo que abandonaba el mundo y todas sus posesiones y vivía en contemplación pura de Dios.

Esta tradición ofrece mucho que es bueno y verdadero. Produjo valiosos escritos devocionales que todavía nos alientan. Pero trastornó el equilibrio bíblico, con consecuencias desastrosas. Se sustituyó la interpretación bíblica inclusiva por una visión jerárquica del mundo con dos niveles: arriba, el espíritu inmaterial puro, y abajo la materia alterable en descomposición. Consecuentemente, el crecimiento espiritual significaba una travesía hacia arriba desde la materia hacia el espíritu, desde el mundo material al espiritual.

Esta herencia todavía nos acompaña, en especial en los himnos y libros de meditación devocional. El libro *Longing for God:Seven Paths of Christian Devotion* (Anhelo de Dios: siete sendas de devoción cristiana) por Richard Foster y Gayle Beebe es lamentablemente típico. Aunque es excelente en muchos sentidos, el libro se concentra principalmente en «la travesía del alma desde la tierra hasta el cielo», en lugar de la sanación de la creación por medio de Jesús. [15]

Esto es cristianismo en dos niveles, y no es bíblico. En efecto, no es cristiano. Es algo que a veces se encuentra más en el hinduismo u otras religiones. La colección de relatos hindúes antiguos conocidos como *Maharajá*, por ejemplo, cuenta de mortales que ascienden de la tierra al cielo, a veces escalando los Himalayas.[16]

Sin embargo, para los cristianos de Occidente la influencia procede principalmente de los griegos antiguos. Como dice N. T. Wright:

> Nuestras mentes están tan condicionadas ... por la filosofía griega que, hayamos leído algo de ella o no, pensamos en el cielo como algo inmaterial por definición y la tierra como no espiritual o no celestial, también por definición. Pero eso no sirve. Parte del logro principal de la encarnación, la cual luego se celebra en la resurrección y ascensión, es que el cielo y la tierra ahora están unidos en

---

[15] Foster and Beebe, *Longing for God* (Anhelando a Dios), p. 21. Sintomático de su aprobación del dualismo filosófico griego, el libro comienza con una exposición de la espiritualidad de Orígenes de Alejandría.

[16] Chaturvedi, *Tales from the Mahabharat* (Relatos del Mahabharat), pp. 167-168. Véase Uberoi, Mahabharata.

un vínculo inquebrantable y que, por derecho, somos ciudadanos de ambos.[17]

La herencia de la filosofía griega distorsiona nuestras interpretaciones bíblicas y deforma la cosmovisión cristiana.

La Ilustración: el triunfo de la razón

El movimiento intelectual europeo de los años 1600 y los primeros años de los 1700 conocidos como la ilustración o siglo de las luces, rompió con la autoridad tradicional de la iglesia y el estado. Los escritores enciclopedistas fomentaron la razón como la clave de la vida humana y del entendimiento. Por eso a la Ilustración a menudo se la llama «La edad de la razón».[18]

La teología cristiana ortodoxa rechazó muchas de las proclamas de la Ilustración, en particular su sobredependencia de la razón. Aun así, el pensamiento cristiano se vio alterado por ella. Al aprobar las ciencias y el método científico, los cristianos protestantes en gran medida aceptaron la división entre sujeto y objeto, introducida por René Descartes (1596-1650) y otros. Los seres humanos eran «sujetos» que examinaban la evidencia «objetiva». El mundo natural tenía un carácter más y más objetivo: era algo para ser estudiado, «racionalizado» a través del análisis, y usado para propósitos humanos.

Este legado tuvo importantes beneficios. Produjo avances científicos, tecnológicos y materiales que disfrutamos actualmente. Pero aquí también, se pagó un alto precio teológicamente. Como el mundo material ya se consideraba secundario y transitorio, la gente no veía ningún problema ético en su dominio y uso, y explotación, para intereses humanos. La naturaleza estaba «aquí» objetivamente para servirnos. Los cristianos razonaban que era el recurso natural que Dios les regaló para propósitos humanos más elevados. Prácticamente no se pusieron límites éticos a la explotación de la tierra.

También se pagó un precio social. La contaminación del aire y el agua a causa de la industrialización intoxicó a los habitantes pobres de las urbes. Estos males sociales se consideraban un precio bajo que debía pagarse por las nuevas tecnologías e inventos. Los temas ambientales no eran asuntos

---

[17] Wright, *Surprised by Hope* (Sorprendido por la esperanza), p. 251.
[18] Hampshire, *Age of Reason* (La edad de la razón); Durant and Durant, *The Age of Reason Begins* (Comienza la edad de la razón).

morales, a menos que afectaran directa y objetivamente la salud humana, especialmente la salud de los adinerados. Eran simplemente desafíos tecnológicos a conquistarse.

Estas ideas produjeron un legado doble: por un lado, un exceso de confianza en la razón y la tecnología, y por otro, la desvalorización de la tierra.

La ideología capitalista

El capitalismo es otra parte de nuestra herencia europea. Como sistema económico, sus raíces se remontan mucho antes de la Ilustración. Fue el resultado del surgimiento de las ciudades en la época tardía del Medioevo europeo y también de las exitosas innovaciones económicas de una cantidad de comunidades monásticas cristianas, como han demostrado Rodney Stark y otros.[19] En los años 1200, el surgimiento de los bancos y otras instituciones financieras en ciudades italianas como Venecia y Florencia, también tuvo un papel importante. Más tarde, el colonialismo global europeo y la revolución industrial británica en los años 1700, avivaron el crecimiento del capitalismo. En 1776 Adam Smith publicó *La riqueza de las naciones*, la Biblia (casi literalmente) del capitalismo.[20]

El capitalismo se convirtió en el motor del crecimiento económico y la prosperidad del mundo occidental. Trajo consigo tremendos beneficios materiales, económicos y a menudo políticos. Al combinarse con la ciencia, la tecnología y la industrialización, condujo a la economía global de la actualidad. Es una razón esencial del alto nivel de vida en los países del llamado «primer mundo».

Pero la prosperidad de Occidente no derivó únicamente de la genialidad del capitalismo. Otros factores fortuitos ocuparon un lugar importante. Por ejemplo, el éxito económico de los EE.UU. resultó no sólo de la libre empresa y la democracia, sino también de otras muchas causas que los estadounidenses a menudo olvidan: recursos naturales casi ilimitados, la opresión de los pueblos aborígenes y sus culturas, el trabajo esclavo, un flujo de inmigrantes casi constante, y el legado del colonialismo y el imperialismo europeos. Además, el poder militar estadounidense y las operaciones ilegales encubiertas por todo el mundo, los subsidios y la protección de los negocios, los tratados comerciales desiguales, y leyes

---

[19] Stark, *Victory of Reason* (La victoria de la razón), pp. 57-63.
[20] Un excelente panorama general es el de Ferguson, *Ascent of Money* (Ascenso del dinero).

que protegen la propiedad intelectual favorecieron el avance económico del país. Los cristianos estadounidenses deben cuidarse de proclamar que Dios ha «bendecido» excepcionalmente a su país. Es una historia ambigua y a menudo moralmente turbia.

Así que aquí también se pagó un precio por los beneficios. Desde el principio, los críticos del capitalismo alertaron sobre dos fallas importantes: su poder de esclavizar y explotar a los pobres (especialmente a los obreros) que no tienen capital ni influencia económica, y el poder de las riquezas de esclavizar a los acaudalados. El marxismo hizo la crítica más revolucionaria del capitalismo, pero muchos cristianos también han levantado su voz a través de los siglos y han señalado los peligros morales del capitalismo. En nuestros tiempos, una de las voces más proféticas fue la del papa Juan Pablo II.

Para los cristianos, la crítica *bíblica* primordial del capitalismo debería ser obvia. El pecado corrompió a los seres humanos, y por lo tanto usarán cualquier libertad y poder que tengan con fines egoístas o para explotar a otros. El capitalismo es la manera más efectiva en el mundo para «acumular tesoros en la tierra», lo mismísimo contra lo cual Jesús nos advirtió. Pero casi nunca se oyen las advertencias y prohibiciones de Jesús en cuanto a las riquezas en nuestras iglesias. Muchos predicadores denuncian los pecados personales y de comportamiento sexual pero pasan por alto la codicia y la acumulación de tesoros en la tierra. Un número sorprendente aun promueven la idea de que el enriquecimiento es una señal del favor de Dios.

Una buena cantidad de cristianos se ha dejado engatusar con el mito fundamental del capitalismo según el cual la búsqueda de beneficios personales inevitablemente produce el bien común. Es muy difícil sostener esto bíblicamente. La mayoría de los escritores cristianos comprometidos sostienen que este mito es verdadero sólo si existen mecanismos efectivos, gubernamentales o de la iglesia, que limiten lo sedicioso de la codicia y los peores efectos del capitalismo.

En parte por la filosofía griega y el racionalismo de la Ilustración, que hemos citado anteriormente, los evangélicos tienden a considerar la economía como un mundo aparte que opera de acuerdo con sus propias leyes. Según esta visión, la economía tiene su propia moralidad, separada por un muro de las consideraciones normales de la ética cristiana. Por definición, el crecimiento económico es bueno y la búsqueda de riquezas no se debe cuestionar porque es la fuerza que mueve la economía.

Según esta visión, la «mano invisible» del mercado es prácticamente sagrada, y no se la debe rechazar ni restringir. En conversaciones con personas cristianas de negocios, es sorprendente ver que nunca se discuten asuntos éticos, a excepción de preocupaciones relacionadas con la moralidad individual y las «industrias del pecado» como el alcohol, el tabaco y la pornografía. Casi nunca se menciona la explotación del ambiente como una cuestión moral, y a quienes sacan el tema se los tilda de locos o «enamorados de los árboles», que están más preocupados por los búhos con manchas y los peces a rayas que por los seres humanos, que son los que en realidad cuentan. Afortunadamente, gracias a las preocupaciones crecientes por el clima y la energía principalmente, esto comienza a cambiar.

La economía de la «mano invisible» no es una moral bíblica ni una ética cristiana auténtica. Contradice las enseñanzas de Jesús y viola la visión bíblica del cosmos. Desde el punto de vista bíblico, nada opera fuera de la soberanía de Dios ni de la ética de la ley de Dios y el *Sermón del monte*. Todos los sistemas económicos, tanto el capitalismo como el comunismo y el socialismo, deben estar rigurosamente sujetos al juicio cristiano. Al igual que los profetas de la antigüedad, los cristianos deben ser totalmente honestos y denunciar las formas de explotación más predominantes en la actualidad.

La ingenua aceptación del capitalismo, que le da una aprobación moral, socava la sanación de la creación. El capitalismo exige el uso de los recursos naturales. Así fue durante la industrialización temprana, con una fuerte dependencia del carbón y el acero, y todavía en la actualidad es así. Todos los ingredientes esenciales de la edad informática —plástico, silicio, cobre, uranio, petróleo— provienen del suelo.

En este punto, la mayoría de los estadounidenses emplea una ecuación moral sencilla: ya que el crecimiento económico es bueno, la explotación de los recursos naturales es moralmente necesaria, y no se cuestiona. La mayoría de las corporaciones no incluye la disminución de los recursos naturales como costo económico, aunque en realidad existe. Peor aún, el sistema impositivo fiscal a menudo recompensa a las industrias por su uso de los recursos naturales mediante la exención de impuestos, llamada «subsidio por agotamiento de las reservas». Una verdadera contabilidad económica requeriría que las compañías paguen por el uso y la disminución de los recursos naturales.

Muchos cristianos conservadores se oponen a la protección del medioambiente porque creen que eso sería una carga injusta para las empresas y dificultaría el crecimiento económico. Ya que lo espiritual, lo no material, es lo que realmente vale, y como el mundo material no tiene valor en sí mismo (herencia del neoplatonismo y del racionalismo de la Ilustración), no aparecen avisos teológicos de advertencia en defensa de la tierra.

Desde un punto de vista bíblico, hay un error muy grave en esta situación. El capitalismo responsable puede ser una bendición, pero el capitalismo sin restricciones se vuelve inhumano y nos puede destruir a nosotros y a la tierra.[21] La sociedad estadounidense hace tiempo reconoció la verdad de esto en algunas cuestiones, por ejemplo, la protección del ambiente público a través de reglamentaciones comerciales entre estados, las leyes sobre drogas y alimentos no contaminados, las limitaciones a la explotación de los trabajadores, y la regulación mínima sobre la contaminación del aire y el agua. Sin embargo, se ha ignorado en gran medida la violación a la buena tierra de Dios.[22]

El individualismo estadounidense

Al hablar de la sanación de la creación, la cuarta razón de la enfermedad evangélica es el individualismo. El «fuerte individualismo» de la cultura estadounidense debilita el sentido de interdependencia, responsabilidad compartida por el bien común, y administración de la tierra. La naturaleza es algo que se debe conquistar, someter, vencer, no algo que hay que nutrir o cuidar.

Aquí también hay aspectos positivos y negativos. Gran parte de la solidez y fortaleza de la sociedad estadounidense se debe a la libertad a la iniciativa individual. Estados Unidos da espacio al empresario, al innovador, al «individuo que labra su propio futuro» (el *self-made man*). Pero como lo demuestran muchos estudios —por ejemplo Robert Bellah, et al., *Habits of the Heart* (Los hábitos del corazón) y el de Robert Putnam, *Bowling Alone: The Collapse and Revival of American Community* (Jugar a los bolos solo: el colapso y avivamiento de la comunidad americana)— la

---

[21] Por ejemplo ver Baumol *et al.*, *Good Capitalism, Bad Capitalism* (Buen capitalismo, mal capitalismo).

[22] Ver Snyder y Runyon, *Decoding the Church* (Descodificando a la iglesia), pp. 143-46,175-78.

desventaja de este individualismo es la falta de un sentido de solidaridad social y responsabilidad mutua.[23]

Actualmente, el consumismo y el materialismo afectan aún más este individualismo. Vivimos en un mundo dedicado a promocionar y comprar cosas, para enseguida cambiarlas por productos de marca cuyo precio no tiene relación con el costo de producción. Una sociedad así contradice las palabras de Jesús referidas a que «la vida de una persona no depende de la abundancia de sus bienes» (Lc 12:15).

El individualismo junto con el consumismo mina la visión de sanación de la creación. Aunque el individualismo estadounidense a veces celebra la vida sencilla en armonía con la naturaleza (por ejemplo, Henry David Thoreau), hoy en día nos aísla de la naturaleza a tal punto que perdemos noción de nuestra dependencia real del bienestar de la tierra. Y puesto que la abundancia material actual depende de la producción ilimitada de bienes, muchos cristianos estadounidenses se oponen a cualquier restricción medioambiental que podría (hipotéticamente) frenar la producción de esos bienes o alzar su costo.

Una teología bíblica de la creación y el ambiente debe abordar directamente el problema del individualismo si quiere ser convincente.[24] La Biblia enseña la interdependencia mutua de la familia humana y su dependencia del bienestar de la tierra.

El patriotismo sin sentido crítico

Un quinto ingrediente en la mezcla que explica el agujero en la cosmovisión evangélica es el patriotismo sin sentido crítico, un patriotismo irreflexivo.

No importa el país, el patriotismo nacionalista conduce a la arrogancia, el imperialismo y el desprecio hacia otras naciones y pueblos. Parece ser una constante a lo largo de la historia. Cuando las naciones quedan deslumbradas por su supuesta grandeza propia, se ciegan a la preocupación

---

[23] Bellah *et al.*, *Habits of the Heart* (Hábitos del corazón); Putnam, *Bowling Alone* (Jugar bolos solo).

[24] La comunidad cristiana genuina, desde luego, afirma la importancia de la individualidad de la persona. El ideal bíblico no es perder o sumergir la individualidad en la colectividad, sino más bien fomentar la comunidad mutua responsable en la cual los seguidores de Jesús hallan identidad personal, libertad y responsabilidad. Ver "Mind of Christ" (Mente de Cristo), capítulo 9 en Snyder, *Problem of Wineskins* (Problema de los odres); capítulo 10 en Snyder, *Radical Renewal* (Renovación radical).

de Dios por toda la gente del mundo y el bienestar de la creación, y de hecho se ponen bajo el juicio de Dios. La Biblia tiene muchos ejemplos del juicio de Dios que recae sobre naciones arrogantes que se adoran a sí mismas. Ezequiel 31 y Apocalipsis 18 son buenos ejemplos.

En Estados Unidos aumentó significativamente el fervor patriótico después de los ataques terroristas del 11 de septiembre del 2001. Pero el patriotismo irreflexivo no empezó en ese momento. El patriotismo sin sentido crítico tiene una larga tradición en la historia de Norteamérica, como en muchos otros lugares del mundo.

El amor al país de uno es bueno y apropiado, desde luego. Pero cuando conduce a ignorar el bienestar de otros países y pueblos, se convierte en plaga. Cuando el patriotismo o nacionalismo se vuelve ideología, o cuando a la crítica de nuestro propio gobierno se lo califica de no patriótico, estamos en peligro serio. El nacionalismo ciego, sin sentido crítico, termina en idolatría.

Los cristianos deberían considerar el patriotismo irreflexivo un problema teológico, aun un pecado. La Biblia enseña que los cristianos son parte de una nueva humanidad, ciudadanos de una nación nueva: el reino de Dios. El Nuevo Testamento es muy explícito en este aspecto. Los cristianos son «ciudadanos» y «miembros de la familia de Dios» (Ef 2:19). «Ustedes son linaje escogido, real sacerdocio, nación santa, pueblo que pertenece a Dios, para que proclamen las obras maravillosas de aquel que los llamó de las tinieblas a su luz admirable» (1P 2:9).

La identidad cristiana sobrepasa la identidad nacional o política. Los cristianos bíblicos comprenden que ante todo son ciudadanos del reino de Dios. La lealtad a la nación de uno está necesariamente en segundo plano, después de la lealtad al reino. Los verdaderos seguidores de Jesús entienden que los cristianos de otras naciones —incluidos Irán, Afganistán y Corea del Norte— son sus hermanos y hermanas en Cristo, más cercanos y queridos que sus propios conciudadanos que no aceptan a Jesús. Les importa tanto el bienestar de la gente en esas naciones como la prosperidad de su propio país.

Por consiguiente, los cristianos genuinos ven toda la tierra desde una perspectiva global, no sólo nacional. Les preocupa la sanación de la creación por el bien de la salud de todos los pueblos y naciones. No ven al mundo simplemente a través de los lentes de lo que beneficia a su propio país. Esta perspectiva más amplia —basada en el sentido de ciudadanía del reino de Dios y su amor por todas las naciones— es la clave para tapar el agujero en la cosmovisión evangélica.

La ausente doctrina bíblica de la creación

Sexto: la enseñanza bíblica sobre la creación. Una visión bíblica verdadera del mundo requiere que prestemos atención a lo que la Biblia enseña no sólo sobre la creación original, sino también sobre el lugar que ocupa la creación en el plan redentor de Dios.

El cristianismo popular se fija ante todo en la nueva creación *personal*, la salvación mediante la sangre de Jesucristo. Pero los evangélicos ignoran a menudo el significado y el propósito esencial de la creación misma. Hasta cierto punto esto es verdad también de otras tradiciones cristianas, como ya hemos visto. Sin embargo, cualquier doctrina de redención que no toma en cuenta el propósito de Dios al crear y sostener el mundo es deficiente.

La teología evangélica en general no tiene una teología bíblica robusta de la creación. Un buen ejemplo de esto es un libro (brillante desde otra perspectiva) del distinguido teólogo wesleyano Dennis F. Kinlaw *Let's Start with Jesus: A New Way of Doing Theology* (Comencemos con Jesús, una nueva manera de hacer teología). Presenta un argumento sólido para fundamentar la teología en la personalidad trinitaria de Dios que se manifiesta en Jesucristo. Pero la creación física y su papel en la economía de Dios es casi invisible en el libro. La «creación» generalmente sólo significa la creación del ser humano. Por ejemplo, Kinlaw dice: «Dios quiere una cercanía que signifique una *verdadera identificación personal con la creación* … Ya que la creación no puede cruzar el abismo hacia él, Dios cruzó el abismo hacia la creación» por medio de la encarnación.[25] Claramente aquí sólo se considera la creación *humana* como creación.

De modo similar, el libro destaca que «por definición, las personas siempre se expresan en redes de interrelaciones» y estas relaciones le dan a la persona su sentido de «identidad propia y realización». Sin embargo no se menciona la relación esencial entre los seres humanos y la creación no humana, la cual es tan notoria y llamativa en las Escrituras.[26] La tierra —el mundo físico— y todo el orden creado no humano están casi ausente

---

[25] Kinlaw, *Let´s Start with Jesus* (Comencemos con Jesús), p. 71 (énfasis en el original).
[26] *Ibíd.*, p. 127

en el libro. En este sentido, todo el argumento es bidimensional en vez de tridimensional.

Kinlaw menciona el sufrimiento de la creación. En un párrafo clave escribe: «El mundo físico tiene su equivalente con el nacimiento humano. Todos estamos aquí porque otra persona nos tuvo y nos llevó en su cuerpo hasta que nacimos... Desde luego, lo físico es sólo análogo a lo espiritual. En ambas arenas hay un misterio: lo físico y lo espiritual».[27] Justamente aquí está la brecha de la cosmovisión tan popular en muchas iglesias. El mundo físico es sólo una analogía o un símbolo del mundo espiritual.

Bíblicamente aquí hay tres problemas, como en muchos escritos similares: existe una dualidad en la visión del espíritu y la materia; el espíritu parece más «real y verdadero» y en última instancia más importante que la materia; y decididamente se pierde la interconexión bíblica y empírica entre los seres humanos y la creación. Con esto se corta el nervio de la mayordomía de la creación y disminuye el alcance total de la economía bíblica de la salvación como se presenta en Efesios 1:10 y en muchos otros pasajes de ambos testamentos. Claramente esta interpretación bíblica está contaminada por el neoplatonismo.

Todo el argumento de «Comencemos con Jesús» sería más rico, y no perdería su valor, si afirmara que la salvación tiene que ver con el pueblo de Dios y la tierra de Dios: la creación íntegra, en efecto, como enseñan las Escrituras.

Kinlaw escribe desde su perspectiva wesleyana, pero el mismo problema existe en muchos escritos calvinistas y reformados. En *Let the Nations Be Glad! The Supremacy of God in Missions* (¡Alégrense las naciones! La supremacía de Dios en las misiones), John Piper presenta un argumento sólido a favor de llegar a todos los grupos y pueblos del mundo con el evangelio. Habla extensamente acerca de la esperanza bíblica «que algún día Dios sea adorado por gente de todas las naciones del mundo».[28] Pero todavía no dice prácticamente nada en cuanto a la redención de la tierra misma. He aquí una doctrina bíblica completa de la creación, en la cual está ausente el concepto de la creación sanada.

Para los evangélicos, gran parte del problema es la tendencia a ver el plan redentor de Dios casi solamente a través de la visión de Pablo expresada en la carta a los Romanos. Gran parte de la teología evangélica sufre

---

[27] *Ibíd.*, p. 135.
[28] Piper, *Let the Nations* (Que las naciones...), p. 181.

esta «inversión hermenéutica.» Se interpreta toda la Biblia según el libro a los Romanos, en vez de al revés. Se malinterpreta la gloriosa promesa de la creación según Romanos 8 porque se la separa de la visión bíblica más amplia del plan de Dios para toda la tierra. El resultado es una visión reducida de la salvación, ¡y aun de la gloria de Dios!

Se observa esta inversión hermenéutica en el libro de Piper (2007), *The Future of Justification* (El futuro de la justificación). «El propósito de Dios en el universo es, no sólo ser infinitamente digno, sino *mostrarse* infinitamente digno».[29] Así se resume la intención básica de Dios. Aparte de que cómo podría ser que el propósito de Dios es ser lo que ya es (infinitamente digno), es difícil encontrar base bíblica para la idea de que el motivo central de Dios en la salvación es «mostrarse infinitamente digno». Dios ya se «muestra» como tal en el orden creado y en la vida de quienes le sirven fielmente. «Los cielos cuentan la gloria de Dios, el firmamento proclama la obra de sus manos» (Sal 19:1). Según la Biblia, el propósito de Dios es más que esto. Es «reunir en él [Cristo] todas las cosas, tanto las del cielo como las de la tierra» (Ef 1:10). Entonces, en efecto, el Dios Trino ha de «mostrarse infinitamente digno» en la nueva creación que se establecerá finalmente.

En su libro *Future Grace* (La gracia futura) Piper presenta una visión más equilibrada bíblicamente. Escribe: «El cristianismo no es una religión platónica que considera las cosas materiales como mera sombra de la realidad, que se descartan tan pronto como sea posible. La esperanza de la fe cristiana no es la simple inmortalidad del alma, sino la resurrección del cuerpo y la renovación de toda la creación. Así como nuestros cuerpos se levantarán inmortales para la gloria de Dios, también la tierra misma será creada de nuevo y apta para ser habitada por personas resucitadas y glorificadas».[30] Precisamente. El problema es que a esta esperanza bíblica a menudo se la relega a una nota escatológica a pie de página, o se la interpreta de manera totalmente inmaterial, en vez de ser parte integral de la estructura esencial del plan de salvación total de Dios.

Las teologías que no expresan toda la esperanza bíblica son defectuosas en sus enseñanzas sobre la creación. Los evangélicos correctamente ponen énfasis en Dios como la fuente del orden creado. Pero la mayoría no ha reflexionado lo suficiente sobre la naturaleza del orden creado

---

[29] Piper, *Future of Justification* (El futuro de la justificación), p. 185 (énfasis en el original).
[30] Piper, *Future Grace* (La gracia futura), p. 374.

como sistema interdependiente.[31] A menudo nuestras concepciones de la creación no tienen en cuenta la íntima interdependencia entre la humanidad y el ambiente físico. Ni hemos reflexionado lo suficiente sobre lo que la creación nos dice con respecto a la nueva creación, el plan redentor de Dios. Desde el punto de vista bíblico, la doctrina de la nueva creación depende de un claro entendimiento de la creación original.

En la práctica, a menudo la teología evangélica empieza en Génesis 3 en lugar de hacerlo en Génesis 1. Todos son pecadores que necesitan la gracia salvadora de Dios. Pero la teología bíblica no empieza con el pecado; empieza con la creación y la bondad de Dios. Los seres humanos —mujeres y varones— fueron creados a imagen de Dios y colocados en un jardín que también refleja la naturaleza de Dios. Como creación singular, los humanos encarnan la imagen de Dios mismo en un sentido primario. Pero toda la creación retrata a Dios en un sentido secundario. La belleza, el orden, la cohesión y el complejo diseño del universo revelan algo verdadero y esencial acerca de Dios mismo (Ro 1:20).

Repetidamente, las Escrituras fundamentan el trabajo glorioso de Dios por el Espíritu a través de Jesucristo en la creación y la redención. Jesús es «el primogénito de toda creación» y «el primogénito de la resurrección», afirmaciones que unen la creación con la redención (Col 1:15, 18). En el libro de Apocalipsis, Dios es alabado en himnos que celebran tanto la creación (Ap 4:11) como la redención a través de la sangre de Jesús (Ap 5:9). En el Antiguo Testamento, el sábado judío, tan lleno de presagio escatológico, se basa en la creación (Éx 20:11) y en la redención de la esclavitud egipcia (Dt 5:15). En Génesis, Dios establece pactos para la preservación de la creación (Gn 9:8-15) y para la redención (por ejemplo en Gn 17:1-8).

Los temas de la creación y la transformación —la nueva creación— se unen de múltiples maneras en las Escrituras. La doctrina bíblica de la redención por medio de la cruz presupone la doctrina de la creación. Nunca se puede entender la redención de manera completamente bíblica a menos que se tenga en mente la narración de toda la creación, y no sólo la creación humana.

---

[31] Por ejemplo esto es verdad del libro de Donald G. Bloesch *Essentials of Evangelical Theology* (Elementos esenciales de la teología evangélica). Al usar este libro en mis cursos he tenido que suplementar buena parte de su contenido en lo que se refiere a la doctrina de la creación, para que sea bíblica y para relacionarla con la nueva creación en Jesucristo.

Dispensacionalismo premilenario

Finalmente llegamos a una particularidad teológica moderna que, mezclada con otras corrientes tratadas anteriormente y en capítulos previos, amenaza hundir toda la esperanza bíblica de la creación sanada.

En los años 1800 surgió una teoría nueva: el dispensacionalismo premilenario. Esta novedad, aunque carente de fundamento bíblico o histórico, se popularizó enormemente en círculos conservadores cristianos, la piedra fundamental de todo el edificio sesgado, el toque final de toda la estructura viciada del cristianismo popular, en especial en Estados Unidos.

Extrañamente, la mayoría de los teólogos cristianos le han prestado poca atención a la naturaleza radical y el impacto generalizado de esta innovación doctrinal. Nos parece extraño que más pensadores cristianos no hayan manifestado y expuesto la manera en que el dispensacionalismo premilenario se separa de la gran tradición de la doctrina cristiana. Muy pocos han puesto en duda sus interpretaciones bíblicas excéntricas y cuestionado si tal teoría no es herejía. Al contrario, se ha tratado esta visión como una simple variación menor dentro de la ortodoxia histórica.[32] Sin embargo, se deben comprender las implicancias del dispensacionalismo premilenario si la esperanza bíblica de la creación sanada ha de capturar hoy el corazón de los cristianos estadounidenses.

En el siglo XXI los principales divulgadores del dispensacionalismo premilenario son las novelas de Hal Lindsey *The Late Great Planet Earth* (1970) (La agonía del gran planeta Tierra) y la serie *Left Behind* (Los que quedaron atrás). Pero la contaminación empezó un siglo antes.[33] Lamentablemente, millones de cristianos creen que esta teoría equivocada es lo que enseña la Biblia.

Relativamente pocas denominaciones oficialmente abrazan el dispensacionalismo premilenario, pero la ideología nueva ha conquistado gran parte de la mentalidad evangélica. Actualmente los medios «cristianos» de radio y televisión, los libros populares, los comentaristas políticos y las instituciones educativas que enseñan esta teoría explícita o implícitamente alimentan esta plaga.

---

[32] Yo (Howard) confieso que sólo recientemente lo extraño de esto me ha impresionado con fuerza. En mi niñez, de vez en cuando oía debates sobre pre y post-milenio, pero los consideraba secundarios, al menos para mí. En décadas recientes más y más me he dado cuenta de cuánto el cambio al dispensacionalismo premilenario ha sido una marca decisiva en la historia, lo cual en realidad era lo que importaba en los debates.

[33] Para una breve visión y fuentes, véase Snyder, *Models* (Modelos), pp. 123-26.

Las raíces del dispensacionalismo

Las teorías del dispensacionalismo no son nuevas, como ya vimos. Pero el dispensacionalismo premilenario de hoy tiene poca relación con las teorías anteriores. La de hoy es una fuerte desviación de la doctrina cristiana histórica, que tuvo su origen principalmente en el evangelista anglo-irlandés John Nelson Darby (1800-1882) y el teólogo fundamentalista estadounidense Cyrus Scofield (1843-1921). La Biblia de estudio *Scofield* (1909), todavía usada ampliamente, popularizó el dispensacionalismo premilenario por todo el mundo a través de las misiones mundiales del fundamentalismo estadounidense.

Darby mismo inventó el «sello distintivo» de la doctrina premilenial del «rapto» de los santos. En una interpretación errónea de 1 Tesalonicenses 4:16-17, a Darby se le ocurrió la teología del rapto. El pasaje de Tesalonicenses dice que Jesús volverá a la tierra «con trompeta de Dios, y los muertos en Cristo resucitarán primero». Esto profetiza la segunda venida de Jesús, pero Darby dijo que significaba un «rapto secreto» de los cristianos al cielo.[34]

La teoría de Darby-Scofield es «premilenaria» porque dice que Jesús volverá antes del «milenio», los mil años del reinado de Cristo que se describen en el libro de Apocalipsis. Hasta entonces, la sociedad y las condiciones del mundo simplemente se deteriorarán. Ya que este es el plan predeterminado de Dios, no tiene sentido intentar mejorar nada hoy. Nuestro único foco debería ser rescatar almas para el futuro eterno. Como lo explica Randall Balmer, el cambio de la teología de postmilenio a premilenio «ha tenido enormes repercusiones para la manera en que los evangélicos se relacionan con la sociedad». Porque si «se cree que Jesús vendrá a buscar a sus seguidores antes del milenio, entonces el principio del reino milenario» no puede suceder ahora, y «por lo tanto absuelve a los creyentes de su responsabilidad» de manifestar el reino de Dios en el presente.[35]

Esta teoría es «dispensacionalista» porque originalmente (en años recientes la teoría ha sufrido modificaciones) dividía toda la historia en siete períodos definidos («dispensaciones» o edades) relacionados con las cartas a las siete iglesias de Apocalipsis 2-3. El uso del término «dispensación» es una distorsión de la idea bíblica de la «*oikonomia*» de Dios o el

---

[34] Faupel, *Everlasting Gospel* (Evangelio eterno), p. 98.
[35] Balmer, *Making of Evangelicalism* (La formación del evangelicalismo), pp. 29-30.

plan completo de redención. La versión inglesa conocida como *King James Bible (1611)* traduce la frase «para llevar a cabo «el plan» (*oikonomia*) cuando se cumpla el tiempo» en Efesios 1:10 como «en la dispensación del cumplimiento de los tiempos». Así, pues, el uso del lenguaje «dispensacionalista» (en inglés) se basa en esta y otras referencias en la versión *King James*, tales como 1 Corintios 9:17, Efesios 3:2 y Colosenses 1:25. (Nota del traductor: para el lector hispanoparlante, se debe notar que en la versión de la Biblia de Reina-Valera de 1569, también se usa la palabra «dispensación» en 1 Corintios 9:17: «la dispensación me ha sido encargada»).

La teología de Darby reforzó mucho el divorcio entre la tierra y el cielo que ya padecía la teología del mundo occidental. En efecto, el dispensacionalismo premilenario probablemente no se habría desarrollado tanto si desde el comienzo la iglesia se hubiera mantenido fiel a las enseñanzas acerca del pacto de Dios con la tierra. William Faupel hace notar que Darby separó completamente el Israel del Antiguo Testamento y la iglesia al argumentar que «las profecías no cumplidas del Antiguo Testamento se aplicaban sólo a la nación judía. A Israel, el pueblo *terrenal* de Dios, se lo apartó por un tiempo por rechazar a Cristo como su Mesías prometido, mientras que a la iglesia, el pueblo *celestial* de Dios, se la llamó de entre las naciones gentiles para prepararla para ser la prometida de Cristo».[36]

La difusión de la teoría

Faupel muestra cómo el dispensacionalismo premilenario captó la imaginación de muchos líderes cristianos estadounidenses. Darby visitó los Estados Unidos siete veces entre 1862 y 1877, y junto con George Müller (quien también había adoptado el «darbianismo»), causó un «cambio de paradigma» de puntos de vista amilenarios o posmilenarios a cosmovisiones premilenarias».[37] Los nombres de quienes abrazaron tempranamente el dispensacionalismo premilenario forman una lista de

---

[36] Faupel, *Everlasting Gospel* (El Evangelio eterno), p. 97. La idea teológica de Darby era ingeniosa: «El secreto del rapto, la enseñanza más distintiva de Darby, [resolvía] hábilmente el problema más complejo de los «milenaristas». El evento secreto reiniciaría el reloj profético de Dios. Los que proponían tal teoría ya no tendrían que luchar intentando correlacionar la profecía bíblica con la historia. Sin tener que dar explicaciones embarazosas sobre desconfirmaciones subsecuentes, podían asegurar que Cristo volvería en cualquier momento.»

[37] *Ibíd*, pp. 98-105. También véase Carpenter and Shenk, *Earthen Vessels* (Vasijas de barro); Marsden, *Fundamentalism and American Culture* (El fundamentalismo y la cultura estadounidense); Robert, *Occupy until I Come* (Ocúpense hasta que yo vuelva); Sandeen, *Roots of Fundamentalism* (Raíces del fundamentalismo).

4. El agujero en la cosmovisión cristiana

personajes famosos del fundamentalismo estadounidense, figuras que a su vez dieron forma al pensamiento evangélico, pentecostal y de alguna manera al wesleyano: Dwight L. Moody, A. J. Gordon, J. Wilbur Chapman, R. A. Torrey, A. B. Simpson, Billy Sunday, A. T. Pierson, and Henry Clay Morrison (rector de Asbury College y fundador de Asbury Theological Seminary). Esta es sólo una lista parcial.[38]

El cambio al dispensacionalismo premilenario fue un alud. Por ejemplo, Dwight L. Moody en las Conferencias de profecía, en Northfield, Massachusetts declaró: «Veo este mundo como un naufragio. Dios me ha dado un bote salvavidas y me ha dicho "Moody, ve y salva a cuantos puedas."»[39] Faupel dice: «Casi todos los predicadores evangelistas más importantes siguieron el ejemplo de Moody. Se comenzó a publicar un buen número de revistas y se fundaron numerosos institutos bíblicos, en las ciudades se abrieron misiones de rescate, se enviaron misioneros a países extranjeros, y se formaron cientos de asociaciones locales todas bajo el signo del dispensacionalismo. A través de estos foros interrelacionados, se creó una red informal que hizo posible que el movimiento milenarista desafiara la visión dominante del cristianismo estadounidense».[40]

No todos se dejaron convencer. En particular los metodistas, con pocas excepciones, como Morrison, se resistieron a este cambio radical de cosmovisión porque habían heredado de Wesley la visión amplia de la gracia de Dios. Por ejemplo, el líder del «*Movimiento metodista de santidad*» Daniel Steele (como reflejo de Wesley y gran parte del consenso histórico de la iglesia) escribió en 1887 que «como iglesia no nos sentimos tan desanimados con el progreso del evangelio como para declarar que la dispensación del Espíritu Santo es inadecuada para conquistar el mundo

---

[38] Faupel, *Everlasting Gospel* (El evangelio eterno), pp. 98-105; compárese, Balmer, *Making of Evangelicalism* (La formación del fundamentalismo), pp. 32-35. Faupel documenta la «amplia conversión de la escatología posmilenaria a la premilenaria» dentro de las varias ramas del cristianismo estadounidense. «En la superficie este cambio parece ser menor. De muchas maneras los premilenaristas esperaban con anticipación un período de mil años que era de carácter similar al que los posmilenaristas esperaban. La diferencia aparente era que los premilenaristas creían que la segunda venida de Cristo ocurriría antes del *comienzo* del milenio, mientras que la posición de los posmilenaristas era que Cristo aparecería *al final* de ese período. Pero a pesar de las aparentes similitudes mucho más estaba en juego que un simple cambio de horario. La nueva cronología revelaba una transformación de la cosmovisión» Faupel nota que el premilenarismo «surgió dentro de la tradición reformada» pero rápidamente se extendió a otras ramas de la iglesia. *Ibíd.*, p. 91 (énfais en el original)

[39] Balmer, *Making of Evangelicalism* (La formación del evangelicalismo), p. 36.

[40] Faupel, *Everlasting Gospel* (El Evangelio eterno), pp. 99-100.

para Cristo».[41] Otra gran excepción fue el Ejército de Salvación, que era parte del movimiento de santidad, que «logró retener su doble énfasis en la evangelización y la reforma social» aun después de establecerse en los EE.UU. en 1880.[42]

Pero en general, el dispensacionalismo premilenario «raptó» al cristianismo popular estadounidense aún más lejos de la visión bíblica terrenal. Como destaca Balmer: «El cambio teológico del optimismo posmilenario al pesimismo premilenario tuvo el efecto de una onda expansiva que dio forma al evangelicalismo a lo largo de la mayor parte del siglo XX».[43] En los EE.UU. la institución educativa dispensacionalista que ha ejercido mayor influencia probablemente haya sido *Dallas Theological Seminary*, pero otras instituciones de base fundamentalista como *Liberty University*, en Virginia, y *Cornerstone University*, en Michigan, también juegan un papel importante en la actualidad. Por ejemplo, Cornerstone, que resultó como una rama del Instituto Bíblico Grand Rapids (fundado en 1941), todavía refleja sus raíces darbinistas. Cornerstone, en su declaración «Christian Worldview» (Cosmovisión cristiana), así como en su declaración doctrinal (aunque se la ha revisado recientemente para darle un tono culturalmente más afirmativo), no ve esperanza alguna para la redención de la tierra ni la sanación del divorcio del cielo y la tierra.[44]

Oradores evangélicos conocidos, como Anne Graham Lotz, hija del predicador Billy Graham, continúan popularizando el dispensacionalismo premilenario. Lotz dice que no recuerda escuchar a sus padres hablar mucho de la segunda venida de Jesús, pero a cualquier lugar del mundo a donde va, ve que «la gente espera el regreso del Señor». Lotz predica una teología de «rapto» premilenario (aunque ni el término ni la idea de «rapto» se encuentran en la Biblia)[45] con un gran énfasis en el cielo.[46] Aunque hay más y más excepciones, especialmente entre los evangélicos más jóvenes, gran parte de la corriente teológica evangélica a nivel popular todavía es dispensacionalista y premilenaria.

---

[41] Steele, *Antinomianism Revived* (Avivamiento del antinomismo), p. 195.
[42] Balmer, *Making of Evangelicalism* (Formación del evangelicalismo), p. 36.
[43] *Ibíd.*, p. 41.
[44] Se encuentra en internet: http://grts.cornerstone.edu/about/confessions; http://www.cornerstone.edu/about/cor_beliefs/worldview.
[45] Véase la discusión en Wright, *Surprised by Hope* (Sorprendido por la esperanza), pp. 133-34.
[46] Miller, *Heaven* (El cielo), 62-64.

¿La creación destruida o restaurada?

El dispensacionalismo premilenario debilita la cosmovisión bíblica al ubicar la renovación de la creación exclusivamente después del regreso de Cristo. Como el mundo actual está en camino hacia una destrucción inevitable, cualquier preocupación por salvarlo es una distracción a la necesidad de rescatar almas antes del regreso de Jesús. La novela de Frank Peretti *This Present Darkness* (La oscuridad actual) es un ejemplo asombroso de este punto de vista. Según esta novela, cualquier persona preocupada por la justicia social o el cuidado de la creación es aliada del demonio.

El dispensacionalismo premilenario ha popularizado la visión de que la tierra y toda la creación material están destinadas a la destrucción. Esto hace que no tenga sentido la preocupación por la creación.[47] Como Balmer dice: la «afición evangélica por el dispensacionalismo» resulta en «falta de preocupación por el medioambiente y el mundo natural ... si Jesús volverá pronto a rescatar a los creyentes verdaderos y desatar su juicio sobre los que quedan atrás, ¿para qué dar atención al cuidado de la tierra, la cual pronto será destruida?».[48]

Esta visión se debe a una mala interpretación de 2 Pedro 3:10. La NVI de la Biblia traduce este versículo: «Pero el día del Señor vendrá como un ladrón. En aquel día los cielos desaparecerán con un estruendo espantoso, los elementos serán destruidos por el fuego, y la tierra, con todo lo que hay en ella, será quemada».

Pero, desde luego, este pasaje se debe leer en el contexto de la Biblia completa. En las Escrituras, el fuego es una imagen esencial del juicio purificador de Dios, particularmente en los libros proféticos donde se describen las futuras acciones de Dios. En especial nótese Malaquías 3:2 («Porque será como fuego de fundidor o lejía de lavandero») y Zacarías 13:9 («Pero a esa parte restante la pasaré por el fuego; la refinaré como se refina la plata, la probaré como se prueba el oro»). El fuego es un símbolo del poder y la santidad de Dios (Dt 4:24, 9:3; Hb 12:29), que destruye si se lo ignora pero cuya intención es limpiar toda impureza de manera que podamos experimentar y mostrar el amor puro de Dios.

---

[47] El dispensacionalismo premilenario sostiene que la función de los varios pactos de dispensación era probar lo imposible que es para los humanos salvarse a sí mismos y así demostrar la necesidad absoluta de la gracia soberana de Dios. ¿Pero por qué se necesita repetir este punto innumerables veces? ¿No sería suficiente decirlo una vez?

[48] Balmer, *Making of Evangelicalism* (La formación del evangelicalismo), p. 39.

Vistos dentro del contexto bíblico completo, el calor y el fuego mencionados en 2 Pedro 3:10 se relacionan con pulir, revelar y limpiar, no con destruir o aniquilar. Juan Calvino lo vio de esta manera. En su comentario observó que «el cielo y la tierra tienen que depurarse con fuego para integrarse al reino de Cristo».[49] Wesley escribió sobre Romanos 8:21: «La destrucción no es liberación; ... lo que se destruye, o deja de existir, no se ha liberado». Wesley sugirió que de hecho no se destruirá «ninguna parte de la creación».[50]

Dios no se dedica a destruir; está dedicado a la tarea de purificar, reciclar y recrear. «La creación se purificará y transformará, pero la nueva creación será la continuación de la vieja creación», escribe David Fields.[51] Esto también queda claro en 2 Pedro 3:6-10, donde se dice que en el diluvio el mundo «pereció», pero, desde luego, no se destruyó ni aniquiló físicamente: se lo juzgó y se lo purificó.

Este pasaje y otros similares se deben considerar a la luz de la muerte y resurrección de Jesús. Aquí las Escrituras revelan un modelo profundo, formativo, subyacente: como Jesús murió en juicio por el pecado, la creación será juzgada y pulida. Como Jesús resucitó, el orden creado será transformado por medio del poder de la resurrección de Jesús por el Espíritu. No podemos entender el misterio (1Co 15:50-51), pero confiamos en una nueva creación que siga el modelo de lo que le pasó a Jesús. Confiamos en la promesa de Dios.

Pasajes como 2 Pedro 3:10 se deben leer a través de las lentes del amplio espectro de las Escrituras. De otro modo, fácilmente malinterpretaremos tanto el significado de la nueva creación como sus implicancias éticas y misioneras actuales. Nuestra hermenéutica o método principal de interpretación debe ser el espectro total de la narrativa bíblica. Esto previene la mala interpretación de las Escrituras a través de teorías secundarias tales como el dispensacionalismo premilenario (o cualquier otra clase).

El dispensacionalismo premilenario es un microbio potente que se ha infiltrado, muy inadvertidamente, por medio de gran parte del cuerpo de Cristo durante el siglo pasado y también antes. Esta enfermedad le provoca anemia al testimonio de la iglesia e impide su efecto sanador en la

---

[49] Calvin, *Commentary on 2 Peter* (Comentario sobre 2 Pedro).
[50] Wesley, *Explanatory Notes New Testament* (Nuevo Testamento de notas explicativas), sobre Romanos 8:21.
[51] David Field, *Confessing Christ* (Confesando a Cristo).

creación. Pero esto no hubiera ocurrido sin el desarrollo de otros microbios a lo largo de los siglos, que hicieron vulnerable a la iglesia evangélica ante el nuevo virus. El dispensacionalismo premilenario probablemente nunca habría echado raíces si el divorcio teológico entre el cielo y la tierra no hubiera estado ya presente.

Sanar una cosmovisión dañada

Estas siete tendencias históricas juntas, que van desde la herencia filosófica del antiguo neoplatonismo al premilenarismo actual, han producido la cosmovisión tergiversada tan popular hoy en día entre la mayoría de los evangélicos y pentecostales estadounidenses. Estas influencias hacen muy difícil que los cristianos entiendan y sientan la esperanza total de la creación sanada. Todas juntas, han reducido el significado bíblico completo de la salvación y de la cruz de Jesucristo. La cruz y la resurrección se reducen a una salvación individual para la vida eterna en el otro mundo, en lugar de ser, ahora y en el futuro, la restauración de la creación caída.

Así, pues, hay un agujero en la cosmovisión de muchos de los cristianos, quizá la mayoría. Tal vez inconscientemente, los cristianos distorsionan o niegan la promesa bíblica completa de la creación sanada. Veamos 1 Pedro 1:3-7 (NVI). Pedro habla de «nacer de nuevo, ... para que tengamos una esperanza viva» «mediante la resurrección de Jesucristo» que garantiza a los cristianos «una herencia indestructible» que «está reservada en el cielo» ... «hasta que llegue la salvación que se ha de revelar» en su retorno a la tierra. Desafortunadamente, muchos interpretan estos versículos como *The Message* (versión de la Biblia en inglés en idioma contemporáneo) parafrasea: «una herencia ... está reservada en el cielo» hasta que Jesucristo regrese como «*un futuro en el cielo*» para los cristianos. Sin embargo, 1 Pedro no dice nada acerca de «un futuro en el cielo»; sólo menciona que Jesús está en el cielo hasta su retorno a la tierra.

Cuan fácil es para los cristianos adoptar el divorcio del cielo y la tierra. Muchos hemos aceptado, tal vez sin darnos cuenta, una cosmovisión que invierte la dirección de la salvación. Creemos que la salvación significa subir al cielo en lugar de que el cielo venga a la tierra, como enseña la Biblia. Se nos ha enseñado que Jesús ascendió al cielo para que nuestros espíritus se reúnan con él eternamente allí, en lugar de lo que la Biblia dice: Jesús vendrá a la tierra a redimir toda la creación, incluyendo nuestros cuerpos de carne y hueso. En grado sorprendente, los cristianos contemporáneos son gnósticos modernos.

Pero hay señales positivas, como veremos en los capítulos siguientes. Algunos evangélicos y pentecostales comienzan a descubrir el panorama bíblico más amplio, y a reconsiderar la doctrina de la creación.

La salvación bíblica implica que toda la creación es sanada. Comprender el poder y el misterio de la salvación conlleva entender la doctrina bíblica de la creación, así como el significado de la muerte y resurrección de Jesús para la sanación y restauración del orden creado por Dios. Según la visión bíblica, Timothy Tennent destaca: «la creación es innatamente buena aparte de nosotros. Antes de que Dios creara a los seres humanos, ya había creado los animales y las plantas y consideró que lo creado era bueno (Gn 1:11, 21, 24). La creación tiene valor intrínseco, no sólo un valor instrumental». Además, la «mera presencia de Dios en la encarnación de Jesucristo» es testimonio «de que la creación es intrínsecamente buena».[52]

En los capítulos siguientes examinaremos el significado de esto para nuestra comprensión de la salvación y la misión de la iglesia. Pero primero tenemos que entender más profundamente la manera en que la enfermedad del pecado ha afectado al mundo. La sección que sigue explora la promesa bíblica de la creación sanada al examinar primero el pecado y después la salvación: primero la enfermedad y luego el remedio.

---

[52] Tennent, *Christianity at the Religious Roundtable* (El cristianismo a la mesa redonda religiosa).

4. El agujero en la cosmovisión cristiana 105

Charles Anderson, *El rapto* (1974), una interpretación premilenaria-dispensacionalista de 1 Tesalonicenses 4:16-17 y 1 Corintios 15:51-52. Usado con permiso de la *Bible Believers' Evangelistic Association* (Asociación Evangelizadora de Creyentes de la Biblia): www.bbea.org

Segunda Parte

La enfermedad y la sanación

5

La ecología del pecado

Toda su cabeza está herida, todo su corazón está enfermo. Desde la planta del pie hasta la coronilla no les queda nada sano: todo...es heridas, moretones, y llagas abiertas

Isaías 1:5-6

El evangelio es la sanación de la enfermedad del pecado, y la sanación de toda la creación por el Espíritu Santo por medio de Jesucristo. El pecado es la enfermedad; la salvación es la sanación.

La nueva creación es el fruto final, algo más grande y más glorioso que la sanación de la enfermedad del pecado. Pero no podemos, ni la historia puede, alcanzar la nueva creación sin antes hacer frente a la enfermedad del pecado y la manera en que Dios la sana. La sanación del pecado es el paso necesario hacia un fin mayor.

En los capítulos anteriores mostramos cómo el desarrollo de la historia cristiana introdujo, y luego reforzó, el divorcio teológico entre el cielo y la tierra, un divorcio radical y nada bíblico. Comenzamos esta segunda parte del libro con la enérgica afirmación de que Dios tiene la intención de sanar y reconciliar el divorcio entre cielo y tierra. Sin lugar a dudas ya lo está haciendo por medio de Jesucristo en el poder del Espíritu. Pero no podremos comprender lo que esto implica si no diagnosticamos correctamente la enfermedad del pecado.

En la raíz del divorcio entre tierra y cielo yace la gran enfermedad moral del pecado. El divorcio teológico entre cielo y tierra nos lleva a preguntarnos sobre el origen más profundo del pecado, sobre la causa del divorcio real e histórico entre cielo y tierra. Este divorcio se relaciona directamente con el problema del pecado, la alienación, el sufrimiento, la degradación y los males morales que conlleva el pecado. Este análisis nos ayudará a obtener una visión bíblica completa de las buenas nuevas de salvación sanadora que llegan a través de Jesucristo (el énfasis de la tercera parte del libro).

Este capítulo examina el pecado como una enfermedad moral; en él examinamos la cuádruple enajenación que el pecado introdujo en la historia humana, la verdadera ecología del pecado.

Repetimos un tema clave de este libro: tenemos que entender la enfermedad si queremos encontrar la cura. Nuestro entendimiento de la salvación será superficial, nuestro discipulado débil, y nuestra esperanza anémica y escapista a menos que tengamos una comprensión cabal de la enfermedad que nos ha infectado a todos.

La ecología del pecado

En la narración bíblica, la salvación de los humanos juega un papel central en la redención y transformación de la creación: la curación completa que las Escrituras prometen y describen profundamente. La salvación por medio de Jesucristo comienza por «una curación esencial» ahora (como Francis Schaeffer la llama) y conduce a la restauración total, a un cielo y una tierra nuevos, cuando el reino de Dios llegue en su plenitud.

Dios creó seres humanos para que vivan en completa armonía con él, entre sí, y con el mundo creado. Vivían en paz (*shalom*) con Dios, consigo mismos, con sus prójimos, y con los animales y el mundo vegetal que Dios había creado. Sandy Richter escribe: «Así el ideal de Dios se inicia: un mundo en el cual la [humanidad] lograría construir la civilización humana al dirigir y utilizar los recursos abundantes del jardín bajo la sabia dirección de su Creador. Aquí siempre habría lo suficiente, el progreso no requeriría contaminación, el crecimiento no requeriría extinción. El privilegio de los fuertes no significaría el despojo del débil. Y la humanidad alcanzaría estos fines gracias a la sabia dirección de Dios».[1]

Este es el cuadro que tenemos en Génesis 1 y 2 que cada tanto se trae a la memoria a través de las Escrituras. Es también el fondo primordial del conmovedor cuadro de la nueva creación—la creación sanada—que se describe en Apocalipsis 21 y 22. Este par de capítulos similares al principio y final de la Biblia son los que sostienen la metanarrativa de la creación sanada.

---

[1] Richter, *Biblical Theology* (Teología bíblica), p. 69.

Luego Génesis 3 introduce el problema del pecado. La maldición e infección del pecado pasan a ser un tema central en la narrativa bíblica. La mujer y el hombre desobedecen el mandamiento de Dios. La Biblia no explica exactamente cómo y por qué el pecado de Adán y Eva se transmitió a sus descendientes, y así a toda la familia humana. El punto esencial es que, por el pecado humano, se cortó la conexión primordial de vida entre los humanos y Dios. Se podría pensar en la caída como la pérdida del Espíritu animador que daba a los humanos la capacidad de comunicarse abiertamente con Dios. Esa comunicación sin impedimentos se corrompió, se apagó, y «fue así como la muerte pasó a toda la humanidad, porque todos pecaron» (Rom 5:12). La conexión con Dios se quebró pero no se perdió en su totalidad, y por eso la esperanza de sanación permanece, gracias a la acción de Dios por medio de Jesucristo.

«Pecado» significa entonces esta ruptura entre los humanos y Dios; esta enfermedad moral que entró en la historia humana por la pérdida de la comunión vital con Dios. La Biblia enseña que el pecado humano se remonta al misterio de la rebelión de Lucifer contra Dios. Pero la narrativa bíblica se enfoca mayormente en el pecado humano y cómo envenenó la relación con Dios y con el mundo entero.

Así es que el pecado es el envenenamiento de las relaciones, lo cual acarrea desorden y una enfermedad moral profunda. En este sentido, «el pecado no es algo que se conecta a nuestra naturaleza como un sustituto extraño en el vacío de nuestra virtud perdida. El pecado es la naturaleza humana despojada que, en vez de actuar por el Espíritu, actúa por sí misma. Sin el Espíritu, toda expresión humana está torcida, inclinada no en dirección a Dios sino hacia uno mismo».[2] Esa es la lamentable dinámica de esta enfermedad.

El ver el pecado como una enfermedad mortal, una infección fatal, nos ayuda a entender lo que es el pecado y la manera en que afecta a los humanos y a toda la creación; la enfermedad es, en efecto, una de las metáforas bíblicas básicas para el pecado. Dios le dice a Israel: «Tu herida es incurable, tu llaga no tiene remedio» (Jer 30:12). «Toda su cabeza está herida, todo su corazón está enfermo. Desde la planta del pie hasta la coronilla no les queda nada sano: ... heridas, moretones, y llagas abiertas» (Is 1:5-6). El profeta Jeremías pregunta: «¿No queda bálsamo en Galaad? ¿No queda allí médico alguno? ¿Por qué no se ha restaurado la salud de mi

---

[2] Hynson, *Original Sin as Privation* (El pecado original como privación), p. 77.

pueblo?» (Jer 8:22). En el Salmo 38, el rey David lamenta: «Por causa de tu indignación no hay nada sano en mi cuerpo; por causa de mi pecado mis huesos no hallan descanso... Por causa de mi insensatez mis llagas hieden y supuran» (Sal 38: 3, 5). En el Nuevo Testamento, Pablo se refiere al habla malévola que se extiende «como gangrena» (2Ti 2:17). Y recordamos las palabras de Jesús: «No son los sanos los que necesitan médico sino los enfermos. Y yo no he venido a llamar a justos sino a pecadores» (Mr 2:17).

En la narración bíblica, Génesis 3 es esencial porque demuestra que el pecado trastornó el relato humano de cuatro maneras fundamentales. Francis Schaeffer lo sintetiza en su profético libro de 1970, *Pollution and the Death of Man: The Christian View of Ecology* (Contaminación y la muerte del humano: la visión cristiana de la ecología). Schaeffer identifica cuatro divisiones o alienaciones que por el pecado afectan a toda la humanidad, las cuales se indican claramente en Génesis 3. Schaeffer dice que con la caída «el hombre» (es decir la humanidad) se separó de Dios; y entonces, desde la caída, se separó de sí mismo. Estas son las divisiones psicológicas. Estoy convencido de que esta es la psicosis básica: el individuo [la persona] se separó de sí mismo como resultado de la caída.

La siguiente división es que el hombre se separó de su prójimo; estas son las divisiones sociales. Después el hombre quedó alienado de la naturaleza, y la naturaleza, de sí misma. Así, pues, existen estas divisiones múltiples, y algún día, cuando Cristo vuelva, habrá una sanación completa de todas ellas, gracias a la «sangre del Cordero».

Pero los cristianos que creen en la Biblia están llamados no sólo a decir que «algún día» habrá sanación, sino también que más que nada por la gracia de Dios, sobre la base de la obra de Cristo, una gran medida de sanación puede ser una realidad aquí y ahora.[3]

El análisis de Schaeffer es revelador porque es global. Ofrece algunas perspectivas clave para entender la ecología del pecado. En los próximos capítulos examinaremos de qué forma el evangelio es la manera en que Dios provee «una gran medida de sanación... aquí y ahora» por medio de Jesucristo. Pero primero debemos indagar más profundamente las cuatro divisiones que se señalan en Génesis 3. Allí está el diagnóstico inicial del problema humano, que es el problema a lo largo de toda la historia.

Al alienarse de Dios, el humano, por su desobediencia, introdujo otras tres formas de alienación que todavía nos acompañan. Esta es la ecología

---

[3] Schaeffer, *Pollution* (La polución), p. 67.

del pecado: alienación de Dios, alienación interna de uno mismo, alienación del prójimo, y alienación de la naturaleza y de la naturaleza de sí misma. Estas son las alienaciones que afligen a toda la familia humana: la espiritual, la psicológica, la social y la del medioambiente.

Todas estas divisiones proceden del pecado, y todas distorsionan el propósito de Dios en la creación. Por lo tanto, todas claman por un evangelio de reconciliación y sanación. Entender esta ecología profunda del pecado nos ayudará a su vez a esclarecer el plan misionero de la iglesia. La misión cristiana fiel se centra en la sanación de las cuatro alienaciones o divisiones que son consecuencia de la caída. Es indispensable en la misión cristiana la tarea de sanar y reconciliar esta alienación en sus cuatro facetas en base a las estipulaciones del evangelio. Esta es en esencia la buena noticia que los cristianos ofrecen al mundo.

Pero debemos estar seguros de que entendemos el significado profundo y las ramificaciones de esta alienación múltiple y compleja. Además del simple hecho de esta cuádruple alienación, un punto esencial es la forma en que estas alienaciones se entretejen, se conectan entre sí y se refuerzan mutuamente. En otras palabras, tenemos que entender la ecología del pecado. Si tratamos por separado cada una de ellas, pasamos por alto la manera abarcativa que tiene Dios de sanar toda su creación.

El pasaje bíblico clave es Génesis 3:8-24. La cuádruple alienación descrita aquí revela temas esenciales que se entretejen notablemente a través de toda la Biblia, en el Antiguo Testamento y en el Nuevo.

Alienación de Dios

Génesis 3 muestra claramente el problema de la enfermedad de la humanidad. El mal fundamental, la raíz de todo lo demás, es la alienación de Dios. El pecado acarrea alejamiento de los humanos y su Creador, que es la fuente de vida, sustento y salud.

Génesis 3:8 lo describe así: «oyeron el hombre y la mujer que Dios el *Señor* andaba recorriendo el jardín; entonces corrieron a esconderse entre los árboles». Antes Adán y Eva vivían en el jardín en armonía con Dios, desnudos y sin vergüenza (Gn 2:25). Ahora, al oír que Dios se acercaba, su primer impulso fue esconderse; esta es la separación básica de la humanidad. Por el pecado nos escondemos de Dios. La relación de confianza mutua ha sido quebrada.

Una analogía de lo que pasa entre los padres y sus hijos ilustra bien lo que sucede aquí. Un chico está feliz cuando ve a su madre. Corre hacia ella y la abraza. Pero si ha hecho algo que ella ha insistido que no haga, lo más probable es que el niño corra y se esconda en cuanto vea a su madre. Por nuestro pecado nos escondemos de Dios, lo cual, desde luego, sólo complica el problema.

Aquí está un tema clave de toda la Biblia: la separación de Dios a causa del pecado. La historia del Antiguo Testamento es una crónica de esta separación y sus consecuencias. «Todos andábamos perdidos, como ovejas; cada uno seguía su propio camino» (Is 53:6). «La mano del Señor no es corta para salvar, ni es sordo su oído para oír. Son las iniquidades de ustedes las que los separan de su Dios. Son estos pecados los que lo llevan a ocultar su rostro para no escuchar» (Is 59:1-2).

Lo irónico es que esta misma alienación entre Dios y la humanidad provee gran parte de la riqueza y fascinación de las narraciones bíblicas. Piense en la torre de Babel, un relato de la Biblia que se ha convertido en un ícono en la cultura occidental. En el libro de Génesis este relato está justo antes del llamado de Abraham, otro punto decisivo de la narración bíblica.

Babel no es sólo un relato sobre el desmedido orgullo humano: «Construyamos una ciudad con una torre que llegue hasta el cielo. De ese modo nos haremos famosos» (Gn 11:4). Es también el relato de la alienación de Dios. La ciudad «con una torre que llegue hasta el cielo» era una forma de llegar hasta los dioses, una tecnología para unir el cielo y la tierra. Es un testimonio de la distancia y la separación del «cielo» que la gente sentía. Babel también está en crudo contraste con la visión de Jacob (más tarde) «de una escalinata apoyada en la tierra, y cuyo extremo superior llegaba hasta el cielo. Por ella subían y bajaban los ángeles de Dios» (Gn 28:12). Aquí Dios toma la iniciativa de comunicarse con Jacob, otra clave de la narrativa más amplia.

La separación humana de Dios se sugiere también en Génesis 11:5: «el *Señor* bajó para observar la ciudad y la torre que los hombres estaban construyendo». Por el pecado, Dios ya no camina en comunión con Adán y Eva en el jardín.

Así que la separación de Dios a causa del pecado es un tema clave de la narración bíblica. El pecado crea una barrera entre Dios y nosotros. La relación con Dios se ha interrumpido. La Biblia usa varias metáforas para ilustrar esta situación tales como la enfermedad (Is 1.5-6) y la ceguera (Dt 28:29). La metáfora de la enfermedad es particularmente apta para entender la ecología del pecado porque la enfermedad afecta todos los aspectos de la vida. La enfermedad del pecado debe sanarse; por lo tanto la necesidad más profunda de la humanidad es «salvación», la cual esencialmente significa sanación. Salvación en las Escrituras y en el idioma incluyen el sentido de rescate, de restauración; así que «salvación» implica *restauración a buena salud*.[4]

Este contexto enriquece la declaración de Pablo acerca de Jesús en Efesios 2:14: «Cristo es nuestra paz». La noción bíblica de paz es *shalom*, con connotaciones ricas de salud, bienestar, prosperidad, y que «se siente como en casa» con otros y la tierra. Más adelante, en otros capítulos, veremos más detalladamente cómo se entrelazan *shalom* y la salvación.

La profunda alienación de Dios que sufre la humanidad a causa del pecado encuentra eco en muchos Salmos, en Job y los profetas. El salmista clama: «Dios mío, no te alejes de mí; Dios mío, ven pronto a ayudarme» (Sal 71:12). La oración de arrepentimiento de David en el Salmo 51 transpira su sentido de alienación de Dios por su pecado. Recordamos el Salmo 22: 1-2,

> Dios mío, Dios mío,
> ¿por qué me has abandonado?
> Lejos estás para salvarme,
> lejos de mis palabras de lamento.
> Dios mío, clamo de día y no me respondes;
> clamo de noche y no hallo reposo.

Este sentido de angustiosa separación de Dios después cobra un significado más profundo cuando los autores del Nuevo Testamento luchan por entender el sentido de la muerte de Jesús en la cruz.

Las crónicas y los archivos de la historia del mundo están permeados de un sentido, o de una evidencia, de nuestra alienación de Dios. Un ejemplo impactante es la historia de Pandita Ramabai, que nació en 1858 en la India, hija de una familia hindú de casta alta. Su padre, un distin-

---

[4] Joan Corominas, *Diccionario etimológico de la lengua castellana*, Editorial Gredos, Madrid, 1961. La palabra «*salvación*» se deriva del latín «*salus*», cuyo significado original es «salud» (*buen estado físico*). De «*salus*» se derivan también «salvo, salvar», con el sentido de «restaurar», de aquí que «salvación» denota «*sanar*», «*restaurar a buen estado espiritual*», es decir «sanar, curar», aunque la palabra «sanar» se deriva del latín «*sanare*». Nota del traductor.

guido erudito en sánscrito y literatura india, dio el paso polémico de enseñar a su hija los clásicos de la literatura hindú en lugar de dejar que sea una novia infantil. Los padres de Ramabai y su hermana murieron de hambre cuando la joven tenía solo unos dieciséis años, pero ella y su hermano sobrevivieron. En 1880 se casó y al año siguiente tuvo una hija, Manoramabai («Deleite del corazón»).

Poco después su marido murió de cólera, por lo cual Ramabai quedó como único sostén de su tierna hija y de sí misma. Brillante, al igual que su padre, su educación clásica hindú le sirvió para sobrevivir.

Sin embargo el hinduismo no había satisfecho su necesidad espiritual. Anhelaba profundamente conocer al Dios que desconocía. A la larga, mediante la lectura del Nuevo Testamento y el contacto con misioneros anglicanos, Ramabai se convenció de la verdad de la fe cristiana. Pero aún carecía de la realidad o presencia de Dios. Viajó a Inglaterra a estudiar y allí, con su hija de dos años de edad, se bautizó en la iglesia anglicana. Ahora había «encontrado la *religión* cristiana, la cual era suficiente para mí», escribió más tarde, *«pero [todavía] no había conocido a Cristo, el cual es la Vida de la religión, y "la Luz de todo hombre que viene al mundo"».*[5] De todos modos, este fue un paso crítico en sanarla de su alienación de Dios después de su desilusión con el hinduismo.

Entonces Ramabai conoció el relato de Jesús y la mujer samaritana. Esto ocasionó el despertar espiritual de Ramabai, el encuentro genuino con el Jesucristo viviente. Ella le había pedido a una de las Hermanas de la Cruz (anglicanas) que le explicara por qué ellas cuidaban tan desinteresadamente a las mujeres pobres y «caídas», a lo cual la hermana le leyó el relato de Juan 4. «Nunca había leído u oído nada igual en los libros religiosos del hinduismo», Ramabai escribió. «Después de leer el capítulo 4 del Evangelio de San Juan me di cuenta de que Cristo era verdaderamente el Salvador Divino que decía ser, y que sólo Él podía transformar y levantar a la oprimida masa de mujeres de la India y de todo el mundo».[6]

Esto es reconciliación con Dios, la curación de la alienación que es consecuencia del pecado. La narración de Ramabai muestra cuán extensamente el pecado ha afectado a la familia humana.

---

[5] Ramabai, *Testimony* (Testimonio), p. 309 (énfasis en el original).

[6] *Ibid*, p. 309.

Alienación de nuestros prójimos

Alienación de Dios no es toda la historia. Si nos fijamos sólo en esta separación, dejamos de ver lo profundo de la ecología del pecado y lo milagroso de la salvación. Génesis 3, como toda la Biblia, destaca que el pecado ha dividido a la familia humana de múltiples maneras. El pecado nos separa unos de otros.

Pandita Ramabai (1858-1922) con su hija Manoramabai

El hombre dijo, «La mujer que me diste por compañera me dio de ese fruto, y yo lo comí» (Gn 3:12). El primer «fruto» de la alienación de Dios es el hecho que el hombre echa la culpa a la mujer, e indirectamente a Dios mismo («La mujer que me diste». La separación de Dios acarrea división en la familia humana, que se multiplica en la alienación del tejido de todas las relaciones interpersonales. En Génesis 3, el pecado de Adán y Eva daña la armonía de su perfecta relación, y las consecuencias de esa relación quebrada llevan al distanciamiento en toda la familia humana. La Biblia nos relata docenas de casos. ¡Si no fuera así, la Biblia sería mucho menos extensa!

La alienación en la familia humana comienza con la relación dañada entre el hombre y la mujer y se extiende a los padres y sus hijos, hermanos y hermanas, familia, tribus, naciones, y todos los grupos raciales del mundo. Esto lo vemos ya en Génesis con la enajenación entre hermanos: Caín mata a Abel e intenta negarlo, pero Dios le dice que «Desde la tierra, la sangre de tu hermano reclama justicia» (Gn 4:10)[7]. Alienación entre hermanas: Raquel y Lea compiten por la atención de su marido Jacob (Gn 29:31-32). Enajenación entre Jacob y su hermano mellizo Esaú; así como también las divisiones entre Sara y Hagar, Abraham y el rey Abimélec (Gn 20), todo el relato de Lot, Isaac y su cuñado Labán, y todos los hijos de Jacob, desde Dina (Gn 34) hasta José y Judá.

Y vemos lo mismo a lo largo de las Escrituras, desde los horrorosos ejemplos en el libro de Jueces hasta las disputas entre los discípulos de Jesús, las rivalidades entre las hermanas María y Marta y, aun después del Pentecostés, la traición de Ananías y Safira (Hch 5).

Pero la enajenación más profunda en la familia humana parece ser entre el hombre y la mujer. Esta es la «célula madre» vincular de todas las relaciones humanas entre personas. También es la más fuerte e inestable por la fuerza del impulso sexual. La opresión y degradación de la mujer por parte de los hombres en muchas culturas y a lo largo de la historia humana se presenta como un testimonio a menudo invisible e ignorado de la alienación que trae el pecado. Claramente, esta alienación aún permanece con nosotros, tal como nos recuerda diariamente la violencia sexual, emocional y física contra las mujeres prácticamente en todas las sociedades. En la Biblia, uno de los ejemplos más dolorosos es lo que sucede en la

---

[7] Implícitamente este «Desde la tierra» incluye un aspecto más amplio de la ecología del pecado que comprende no sólo a seres humanos sino también la tierra, símbolo del aspecto no humano de toda la creación y su conexión con los humanos.

familia del rey David. Su hijo Amnón viola violentamente a su bella medio hermana Tamar mediante la artimaña de estar enfermo en cama. Lleno de ira, el hermano de Tamar, Absalón, arregla la muerte de Amnón. Pero Absalón, a pesar de su venganza, tiene poca condolencia real o comprensión para con su propia hermana. El consejo a su hermana es: «cálmate y no digas nada» (2S 13:20). Tamar, quien es ahora una mujer «desolada», pronto pasa al olvido (aunque después Absalón llama Tamar a su tierna hija en 2S 14:27). Esta es la forma en que el pecado genera pecado y amplía su compleja ecología.

En la historia humana, la raíz de la enajenación que resulta del pecado se transforma en conflictos entre tribus, naciones y religiones. Conduce al «choque de civilizaciones» que describe el historiador Samuel Huntington:[8] choques entre judíos y árabes; entre cristianos, musulmanes, e hindúes; nación contra nación y ciudad contra ciudad (2Cr 15:6), a lo largo de toda la historia. En verdad, todo tipo de factores culturales, filosóficos y religiosos son parte de esta mezcla. Pero el problema básico traza su origen en la alienación humana resultante del pecado, el cual se inicia en nuestra alienación de Dios.

La alienación del pecado es tan penetrante que todo lector de este libro probablemente podría dar ejemplos de su propia experiencia, de su familia, o de sus conocidos.

Para que no perdamos la esperanza, recordemos otra vez que «Cristo es nuestra paz» (Ef 2:14), nuestro *shalom*, y que el fin hacia el cual se dirige la narrativa de Dios y su economía es a «la salud de las naciones» (Ap 22:2). Pablo dice que el misterio de Dios es la reconciliación múltiple que Dios trae a la familia humana mediante Jesucristo por el Espíritu «Ef 2:2-6; Col 1:25-27)— «que es Cristo en ustedes» (segunda persona plural, la restaurada familia humana en Cristo), «la esperanza de gloria» (Col 1:27).

Pandita Ramabai de la India ilustra esta dimensión de la ecología del pecado y, aún más, su sanación. Al ser mujer, sufrió en especial la alienación entre los sexos, la enajenación y opresión del sistema de castas (aunque era de una casta alta), y la opresión británica de la India colonial. Ella escribió sobre todos estos aspectos. En su niñez se sobrepuso a los prejuicios contra la educación de las niñas. Fue testiga de la difícil situación de niñas viudas y víctimas de la hambruna, y las transformó en el foco de su Misión Mukti («liberación» o «salvación») cerca de Pune, que

---

[8] Samuel Huntington, *Clash of Civilizations?* (Choque de civilizaciones?).

todavía continúa su ministerio de esperanza.[9] Pandita Ramabai sufrió en carne propia estas alienaciones, se sobrepuso a ellas mediante el evangelio de Jesús y se transformó en un medio de sanación.

Hacemos un mal diagnóstico del mal del pecado si dejamos de ver cómo su cáncer se ha extendido a través de toda la sociedad e historia humanas. Este es un aspecto clave de la ecología del pecado. ¡Damos gracias a Dios por la sanación que Jesucristo ofrece para nuestra alienación de nuestros prójimos! La sanación del evangelio significa más que sólo paz interior con Dios, por más importante que ésta sea: el evangelio abarca todas nuestras relaciones interpersonales.

Alienación de uno mismo: división interior

Interiormente algo terrible le ocurrió a la humanidad cuando quebró su relación con Dios. El ser humano se enfermó en su interior además de sus relaciones. Esto no es sorpresa, pues sabemos más y más que los humanos no son átomos aislados o «individuos» autónomos. Intrínsecamente somos seres «relacionales». Somos seres sociales, por lo cual la alienación de nuestros semejantes y la alienación de nosotros mismos van juntas.

Génesis 3:10 relata la débil pero significativa respuesta del hombre cuando Dios le preguntó dónde estaba. «Escuché que andabas por el jardín, y tuve miedo porque estoy desnudo. Por eso me escondí». Tal temor es señal de un ser dividido; una enfermedad interior que, desde luego, tiene manifestaciones externas; «el amor perfecto echa fuera el temor» (1Jn 4:18), pero aquí tenemos exactamente lo opuesto. Antes de la caída sólo había confianza; no existía el ocultarse en temor y ansiedad. La intención de Dios es que sus hijos «fuéramos libres del temor, …para que le sirviéramos con santidad y justicia, viviendo en su presencia todos nuestros días» (Lc 1:74-75). Pero con la enajenación del pecado esto no es posible. «Tuve miedo», dice Adán. Su nuevo temor de Dios muestra su enfermedad interior, su incomodidad con Dios debido a su desobediencia, y el efecto que tiene esto en su mente, su espíritu y su consciencia. Adán no tenía solo un miedo concreto: sentía ansiedad y temor en su fuero interno.

Debido al pecado las personas no se sienten cómodas consigo mismas. Sufren malestar, preocupación, conflictos internos y temores. El pecado

---

[9] Para un resumen y fuentes, ver Snyder, *Populist Saints* (Santos populistas), pp. 895-909

provoca toda clase de males y síntomas con los cuales la psicología y la psiquiatría tratan a diario.

Claramente esta fragmentación interior, como todas las otras dimensiones de la enfermedad del pecado, es un problema humano básico. Se puede trazarlo a lo largo de toda la historia, desde las antiguas narraciones bíblicas hasta el incremento del suicidio en la naciones materialmente prósperas.

La alienación de uno mismo es en realidad una enfermedad espiritual, no es sólo un problema psicológico; por el pecado nos hemos alienado de nosotros mismos, así como de Dios y de nuestros semejantes. Esta es la raíz de lo que la Biblia califica como ser «de doble ánimo» (Sal 119:113 RV, Stg 4:8 RV). Esto se insinúa en Génesis 4 en el relato de cómo Caín mata a su hermano Abel. Caín vivió alienado de Dios, de su familia y de la tierra. Dios le dice: «en el mundo serás un fugitivo errante» (Gn 4:12). Pero fue también fugitivo de sí mismo. Antes Dios le había advertido: «Si hicieras lo bueno, podrías andar con la frente en alto. Pero si haces lo malo, el pecado te acecha, como una fiera lista para atraparte. No obstante, tú puedes dominarlo» (Gn 4:7). La metáfora del pecado agazapado, agachado tras la puerta, tal vez sugiera la tentación de Satanás, pero es también la señal de una lucha interior.

La alienación de uno mismo produce cargo de conciencia. En un principio, los humanos gozaban de una comunión abierta con el Creador, pero el pecado trastornó esa relación y produjo enajenación y sentido de culpa. Sin embargo, el Nuevo Testamento nos promete que «la sangre de Cristo, quien por medio del Espíritu eterno se ofreció sin mancha a Dios, purificará nuestra conciencia de las obras que conducen a la muerte, a fin de que sirvamos al Dios viviente» (Heb 9:14).

La alienación interior se manifiesta en el deseo ambivalente de hacer lo bueno y lo malo. Quienes han aceptado la revelación de Dios mediante las Escrituras y la ley de Dios sienten agudamente tal ambivalencia. En Romanos 7 Pablo lo expresa elocuentemente:

> No entiendo lo que me pasa, pues no hago lo que quiero, sino lo que aborrezco. Ahora bien, si hago lo que no quiero, estoy de acuerdo en que la ley es buena; pero, en ese caso, ya no soy yo quien lo lleva a cabo sino el pecado que habita en mí. Yo sé que en mí, es decir, en mi naturaleza pecaminosa, nada bueno habita. Aunque deseo hacer lo bueno, no soy capaz de hacerlo. De hecho, no hago el bien que quiero, sino el mal que no quiero. Y si hago lo que no quiero,

> ya no soy yo quien lo hace sino el pecado que habita en mí. Así que descubro esta ley: que cuando quiero hacer el bien, me acompaña el mal. Porque en lo íntimo de mi ser me deleito en la ley de Dios; pero me doy cuenta de que en los miembros de mi cuerpo hay otra ley, que es la ley del pecado. Esta ley lucha contra la ley de mi mente, y me tiene cautivo. ¡Soy un pobre miserable! ¿Quién me librará de este cuerpo mortal? (Ro 7:15-24).

Esta división interna es, por lo tanto, un aspecto esencial de la ecología del pecado. Hoy en día la gente gasta millones de dólares intentando sanar sus divisiones internas y hallar paz. Estas abultadas sumas terminan en manos de psiquiatras, psicólogos, consejeros («consejeros espirituales para guiar cada movimiento», como cantaba Bob Dylan en su canción «¿Cuándo vas a despertar?») y múltiples formas de entretenimiento sin sentido. Desde luego, estamos agradecidos por el ministerio legítimo de los consejeros, pero el desarrollo desmesurado de la consejería y del entretenimiento hasta convertirse en grandes industrias modernas es una prueba de la profunda autoalienación que el pecado ha provocado en el alma y la psiquis humanas.

Nadie escapa de esta alienación interior, aunque puede reprimirla. Se manifiesta a nivel psicológico, emocional, sociocultural e incluso físico. Nuestros lectores posiblemente puedan identificar esta alienación en su propia vida o en la de sus conocidos.

Pero hay esperanza. Las buenas nuevas de Jesucristo que su iglesia proclama se enfocan directamente en este desasosiego e inquietud interior que el pecado produce. La sanación llega por Jesucristo y la llenura del Espíritu a medida que Dios obra para curarnos de nuestro estado postrado. Por cuanto esta separación interior socava la comunidad saludable, el evangelio provee sanación mediante la comunidad cristiana y la medicina de los sacramentos.

Ante la pregunta de dónde surgen «las guerras y los conflictos» que veía en su día, el apóstol Santiago responde: «¿No es precisamente de las pasiones que luchan dentro de ustedes mismos? Desean algo y no lo consiguen. Matan y sienten envidia, y no pueden obtener lo que quieren. Riñen y se hacen la guerra» (Stg 4:1-2). Este es un testimonio claro de las divisiones interiores y sociales que surgen de nuestra alienación de Dios. Así Santiago escribe: «Acérquense a Dios, y él se acercará a ustedes. ¡Pecadores, límpiense las manos! ¡Ustedes los inconstantes, purifiquen su corazón!» (Stg 4:8). Santiago habla aquí de la restauración de la salud dentro de la comunidad cristiana mediante la obra del Espíritu Santo.

Lo que el Espíritu de Dios realiza no es un cambio de una sola vez, una experiencia de conversión, por más decisiva que sea para iniciar a las personas en el camino de sanación. Dios continúa obrando en la vida de las personas conforme responden a su gracia sanadora. Pensemos otra vez en Pandita Ramabai.

La vida de Ramabai personifica el problema y la sanación. Ella siguió creciendo en la gracia sanadora de Dios hasta su muerte en 1922 (y probablemente más allá). Hacia 1892, conforme su trabajo entre niñas viudas crecía, tuvo un encuentro más profundo con Dios. Su fe se hizo más significativa y personal. Diariamente sentía la presencia de Cristo. En su *Testimonio* escribió: «He llegado a conocer al Señor Jesucristo como mi Salvador personal y he tenido el gozo de una rica comunión con él».[10]

Pero en abril de 1895, Ramabai experimentó una obra más profunda del Espíritu Santo en una reunión de un campamento establecido por los metodistas norteamericanos, miembros del movimiento de santidad. La lectura de la autobiografía de Amanda Berry Smith (la evangelista africana metodista episcopal que había sido esclava) preparó el corazón de Ramabai para su sanación más profunda. Escribió: «Recibí gran bendición al darme cuenta de la presencia personal del Espíritu Santo en mi vida y al ser guiada e instruida por Él. El Espíritu Santo me enseñó a hacer mías, de la mejor manera, todas la promesas de Dios, y a obedecer Su voz».[11] ¡Gracias sean dadas a Dios por la sanación interior por medio de Jesucristo! Esta es una parte esencial de la sanación total que el evangelio ofrece; es la manera que Dios tiene de lidiar con la ecología del pecado.

Pero esto trae a colación esta pregunta: ¿la alienación interior provoca alienación entre humanos, o es que la alienación entre humanos causa alienación personal? Desde la perspectiva ecológica, tal pregunta no tiene sentido. Desde luego ambas afirmaciones son verdaderas, simultáneamente y de muchas maneras. Las influencias fluyen en ambos sentidos, como en cualquier sistema orgánico. En ciertas circunstancias uno puede percibir la secuencia causa/efecto, pero por lo general las interacciones son tan cercanas y complejas que no alcanzamos a distinguirlas. Esa es la naturaleza de la ecología, sea que se trate del pecado o de la ciencia. Los

---

[10] Ramabai, *Testimony* (Testimonio), p. 314.

[11] *Ibid.*, p. 316.

ecologistas hablan de múltiples circuitos de retroalimentación con efectos multiplicadores y a menudo con ondas imprevistas. Así es con el pecado.

Por el pecado, entonces, sufrimos alejamiento de Dios, de nuestros semejantes y de nosotros mismos. Pero esa no es toda la trama. Si no percibimos la cuarta dimensión, diagnosticamos mal la enfermedad y no podremos encontrar la cura. La cuarta dimensión es la alienación de la tierra.

Alienación de la tierra

La Biblia demuestra que los humanos están profundamente enajenados de la tierra. Esta es nuestra alienación del orden creado (de lo que comúnmente llamamos «naturaleza») y es un tema básico de las Escrituras, especialmente del Antiguo Testamento.

Las Escrituras hacen hincapié en que nuestra separación de la tierra es la consecuencia del pecado. Dios le dice al hombre:

> Por cuanto le hiciste caso a tu mujer, y comiste del árbol del que te prohibí comer, ¡maldita será la tierra por tu culpa! Con penosos trabajos comerás de ella todos los días de tu vida. La tierra te producirá cardos y espinas, y comerás hierbas silvestres. Te ganarás el pan con el sudor de tu frente, hasta que vuelvas a la misma tierra de la cual fuiste sacado. Porque polvo eres, y al polvo volverás. (Gn 3:17-19).

Dios dice, ¡maldita será la tierra por tu culpa! Esto no quiere decir que la intención de Dios fue poner la tierra bajo maldición de manera que ha perdido su favor. No; la Biblia está describiendo aquí las consecuencias. Los humanos no pueden pecar sin que su relación con su Creador y con la creación sea afectada. A Dios todavía le importa la tierra, como veremos más adelante.

La tierra sufre el pecado humano de tres maneras: sufre directamente por el maltrato humano de la tierra; sufre indirectamente a consecuencia de la violencia humana; finalmente, languidece por falta del cuidado de mayordomía responsable que le fue confiada al humano. En la creación, «Dios el *Señor* tomó al hombre y lo puso en el jardín del Edén para que lo cultivara y lo cuidara» (Gn 2:15).

Así, pues, el deterioro de la tierra es una consecuencia del pecado humano. La armonía entre los humanos y el resto de la creación se echó a perder. En el Edén el hombre y la mujer no sólo estaban desnudos y no tenían vergüenza; estaban desnudos y no incómodos (como comenta Sandy Richter). Pero ahora, por su pecado, «Dios el *Señor* expulsó al ser humano del jardín del Edén, para que trabajara la tierra de la cual había sido hecho» (Gn 3:23).

Así es que la alienación de la tierra pasa a ser un tema bíblico fundamental, un hilo esencial del tejido del relato, una parte esencial de la trama. El hecho de que las versiones del Antiguo Testamento traducen la misma palabra hebrea *(erets)* como *tierra*, *barro* y a veces *suelo*, recalca la importancia de todo este tema. (En las versiones en español «tierra» a menudo traduce el hebreo *adamah* [barro/lodo] y a veces *erets*.)

Los profetas bíblicos lamentan repetidamente que la tierra sufre por el pecado humano. Quizás el pasaje más conmovedor sea Oseas 4:1-3: «Ya no hay entre mi pueblo fidelidad ni amor, ni conocimiento de Dios. Cunden, más bien, el perjurio y la mentira. Abundan el robo, el adulterio y el asesinato. ¡Un homicidio sigue a otro! Por tanto, se resecará la tierra, y desfallecerán todos sus habitantes. ¡Morirán las bestias del campo, las aves del cielo y los peces del mar!»

Bajo el pacto mosaico, las leyes del Sábado y el Jubileo judíos protegían la tierra, particularmente en lo referente a la manera en que Israel debía cumplir su mayordomía de la tierra. Esto es lo que sucederá, Dios dice, si su pueblo viola el pacto: «Entonces la tierra disfrutará de sus años sabáticos todo el tiempo que permanezca desolada, mientras ustedes vivan en el país de sus enemigos. Así la tierra descansará y disfrutará de sus sábados. Mientras la tierra esté desolada, tendrá el descanso que no tuvo durante los años sabáticos en que ustedes la habitaron» (Lv 26:34-35).

El pecado hace que la tierra sufra. Así lo expresa Pablo en Romanos 8: «toda la creación todavía gime a una, como si tuviera dolores de parto», «porque fue sometida a la frustración» y se encuentra «en corrupción que la esclaviza» (Ro 8:20-22).

¡Pensemos en lo que los humanos hemos hecho a la tierra! Desde el principio hemos abusado de ella y la hemos destruido. Pero el desarrollo acumulativo de la industria moderna y la tecnología, sin un sentido adecuado de mayordomía, ha multiplicado enormemente y aumentado el pecado humano del abuso de la creación. Hoy la tierra sufre la pérdida de biodiversidad y la contaminación del aire y del agua que amenazan el clima y causan otros tantos males. Esto es todo parte de la ecología del pecado. Es parte de los gemidos de la creación.

Pero Dios tiene la intención de sanar y restaurar la tierra. Su plan es restablecer el jardín de Edén. Si su pueblo sinceramente se arrepiente y sigue sus caminos, Dios dice: «perdonaré su pecado y restauraré su tierra» (2Cr 7:14); «la creación misma ha de ser liberada de la corrupción que la esclaviza, para así alcanzar la gloriosa libertad de los hijos de Dios» (Ro 8:21). Él promete mediante el evangelio «el tiempo de la restauración de todas las cosas, como Dios lo ha anunciado desde hace siglos por medio de sus santos profetas» (Hch 3:21).

A lo largo de la historia muchos de los grandes santos de la iglesia han mostrado sensibilidad especial por las criaturas vivas y el orden creado en general. Recordemos a San Francisco que hablaba a las aves y al «hermano sol y la hermana luna». John Wesley les pidió a sus predicadores itinerantes que cuidaran tiernamente sus caballos, criaturas semejantes. Pandita Ramabai, en su Misión Mukti en India, nutrió la tierra y enseñó a las jóvenes el buen cultivo de sus parcelas para que vivieran simple y responsablemente en la tierra. Tales ejemplos demuestran cómo, a pesar del divorcio teológico entre el cielo y la tierra que ha infectado buena parte del pensamiento cristiano y la devoción, el amor de Dios en el corazón humano tiende a fluir hacia todas las criaturas de Dios, a toda la creación. Tal es la naturaleza del amor.

Pero el amor fluye más completa y libremente cuando no se lo constriñe con malinterpretaciones del mundo y de la intención de Dios. Por eso debemos entender cabalmente el divorcio entre cielo y tierra y la ecología del pecado y la salvación.

Enajenación de la tierra es, entonces, otro aspecto fundamental de la ecología del pecado. Ponerlo en cuarto lugar no reduce su importancia, ya que nuestro pensamiento es ecológico. Si nos ocupamos de sólo tres de los cuatro síntomas de la enfermedad, todavía seguimos enfermos. Todavía podemos morir.

He aquí una simple ilustración: conocí a Bill en una conferencia. Nos enteramos que ambos teníamos experiencias en común; ambos habíamos crecido en Michigan. Al conversar, yo podía ver que Bill estaba muy preocupado. Después de un tiempo, me contó su historia: problemas de salud, un matrimonio conflictivo, presiones en el trabajo, creciente ansiedad y angustia. Y ningún sentido de Dios en su vida.

¿Bill necesita a Jesús? ¡Definitivamente! Y también toda su familia (y probablemente sus vecinos y su jefe y todos sus colegas en su trabajo también). Pero, concretamente, ¿qué significa la necesidad de Jesús en la situación de Bill?

Pronto me di cuenta de que Bill sufría de todas las cuatro dimensiones del pecado. Vivía en un mundo mayormente apartado de la belleza restauradora de la naturaleza. Los ritmos de su vida dependían de su trabajo, su correo electrónico y la televisión, además del viaje diario de una hora a su lugar de empleo. Su dieta se componía de alimentos procesados, altamente artificiales como tales, lejos de los alimentos cultivados orgánicamente. Como si esto fuera poco, su trabajo no aportaba nada a su bienestar humano. Y así sucesivamente. En pocas palabras, la vida de Bill era un desorden completo. Parte de sus dificultades él las veía bien, pero no la ecología completa de sus males.

Llegar a conocer a Jesucristo como su salvador transformaría la vida de Bill. Tal vez solucionaría sus problemas familiares. Sería un paso gigantesco hacia la solución de sus conflictos personales. Pero Bill no será una persona realmente saludable hasta que todas las dimensiones de su vida sean sanadas. Esto requerirá una comunidad saludable (especialmente a través de la iglesia), cambios en las pautas de su vida (quizá un cambio de trabajo), y un sentido de su propia misión dentro del plan sanador de Dios.

Sin embargo, aquí nos enfrentamos con un asunto clave: por cuanto el pecado se ha convertido en un problema en «todo su sistema», Bill no puede ser sanado en aislamiento de su medioambiente general: su familia, vecindario, ciudad, nación, clima, mundo. Esto quiere decir que no puede alcanzar salud total dentro de la situación actual del mundo. Pero puede comenzar. Puede ser (mayormente) parte de la sanación en vez de ser (mayormente) parte del problema. Puede ser miembro de una comunidad y de una familia que sana, y participar en causas y corrientes de sanación en la tierra. Al hacerlo encontrará su propia sanación.

La meta es tener vida saludable en un planeta saludable, tal como fue la intención de Dios. Pero ya que no se puede tener gente saludable en un planeta enfermo (ni espiritual ni físicamente), Bill nunca llegará a ser completamente restaurado. Sin embargo, podrá experimentar sanidad, «considerable sanación aquí y ahora». Y esto incluye llegar a ser agente de sanación conforme viva como parte de la comunidad en la esperanza, el poder y la promesa de la resurrección de Jesús.

Los cristianos creen que son salvos y están en el proceso de salvación. En este sentido, el pueblo de Dios hoy en día es como el que se describe en Hebreos 11: «Todos ellos vivieron por la fe, y murieron sin haber recibido las cosas prometidas; más bien, las reconocieron a lo lejos»; «esto sucedió para que ellos no llegaran a la meta [la perfección] sin nosotros, pues Dios nos había preparado algo mejor» (Heb 11:13,40). Nosotros ahora disfrutamos de ese «algo mejor» por la obra y resurrección de Jesucristo y la presencia del Espíritu. Pero en el presente, todavía vivimos entre el «todo se ha cumplido» de Juan 19:30 y el «ya todo está hecho» de Apocalipsis 21:6, cuando «algo mejor» ha de llegar en su plenitud.

La verdadera ecología del pecado

La ecología del pecado, entonces, tiene cuatro dimensiones esenciales: alienación de Dios, de nosotros mismos, de nuestros prójimos y de la tierra. Toda la familia humana, enferma en todas sus relaciones (con Dios, con uno mismo, con los otros y con la tierra), sufre de una enfermedad en cuatro dimensiones que requiere una sanación en cuatro dimensiones. Dicho de mejor manera: *una ecología del pecado clama por una ecología de la salvación*.

El diagnóstico y la sanación deben ocuparse enteramente de la naturaleza de la historia y la cultura y el paso continuo de las generaciones. El pecado es generacional porque la ecología humana continúa a través del tiempo y crea la historia. Claramente esto es parte del diagnóstico bíblico del pecado.

«Las generaciones» es un tema bíblico clave. Dios le dice a Abraham: «Estableceré mi pacto contigo y con tu descendencia, como pacto perpetuo, por todas las generaciones. Yo seré tu Dios, y el Dios de tus descendientes» (Gn 17:7). Antes Dios le habló a Noé y a su familia sobre el «pacto que establezco para siempre con ustedes y con todos los seres vivientes que los acompañan» (Gn 9:12). En el Pentateuco, la frase «por todas las generaciones» se repite diez veces.

Para entender la ecología del pecado, Éxodo 20:5-6 es especialmente clave: «Yo, el Señor tu Dios, soy un Dios celoso. Cuando los padres son malvados y me odian, yo castigo a sus hijos hasta la tercera y cuarta generación. Por el contrario, cuando me aman y cumplen mis mandamientos, les muestro mi amor por mil generaciones ». Y Éxodo 34:6-7 es similar en cuanto a este mensaje:

5. La ecología del pecado

> El Señor, el Señor, Dios clemente y compasivo, lento para la ira y grande en amor y fidelidad, que mantiene su amor hasta mil generaciones después, y que perdona la iniquidad, la rebelión y el pecado; pero que no deja sin castigo al culpable, sino que castiga la maldad de los padres en los hijos y en los nietos, hasta la tercera y la cuarta generación.

Este es uno de los puntos culminantes de toda la Escritura, Jehová se aparece a Moisés en el monte Sinaí y le revela su carácter más íntimo. La revelación del carácter de Dios en estos dos pasajes ilumina la ecología del pecado. Dios castiga el pecado «hasta la tercera y la cuarta generación» pero «mantiene su amor hasta mil generaciones después».

Aquí hay un misterio en distintos niveles. ¿Quién puede entender a Dios y sus misterios? Pero tres cosas sobresalen claramente. En primer lugar, el pecado es una afrenta a Dios, y él responde con rectitud, coherente con su carácter y con la responsabilidad incorporada en sus criaturas hechas a su imagen.

En segundo lugar, la gracia de Dios y su amor imperecedero van más allá de su juicio. Si usamos las expresiones «hasta la tercera y la cuarta generación» y «que mantiene su amor hasta mil generaciones» comprendemos la manera en que la gracia de Dios triunfa sobre su juicio.

En tercer lugar (y este punto es especialmente importante para nuestra exposición aquí), los efectos del pecado continúan por generaciones. Dios «castiga la maldad de los padres en los hijos y en los nietos, hasta la tercera y la cuarta generación». Esto se podría malentender como algo mecánico, como si Dios deliberada y directamente castigara a la gente por los pecados de sus antepasados. Pero es más coherente con la revelación bíblica de Dios, la imagen de Dios y la ecología de la creación, interpretar este pasaje en términos de consecuencias en lugar de castigo directo. Es evidente que los pecados de una generación afectan a sus descendientes, a menudo en múltiples y diversas maneras. La sociedad ofrece múltiples ejemplos: abuso de niños, uso de estupefacientes, los efectos del crimen y la guerra. Los niños abusados se convierten ellos mismos, con frecuencia, en abusadores, a menos que la gracia intervenga de algún modo. Y así por el estilo. Al igual que la «maldición» sobre la tierra, también la «maldición» del pecado humano persiste a través de las generaciones. Las consecuencias forman una oleada a través del tiempo, así como también se expanden en nuestro ámbito cultural inmediato. Tal es la naturaleza del pecado, la ecología de la alienación multidimensional que introdujo la rebelión humana contra Dios. La salvación es la sanación total que Dios ofrece por medio de Jesucristo.

En los capítulos que siguen exploraremos esta sanación en sus cuatro dimensiones, aunque no en secuencia, ya que estamos pensando ecológicamente. Veremos cómo el evangelio provee reconciliación con Dios, con nuestros prójimos, con nosotros mismos y con la tierra. Nos enfocaremos especialmente en la misión, en el papel que tiene la iglesia de llevar la sanación de Dios a todas estas dimensiones entretejidas que siempre interactúan entre sí. Los cristianos que responden al Espíritu de Dios pueden ayudar a desatar una gran oleada de salud en el mundo, una oleada de sanación de la creación.

Jerónimo Bosch (1450-1516), «El jardín de las delicias», panel central: ¿la ecología del pecado?

6

Los gemidos de la creación

*Sabemos que toda la creación todavía gime a una,
como si tuviera dolores de parto.*
Romanos 8:22

«La creación gime, sea por dolores de parto, como Pablo lo describe en Romanos 8, o en agonía de muerte, no estoy seguro de cual sea», dice Scott Sabin, director ejecutivo de «Siembre con propósito». «Vivimos en un planeta con problemas serios. Pero aun así, la crisis parece tener poco efecto en nuestras vidas diarias».[1]

En los últimos años, se han acumulado un buen número de libros e informes que resaltan los crecientes peligros que amenazan nuestro medioambiente. Todos los estudios científicos no patrocinados por intereses creados, muestran los mismos resultados. Buenos resúmenes recientes incluyen los de Mark Hertsgaard, *Hot: Living through the Next Fifty Years on Earth* (Caliente: vivir durante los próximos cincuenta años) y el de Bill McKibben, *Eaarth: Making a Life on a Tough New Planet*[2] (Eaarth: Vivir en en un duro planeta nuevo). Hertsgaard dedica su conmovedor libro a su pequeña hija Chiara, «que tendrá que sobrevivir a esto».

Este capítulo constituye un puente entre el presente estado de nuestro planeta y el tema bíblico de toda la creación que gime: un eslabón esencial para la teología, la misión y el discipulado.

---

[1] Sabin, *Tending to Eden* (Cuidando el Edén), p. 85.
[2] Hertsgaard, *Hot* (Caliente); McKibben, *Eaarth*. McKibben intencionalmente deletrea «Eaarth» en lugar de «Earth» (Tierra) para subrayar su argumento. Véase también Wheeler, *Magnetic North* (Norte magnético). Wheeler sostiene que el Ártico es «el factor más importante en el drama del cambio climático», «depende de lo que allí suceda, la civilización como la conocemos sobrevivirá».

Al explicar la salvación, la teología cristiana mayormente ha puesto énfasis en la alienación de Dios y de nuestros prójimos. Aquí hay algo que corregir, sin embargo, a menos que nos quedemos cortos de la verdad revelada en la Biblia, la alienación causada por el pecado tiene cuatro dimensiones, no dos. La enfermedad tiene múltiples partes. En el capítulo anterior demostramos cómo la alienación de Dios, la de uno mismo, la de los demás y la de la tierra, todas son hebras de la ecología del pecado, y por lo tanto de la salvación.

Ahora debemos cavar más profundamente en la enfermedad del pecado y su efecto en la tierra. Debemos considerar los gemidos de la creación bajo la enfermedad del pecado. Si no percibimos la profundidad de la alienación humana de la tierra, mal entenderemos el evangelio y la misión cristiana. Si no oímos los gemidos de la creación, no hemos oído totalmente las buenas nuevas. Ponemos énfasis en esto porque existe una brecha en la cosmovisión, como ya lo hemos enunciado antes; la cura total demanda un diagnóstico completo. Debemos ser específicos, aun científicos, acerca de los síntomas. De otra manera la salvación no es completa, no es de verdad integral.

No se trata meramente de ver el lugar de la creación en el plano amplio de la economía de la salvación. Existe un punto mayor: la reconciliación con Dios, con nosotros mismos, y con nuestros semejantes depende de nuestra reconciliación con la tierra. Dios creó el mundo de esa manera; esta es la ecología de la redención. La narración bíblica se compone de Dios, su pueblo y su tierra. Darse cuenta de la profundidad de la salvación requiere que nos demos cuenta de la profundidad y el significado de los gemidos de la creación, y buscar las causas y sus síntomas.

La Palabra de Dios, los gemidos de la creación

En las Escrituras Dios revela cómo la gente debe vivir *shalom* en su plenitud en la tierra y con ella; cómo se puede prosperar y vivir en paz, gozándose de un *shalom* verdadero. En Génesis 9 se habla «del pacto que Dios estableció para siempre» con la tierra (Gn 9:16).[3] Después estableció su pacto con el pueblo elegido, y después del éxodo le dio los Diez Mandamientos, que son parte del pacto mosaico. Este pacto le muestra a Israel cómo ser el pueblo de Dios que prepara el camino para el nuevo pacto en

---

[3] Esto lo exponemos en mayor detalle en el capítulo 8.

Jesucristo. Aquí se halla la curación completa de la enfermedad del pecado en todas sus dimensiones mortales.

La creación todavía gime. El pueblo de Dios se ha desviado del camino de Dios. Al no cuidar la tierra, de hecho hemos desobedecido cada uno de los Diez Mandamientos, ya que todos ellos, de un modo u otro, tienen que ver con la tierra.

Dios dice: «No tengas otros dioses además de mí» (Éx 20:3). Pero no honramos a Dios cuando saqueamos la creación: ponemos nuestro egoísmo y comodidad antes que a Dios el Creador y sus intenciones para con la creación. Violamos el primer mandamiento.

Dios dice: «No te hagas ningún ídolo» (Éx 20:3). Cuando no cuidamos de las criaturas de Dios, hacemos un ídolo de nosotros mismos. Nos ponemos por sobre Dios, su gloria y su misión. Hacemos pedazos el segundo mandamiento

Dios dice: «No pronuncies el nombre del Señor tu Dios a la ligera» (Ex 20:7). Cuando la gente profesa ser pueblo de Dios, pero maltrata la tierra y se adueña de ella, pronuncia su sagrado nombre «a la ligera» pues «del Señor es la tierra y todo cuanto hay en ella» (Sal 24:1). Es todo lo que se puede decir del tercer mandamiento.

Dios dice: «Acuérdate del sábado, para consagrarlo» (Éx 20:8). El reglamento del sábado es el descanso para reconocer a Dios como el proveedor generoso. Dios dice que se debe dejar que el suelo descanse para que se rejuvenezca y cuidarlo de modo apropiado. «Entonces la tierra disfrutará de sus años sabáticos» (Lv 26:34). La explotación de la tierra es una de las maneras en que no guardamos el sábado y por lo tanto no cumplimos el cuarto mandamiento.

Dios dice: «Honra a tu padre y a tu madre, para que disfrutes de una larga vida en la tierra» (Éx 20:12). La economía de Dios relaciona el honrar a nuestros seres queridos con la vida pacífica en la tierra. Ya que nuestros padres (y todas las generaciones futuras) dependen de la tierra, deshonramos a nuestros padres si explotamos la tierra.

Dios dice: «No mates» (Éx 20:13). Debemos cultivar la vida de los otros, no destruirla. Pero ahora sabemos que contaminar el clima incrementa el número de muertes, en especial entre la gente pobre. La explotación del medioambiente y la muerte se relacionan en distintos niveles. El cuidado de la creación es un acto a favor de la vida.

Dios dice: «No cometas adulterio» (Éx 20:14). El adulterio nace del deseo desmedido de poseer a alguien o algo que no nos pertenece, y nos causa traicionar la fe de aquellos a quienes hemos prometido fidelidad; y por lo tanto deshonramos a Dios. La Biblia dice mucho acerca del adulterio y la prostitución espirituales. La intención original de Dios era que fuéramos administradores y custodios de la tierra, la tierra en que Dios nos puso. Pero nuestras ansias mezquinas nos han conducido a abandonar la tierra. Si no nutrimos la tierra cometemos adulterio ecológico.

Dios dice: «No robes» (Éx 20:15). Arruinar la tierra es robo contra Dios, el dueño de la tierra, y contra los pobres, a quienes Dios les concede derechos especiales de la tierra y sus productos (Lv 19:10, 23:22).

Dios dice: «No des falso testimonio en contra de tu prójimo» (Éx 20:16). Pero cuando culpamos a otros por la destrucción de la creación (culpamos a los administradores públicos, por ejemplo, o a los ecologistas, o a otros países, o incluso a la voluntad de Dios o su providencia), damos falso testimonio. Ignoramos nuestra interdependencia ecológica y responsabilidad mutua. Si alegamos que no tenemos una responsabilidad clara dada por Dios en cuanto al cuidado local y global de la creación, ¡damos falso testimonio contra la Palabra de Dios!

Dios dice: «No codicies la casa de tu prójimo… ni nada que le pertenezca» (Éx 20:17). Dios dice que observemos respeto mutuo, en especial en lo que se refiere a las cosas que de buena fe, como criaturas de Dios, nos pertenecen. La tierra no nos pertenece, pero el derecho de gozarnos correctamente de su belleza y abundancia nos pertenece. Este derecho pertenece a toda la familia humana —ciertamente no sólo a nosotros o a nuestra familia, nación, o religión. El cuidado de la creación significa no codiciar la tierra o sus ventajas económicas o ganancias de nuestros prójimos.

Si se considera el entorno de los Diez Mandamientos, vemos la manera en que nuestras acciones intencionales así como nuestros hábitos irracionales en realidad desafían la Palabra de Dios. El amor a Dios y sus mandamientos (Dt 7:9) quiere decir que no consideramos más importantes nuestras comodidad y costumbres que los caminos de Dios. Si hacemos daño a la creación e incrementamos sus gemidos, violamos a diario la Palabra de Dios.

Pero hay problemas aun mayores aquí: todo el alcance de la economía del plan divino. El apóstol Pablo sitúa el dolor de la creación en el contexto más amplio posible: «Sabemos que la creación todavía gime a una, como si tuviera dolores de parto» (Ro 8:22). Toda la creación gime con quejidos que vienen desde la caída. Pero al igual que la mujer en el parto, toda «La creación aguarda con ansiedad» la revelación completa de la redención liberadora y curativa de Dios, «porque [la creación] fue sometida a la frustración. Esto no sucedió por su propia voluntad, sino por la del que así lo dispuso. Pero queda la firme esperanza de que la creación misma ha de ser liberada de la corrupción que la esclaviza para así alcanzar la gloriosa libertad de los hijos de Dios» (Ro 8:19-21).

Esto sabemos de las Escrituras: la creación gime en su estado de esclavitud al deterioro, pero espera... espera... espera con ansiedad, espera con anticipación que la salvación total de Dios se lleve a cabo. ¿Cómo es que toda la creación gime en esclavitud al deterioro? La Biblia no lo explica en su totalidad. Dios le dice a Adán: «¡maldita será la tierra por tu culpa!». Pero como ya vimos antes, esto no significa que la tierra misma sea maldita o esté bajo la maldición de Dios. En vez, significa que toda la creación ha sido restringida a consecuencia del pecado humano. Como John Wesley lo expresó, «La tierra o el suelo, por el pecado del hombre, está sujeta a la vanidad, las diversas partes de ella ya no son de provecho para nuestra comodidad y felicidad como cuando Dios las creó».[4] Juntas «las partes diversas» de la tierra constituyen la ecología física de la tierra. Brian Walsh and Sylvia Keesmaat escriben: «Desde el punto de vista bíblico, el deterioro ecológico tiene sus raíces en el pecado humano. La creación gime (Ro 8:22) por la desobediencia respecto al cuidado humano de la creación».[5]

La «esclavitud al deterioro» de la tierra está documentada ampliamente hoy. El orden creado está sujeto a entropía, la segunda ley termodinámica. La tierra está agotando su equilibrio, se mueve del orden al desorden. Las Escrituras parecen indicar que esto es también consecuencia de la caída, del pecado humano, aunque cómo esto puede ser no está completamente claro.[6]

---

[4] Wesley, *Explanatory Notes Old Testament*, comment on Gen 3:17 (Antiguo Testamento con notas explicativas, comentario sobre Gé 3:17 (énfasis en el original).
[5] Walsh and Keesmaat, *Colossians Remixed* (Colosenses reciclado), p. 195.
[6] La Bíblia no especifica exactamente de qué modo la caída y el diluvio afectaron a la creación. Hay quienes cuestionan la validez de hacer conexiones entre la «esclavitud al deterioro» de la materia y la ley científica de entropía. Al menos por analogía hay alguna conexión, y tal vez aun más directamente. Según Génesis, el clima y el tiempo se vieron afectados por la caída y el diluvio, y estos cambios bien pueden ser sintomáticos

No obstante, los gemidos de la creación se oyen cada vez más hoy.

Consideremos cuatro evidencias claras de los gemidos de la creación: el cambio climático, las altas amenazas contra los océanos, la deforestación, y la extinción de especies. Hay muchos otros asuntos ecológicos a los cuales debemos hacer frente, pero estos cuatro merecen atención especial por cuanto tienen interacción íntima con otros males en el medioambiente.[7]

Los cambios climáticos y el calentamiento global

En el presente, la mayor amenaza a la tierra son los cambios climáticos ocasionados por acciones humanas—un hecho ahora más y más reconocido por las naciones de la tierra[8]. Ya en 1896 el químico sueco Svante Arrhenius se preocupaba que la combustión excesiva de carbón, petróleo y madera añadía millones de toneladas de dióxido de carbono a la atmósfera. Escribió: «Evaporamos nuestras minas de carbón en la atmósfera». Y subrayó que el resultado sería «un cambio en la transparencia de la atmósfera» que podría calentar el planeta a niveles intolerables. En los últimos

---

de cambios físicos mayores introducidos en la creación a través del pecado. Sobre la importancia de sus debates (entropía). Ver Nurnberger, *Prosperity, Poverty and Pollution* (Prosperidad, pobreza y polución), pp. 334-355. «Incluso estructuras sociales, culturas y convicciones tienden a desintegrarse» (*ibid.*, p. 336). La certidumbre de la liberación de la creación y la responsabilidad ética del humano en relación al cuidado de la creación no depende de la ecuación entre entropía y la «esclavitud al deterioro» de la creación, pero la verdad es que empíricamente se sabe que el despilfarro en modos de vida aceleran el proceso de entropía (deterioro). La entropía y la «extropía» de la gracia se discuten en Snyder, "Energies of Church Renewal" (Energías de renovación de la Iglesia), capítulo 9 en Snyder, *Yes in Christ* (Sí en Cristo), pp. 185-200.

[7] Ver el excelente resumen de Sabin en *Tending to Eden* (Cuidando el Edén), capítulo 7, «The Global View» (La visión global). Sabin da atención particular a la deforestación, biodiversidad, degradación del suelo, océanos y agua, y *cambio climático*. Hertsgaard, en su reseña de la evidencia enumera los efectos del cambio climático tales como olas de calor (más poderosos apagones), tempestades más fuertes, más desastres, más enfermedad y pestilencia, escasez de agua (excepto cuando hay exceso), escasez de alimentos, más incendios y mayor extinción de especies. Hertsgaard, *Hot* (Caliente), pp. 51-60.

[8] Hertsgaard, en su definición de «calentamiento global», señala que esto se refiere a acciones humanas que causan «el alza de las temperaturas globales por cantidades excesivas de dióxido de carbono, etano, y otros gases de efecto invernadero en la atmósfera. Cambio climático, a su vez, se refiere a efectos que estas temperaturas altas tienen en los sistemas naturales de la tierra y los efectos resultantes: tempestades más fuertes, mayores sequías, cambios en las estaciones, levantamiento en el nivel de los mares, y mucho más». Hertsgaard, *Hot*, p. 5.

años de los 1970 descubrimientos del calentamiento global indicaban que Arrhenius posiblemente tenía razón.⁹

Innumerables estudios científicos llevados a cabo por la ONU y otras organizaciones proyectan alzas dramáticas en las temperaturas globales en los próximos cien años a menos que dejemos de bombardear la atmósfera con gases de efecto invernadero. Y aunque esto se hiciera inmediatamente, los efectos continuarán al menos por décadas. Una investigación del año 1990, llevada a cabo por 250 reconocidos climatólogos, predijo que para el año 2025 el promedio de 1° C en el alza de la temperatura de la tierra sería posible y 3° C antes del final del siglo XXI. Que se sepa, esta sería la mayor alza en la temperatura a lo largo de toda la historia. Estudios recientes varían en sus resultados, pero la tendencia es clara. La tierra tiene fiebre. Las continuas alzas de temperatura podrían incrementar el nivel de los mares hasta 16 cm. para el año 2030 y tres veces esa cifra para al final del siglo. El alza de sólo 5° C se cree que ocasionó la última época glacial.¹⁰

Los debates acerca de los cambios climáticos continúan, en particular en círculos políticos y entre algunos cristianos y comentaristas profesionales. La *Global Climate Coalition* (Coalición de Clima Global), al parecer una organización bien intencionada, recibe enormes subsidios de corporaciones energéticas y automotrices; ha invertido millones en «una campaña de desinformación» cuya intención es convencer al público de que el calentamiento global no es «más que un engaño inspirado por razones políticas» y que el cambio climático es sólo una teoría, no un hecho.¹¹

Pero hay poco debate entre los climatólogos y oceanógrafos. Kevin Trenberth, director de la sección de análisis climático del *National Center for Atmospheric Research* (Centro Nacional de Investigación Atmosférica) en Boulder, Colorado, dice: «No hay duda alguna que el clima está cambiando y que en parte los humanos son responsables»; tanto es así que ahora «las probabilidades están a favor de tempestades intensas y lluvias más fuertes».¹²

Ya en agosto del 2004, todo un año antes del huracán Katrina, la revista *Business Week* publicó un artículo de primera plana intitulado «Global

---

⁹ Weiner, *Next Hundred Years* (Los próximos cien años), p. 29.
¹⁰ Monastersky, "Global Warming" (Calentamiento global), p. 391.
¹¹ Hertsgaard, *Hot (Caliente)*, pp. 6-7.
¹² Kloberdanz, "Global Warming" (Calentamiento global).

Warming: Why Business Is Taking It So Seriously» (Calentamiento global y por qué los negocios lo están tomando tan en serio). En este artículo se llama la atención a lo que el senador republicano John McCain ha dicho: «Los hechos son claros. Tenemos que educar a nuestros conciudadanos sobre el cambio climático y el peligro que esto representa para el mundo». El ecologista Christopher Field, de la institución Carnegie, nota:

> Más y más está claro que hoy aun un calentamiento modesto tiene grandes efectos en los ecosistemas. El impacto más serio es la disminución del 10% en la producción de maíz en los EE.UU. (en el Oeste Medio) por cada grado de calentamiento. Desde hace ya algunos años compañías con visión del futuro han empezado a invertir seriamente en recursos energéticos más limpios y benignos para la ecología. Esto es absolutamente necesario ya que la combustión de recursos energéticos fósiles son la mayor causa humana del calentamiento global.[13]

Informes recientes actualizados confirman el peligro de los cambios climáticos. El articulista Thomas Friedman del *New York Times* nota «cuán reiteradamente los mejores científicos del mundo han advertido —en sólo los últimos meses— que los cambios climáticos se suceden cada vez más a menudo y acarrearán mayores cambios más acelerados de lo que se había anticipado hace muy pocos años». En la Institución Carnegie, Christopher Field del Departamento de ecología global de la Universidad Stanford dice: «Básicamente ahora enfrontamos el clima del futuro que va más allá de cualquier cosa que habíamos considerado en modelos de simulación climática». Similarmente Joe Romm, climatólogo del Instituto Tecnológico de Massachussets advierte que si las prácticas presentes continúan, para el año 2100 las temperaturas de la superficie de la tierra llegarán a niveles más altos de los que jamás antes conoció la humanidad.[14]

En París, investigaciones llevadas a cabo por el Consejo Internacional para las Ciencias, han demostrado que el óxido nitroso (N_2O) es un gas aun más potente que el dióxido carbono, el cual ha sido más analizado, para producir efecto invernadero. La cantidad de óxido nitroso en el medioambiente ha crecido alarmantemente por el gran uso de fertilizantes con base de nitrógeno los cuales son muy comunes en la agricultura corporativa. «La humanidad ha secuestrado, para su uso personal,

---

[13] "Global Warming: Why Business Is Taking It So Seriously" (Calentamiento global: por qué los negocios lo toman tan en serio).

[14] Friedman, "Mother Nature's Dow" (Recurso de la madre naturaleza).

el "ciclo del nitrógeno", con cuyo nombre se conoce la emisión de ese gas a la atmósfera y de la atmósfera», nota la revista inglesa *Economist* en su informe de las investigaciones.

> Lo que parece cierto es que el ciclo del nitrógeno produce cambios más acelerados y más profundos que el ciclo del carbono», apresurando el calentamiento global. Ya que el maíz y otras cosechas que se usan para la manufactura de biocarburantes contienen un alto grado de nitrógeno, el uso de tales carburantes (quemar alimentos para mover vehículos) daña más aún el clima de la tierra, en lugar de preservarlo.[15]

Conforme los estudios se acumulan, la información sobre el medioambiente se aclara. Un informe del *Washington Post* sobre el encuentro anual de la *American Association for the Advancement of Science* (Asociación para el fomento de las ciencias) nota que «El ritmo del calentamiento global posiblemente es más rápido de lo que las predicciones recientes indicaban, por cuanto el efecto invernadero por las emisiones de gases de la industria se ha incrementado más rápido de lo esperado y temperaturas más altas son las causantes de mecanismos de retroalimentación en ecosistemas globales».[16] Un informe actualizado de MIT también subraya nuevos descubrimientos en la manera en que múltiples factores climáticos, tales como las emisiones de gases que causan efecto invernadero y transferencia del calor, se relacionan entre sí. El informe hace notar que

> Ninguno de estos efectos es muy fuerte en sí mismo y aun sumándolos separadamente no explican el total del alza de la temperatura. En vez de interrelacionarse aditivamente, estos diferentes efectos parecen relacionarse de modo que se multiplican, con retroalimentación entre los factores contribuyentes que conducen a sorpresivamente grandes incrementos en la probabilidad de temperaturas más elevadas.[17]

Por esta razón, sería mejor hablar de caos climático en lugar de cambio climático, en Alemania, dice Hans Schellnhuber, director del Instituto Potsdam para la investigación del impacto climático. Los cambios climá-

---

[15] "Biofools" (Bionecios).

[16] "Scientists: Pace of Climate Change" (Científicos: el ritmo del cambio climático).

[17] MIT Joint Program on the Science and Policy of Global Change, «Greenhouse Gamble» (Programa conjunto del Massachusetts Institute of Technology sobre ciencia y política del cambio global "Jugada de la casa verde").

ticos y sus efectos «no son lineales», dice. «No me preocupa un cambio gradual en el clima», a lo cual nos podríamos adaptar. «Lo que me alarma es causar retroalimentación positiva que, en el peor de los casos, podría desatar algún tipo de dinámica desmedida de efecto invernadero.[18]

Efectos múltiples y reacciones múltiples: esta es la manera en que la ecología funciona, sea que hablemos de ciencia o de pecado. Los cristianos, cuando oímos hablar de cambios climáticos no pensamos sólo en términos de ciencia o economía. Pensamos en los gemidos de la creación, y pensamos ecológicamente.

Nuestros océanos amenazados

Los océanos del mundo son tan vastos que por mucho tiempo se pensaba que eran inmunes a cualquier daño serio de parte de la civilización humana. Sin embargo, en recientes décadas se ha demostrado cuán íntimamente relacionadas realmente están la tierra, el aire y el agua, y cuán vulnerables son mutuamente. El inmenso derrame de petróleo en el Golfo de México en 2010 es prueba dramática de la fragilidad de los océanos.

Un factor fundamental es la «Gran banda transportadora del océano», la cual ayuda a sostener el balance ecológico que hace la tierra habitable. En tan sólo las últimas décadas los científicos han confirmado la existencia de este gran «río circulatorio en el océano» que alimenta los ecosistemas de la tierra. Sucede que la circulación global de corrientes cálidas y corrientes frías es la mayor causa del clima moderado de la tierra, así como de otros beneficios.[19]

La «Gran banda transportadora del océano» es mayormente accionada por hielo derretido, por lo que el índice de deshielo de la masa total de hielo del Ártico es un ingrediente mayor para el clima. Aquí es donde el calentamiento global entra en acción. Los oceanógrafos predicen que si hay deshielo excesivo, «la banda transportadora se debilita, y aun puede dejar de funcionar», lo cual acarrearía desastrosos cambios climáticos globales.[20] De ocurrir tal cosa, la revista *Business Week* afirma, «Europa y el noreste de Norteamérica se enfriarían. Esto no es ciencia/ficción. La

---

[18] Cita en Hertsgaard, *Hot* (Caliente), p. 68.

[19] Ver en el Internet «banda transportadora del océano». Allí encontrará abundantes fuentes de información.

[20] Programa de las Naciones Unidas para el medioambiente 2005.

banda transportadora ha dejado de funcionar en el pasado con resultados dramáticos.»[21]

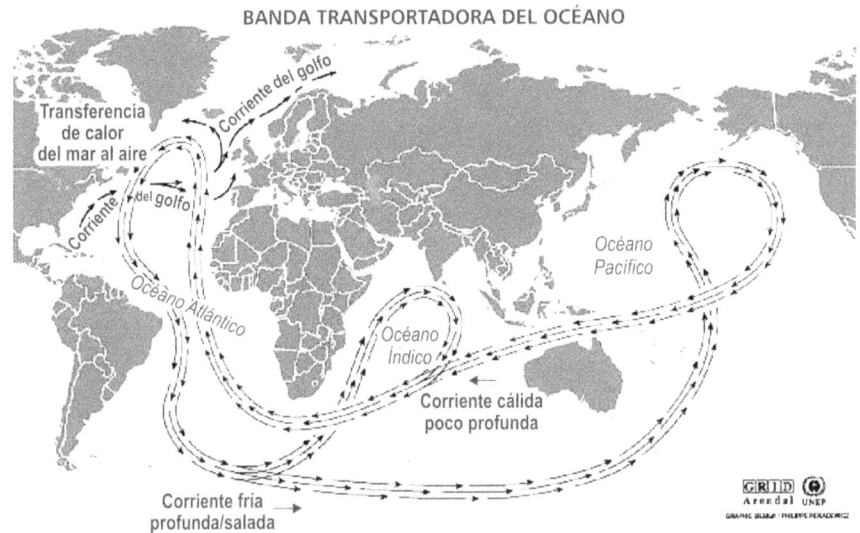

La Gran banda transportadora del océano

La «Gran banda transportadora del océano» es el paralelo marítimo de la circulación del aire, al cual está conectada ecológicamente. Literalmente es el fluir del que procede la vida. Pero la combustión de madera y combustibles fósiles en nuestros coches y otros vehículos generadores de energía eléctrica y otros usos industriales la amenazan. Cuando fluye normalmente, la banda transportadora demuestra la armonía en lugar de los gemidos de la creación. Sin embargo, hoy en día es parte de la visión total de la lucha ecológica de la tierra. Nos recuerda lo maravilloso de la creación de Dios y de la necesidad de su cuidado responsable.

A pesar de la enorme importancia de la banda transportadora del océano, este no es el único aspecto de la historia de la salud y la enfermedad de los océanos. El nivel de acidez crece alarmantemente, lo cual amenaza a la vida marina de maneras nuevas. Un informe de la *National Research Council* (Junta Nacional de Investigaciones) en los EE.UU. recalca que la acidez de los océanos ha subido en un 30% en los últimos 200 años, ya que ahora absorbe más de un millón de toneladas de dióxido de carbono por hora. James Barry, científico de alto rango del *Monterrey Bay*

---

[21] «Global Warming: Why Business Is Taking It So Seriously» (Por qué los negocios toman tan en serio el calentamiemto global), p. 68.

Aquarium Research Institute (Institutde investigación acuaria de la Bahía de Monterrey) en California, testificó en el Congreso de Estados Unidos en 2010 que «la acidificación está cambiando la química de los océanos a una escala y una magnitud mayores de lo que se pensaba que había ocurrido en la tierra por muchos millones de años y se espera que cause cambios en el crecimiento y supervivencia de una amplia variedad de organismos marinos, lo que hace posible que produzca enormes cambios en los ecosistemas oceánicos».[22]

Otro asunto es la nueva competencia internacional para explotar los ricos recursos minerales de los océanos. Conforme las capas polares de hielo se derriten, muchas naciones —Canadá, los EE.UU., Rusia, Noruega, Dinamarca— reclaman derechos de los recursos del Polo Norte. Se incrementan los esfuerzos por extraer los minerales de las profundidades de los océanos. La fiebre global de los minerales se aumenta cada vez más. Todo esto contribuye al profundo gemir de la creación.[23]

Deforestación

En general, la deforestación atrae menos atención de los medios de comunicación que asuntos relacionados al clima o el tiempo, pero es el mayor causante de hambruna, pobreza y emigración. Haití y varios países africanos son ejemplos críticos. Esto es una cuestión ética doble, pues es tarea del cuidado responsable de la creación y de compasión por los pobres. Cuando los árboles desaparecen, las consecuencias no sólo afectan a la generación actual a corto plazo sino también a las generaciones posteriores.

Klaus Nurnberger indica que ya que la población crece naturalmente. Esto «conduce al impacto en la naturaleza: se talan los bosques, se llenan los campos de pastoreo, los campos agrícolas se utilizan al máximo, los senderos se vuelven barrancos, la capa arable del suelo se erosiona y el agua se contamina. El deterioro de los recursos naturales básicos incrementa más la miseria, lo cual conduce al crecimiento de la población, mayor presión en el sistema, mayores necesidades de seguridad del sistema, mayor impacto en la naturaleza, y así por el estilo, es un círculo

---

[22] Blumenthal, "Group Sounds Alarm" (Sonido de alarma grupal).
[23] "Suddenly, A Wider World below the Waterline" y "Seabed Mining" (Un mundo más ancho debajo de la línea del agua y Minería del fondo del mar).

vicioso, o más bien una red viciosa».²⁴ La deforestación, que se combina con desertización y otros factores, ocasiona «la emigración de "refugiados ecológicos" a gran escala en busca de pastos, suelos arables o recursos urbanos de ingresos.»²⁵

Los impactos ecológicos y sociales de la deforestación se agravan por la destrucción de los bosques a gran escala por la agroindustria y otras corporaciones. Esto es un factor creciente de la economía global. Para alimentar el crecimiento económico del mundo, se saquean los bosques de las naciones más pobres.

Esta es la razón por la cual sembrar árboles es un acto de cuidado de la creación. La reforestación a través de proyectos locales pequeños y de proyectos grandes que se ocupan de las realidades políticas y sociales concernientes es una manera de ocuparse de los gemidos de la creación. Piense del ciclo de vida de un árbol que va de ser semilla a planta madura que produce semillas. La deforestación y la reforestación son actos opuestos que representan ciclos de muerte y ciclos de vida.

Extinción de las especies

Dios llenó el mundo con una variedad admirable de criaturas que son una delicia por su abundancia. «Creó Dios los grandes animales marinos, y todos los seres vivientes que se mueven y pululan en las aguas y todas las aves, según su especie. Y Dios consideró que esto era bueno» (Gn 1:21). «Dios hizo los animales domésticos, los animales salvajes, y todos los reptiles, según su especie. Y Dios consideró que esto era bueno» (Gn 1:25). Después, cuando Dios le ordenó a Noé que construyera el arca le dijo: «Haz que entre en el arca una pareja de todos los seres vivientes, es decir, un macho y una hembra de cada especie, para que sobrevivan contigo» (Gn 6:19). Dios estableció un convenio imperecedero con la tierra (Gn 9:13). Dios le dijo a Noé específicamente: este es un «pacto que establezco para siempre con ustedes y con todos los seres vivientes que los acompañan» (Gn 9:12). Es importante notar que este triple pacto (Dios, los humanos, las criaturas) jamás se ha abrogado, y en gran parte define la mayordomía humana de la tierra.

---

²⁴ Nurnberger, *Prosperity, Poverty and Pollution* (Prosperidad, pobreza y polución), p. 29.
²⁵ *Ibid.*, 88.

Dios se regocija por sus criaturas y desea su protección como parte del bienestar del orden creado. Dado lo complicado de la ecología del cielo y la tierra, la destrucción de las especies viola el triple convenio respecto a las tres partes afectadas. La creación gime.

En Génesis 9 se habla del valor de todo ser viviente y «los coloca bajo la provisión y protección de Dios» como a los seres humanos, escriben Fred Van Dyke y sus coautores en el libro *Redeeming Creation: The Biblical Basis for Environmental Stewardship* (La redención de la creación: las bases bíblicas de la mayordomía del medioambiente): «¿Cuál es el destino de quienes por designio propio, por ignorancia o por egoísmo se dedican a destruir lo que Dios ha prometido proteger? ¿Cuál será el resultado para las especies en peligro de extinción por haber estado en el bando opuesto de Dios en una cuestión del convenio de preservación? Creemos que lo que importa muchísimo se basa en el pacto de Dios de proteger su creación, consistente con el valor que él ya le ha impartido y con su determinación de redimirla».[26]

La extinción de las especies parecería ser una preocupación remota. No las vemos ni en realidad las sentimos. Su gemido es un susurro que no escuchamos, pero en realidad afecta de muchas maneras el bienestar de los humanos. A menudo las especies que desaparecen son la primera señal de cambios mortíferos en el medioambiente. Plantas y animales, aún desconocidos, pueden ser la curación de enfermedades humanas mortales.

La diversidad genética es en realidad la clave de la salud del planeta. Al fin de cuentas, la reducción genética representa probablemente una gran amenaza a la humanidad tanto como el cambio climático. Cada cosa viviente tiene su función y nicho ecológico. Puede ser que a una especie que ha desaparecido la haya sustituido otra, pero en el proceso, el total de la riqueza ecológica se ha disminuido.

Sin embargo, estos son argumentos meramente humanos. Desde el punto de vista bíblico, la razón por la que prestamos atención a las criaturas de la tierra es que le pertenecen a Dios, no nos pertenecen a nosotros. La vida no se debe destruir, someter al abuso, o patentarla. Sea que entendamos el por qué o no, diversas especies existen, en primer lugar, para la gloria de Dios y su deleite, y sólo secundariamente para nuestro beneficio. Los cristianos del reino ayudan a proteger las especies en peligro de extinción como parte de su servicio a Dios, así como para su

---

[26] Van Dyke et al., *Redeeming Creation* (Redimiendo la creación), p. 77.

propio crecimiento espiritual. Mientras más estemos en armonía con el corazón de Dios y sus propósitos, más oiremos esta parte de los gemidos de la creación. El calentamiento global no habría ocurrido si los cristianos hubieran leído con más cuidado y más literalmente lo que la Biblia dice acerca de la tierra.

Estos cuatro asuntos fundamentales —el cambio climático, la amenaza a los océanos, la deforestación, y las especies en peligro de desaparecer— representan (literalmente) el mundo entero de componentes que caen en el círculo de la enfermedad y de la curación de la creación. El punto es que todos ellos se entrecruzan. Juntos se acoplan en una ecología vasta. Desde la perspectiva bíblica, todos son parte de la ecología de Dios y la economía de Dios *oikos* y *oikomia*. Aquí se trata de más que mera ciencia.

Una vez más vemos que la creación gime por el pecado humano. Y no sólo por el pecado de Adán y Eva, sino por la persistente infidelidad del pueblo del pacto con Dios hasta nuestros días. Los seguidores de Jesús amplificaron el gemido imponiéndole a la tierra una carga aun mayor, o respondieron a su curación, encarnando en sus acciones la esperanza y la seguridad de toda la creación sanada mediante Jesucristo, por el poder del Espíritu.

Romanos 8 coloca los gemidos de la creación en una mayor narrativa de esperanza. En vista de la resurrección de Jesús, Pablo dice: «considero que en nada se comparan los sufrimientos actuales con la gloria que habrá de revelarse en nosotros» (Ro 8:18). En efecto, todas las Escritures son muy realistas en cuanto al dolor y el sufrimiento. Pero Pablo ve el sufrimiento de la creación como «dolores de parto» (Ro 8:22), una imagen esperanzadora.

Pablo identifica un triple gemido en Romanos 8: toda la creación gime (vs. 22). «Nosotros mismos, que tenemos las primicias del Espíritu, gemimos interiormente, mientras aguardamos ... la redención de nuestro cuerpo» (Ro 8:23). Y Dios mismo en su Espíritu «intercede por nosotros con gemidos que no pueden expresarse con palabras» (Ro 8:26). Este profundo triple gemido muestra una vez más que la Biblia es la historia de Dios, la gente y la tierra. A través de Jesucristo y el Espíritu, Dios está comprometido profundamente con la salvación, con la curación completa de la enfermedad del pecado. Las buenas nuevas de Jesucristo es la total curación de la enfermedad del pecado en todas sus dimensiones ecológicas, todas sus fibras cancerosas. En verdad, la sanación de la Creación.

7

EL EVANGELIO
Una sanación completa

A cada lado del río estaba el árbol de la vida, que produce doce cosechas al año, una por mes; y las hojas del árbol son para la salud de las naciones.

Apocalipsis 22:2

Algo admirable sucedió en Seúl, Corea, el primer día del año 2005. David Yonggi Cho, fundador y pastor de la iglesia más grande del mundo, confesó públicamente ante su congregación:

> La Biblia dice: «Porque tanto amó Dios al mundo, que dio a su Hijo unigénito, para que todo el que cree en él no se pierda, sino que tenga vida eterna». Durante todos estos años he malinterpretado esto. Entendía que Dios amaba tanto a *los seres humanos* que dio a su Hijo unigénito por ellos, no por *el mundo*. ¿Qué es el mundo? En el mundo hay toda clase de cosas, como gente, pueblos, cielo, tierra, océanos, plantas, insectos y animales. La Biblia dice que Dios amó tanto al *mundo* que entregó a su único Hijo; el alcance del mundo no se limita a los seres humanos.[1]

Cho concluyó: «La salvación que no incluye nuestro compromiso con el cuidado del ecosistema no se puede considerar salvación holística». Su «comprensión limitada del alcance del plan redentor de Dios no le había permitido (a Cho) participar en el ministerio de salvación integral de Dios

---

[1] Lee, *Christian Spirituality* (Espiritualidad cristiana), pp. 9-10. Aclaramos que la conclusión de Cho —que el Dios de la Bíblia ama toda la creación— puede mantenerse aún *si* su interpretación de Juan 3:16 es incorrecta (a saber, que sólo concierne a los seres humanos) por cuanto, como hemos procurado demostrar en este libro, a su conclusión se le puede dar una interpretación bíblica mucho más amplia.

en todas sus dimensiones: personal, social y medioambiental», dice Young-Hoon Lee, sucesor de Cho como pastor de la Iglesia *Yoido Full Gospel* (Evangelio Completo Yoido).[2]

La iglesia *Yoido Full Gospel* ha descubierto la salvación como creación sanada. Quizás las iglesias cristianas a través de todo el mundo lleguen a afirmar el verdadero evangelio completo: las buenas nuevas de redención y transformación completa mediante Jesucristo.

Este capítulo examina las buenas nuevas de Jesús desde la perspectiva del plan de Dios de sanar la creación, de superar las múltiples alienaciones y enemistades que el pecado ocasiona, y aún más. Apuntamos la manera en que el evangelio produce ciclos de salud y sanación en un mundo que se precipita hacia la muerte. La nueva creación de que gozamos en la actualidad a través de Jesucristo (2Co 5:17) son los primeros frutos no sólo de nuestra salvación, sino también de la creación sanada.

Como dice Scott Sabin: «Las buenas nuevas son que Dios se preocupa por todo lo que ha creado.»[3] Las Escrituras presentan la salvación como un inmenso plan divino de redención de toda la creación, «la restauración de todas las cosas» (Hch 3:21). En Efesios 1:10 leemos que Dios tiene un propósito (*oikonomia*) para cuando se cumpla el tiempo de reunir todo, las cosas del cielo y de la tierra, en reconciliación bajo el señorío de Jesucristo, todo, las cosas en los cielos y las cosas en la tierra; lo visible y lo invisible. El plan de redención es tan amplio como la magnitud de la creación y la profundidad del pecado, porque «donde abundó el pecado, sobreabundó la gracia» (Ro 5:20). El remedio para la enfermedad del pecado en todas sus dimensiones es la salvación en toda su extensión. Dios es así de grande, la expiación de Jesús es así de grandiosa. Durante la creación «el Espíritu de Dios se movía sobre la faz de las aguas» (Gn 1:2 versión Reina -Valera), y todavía se mueve.

Hemos indagado sobre la profundidad de la enfermedad, la profunda ecología del pecado. ¿Qué nos dice la Biblia acerca de su sanación? Esto es lo que encontramos: Jesús «en su cuerpo, llevó al madero nuestros pecados, para que muramos al pecado y vivamos para la justicia. Por sus heridas ustedes han sido sanados» (1P 2:24). Pedro aquí hace referencia al pasaje mesiánico de Isaías 53:5: «Él fue traspasado por nuestras re-

---

[2] *Ibid.*, p.10.

[3] Sabin, *Whole Earth Evangelism* (Evangelismo de toda la tierra), p. 29.

beliones, y molido por nuestras iniquidades; sobre él recayó el castigo, precio de nuestra paz, y gracias a sus heridas fuimos sanados».

El apóstol Pablo escribe: «Si el Espíritu de aquel que levantó a Jesús de entre los muertos vive en ustedes, el mismo que levantó a Cristo de entre los muertos también dará vida a sus cuerpos mortales por medio de su Espíritu, que vive en ustedes» (Ro 8:11). Esta es la promesa de resurrección física según el modelo y por el poder de la resurrección de Jesús. «Y cuán incomparable es la grandeza de su poder ... que Dios ejerció en Cristo cuando lo resucitó de entre los muertos y lo sentó a su derecha en las regiones celestiales». Ese es el mismo poder que ahora opera «a favor de los que creemos» (Ef 1:19-20). Más aun, «la creación misma ha de ser liberada de la corrupción que la esclaviza, para así alcanzar la gloriosa libertad de los hijos de Dios» (Ro 8:21). Esta es precisamente la promesa del Antiguo Testamento: «la restauración de todas las cosas, como Dios lo ha anunciado desde hace siglos por medio de sus santos profetas» (Hch 3:21).

El Evangelio de sanación

Esta es la magnitud total de la salvación, según se revela en las Escrituras. Un ejemplo de la historia demuestra lo que significa esto en la práctica. John Wesley (1703-1791), el erudito evangelizador metodista cuyo ministerio dio inicio al movimiento metodista, era un apasionado por la medicina y la salud. Siempre llevaba un maletín con remedios junto a su Biblia. Le parecía que los médicos británicos cobraban demasiado y en realidad no ayudaban a los pobres, por lo que recopiló sus remedios favoritos en un pequeño manual, que se publicó en veintitrés ediciones bajo el título «*Primitive Physick: An Easy and Natural Method of Curing Most Diseases*» («Medicina elemental: un método fácil y natural de curación de la mayoría de las enfermedades»). Hoy lo llamaríamos algo así como «El consejero médico en casa». Fue el libro más popular de Wesley, aunque sus diarios y sermones también se publicaron en varias ediciones.

El diario de Wesley está lleno de sorpresas. Por ejemplo leemos de la ocasión en que visitó a un enfermo. ¿Pediría en oración por la curación de la persona o abriría su maletín para darle algún remedio? A menudo hacía ambas cosas. Creía que Dios se preocupaba por el cuerpo y el alma, el alma y el cuerpo.

A Wesley le fascinaba también la manera en que interactúan el alma y el cuerpo. Podía ver que era así. A lo largo de toda su vida le fascinó ver la interacción del cuerpo, la mente, las emociones y el mundo que nos rodea. Wesley comienza su libro de medicina elemental así: «Cuando el hombre primeramente salió de las manos del Gran Creador, con su cuerpo y alma vestidos de inmortalidad y sin corrupción, no había lugar para lo físico, ni el arte de sanación. Como no conocía el pecado, tampoco conocía el dolor, ni la enfermedad, ni la debilidad, ni ningún desorden físico ... Toda la creación vivía en paz con el hombre, siempre y cuando el hombre viviera en paz con su Creador».

Wesley subraya que el pecado trastornó esta armonía. Igualmente, por medio de ejercicios, alimentación saludable y remedios sencillos, la gente puede gozar de una relativa buena salud. Según él, la mayoría de las culturas tienen una larga tradición de valiosa medicina popular: «Todo padre les pasó a sus hijos lo que de igual manera había recibido de sus padres en cuanto a la forma de curación de los dolores externos así como de las enfermedades propias de cada clima, y los remedios más eficaces para curar cada enfermedad. Por cierto, este es el método por el cual el arte de curación se ha conservado entre los indígenas americanos hasta nuestros días».

Así pues, Wesley recetó una variedad de remedios, «varios remedios para cada enfermedad», no sólo porque unos son más fáciles de conseguir que otros, sino también «porque el remedio que cura a una persona no siempre cura a otra que sufre el mismo mal. Tampoco el mismo remedio cura a la misma persona en todas las ocasiones». Se necesitan experimentación y variedad.[4]

John Wesley sabía que el evangelio era para el cuerpo y el alma, para las comunidades y, en efecto, para toda la creación. Se enfocó principalmente en la sanación de la alienación entre la gente y Dios por medio de Jesucristo, porque sabía que esa era la necesidad más profunda. Pero se preocupaba por la persona toda, y en particular por los pobres. Esta gran preocupación fue la razón principal del inmenso crecimiento de la teología metodista por todo el mundo, como ha sido bien documentado por David Hempton en *Methodism: Empire of the Spirit (Metodismo: El imperio del Espíritu)*.[5]

---

[4] Wesley, *Primitive Remedies* (Remedios primitivos), pp. 9-11, 17.

[5] Hempton, *Methodism* (El metodismo). Ver también Snyder, *Radical Wesley* (Wesley radical).

Ya que Wesley vivió hace tres siglos, no pudo predecir cómo gemiría la creación hoy, con gemidos como los que hemos descrito en el capítulo anterior. Por cuanto se encontraba constantemente inmerso en las Escrituras y las vidas que vio cambiadas, sabía que el evangelio ofrecía una sanación integral. Esto es precisamente lo que la iglesia y el mundo necesitan hoy: sentir la esperanza y el poder total de las buenas nuevas y su promesa para nuestro mundo interconectado. La iglesia necesita sentir nuevamente que el evangelio de Jesucristo es «terapia del alma,» como dice Wesley: «el método de Dios para sanar un alma enferma». Con el significado bíblico de «alma» para referirse a toda la persona, Wesley escribió:

> Por este medio el gran Médico de las almas suministra remedios para curar esta enfermedad; para restaurar la naturaleza humana, totalmente corrompida en todas sus facultades. Dios sana nuestro ateísmo a través del conocimiento de él y de Jesucristo a quien él envió; nos da fe, una evidencia divina y convicción de Dios y sus cosas —en particular de esta verdad importante: «Cristo me amó, y se dio a sí mismo *por mí*». Mediante el arrepentimiento y un corazón humilde, él cura la enfermedad fatal del orgullo. Ahora bien, esto es religión propiamente: «la fe que actúa por amor» y conduce a estar conforme con la voluntad y la Palabra de Dios.[6]

El evangelio en realidad es buenas nuevas acerca de la creación sanada, y se extiende a todos los campos de necesidad.

¡BUENAS NUEVAS DE VERDAD!

Proclamamos nuestra fe en el trino Dios, creador y sustentador de cielos y de tierra. Dios mandó a su Hijo al mundo por el poder del Espíritu Santo para traer redención y la nueva creación que es el reino de Dios. Jesús mandó el Espíritu para que continúe, multiplique y complete la obra que él comenzó. Esta es la «misión de Dios» —(*missio Dei*). El Espíritu Santo actúa en su mundo para alcanzar el propósito salvador de Dios. «Dios todavía trabaja en esta creación y no sólo [como] su ingeniero de mantenimiento», anota Eugene Peterson.[7]

---

[6] Wesley, Sermon 44, «Original Sin» (El pecado original), *Works* (Obras), 2:184 (énfasis en el original). Wesley usa el griego para «terapia del alma» que no tiene la connotación de la psicología moderna, sino el sentido original, más completo, de curación.

[7] Peterson, *Christ Plays* (Dramas de Cristo), p. 93.

La iglesia está en misión porque Dios está en misión. Dios amó tanto al mundo que envió a su único Hijo para darnos vida eterna por medio de la fe en él. Por lo tanto, la iglesia debe amar el mundo y llevarle las buenas nuevas a la toda la gente por doquier. Desde el punto de vista bíblico, las buenas nuevas es la sanación de la creación. Por lo tanto, una misión fiel incluye no sólo la evangelización personal, la compasión y la justicia social; sino también incluye proclamar y vivir la intención de Dios para toda la creación. La ecología de la salvación coincide con la ecología del pecado.

Esta gran caracterización de Jesucristo honra a nuestro Salvador y hace que las buenas nuevas sean más convincentes y maravillosas. Aquí encontramos un evangelio de sanación total: la sanación de la creación, la restauración de todas las cosas —realmente todo el evangelio para todo el mundo.

La salvación por medio de Jesucristo por el Espíritu es la historia de la manera en que Dios redime y transforma su creación. Él llama a sus discípulos para que se unan a él para obrar la sanación de la creación. Estas verdaderas buenas nuevas pueden resumirse en cinco puntos:

1. *Dios creó el universo.* «Por la fe entendemos que el universo fue formado por la palabra de Dios, de modo que lo visible no provino de lo que se ve» (Heb 11:3). Así que el mundo le pertenece a Dios, no a individuos como tales, ni a corporaciones, ni a gobiernos. No poseemos derechos individuales ni corporativos sobre el mundo para maltratarlo o reclamarlo para nuestro interés personal. Los seres humanos son los mayordomos de lo que Dios ha creado y nos ha prestado.

El orden creado tiene valor intrínseco porque procede de la mano de Dios —de su vida misma. La vida es sagrada porque la Santa Trinidad es su fuente y sustento. Jonathan Merritt señala que «la Biblia no enseña la santidad de la vida humana, sino la santidad de toda forma de vida. Aunque las plantas y los animales, desde las flores hasta las ranas, no son iguales a los seres humanos, siguen siendo creación de Dios, quien los ama y les ha conferido valor».[8]

La creación es buena porque Dios es bueno. «El Señor es bueno con todos; él se compadece de toda su creación» (Sal 145:9).

---

[8] Merritt, *Keeping an Eye on the Sparrow* (Con el ojo puesto en el gorrión), p. 32.

2. *El orden creado, en un sentido profundo, está enfermo debido al pecado.* Aunque los ecosistemas no humanos de la tierra no pecan, el orden creado sufre la «enemistad» que la rebelión humana le trajo al mundo (Gn 3:14-19). Como ya hemos visto, «la creación... fue sometida a la frustración», ... y «corrupción que la esclaviza» (Ro 8:20-24). Este complejo desorden espiritual-física-moral-ecológica se presenta gráficamente en los escritos de los profetas del Antiguo Testamento.

El desorden, la enfermedad, la enemistad y la discordia piden a gritos la sanación a través de la Palabra de Dios.

3. *Dios ha actuado en Jesucristo para reconciliarse con la creación.* Dios trae transformación y re-creación por medio del Dios-Hombre. Desde el punto de vista bíblico, Dios actúa en Jesús no para liberar a los seres humanos de su medioambiente, sino con su medioambiente. Somos seres del medioambiente. Al final Dios no nos salvará sin nuestras obras, ni nos salvará sin su creación buena, su gran obra buena, humana y no humana.

El Nuevo Testamento deja muy en claro el tremendo costo de la obra reconciliadora de Jesús: su vida de obediencia y sufrimiento, su muerte en la cruz. Precisamente porque Jesús «se humilló a sí mismo y se hizo obediente hasta la muerte ... Dios lo exaltó hasta lo sumo y le otorgó el nombre que está sobre todo nombre... para que ante el nombre de Jesús se doble toda rodilla» (Fil 2: 8). Todos se rendirán, y el tiempo llegará «de destruir a los que destruyen la tierra» (Ap 11:18).

Jesús, en sus funciones como profeta, sacerdote y rey, es el gran sanador. Como lo expresa Richard Foster:

> La triple función de Cristo es la solución revelada divinamente a la triple enfermedad del pecado: la ignorancia, la culpa y la corrupción. Cristo, mediante su luz profética, vence nuestra ignorancia y la oscuridad del error. Cristo, por su mérito sacerdotal, borra nuestra culpa y nos reconcilia con Dios. Cristo, por su poder real, anula nuestra esclavitud al pecado y la muerte. El profeta aclara nuestra mente por el espíritu de iluminación; el sacerdote sana el corazón y el alma por el espíritu de compasión; el rey domina nuestras afecciones rebeldes por el espíritu de santificación.[9]

---

[9] Foster and Beebe, *Longing for God* (Anhelando a Dios), p. 119. Estas son reflexiones de Foster acerca de la discusión de Calvino en cuanto al triple «oficio» de Jesucristo.

Estas son algunas de las dimensiones de la gran obra sanadora de Jesús. En gratitud y por el Espíritu, los cristianos pueden cumplir su mandato de misión y mayordomía fielmente: poner en práctica las implicancias de Jesucristo como profeta, sacerdote y rey en todos los ámbitos de la cultura y la creación.

Como Salvador y Modelo, Jesús llama a todos los que creen en él y le siguen a una vida de discipulado y mayordomía marcados por la cruz. Los verdaderos discípulos de Jesús deben «vivir como él vivió» (1Jn 2:6). Jesús forma una comunidad marcada por la cruz, que participa en los dolores de parto de la nueva creación. Más adelante veremos qué significa esto en la práctica.

4. *Dios le ha encomendado a la iglesia una misión para el mundo actual y el venidero*. La redención de Dios promete un nuevo cielo y una nueva tierra. ¿Qué quiere decir esto realmente? Según la Biblia, no significa dos visiones comunes pero extremas: no significa sólo salvar la tierra de la opresión o el derrumbe ecológico, ni tampoco implica una vida eterna incorpórea en el cielo y la aniquilación del universo material. Más bien, significa la reconciliación de la tierra con el cielo, la ciudad celestial que desciende a la tierra (Ap 22), el reinado de Dios que de alguna manera reconstituye toda la creación por medio de la obra de Dios en Jesús. El modelo del nuevo cielo y nueva tierra es la resurrección real, histórica, de carne y hueso de Jesús.

5. *Como seguidores de Jesús, estamos llamados a vivir como miembros de iglesias, comunidades y economías en armonía con los principios bíblicos de justicia, misericordia, verdad y relaciones responsables*. Así aprendemos a pensar de manera interdependiente y ecológica en todos los campos, incluyendo a la iglesia y nuestra relación con la tierra. Los cristianos, y de hecho la humanidad entera, tiene la responsabilidad dada por Dios de «cuidar el jardín». De acuerdo con la Biblia, las buenas nuevas para la tierra (y «todas las criaturas, grandes y pequeñas») es una parte integral de la redención y de la nueva creación en Jesucristo a través del Espíritu.

La creación sanada por el Espíritu por medio de Jesús

Dios nos salva a través de la obra de Jesucristo —su encarnación, vida, muerte, resurrección, reinado permanente y retorno final. La obra redentora de Jesús se describe ampliamente en Juan 1, Hebreos 1, Colosenses 1, Efesios 1 y otros pasajes similares. Estos textos clave son una ventana a la salvación como creación sanada. «La restauración de la creación de Dios fue la razón de la encarnación del Hijo eterno y la Palabra de Dios en Jesucristo», escribe Thomas Torrance en su gran obra *The Trinitarian Faith* (La fe trinara).[10]

En Efesios 2:8-9 se afirma que «por gracia ustedes han sido salvados mediante la fe; esto no procede de ustedes, sino que es el regalo de Dios, no por obras, para que nadie se jacte». Esta verdad se amplía en Efesios 1: 10, al decir que el proyecto (griego: *oikonomia*) de Dios es «llevarlo a cabo cuando se cumpliera el tiempo: reunir en él [literalmente, poner todo bajo Jesucristo] todas las cosas, tanto las del cielo como las de la tierra». Esta es la «economía» de Dios —la traducción literal de «*oikonomia*» y un término clave en la teología paulina y en la primera teología cristiana.[11] Es el «plan» o «administración» de Dios que él lleva a cabo por medio de Jesús, una economía que es por definición ecológica.[12]

El proyecto (economía) de salvación que se describe en textos como Efesios 1, Colosenses 1 y Hebreos 1 es este: que Dios se glorifica a sí mismo al reconciliar todo en Jesucristo. La visión bíblica es de toda la gente de la tierra y toda la creación unidas en alabanza y servicio a Dios (Sal 67:3-5; Ap 7:9-12; 19:6). Esta es otra manera de entender el reino de Dios en toda su plenitud.

La idea y dinámica clave aquí es la reconciliación: una reconciliación que sana las múltiples alienaciones de la tierra. El proyecto de Dios es restaurar su creación y así, en juicio y cumplimiento glorioso, reparar el daño que la caída produjo a las personas y la naturaleza. Este plan incluye no sólo la reconciliación de la humanidad con Dios, sino la reconciliación de «todas las cosas en los cielos y la tierra». Como lo expresa Pablo en Colosenses 1:20, la intención de Dios a través de Cristo es «reconciliar consigo todas las cosas, tanto las que están en la tierra como las que están

---

[10] Torrance, *Trinitarian Faith*, (Fe trinitaria), p. 102.

[11] Prestige, *God in Patristic Thought* (Dios en el pensamiento patrístico), pp. 57-68; Reumann, *Stewardship* (Mayordomía), pp. 11-24. El hecho que en las primeras versiones de la Biblia (como la versión inglesa KJV [y la castellana Reina-Valera]) a menudo se traduce «*oikononia*» como «dispensación» se relaciona con las varias teorías «dispensacionalistas» (como hemos notado en el capítulo 4), aunque tales teorías distorsionan el sentido bíblico de esta palabra.

[12] El significado bíblico de «economía de Dios» se elabora más ampliamente en Snyder, *Liberating the Church* (Liberando a la iglesia), capítulo 2.

en el cielo, haciendo la paz mediante la sangre que derramó en la cruz». Jesús imparte paz no sólo en el sentido del perdón de los pecados, sino en el sentido de *shalom,* con toda su riqueza bíblica.

La reconciliación de las personas con Dios por medio de la sangre de Jesús es fundamental para este plan. La reconciliación obrada por Cristo supera todas las alienaciones, resultado de nuestro pecado: la alienación de Dios, de nosotros mismos, de nuestros prójimos, y entre nosotros y nuestro medioambiente. Por lo tanto, el cuadro bíblico es a su vez personal, ecológico y cósmico. Por más incomprensible que nos parezca esto, las Escrituras nos enseñan que esta reconciliación incluye también la redención del universo físico de los efectos del pecado, conforme todo se sitúa bajo la exclusiva autoridad de Jesús (Ro 8:19-21).

En todos estos textos, Pablo comienza con el hecho de la salvación individual y personal en un contexto comunitario por medio de Cristo, pero dentro de un marco de transformación cósmica. La redención de las personas es así el centro, pero no la circunferencia del proyecto de Dios. Pablo alterna entre una mirada cercana y una visión de larga distancia. Emplea, por así decirlo, un teleobjetivo teológico: en general tiene una visión cercana de la redención personal, pero de vez en cuando aleja su lente y tiene una visión amplia que cubre «todo el paisaje»: lo visible y lo invisible; lo pasado, presente y futuro; las cosas del cielo y de la tierra; todos los principados y poderes— todo en la escena cósmico-histórica. ¡A Dios sea la gloria en los cielos y en la tierra!

Aunque este cuadro completo de la salvación se encuentra elaborado detalladamente en los escritos de Pablo, es también la visión bíblica a gran escala. Todas las promesas del Antiguo Testamento de restauración cósmica se aplican aquí y alcanzan su apogeo en la visión sublime de Isaías (Is 11:6-9; 35:1-10; 65:17-25). Aquí está «el reino pacífico» retratado de manera conmovedora por el artista primitivista y predicador cuáquero estadounidense Edward Hicks (1780-1849), quien visualiza Isaías 11:6-9 como sigue:

> El lobo vivirá con el cordero, el leopardo se echará con el cabrito, y juntos andarán el ternero y el cachorro de león, y un niño pequeño los guiará. La vaca pastará con la osa, sus crías se echarán juntas, y el león comerá paja como el buey. Jugará el niño de pecho junto a la cueva de la cobra, y el recién destetado meterá la mano en el nido de la víbora. No harán ningún daño ni estrago en todo mi monte

santo, porque rebosará la tierra con el conocimiento del Señor como rebosa el mar con las aguas.

El mensaje fundamental del libro de Apocalipsis es la unificación armoniosa de todas las cosas bajo el señorío de Cristo conforme se destruye todo mal y toda discordia (Ap 1:5-7; 5:5-10; 11:15; 21:1—22:5). En un contexto algo distinto, esta misma perspectiva «resumida» se presenta en Hebreos 1-2. Las parábolas de Jesús sobre el reino apuntan en esa dirección. E Isaías, Pedro y Juan hablan de Dios, quien crea un nuevo cielo y una nueva tierra (Is 65:17, 66:22; 2P 3:13; Ap 21:1). El testimonio de las Escrituras es coherente: el mismo Dios que creó el universo perfecto y que lo sostiene en su condición caída (Heb 1:3) restaurará todas las cosas por el poder del Espíritu a través de la obra de Jesús.

Por lo tanto, los cristianos saben que el evangelio de Jesucristo ofrece los recursos necesarios para enfrentar todos los problemas de la tierra, incluyendo el cuidado de la misma. Aquí adquiere un significado más amplio y profundo la audaz afirmación de las escrituras que en Jesucristo todo se unifica (Col 1:17). Charles Colson lo expresa así: «Cada parte de la creación salió de la mano de Dios, todas las partes se unieron en la rebelión de la humanidad contra Dios, y todas serán redimidas algún día. Esto quiere decir que le importa toda forma de vida: redime a la gente y redime la cultura».[13] Y toda la creación es incluida.

Según el evangelio, el acto decisivo de la historia fue la resurrección de Jesús. Este fue el increíble triunfo de Dios sobre la muerte y la desesperación, la inversión de la discordia y la incongruencia. Esta es la fuente práctica de nuestra esperanza práctica. La resurrección de Jesús de hecho hace y continúa haciendo todo nuevo. «La resurrección de Jesús es el comienzo del nuevo proyecto de Dios, no para arrebatar a la gente de la tierra al cielo sino para colonizar la tierra con la vida del cielo. Después de todo, de eso trata la oración del Señor, el Padrenuestro».[14]

Mientras tanto, se libra una batalla furiosa. Habrá muchas víctimas. Pero sentimos que ganamos fuerza por la seguridad de que quien triunfó sobre el mal por su resurrección, en un momento definido de la historia, conducirá el relato a su fin en un cumplimiento glorioso. El objetivo de la historia es la armonía y la reconciliación final, la justicia y la simetría moral: la victoria definitiva de la justicia, la misericordia y la verdad. El

---

[13] Colson, *Reclaiming Occupied Territory* (Recuperando territorio ocupado).

[14] Wright, *Surprised by Hope* (Sorprendido por la esperanza), p. 293.

apóstol Pedro lo llamó «el tiempo de la restauración de todas las cosas» (Hch 3:21).

La depredación y la expiación

La muerte expiatoria y la resurrección de Jesús por el poder del Espíritu Santo tienen significado cósmico. Consiguen nuestra redención y nos conducen por el camino de la nueva creación.

Al comienzo de su ministerio terrenal, Jesús liberó a algunas personas de la depredación física y demoníaca del pecado. Demostró su poder sobre la naturaleza, especialmente en sus milagros-señales y al calmar la tempestad del mar. Pero en su vida y en la cruz se rindió a los poderes depredadores del pecado, y luego triunfó sobre ellos definitivamente en su resurrección.

La victoria de Jesús da inicio ahora a la nueva creación por el poder del Espíritu. Pero esto ocurre sólo de la manera en que Dios quiere, y no de acuerdo con la sabiduría del mundo (1Co 1:20). Así que esperamos y también vivimos en la nueva creación con «la firme esperanza de que la creación misma ha de ser liberada de la corrupción que la esclaviza, para así alcanzar la gloriosa libertad de los hijos de Dios» (Ro 8:21). Así, pues, la nueva creación por medio de la muerte y la resurrección de Jesús significa el fin de la muerte y la depredación. «El último enemigo que será destruido es la muerte» (1Co 15:26).

La cuádruple alienación ocasionada por la rebelión humana contra Dios no sólo rompió las relaciones armoniosas, la ecología saludable de la creación como habían salido de la mano de Dios; el pecado convirtió a las criaturas de Dios en predadores en lugar de compañeros. El egoísmo que trajo el pecado significa que las criaturas de Dios ahora están preparadas para sacrificar el bienestar del otro por satisfacer sus deseos personales, aunque esto signifique daño o incluso muerte del otro.

En cierto sentido, todo pecado es depredación. En realidad, quizás la depredación es el corazón del pecado.[15] Al menos en términos de sus manifestaciones de conducta, todo pecado es depredador. Es la voluntad de las personas creadas a imagen de Dios (y la propensión de todas las

---

[15] Empleamos aquí *depredación* como un modelo teológico heurístico, pero reconocemos sus limitaciones y la importancia de otros modelos.

criaturas) a sacrificar la vida del otro en beneficio propio (según uno lo percibe).

Desde este punto de vista, la esencia del pecado tal vez no sea tanto el orgullo como el deseo y la voluntad de exaltarse o preferirse a uno mismo sobre los demás. Los humanos se depredan entre sí y depredan las criaturas de Dios y la tierra misma. Torpemente (porque el pecado enceguece) intentan depredar a Dios al usarlo con fines mezquinos.

No hay un ejemplo más horrendo y esclarecedor del poder depredador del pecado que la llamada «limpieza racial», como asunto de política, mediante el exterminio total de grupos, sean judíos, gitanos o grupos originarios. Christopher Browning, en su libro *Ordinary Men* (Hombres comunes), muestra cómo, paso a paso, la gente común y corriente puede convertirse en crueles depredadores con conciencias insensibles. Los nazis enviaron al «Batallón 101 de la policía de reserva» a Polonia para que ayudara en la masacre de los judíos. Poco a poco la mayoría de estos ciudadanos comunes se convirtieron en asesinos sin sentido, aunque, llamativamente, pocos resistieron.

Muy pocos de estos hombres alguna vez habían «disparado airadamente o les habían disparado, y mucho menos habían perdido camaradas peleando a su lado», dice Browning. «Sin embargo, una vez que la matanza comenzó, los hombres se embrutecieron cada vez más. Como en combate, los horrores del primer encuentro se convirtieron en rutina, y la matanza poco a poco se hizo más fácil».[16]

Browning demuestra la manera en que las ideologías y la guerra intensifican el poder depredador del mal:

> La guerra, una lucha entre "nuestra gente" y "el enemigo", crea un mundo polarizado en el cual al "enemigo" fácilmente se lo objetiviza y remueve de la comunidad de obligación humana. La guerra es el ambiente más apropiado para que los gobiernos adopten la "atrocidad como política" y encuentren pocas dificultades para implementarlas.

La guerra puesta al servicio de las ideologías es aún más feroz, dice Browning, y cita la observación de Stanley Milgram que la «justificación ideológica es vital para lograr la obediencia voluntaria, porque permite

---

[16] Browning, *Ordinary Men* (Hombres comunes), p. 161.

al individuo considerar su comportamiento como un servicio para un fin deseable», y así entorpecer la conciencia.[17]

Una depredación colectiva y organizada de este tipo muestra la forma en que los mecanismos culturales pueden multiplicar e intensificar los efectos del pecado. Esta es una dinámica clave de la ecología del pecado. Sin embargo, no se trata de esto o aquello —pecado en el corazón de la persona o pecado en la sociedad— claramente se trata de ambos, como lo sugiere el concepto mismo de ecología, con múltiples capas de refuerzo.

Pero el pecado y la depredación comienzan en el corazón. Surgen de una relación destrozada con Dios, y el consecuente trastorno del carácter humano. Debido al pecado los humanos se convierten en depredadores, «tiburones humanos», como lo expresa John Wesley.

La Biblia enseña explícitamente que el propósito de Dios es poner fin a toda depredación. «El lobo vivirá con el cordero, el leopardo se echará con el cabrito, y juntos andarán el ternero y el cachorro de león, y un niño pequeño los guiará... No harán ningún daño ni estrago en todo mi monte santo (Is 11:6, 9). Si en verdad «la creación misma ha de ser liberada de la corrupción que la esclaviza» (Ro 8:21), entonces la promesa en Isaías no es sólo una metáfora ni una alegoría. Es una imagen de la nueva creación; la promesa de liberación de la esclavitud a la corrupción y la depredación a que está sujeta la tierra, y una señal de la manera en que debemos vivir hoy.

Dentro de la ecología del mundo creado, ¿es realmente posible la erradicación de todo tipo de depredación? Esta es una pregunta legítima. Algunos dirían que no; que la existencia misma de las distintas formas de vida en la tierra exige que unas criaturas devoren a otras.

No sabemos, y probablemente no podamos explicarlo científicamente, cómo Dios podría terminar con todo tipo de depredación. ¿Cómo podrían los carnívoros hacerse vegetarianos, por ejemplo, y alimentarse de formas de vida insensibles? Pero tenemos la promesa de las Escrituras y el poder maravilloso de la resurrección de Jesús. Jesús no era depredador en sus relaciones con otros. Algún día, toda la creación será como él. Jesús comía carne y pescado porque la creación todavía no se había sanado completamente. Pero todavía tenemos la promesa de la sanación. Así que cuando

---

[17] *Ibid.*, 162,176, cita a Milgram, *Obedience* (Obediencia), p. 142.

leemos que «el lobo vivirá con el cordero» nos haremos eco de John Wesley: esta promesa «podría ser entendida textual y figurativamente»[18]

La salvación: un drama trinitario

Sin lugar a dudas, la depredación nos ofrece una vasta idea del significado de la salvación. La naturaleza depredadora del pecado echa luz sobre el sacrificio expiatorio de Cristo por nosotros. Dios ofreció a su propio Hijo en sacrificio: su muerte podría considerarse depredación. Hay quienes lo llamaron «abuso divino de menores». Pero lo que invierte este argumento es que Jesús se ofreció a sí mismo libremente, y que su muerte y resurrección es un drama trinitario. Dios se dio a sí mismo, y rehusó seguir el camino depredador del mundo y de Satanás.

Esta era la única manera de interrumpir el ciclo y el desorden de la depredación, y colocar a la humanidad y la historia humana en el buen camino, el camino divino de abnegación y amor por el prójimo, con ciclos de vida y sanación en lugar de muerte. Colin Gunton lo expresa así:

> Es para la redención de este mundo, para restaurar y perfeccionar su capacidad de alabanza a su Creador —en otras palabras, hacer posible que se vea al otro tal como es y relacionarse en sus diversas dimensiones— que el Padre entrega a su Hijo a esa relación con el mundo que requiere que cargue con su desorden y mancha; y el Hijo encarnado responde recíprocamente, en el Espíritu, al sacrificio del Padre al renunciar a su vida como ofrenda perfecta de alabanza humana y obediencia.[19]

Jesús murió por nuestros pecados y resucitó por el poder del Espíritu. Él es el primer fruto de la nueva creación, y por el Espíritu, con Cristo ya somos los primeros frutos de la nueva creación (1Co 15:20; Ro 8:23; Stg 1:8; Ap 14:4).[20] La resurrección de Jesús trae sanación y liberación a la creación humana y la no humana. Supuestamente, Jesús no habría muerto por la creación no humana si no fuera el hogar de su creación

---

[18] Wesley, Sermón 64, «The New Creation» (La nueva creación), en Wesley, *Works* (Obras), 2:509.

[19] Gunton, *Promise of Trinitarian Theology* (La promesa y la teología trinitaria), p. 206.

[20] Sobre la rica escatología bíblica del significado de los primeros frutos, ver «Pentecostal Renewal of the Church» (Renovación pentecostal de la Iglesia), capítulo 12, en Snyder, *Yes in Christ* (Sí en Cristo), en especial las pp. 261-266, 275-279.

humana especialmente hecha a su semejanza.[21] Por eso, ayudar a la gente a que acepte la fe transformadora en Jesús es siempre un foco central de la misión cristiana. Pero no se trata de esto o aquello, porque la voluntad de Dios es salvar a su pueblo y su creación y traer el cielo a la tierra (Ap 21: 1-2); no es llevar almas incorpóreas a un cielo inmaterial. Eso sería gnosticismo o neoplatonismo, no cristianismo bíblico.

En Romanos 8, Pablo *simplemente supone*, sin explicación alguna, que en el Antiguo Testamento el concepto de salvación incluye a la gente y la tierra. Este es un punto importante, aunque ignorado frecuentemente. Cuando en el versículo 19 Pablo se refiere a toda la creación, no presenta ningún tema extraño o desconocido. Expresa la visión bíblica del mundo con la perspectiva de «todas las cosas». Como la salvación tiene que ver con Dios, el pueblo de Dios y la tierra de Dios, cuando hablamos de la salvación y la resurrección de Jesús por supuesto cabe que hablemos de la liberación de toda la creación de la «corrupción que la esclaviza». ¿Cómo podría la salvación significar algo diferente?

La redención de Jesús a través de su muerte y resurrección triunfante es un hecho histórico-cósmico mediante el cual se redime toda la creación —ahora potencial y parcialmente, y completamente cuando su reino venga en plenitud. «La justificación es un acto trinitario de proporciones cósmicas que se basa en el Padre, quien crea y elige, en el Hijo como Redentor, y en el Espíritu como dador de vida», escribe Frank Macchia. Es «la obra del Espíritu Santo que trae justicia a través de la nueva creación». Macchia sugiere que una comprensión totalmente trinitaria de la obra de Dios en Jesucristo,

> no limitaría el papel del Espíritu a la subjetividad o a dimensiones interpersonales de la vida de fe... La participación del Espíritu como abogado e intercesor de la creación se da a entender en los gemidos del Espíritu en nosotros y a través de nosotros por la creación que sufre (Ro 8:26). La voluntad y el juicio divino de justificar y redimir son la respuesta a un abogado e intercesor que ya está presente en toda la creación. Si la voluntad del «Padre» de justificar se expresa en la disposición divina de enviar al Hijo, y la voluntad del Hijo se expresa en la buena voluntad de que se lo envíe, la voluntad del Espíritu estaría en los gemidos de la creación por recibir

---

[21] Desde el punto de vista bíblico no estamos seguros de esto.

que será enviado y en la cooperación con el Hijo para dar forma a la respuesta cristológica. [22]

La expiación no es ante todo castigo ni penitencia. Es fundamentalmente la derrota y superación de los resultados del pecado, el dolor de la trasgresión, que implica necesariamente sufrir las consecuencias. Es la muerte de la depredación; esto es lo que Jesús, y sólo Jesús, logró a través de su crucifixión y su resurrección. Así pues, Jesús es el gran sanador y por su Espíritu llama a la iglesia a unirse en el sufrimiento y en la sanación.

El trino Dios quiere sanar toda la creación. La promesa bíblica es así de radical, maravillosa e inspiradora de esperanza. Por el Espíritu, la nueva creación en Jesús da nacimiento a la comunidad de los primeros frutos que ahora vive la vida de la nueva creación con la esperanza bíblica de «todas las cosas» (Ro 8:28, 32; 11:36; Ef 1:10; Col 1:16-20).

Por cierto, la salvación es un drama trinitario. Aunque la vida íntima de la Trinidad es un misterio, nos parece el ejemplo perfecto de simbiosis, de vivir juntos apoyándose recíprocamente para beneficio mutuo. La simbiosis saludable es la manera de obrar de Dios. La de Satanás es la depredación. En una verdadera simbiosis todos los participantes (dos o más) se benefician. Cada uno se nutre y es nutrido por el otro. En contraste, la depredación cruza la línea del bien al mal; en este caso, la vida de uno significa la muerte o el perjuicio del otro. Mediante la depredación, la simbiosis se convierte en parasitismo.

Una vez más sentimos la ecología profunda de la creación y la redención. La creación sanada significa las conexiones entre las cosas debido a quién es la Trinidad. Significa ver cómo es en realidad el plan completo de redención de Dios. Todo esto es coherente con la doctrina bíblica de la creación y de la nueva creación. Como N. T. Wright afirma:

> En la Biblia el cielo y la tierra se crearon el uno para el otro. Son las esferas gemelas entrelazadas de la realidad única de Dios. Sólo entendemos completamente la tierra cuando nos familiarizamos de igual manera con el cielo. Conocemos a Dios y compartimos su vida sólo cuando entendemos que él es el creador y el amante tanto de la tierra tanto como del cielo. Y el significado de la resurrección de Jesús y del cuerpo transformado que tiene ahora es que se siente igualmente cómodo en la tierra y en el cielo, y puede pasar del uno

---

[22] Macchia, "Justification" (Justificación), pp. 207, 209.

al otro, escurriéndose a través de la ligera cortina que nos separa de la realidad enceguecedora de Dios.[23]

Ciclos de vida y ciclos de muerte

La Biblia se refiere a tiempos y estaciones, los ritmos y ciclos del mundo creado. Dios puso «luces en el firmamento; ... que sirvan de señales de las estaciones, de los días y de los años» (Gn 1: 14). Aunque la caída quebró el orden perfecto de la creación, Dios todavía promete: «Mientras la tierra exista, habrá siembra y cosecha, frío y calor, verano e invierno, y días y noches» (Gn 8:22). En la nueva creación vemos «el árbol de la vida, que produce doce cosechas al año, una por mes; y las hojas del árbol son para la salud de las naciones» (Ap 22:2).

Los ciclos y las estaciones son parte del orden creado. Dios, desde luego, todavía está comprometido soberana y providencialmente con este mundo. «Él cambia los tiempos y las épocas, pone y depone reyes» (Dn 2: 21). En la visión bíblica, los propósitos de Dios gobiernan la historia. La historia tiene una meta, un *telos* (de ahí la palabra teológico). Dios guía el drama histórico hacia la nueva creación en su plenitud, como ya hemos visto.

En este drama buscamos los ciclos de las estaciones y los años y «la música de las esferas». Es así cómo Dios compuso el mundo. En este sentido, la historia es lineal (traza una línea o trayectoria) y cíclica (en cierto sentido se repite —un tema del libro de Eclesiastés).

Otra manera de decir lo mismo es que el plan de Dios es histórico y ecológico. En este libro ya hemos visto varias maneras en que esto es así. Sin embargo, debemos evitar el error de pensar que la historia es una fuerza en sí misma, un destino autónomo o una fuerza espiritual («*karma*») a la cual en cierto modo están sujetos los seres humanos (o incluso Dios). No existe una «fuerza autónoma de la historia». El trino Dios es el autor de la historia, el dramaturgo divino, y su obra es tanto histórica como ecológica.

La historia humana es lineal pero también actúa en los ritmos y los ciclos de la naturaleza. En el mundo caído de hoy, la historia es la interacción de ciclos de vida y ciclos de muerte (violencia, corrupción, entropía) a

---

[23] Wright, *Surprised by Hope* (Sorprendidos por la esperanza), pp. 250-251.

lo largo del tiempo. Mediante la resurrección y Pentecostés, el Espíritu de Dios le concede a la iglesia el poder de vivir en ciclos de vida y esperanza y multiplicarlos. Un discipulado fiel interrumpe los ciclos de muerte con ciclos de redención, conforme aguardamos expectantes la liberación final; la nueva creación en su plenitud.

La gente que sale a correr (hace «jogging») regularmente se da cuenta de que los ciclos a veces los favorecen y otras veces juegan en su contra. Si sube de peso, probablemente corra más lentamente. Pero si hace el esfuerzo y corre más rápidamente, es probable que baje de peso. Mientras más corra, más se siente en buen estado. Mientras se siente en buen estado, corre mejor. Corra regularmente y bajará de peso. Si engorda, corre más lentamente. Así es la vida. Vivimos en ciclos, y esos ciclos pueden actuar a favor o en contra nuestro.

En lo espiritual sucede lo mismo. Mientras más nos ejercitemos espiritualmente (de modos bíblicamente sólidos), más crecemos espiritualmente, y creceremos más disciplinadamente.

El mismo principio se aplica a la creación física y a la manera en que la tratamos. Los seres humanos tienen dominio sobre la tierra, o constructiva o destructivamente. En la creación abundan ciclos de vida y ciclos de muerte. Los ciclos de muerte son consecuencia del pecado, incluyendo el pecado humano de no cumplir con el cuidado de la creación. Los ciclos de vida (que incluyen el sábado, la adoración y el jubileo) son el camino de Dios. Son ciclos de vida en nuestro discipulado actual en la tierra.

A través del cuidado de la creación y un discipulado terrenal a pleno podemos cambiar «ciclos viciados por ciclos virtuosos, en los cuales cada cambio hace más efectivo el siguiente cambio», como dice Scott Sabin:

> Un ciclo viciado de deforestación y pobreza puede convertirse en un ciclo virtuoso de reforestación y empoderamiento económico. Cuando participa el Espíritu Santo y se siguen las relaciones del reino como modelo, un ciclo virtuoso se transforma en un ciclo victorioso.[24]

Con el poder del Espíritu y de la comunidad cristiana, estos ciclos de vida no son sólo para nuestro bien. No nos hacen sólo «más espirituales». En realidad, contribuyen a la llegada de la nueva creación en su plenitud. En nuestro discipulado podemos aprender a vivir de acuerdo con los

---

[24] Sabin, *Tending Eden* (Cuidando Edén), p. 32.

ritmos de la naturaleza y el Espíritu, no sólo los ciclos del trabajo diario o la televisión o el horario de deportes.

Esta es una razón por la cual el reciclado tiene tanto sentido. Luego diremos algo más en cuanto a esto cuando consideremos el cuidado de la creación en la práctica, pero el asunto principal es que el reciclado va en contra de los ciclos de muerte y a favor de los ciclos de vida. Fred Van Dyke y sus coautores insinúan esto en su profético libro *Redeeming Creation* (Redimiendo la creación):

> Respondemos cristianamente a la creación de Dios cuando usamos menos y ahorramos más. Quienes reciclan sus botellas y latas viven con integridad. Quienes convencen al ayuntamiento a incluir el reciclado dentro del proceso de recolección de basura cambian su mundo. La razón para reciclar materiales o hacer abono orgánico con las hojas va más allá de simplemente cumplir las reglamentaciones locales. Es el cumplimiento de ordenanzas mayores, ciclos que Dios creó para el mundo en que vivimos.[25]

Una vez que entendemos la verdadera ecología de la vida y la muerte, entendemos el sentido de la interrelación del reciclado de polietilenos y otros plásticos y los ciclos más grandes de la creación y el plan de Dios. Los ciclos de vida y muerte son física, material y económicamente reales tanto para el orden creado como para nuestros cuerpos y espíritus, nuestros productos y nuestros proyectos.

El Espíritu de Dios obra en todas estas dimensiones. Conforme seguimos el camino de Jesús, el Espíritu Santo obra en contra de los ciclos de muerte, nutre los ciclos de vida y una vida saludable. Esta es la promesa bíblica.

El Evangelio del florecimiento

> Lo cierto es que Cristo ha sido levantado de entre los muertos, como primicias de los que murieron... Pues así como en Adán todos mueren, también en Cristo todos volverán a vivir, pero cada uno en su debido orden: Cristo, las primicias; después, cuando él venga, los que le pertenecen (1Co 15:20-23).

---

[25] Van Dyke et al., *Redeeming Creation* (Redimiento la creación), p. 45.

Jesucristo es el primer fruto de lo que vendrá. Al final, el árbol de la vida florece continuamente con frutos nutritivos «y las hojas del árbol son para la salud de las naciones» (Ap 22:2).

Así pues, Jesús es el prototipo y la base redentora de la nueva creación. Es el punto de coherencia entre el mundo visible y el invisible (Col 1:17). «La unión final del cielo y la tierra es … el acto supremo de Dios de la nueva creación, para el que el único prototipo real —además de la primera creación misma— fue la resurrección de Jesús. Sólo Dios reunirá todas las cosas en Cristo, las cosas en el cielo y las cosas en la tierra. Sólo él hará "un cielo nuevo y una nueva tierra"».[26]

Si el cuerpo de Jesús fue evidentemente el mismo después de su resurrección, de la misma manera la tierra será evidentemente la misma después de su renovación. En la misma medida en que el cuerpo resucitado de Jesús era y es físico, así también serán la tierra y nuestros cuerpos. En la misma medida en que hubo continuidad en el cuerpo de Jesús antes y después de su resurrección, así también habrá continuidad física entre los antiguos cielo y tierra y los nuevos cielo y tierra.

Las buenas nuevas de Jesucristo es la curación completa que Dios realiza de toda la ecología del pecado. Sana nuestros diversos males, todas las alienaciones consecuencia de la rebelión contra Dios. Es el fundamento certero de la sanación completa del divorcio entre el cielo y la tierra.

El evangelio ha liberado al mundo fuerzas sanadoras que aun hoy en día traen transformación, a menudo de manera oculta, como una semilla escondida que germina y crece, aunque no sepamos cómo (Mr 4:27). Estos cambios curativos ocultos muchas veces ocurren en silencio en los pensamientos y las actitudes, o en relaciones familiares, o en reconciliaciones personales entre personas que se habían enemistado. Ocurren en las influencias de largo alcance que la bondad, la verdad y percepciones intelectuales ejercen, quizás a lo largo de los años y las generaciones. Aunque son invisibles, a menudo son más reales y transformadoras que las noticias que recibimos por los medios de comunicación social.

La salvación significa la creación sanada, y significa más: significa el florecimiento de la creación. Piense en el compositor Ludwig van Beethoven. Trágicamente, se quedó sordo cuando todavía no había terminado sus más grandes sinfonías. Al final ya no escuchaba la orquesta que interpretaba sus mayores obras. ¿Qué hubiéramos deseado para Beethoven?

---

[26] Wright, *Surprised by Hope* (Sorprendido por la esperanza), p. 208.

¿La curación de su sordera? ¡Ciertamente, pero mucho más! Hubiéramos deseado su curación de modo que floreciera aún más su creatividad. La sanación no es un fin en sí mismo. Es el medio hacia algo más grande y magnífico.

Cuando nos enfermamos, tenemos la esperanza de curarnos no sólo para sobrevivir, sino para continuar nuestro desarrollo, para crear, para crecer en sabiduría, para ayudar a otros, para glorificar a Dios completamente. En otras palabras, para florecer en todos los aspectos de acuerdo a la voluntad de Dios.

Así también, desde una perspectiva más amplia del plan y propósito de Dios: la economía de Dios es más que la salvación como se interpreta comúnmente, es más que la creación sanada. Es la creación que florece sin fin para la gloria de Dios. Su obra no es sólo restauradora: es creativa, generativa, hermosamente abundante. La salvación no es sólo un cambio de dirección, no es sólo volver al punto de partida. El objetivo es liberar toda la creación para cumplir el plan de Dios, original y sin límite. En lugar de un simple regreso al principio del camino, la salvación significa la liberación de la creación para que se mueva y se expanda infinitamente en la dirección opuesta; es decir, en la dirección correcta, buena, hermosa y abundante.

La salvación significa creación sanada, pero *shalom* en su totalidad denota salud permanente, belleza, creatividad, y más, con muchas sorpresas hermosas. Significa que toda la creación alcanza su potencial pleno, bueno, glorioso, puro y poético que nadie conoce, excepto el Espíritu Santo. «Ningún ojo ha visto, ningún oído ha escuchado, ninguna mente humana ha concebido lo que Dios ha preparado para quienes lo aman» (1Co 2:9).

La imagen más amplia sería algo así:

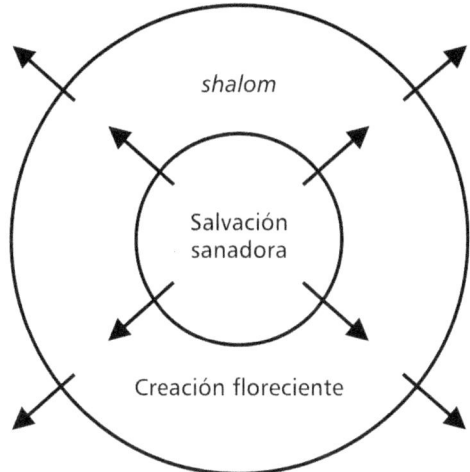

De la creación sanada a la creación floreciente
¿Cuán grande es el *oikos* y la *oikonomia* de Dios?

El evangelio es el remedio completo, y más. Colin Gunton lo expresa hermosamente en su pequeño libro *Christ and Creation* (Cristo y la creación), en el cual escribe: «¿Cuál es el propósito de la creación? Que todas las cosas ensalcen a quien las creó a través de la perfección».[27] Gunton profundiza:

> Si la creación tiene un propósito, a saber, que todo lo que es debe ser perfeccionado dentro de las estructuras del tiempo y el espacio en alabanza al Creador, lo que denominamos redención no es un final nuevo, sino es el logro del propósito original de la creación. Sólo toma la forma de redención —(una «recompra»)— por el pecado y el mal.... Lo que se lleva a cabo en la participación encarnada del Hijo, en el tiempo y el espacio, es el re-direccionamiento de la creación a su destino original, el destino que desde el comienzo era en Cristo, porque toda la creación es por medio del Hijo y para él.[28]

¿Cuál es entonces el papel del ser humano en el orden presente? «A la raza humana se le ha dado la tarea de que lleve a cabo este perfeccionamiento, por medio de nuestra relación con Dios, por medio de nuestra relación de los unos con los otros, y por medio del cuidado de la creación no-humana, que no puede perfeccionarse sin nosotros».[29]

---

[27] Gunton, *Christ and Creation* (Cristo y la creación), p. 96.
[28] *Ibid.*, p. 94.
[29] *Ibid.*, p. 96.

Aquí, por el Espíritu, a través de Jesucristo están las verdaderas buenas nuevas: sanación total, un florecimiento completo, y una misión estratégica para el pueblo de Dios.

Edward Hicks, The Peaceable Kingdom (El reino de la paz)

En su cuadro *The Peaceable Kingdom («El reino de la paz»),* Edward Hicks (1780-1849) representa la profecía de Isaías 11:6-9 en la cual el depredador y la presa coexisten armoniosamente, mientras un niño los guía en paz. A Hicks, pastor cuáquero y artista, muchas veces se lo considera el pintor «primitivista» estadounidense más importante e influyente. Pintó docenas de versiones de esta misma escena. El cuadro ilustra el comentario de N.W. Wright que «en su mejor expresión, el arte muestra las cosas no sólo como son sino cómo serán, cuando la tierra se llene del conocimiento de Dios como las aguas cubren los océanos. Esta permanece como una esperanza sorprendente, y tal vez sean los artistas quienes mejor comuniquen la esperanza y la sorpresa» (Wright, *Surprised by Hope* [Sorprendido por la esperanza], pp. 224-25).

Intermedio
Dios obra en ciclos y estaciones

Dios obra en ciclos y estaciones,
Dios obra en ritmos y años.
Dios se mueve a través de largas generaciones.
Dios guía a través de alegrías y a través de lágrimas.

«Para todo hay una estación»,
Hay tiempo para todo en el plan de Dios.
Dios obra en exquisita libertad,
Dios tiene el cosmos en sus manos.

Dios obra en líneas rectas y en círculos,
Dios obra en las cosas pequeñas y en las grandes,
Dios renueva la vida y guía la historia;
no es prisionero del destino.

Dios obra a través de acciones rectas y torcidas;
Dios obra a través del tiempo y del espacio,
Dios es dueño del orden y del caos;
Dios obra en juicio y en gracia.

Dios obra de la manera que él elige,
Con metas que son muy suyas.
Sus caminos nos parecen misteriosos;
Son como semillas que se siembran.

Dios obró a través de los ciclos de María,
Ana, Melquisedec, Pablo;
Dios obra a través de los ritmos y las estaciones,
Las sagas de los reyes crecen y decaen.

Dios obra especialmente en Jesús
Parte el pan, distribuye el vino.
Dios obra por medio de su amable Espíritu;
Dios obra en tiempo de Pentecostés.

Él guía los días y las estaciones,
Él guía las aves en los aires;
Dios obra su misericordiosa redención,
Nosotros apenas nos damos cuenta.

Dios tiene su propia eco-lógica;
Dios tiene su propio plan del reino.
Dios obra con sabiduría trinitaria;
Dios tiene el mundo en sus manos.

Ciclos de nubes y de agua;
Ciclos de viento y lluvia;
Profundo fluir de los océanos,
Circulan y vuelven otra vez.

Ciclos de amor y de espíritu;
Ciclos de estaciones de gracia;
Tiempo de revivir refrescante,
Reciben luz refrescante de su rostro.

Dios es el gran Compositor del mundo,
Dramaturgo, Arquitecto, Rey.
Ritmos de arte; sonido melodioso,
Dios nos ofrece música para que cantemos.

Dios simplifica los misterios más profundos;
Dios complica los planes mejor trazados.
Caminamos asombrados ante él,
ponemos nuestros caminos en sus manos.

Dios recicla nuestras propias vidas
Físicamente, en la sangre y las células;
Espiritualmente, por medio de ritmos de oración;
Mayordomía, conforme bien servimos.

Somos parte de la narrativa;
Tenemos papeles claves que representar.
Si sólo seguimos al Señor.
Guiados por el Espíritu, día tras día.

Somos de Dios los cuidadores de la naturaleza;
Somos sus mayordomos de gracia.
Vivimos la comisión del Espíritu;
Administramos tiempo y espacio.

Dios nos hace a todos recicladores.
Esto no es capricho secular.
Esto no es artimaña del demonio,
Dios nos hace sus mayordomos.

Dios es el Señor que recicla,
Produce lo viejo y lo nuevo.
Dios hace que aun el mal le sirva,
Cambia lo falso en verdadero.

Dios es el perfecto Autor del reciclaje,
Sin desperdicio; nada se pierde,
Sea en tempestad, viento, o fuego,
Dios gana el mundo a través de la cruz.

«Alaben a Dios en su santuario,
Alábenlo por sus proezas,
Alábenlo con címbalos sonoros,
¡Que todo lo que respira alabe al Señor»!

(Salmos 150; Eclesiastés 1-3; Génesis 9; Salmos 18:26; Efesios 1:10,2:10; 1 Pedro 4:10).

Tercera Parte

LA MISIÓN SANADORA DE DIOS

8

Misión
Dios, gente, tierra

Interroga a los animales, y ellos te darán una lección;
pregunta a las aves del cielo, y ellas te lo contarán;
habla con la tierra, y ella te enseñará;
con los peces del mar, y te lo harán saber.

Job 12:8

La misión de Dios es sanar toda la creación. Dios sin duda llevará a cabo su promesa de un «cielo nuevo y una tierra nueva».

La iglesia está en misión porque Dios está en misión. Pablo dice que «si alguno está en Cristo, es una nueva creación»[1]. Así que Dios «nos dio el ministerio de la reconciliación», tenemos que trabajar juntos con él» y compartir la gracia de Dios de reconciliación y curación porque «¡hoy es el día de salvación!» (2Co 5:17–6:2).

John Piper apropiadamente escribió: «Las misiones existen porque la adoración no existe».[2] Esto es verdad, pero no es toda la verdad. La misión existe porque la adoración es a menudo muy débil, muy limitada; está más preocupada con el otro mundo que lo que Dios está.

En la primera parte de este libro mostramos la manera en que la iglesia a través de los años sufrió un divorcio teológico entre el cielo y la tierra, reduciendo seriamente su sentido y práctica del discipulado. La visión bíblica de la creación sanada se perdió. Al considerar el pecado como una

---

[1] El texto griego no dice «una nueva creación» o «es una nueva creación» sino simplemente «nueva creación», consecuentemente el artículo indefinido «una» en la mayoría de las traducciones modernas ha sido eliminado.

[2] Piper, *Let the Nations* (Que las naciones), p. 11.

enfermedad y la salvación como la curación, la segunda parte de este libro preparó el terreno para recuperar la visión de la salvación como la creación sanada. Ampliamos las nociones tradicionales del pecado por medio del concepto de ecología, mostramos cómo la creación de Dios, y por lo tanto su enfermedad, es profundamente ecológica. El evangelio es la curación completa para la atroz enfermedad del pecado.

Las dos partes finales de este libro aplican el remedio de curación del evangelio al entendimiento y práctica de la misión de la iglesia. En la presente sección (capítulos 8 a 10) enfocamos la relación entre Dios, la humanidad y la tierra según se revela en las Escrituras, demostrando la manera en que esto enriquece la teología bíblica del reino de Dios. Ampliamos el significado de misión como sanación. La parte final reconsidera la iglesia como la comunidad de Dios en la tierra en beneficio de la curación de la creación.

Este primer capítulo de la tercera parte (1) explica el alcance del pacto de Dios con la tierra en Génesis 9; (2) muestra cómo la misión de Dios se relaciona con la tierra, es decir, con toda la creación; y (3) invita a una misión renovada que tome en serio las enseñanzas bíblicas y, en espíritu de redención o de «curación», confronta los retos de hoy en día.

El pacto de Dios con la tierra

La raza humana está triste y mortíferamente alienada de la tierra. Estamos enajenados de la naturaleza (como a menudo la llamamos). Esta es una dimensión clave de la ecología del pecado, como ya lo vimos en el capítulo 5. El pecado nos separa de la tierra como también de Dios.

Sorprendentemente, una de las primeras cosas que Dios hace en la historia de la salvación es establecer un pacto con la tierra. ¿Por qué tan a menudo se pasa por alto este pacto, el primero de los pactos bíblicos después del diluvio?

Dios provee salvación a través de un número de pactos, los cuales culminan con el nuevo pacto por medio de la sangre de Jesús (Lc 22:20; Heb 12:24). Estos pactos son señales claves del relato bíblico. Todos están unidos, son esenciales en la ecología del relato. No entenderemos por completo la narrativa final si no entendemos el significado del primer pacto. Este «pacto imperecedero» con la tierra está descrito bella y poderosamente en Génesis 9:8-17.

Después del diluvio, Dios le dice a Noé: «Yo establezco mi pacto con ustedes, con sus descendientes, y con todos los seres vivientes que están con ustedes, es decir, con todos los seres vivientes de la tierra que salieron del arca: las aves, y los animales domésticos y salvajes» (Gn 9:9-10). Todos los pactos tienen su señal, y la señal de este es el arco iris.

Jehová es un Dios de pactos. El toma la iniciativa para traer curación y restauración, lo cual comienza con el pacto con Noé y la tierra. Un pacto es una forma de contrato o acuerdo; literalmente la palabra quiere decir «juntarse con otros». En la Biblia, *pacto* tiene un significado especial porque expresa el carácter e iniciativa de Dios. Los pactos bíblicos ponen de manifiesto y ocasionan el propósito y proyecto salvífico de Dios: la restauración de la creación caída.

El significado del pacto de Génesis 9

Tres cosas sobresalen cuando examinamos el pacto que Dios hace y se nos relata en Génesis 9. Primero, es un pacto tridimensional. Es multidimensional, ecológico. El pacto incluye no sólo a Dios, a Noé y a su familia, pero a «todos los seres vivientes de la tierra» (Gn 9:16).

Es fascinante ver a quiénes incluye Dios en este pacto, y lo que este pasaje nos dice acerca de Dios, Noé, y las criaturas de la tierra. Dios es el iniciador: «Yo establezco mi pacto» (Gn 9:9). Dios establece y cumple su pacto, el arco iris es su señal. Así, pues, todo es primeramente de Dios, no nuestro. Está fuera de toda manipulación humana. El pasaje es enfático: tres veces Dios hace mención de «mi pacto».

El segundo participante es Noé y su familia, eso es la raza humana, toda la familia humana y los descendientes de Noé. No es sólo la familia inmediata de Noé, pero «con sus descendientes»; Dios le dice: el «pacto que establezco para siempre» (Gn 9:9,12). Otra vez Dios resalta: es un pacto entre Dios y toda la humanidad. El tema generacional se repite; por lo tanto, es un pacto que alcanza hasta el presente.

Aquí los antecedentes están en el relato de la creación de Génesis 1 y 2, con su énfasis en la tierra y todas las criaturas que Dios creó. Ahora, después de la caída y del diluvio, Génesis 9 marca un nuevo comienzo. El proyecto de salvación en realidad comienza aquí, no con el llamado de Abraham. Este pacto es importante porque especifica la relación entre Dios y toda la humanidad después de la caída. Dios es el Creador y Sustentador soberano; los seres humanos son su creación y sus mayordomos de la tierra.

El texto también destaca la dimensión terrenal de este pacto. Se incluye a todas las criaturas de la tierra. Génesis 9 aquí es sorprendentemente absoluto:

- «todos los seres vivientes que están con ustedes» (v. 10,12)
- «todos los seres vivientes de la tierra» (v. 10)
- «todos los seres vivientes» (v. 15)
- «todos los seres vivientes que hay sobre la tierra» (v. 16)

A través del pasaje, las referencias se hacen cada vez más amplias e inclusivas. En el versículo 13 Dios habla del pacto entre él y la tierra: «¡mi pacto con la tierra!».

¿Por qué el hincapié en «todos los seres vivientes»? Esto es un eco de la gran variedad de criaturas que Dios hizo al principio. También trae a la memoria lo que Dios le dijo a Noé: «de todos los animales» y de todos los animales entraron en el arca con Noé (Gn 7:2,9). El énfasis en «todos los animales» es también práctico y ecológico, asunto de sustento para el humano porque la buena salud humana requiere abundante variedad de criaturas, todas en relativo equilibrio ecológico. También nos trae a la memoria el cuidado de Dios y preocupación por todas las criaturas por generaciones. Más admirablemente, el énfasis en «todos los seres vivientes» resalta la preocupación por todas las criaturas que él ha hecho, muestra que Dios mismo tiene un convenio con cada criatura, con cada especie. Por eso Jesús dice de los gorriones que «Dios no se olvida de ninguno de ellos» (Luc 12:6).

Así el pacto de Génesis 9 es tridimensional, no es un convenio limitado a la relación entre Dios y los seres humanos. Es un convenio entre Dios, toda la gente y toda la tierra.

En segundo lugar, este es un pacto de conservación. Dios promete: «nunca más volveré a ... destruir la tierra»... «Mientras la tierra exista, habrá siembra y cosecha, frío y calor, verano e invierno, y días y noches» (8:21-22).[3]

---

[3] Se ha sugerido que las estaciones como las conocemos, en las cuales se alternan calor y frío, respectivamente en el verano y el invierno, se debe a un defecto en el ecosistema de la tierra a causa de la caída y el diluvio. Si esto es verdad o no, no cambia en nada la trascendencia e importancia del presente convenio de Dios con la tierra.

¡Cuatro veces Dios promete nunca más destruir la tierra! (Gn 8:21; 9:11,15). Esta es la promesa de Dios a la humanidad, a la tierra, y a sí mismo. Dios promete conservar la tierra y llevar a cabo su proyecto de salvación por medio de subsecuentes pactos que él hará y que culminarán en el nuevo pacto en la sangre de Cristo. Este tratado de conservación es por lo tanto también un *pacto de preparación*. La intención de Dios no es sólo conservar sino crear algo más grandioso. El primer pacto con la tierra prepara el camino para el objetivo de salvación y nueva creación por medio de Jesucristo.

Tercero, este es un *convenio imperecedero, continuo*. No es provisorio, ni transitorio; en vez es un «pacto que establezco para siempre» (Gn 9:16). Es notable aquí que la frase «el pacto que he establecido» (Gén. 9:15) es la misma que se usa después para describir pactos bíblicos posteriores. El mismo idioma de Génesis en referencia al convenio es el que se emplea al hablar de convenios posteriores. *El convenio de Dios con la tierra es perpetuo.*

Esto tal vez nos sorprenda. Quizás suponíamos que el convenio de Dios con la tierra era provisorio, hasta el regreso de Jesús. No es así. Tal es que la *Biblia Septuaginta* (*Biblia de los Setenta*, la versión griega del Antiguo Testamento), usa aquí la palabra «eterno», la misma palabra que en el Nuevo Testamento se emplea para «vida eterna».

¿Tiene Dios un pacto eterno con la tierra y todas sus criaturas en realidad? La Biblia dice que sí, sugiere que la tierra nueva y el cielo nuevo prometidos en cierto sentido implica la renovación, no la extinción, de las criaturas de Dios.

John Wesley, en sus últimos años, al reflexionar sobre esto llegó a la conclusión que el pacto de Dios con la tierra es perdurable. Escribió un sermón sobre este asunto, *The General Deliverance* («La liberación general»). Al meditar sobre su larga vida y ministerio, el correr de la historia, las ciencias de su tiempo y la revelación bíblica, escribió: «hay algo mejor para estas pobres criaturas [que como nosotros] algún día se verán liberadas de la esclavitud del deterioro, y entonces recibirán amplia recompensa por todos sus sufrimientos presentes». Y así deberíamos «imitar a aquel cuya merced es evidente en todas sus obras». El plan misericordioso de Dios de restauración final debería «ablandar nuestros corazones hacia las miserables criaturas, recordando que el Señor se preocupa por ellas». Debería «acrecentar nuestros corazones hacia esas pobres criaturas que no importa cuán indignas nos parezcan, de ninguna de ellas se olvida nuestro Padre que está en los cielos.»[4]

Así pues, en el pacto de Génesis 9, Dios actúa para conservar la tierra, limita su enjuiciamiento (el diluvio) para llevar a cabo sus mayores propósitos. Una vez más vemos el constante enfoque bíblico de la preocupación de Dios por la gente, la tierra, el medioambiente en que vivimos, la tierra que nos ha dado para que la gocemos y la cuidemos, ayudándola a florecer. Otra vez vemos el proyecto de Dios de salvar a la gente en su medioambiente, no fuera de él.

El convenio de Dios con la tierra en el presente

El pacto de Dios con la tierra es perenne. Esto es tan claro que Dios jamás lo ha abrogado mediante acciones posteriores. El arco iris siempre nos recuerda que el pacto todavía es efectivo. Dios asegura, «Cada vez que aparezca el arco iris entre las nubes, yo lo veré y me acordaré del pacto que establecí para siempre con todos los seres vivientes que hay sobre la tierra» (Gn 9:16). El arco iris es la mano de Dios sobre la tierra. Brilla su cuidado e interés por el mundo y sus criaturas. Dios ve el arco iris y recuerda su pacto. ¿Y nosotros? Cuando nos gozamos del arco iris, ¿nos acordamos de su convenio con todas las criaturas?

El hecho que el convenio de Génesis 8 y 9 con Noé todavía está en efecto es importante por tres razones. Primera, *el convenio de Génesis 9 nos enseña la verdadera relación entre Dios, la gente, y la tierra*. El acuerdo de Dios con la tierra clarifica la verdadera relación activa hoy en día entre Dios y todas las criaturas. Dios continúa su función de Creador y Sustentador. Los humanos y la tierra continúan bajo su cuidado. Todos, sin excepción, dependemos constantemente de Dios y su regalo, la tierra. Esto no es teoría, es un hecho. El lado terrenal de este convenio multidimensional —eso es, la interdependencia entre la gente y el medioambiente físico— está documentada totalmente por las ciencias naturales, así como por lo que las Escrituras nos enseñan.

Hay mucha confusión en este respecto. Por un lado, muchos incrédulos niegan o no ven nuestra dependencia de Dios. Por otro, muchos cristianos

---

[4] Wesley, Sermon 60, "General Deliverance" (Presentación general), *Works* (Obras), 2:449.

creyentes en la Biblia niegan o no ven nuestra frágil dependencia de la tierra y pasan por alto el lugar que la tierra tiene en el proyecto de Dios.

Así, pues, Génesis 9 es importante para nuestro bienestar físico y para nuestra comprensión de la salvación. Ambos son parte de la economía de Dios y el plan de salvación. Génesis 9 y de hecho la visión bíblica total del mundo nos enseña que la naturaleza de la creación es interrelación entre Dios, los seres humanos y la tierra. Todavía es verdad que Dios es el Creador y nosotros y toda la tierra dependemos de él.

Los humanos dependen de Dios y de la tierra, de Dios para la vida y la salvación; de la tierra para la vida en todas sus dimensiones físicas, en las que se incluyen alimento, oxígeno, agua, y espacio.

La tierra y todas sus criaturas dependen de los humanos para su bienestar y aun para sobrevivir.

En el largo recorrido de la narrativa bíblica, el pacto con Noé es el fundamento para el cielo y la tierra nuevos que las Escrituras prometen. La nueva creación no es una segunda creación de la nada (*Éx nihilo*) es la restauración y mejor florecimiento de la creación original. Esto se aclara cuando examinamos Génesis 9.

Otra vez nótese que la conexión entre Dios, la gente y la tierra es un convenio relacional. Su fuente es la acción soberana e iniciativa de Dios, su gracia y su merced. Aquí la visión bíblica del mundo está en conflicto serio con dos distorsiones comunes. Algunas visiones nublan la distinción entre el ser humano y el resto de la creación. Filosofías de la Nueva Era y algunos ecologistas y «eco-teólogos» hacen lo mismo. Por otro lado, mucha gente está ciega en lo que concierne a la preocupación de Dios por la tierra y sus criaturas, y por lo tanto hacen caso omiso de la responsabilidad del cuidado de la creación. Esto es también una distorsión seria. Bíblicamente es erróneo elevar el medioambiente por sobre los seres humanos o enfatizar la singularidad humana a tal punto que desconocemos nuestra dependencia total de la tierra. La enseñanza bíblica no es escoger la una sobre la otra, sino ver la interdependencia que es parte del orden de Dios. Si lo interpretamos bíblicamente es porque pensamos ecológicamente, en lugar de inferir un conflicto entre prioridades jerárquicas.

Ya que esta interdependencia se basa en el pacto, la abundancia de la tierra no es sólo «materias primas» para la industria. No es «recursos naturales» o «bienes inmuebles». Los frutos de la tierra no son «mercancías de consumo». Es la buena y moralmente valiosa creación, participante del pacto con Dios que todavía es vigente. Ya que Dios tiene un convenio con la tierra, pecamos cuando no cuidamos la tierra. «La tierra que me alimenta tiene derecho de mi labor y mi esfuerzo. No me es dado despreciar la tierra en la que vivo. Le debo mi confianza y mi agradecimiento», escribió Dietrich Bonhoeffer.[5]

En segundo lugar, *el pacto de Génesis 9 es importante hoy en día porque nos recuerda la preocupación de Dios por todas las criaturas vivientes.* Las formas de vida de la tierra existen para Dios, no sólo para el uso o placer de los humanos. Las criaturas tienen el derecho de existir y desarrollarse porque Dios fue quien las creó. Son de Dios, no de nosotros.

La Biblia continuamente habla de la preocupación de Dios por las criaturas de la tierra. Este es uno de los mayores temas de los Salmos, en especial. «¡Oh Señor, cuán numerosas son tus obras! ¡Todas ellas las hiciste con sabiduría! ¡Rebosa la tierra con todas tus criaturas!» (Sal 104:24). También es un tema central de Job, conforme él finalmente se da cuenta de la maravilla de Dios y su creación, cuando Dios le habla «desde la tempestad» (Job 38 :1). «¿Has llegado a visitar los depósitos de nieve de granizo, que guardo para tiempos azarosos, cuando se libran guerras y batallas? (Job 38: 22/23). Dios luego habla de leones, cuervos, cabras del monte, ciervos, monos salvajes, avestruces, caballos, halcones, las grandes criaturas de los océanos, y de las nubes y el tiempo y las estrellas.

Una de las indicaciones de la sabiduría de Salomón fue que «Disertó acerca de las plantas, desde el cedro del Líbano hasta el hisopo que crece en los muros» (1R 4: 33).

En el libro de Jonás, lo último que Dios le dice a Jonás es: «Tú te compadeces de una planta que, sin ningún esfuerzo de tu parte, creció en una noche y en la otra pereció. Y de Nínive, una gran ciudad donde hay más de ciento veinte mil personas que no distinguen su derecha de su izquierda, *y tanto ganado*, ¿no habría yo de compadecerme?» (Jon 4:11). «El ganado» de la ciudad no pasa desapercibido. Es el eco final del libro.

«El justo atiende a las necesidades de su bestia, pero el malvado es de mala entraña» (Pr 12:10). Estas citas afianzan el gran tema bíblico de la curación de la tierra (2Cr 7:14) y el de «la salud de las naciones» (Ap 22:2).

La tercera importancia del pacto de Génesis 9 es que aquí se encuentran las bases bíblicas del cuidado de la creación. Según la visión bíblica,

---

[5] Bonhoeffer, *Meditations on Psalms*, 90.

las criaturas y especies de la tierra se deben cuidar por cuatro razones claves: Dios las creó; él se complace de ellas; nosotros dependemos de ellas; ellas son a gran escala parte del proyecto de Dios.

Esta comisión perdurable para toda la humanidad tiene significado especial para la misión cristiana, como después lo veremos en los capítulos posteriores. El cuidado de la creación tiene importancia en nuestro discipulado y en nuestro desarrollo espiritual en todas sus dimensiones. Enriquece el estudio bíblico (el plan de Dios para la tierra), la oración (meditación de las maravillas de Dios; intercesión por la tierra), testimonio (testificar y mostrar el amor y la preocupación de Dios), patrones de vida (vivir económicamente, en armonía con la tierra)

Precisamente en este punto los cristianos son contraculturales. Tenemos distintas bases al considerar asuntos medioambientales. Dios el Creador y su pacto imperecedero con la tierra son su piedra de toque. Valoramos el pacto con Noé como parte de la extensa narración bíblica de la creación, la enfermedad del pecado, y la restauración que se obtiene por el Espíritu a través de Jesús. Estimamos el cuidado de la creación bajo la luz de la historia de Jesús, su encarnación, vida, enseñanzas, muerte, resurrección, reino, venida y su triunfo final. Creemos en la literal resurrección física de Jesús en carne y hueso y en la promesa de nuestra propia resurrección, «la redención de nuestro cuerpo» (Ro 8: 23) y no sólo de nuestro espíritu. Estos son el cielo y tierra renovados, no un cielo incorpóreo. La resurrección de Jesús contradice la idea que la salvación significa vida eterna en el cielo.

En otras palabras, apreciamos Génesis 9 a la luz de Romanos 8, y viceversa. Vemos la línea que los conecta. También nos damos cuenta de que Génesis 9 ilumina la inestimable promesa de Apocalipsis 11:18, «ha llegado... el momento de juzgar a los muertos, y de recompensar a tus siervos los profetas, a tus santos y a los que temen tu nombre, sean grandes o pequeños, y de destruir a los que destruyen la tierra» (Ap 11:18).

El pacto de Génesis 9 abre la puerta a una completa visión de la misión de Dios, la *missio Dei*.

Misión: Dios, gente, tierra

Especialmente después de la II Guerra Mundial, la teología cristiana ha luchado con la idea y realidad de la «misión de Dios». Las misiones del nazismo y el comunismo eran perfectamente claras. El nacionalismo se convirtió fácilmente en la misión idólatra del Oriente y el Occidente, y el capitalismo del libre mercado se convirtió rápidamente en la renovada misión del Occidente. ¿Y qué de la misión de Dios, la misión que trasciende todas las ideologías e idolatrías humanas?[6]

La Misión de Dios representa lo siguiente: Dios el Padre en el poder del Espíritu Santo, envía a su Hijo al mundo para impartir salvación en todas sus dimensiones, incluida la reconciliación completa de todas las cosas: el reino de Dios en su totalidad. La misión de la iglesia se deriva de esta acción del Trino Dios. Encarna y proclama las «buenas nuevas del reino», el reino de salvación por medio de Jesucristo.[7]

Bases bíblicas

Las dimensiones clave de la misión de Dios, y así de la misión de la iglesia, se revelan —sin duda alguna, y a menudo se suponen— a lo largo de las Escrituras. Tómese este ejemplo instructivo de Deu 8:10. Moisés le dice a Israel, «Cuando hayas comido y estés satisfecho, alabarás al Señor tu Dios por la tierra buena que te habrá dado». Esta simple afirmación es profunda. En los primeros capítulos de Deuteronomio, conforme Israel llega a la tierra prometida, Dios le declara el significado de ser su pueblo. Moisés le recuerda todo lo que le ha enseñado y de todo lo que le ha sido revelado en el Sinaí y a través de las peripecias en el desierto. Moisés se dispone a partir, y cuidadosamente le refuerza a Israel la revelada verdad

---

[6] Buenos resúmenes de la teología de *missio Dei* son las que se discuten en Bosch, *Transforming Mission* (Misión en transformación), pp. 389-393; Yates, *Christian Mission* (Misión Cristiana), pp. 127-132, 163-164,196-197; Leffel, *Faith Seeking Action* (La fe en busca de acción), en particular pp. 18-23; Christopher Wright, *Mission of God* (La misión de Dios), pp. 62-68; Bevans y Schroeder, *Constants in Context* (Constantes en el contexto), pp. 289-304.

[7] En particular, nótese la influencia de Karl Barth. Bosh describe la formulación inicial de la teología de *missio Dei* en 1952: «La doctrina clásica del *missio Dei* en que Dios el Padre manda al Hijo, y Dios el Padre y el Hijo envían al Espíritu se amplió al incluir aun otro "movimiento": El Padre, el Hijo, y el Espíritu Santo envían la iglesia al mundo. En lo que se refiere al pensamiento misionero, esta unión con la doctrina de la Trinidad representó una innovación importante... Nuestra misión no tiene vida propia: sólo de las manos del Dios que envía puede verdaderamente llamarse misión, menos aun ya que la iniciativa misionera proviene sólo de Dios y por lo tanto no se la puede ver en "categorías triunfalistas" pero se debe verlas como "solidaridad con el encarnado y crucificado Cristo... Así que, junto a la afirmación que la misión fue de Dios, el énfasis en la cruz impidió toda posibilidad de complacencia misionera" u orgullo». Bosch, *Transforming Mission*, 390.

acerca de quién es Dios y qué significa ser el pueblo de Dios en su tierra. Este pequeño versículo contiene todas las semillas del entendimiento bíblico de la misión integral o total.[8]

Veamos la estructura del versículo. Nos habla de las tres realidades: Dios, la gente, y la tierra. Nos muestra la relación entre los tres:

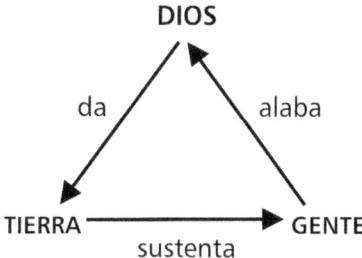

La narración de Deuteronomio y a través de todo el Antiguo Testamento, también es el relato de Dios, la gente y la tierra. Es la narración de la acción de Dios por medio de un pueblo escogido para restaurar armonía a la creación al ser una bendición a toda la gente de la tierra (Gn 12:3). Esta es la mayor narración que se recalca en Deuteronoimio 8:10, también es un eco del convenio de Génesis 9.

Este versículo especifica la relación que Dios intenta entre estas tres realidades, estos «asuntos» claves. Tres acciones fundamentales se indican: (1) Dios da la tierra a la gente; (2) la tierra provee sustento a la gente; y (3) la gente alaba o adora al Señor. Estas acciones forman un triangulo perfecto, la relación que Dios establece entre sí mismo, su gente, y su tierra. Las flechas se mueven de Dios a la tierra, de la tierra a la gente, y vuelven a Dios, así completan la relación total: el perfecto *shalom*.

En otros pasajes las flechas se dirigen de manera opuesta. Dios forma y bendice a su pueblo; la gente se goza de la tierra y la cuida (Lv 25 y muchos otros pasajes), y la tierra revela la gloria de Dios (Sal 19: 1 y otros muchos pasajes). El modelo es el siguiente:

---

[8] A veces empleamos la frase «misión exhaustiva» en vista de que «misión integral» se ha hecho un lugar común.

Esta es la relación que Dios intentaba establecer entre Yavé, su pueblo y la tierra. Ya que en el idioma hebreo «tierra» y «suelo» son una misma palabra, esta es en realidad la visión de la relación que Dios intentaba establecer entre sí mismo, la humanidad y el orden creado. Esta es la relación: el *shalom* que Dios intenta establecer pero que ha sido interrumpido por el pecado.

En el Antiguo Testamento, vemos que a través de Israel Dios comienza un proyecto para restablecer la creación. Dios intenta el *shalom*, una relación armoniosa entre él, su gente y la tierra. Ahora las flechas se dirigen en ambas direcciones, en perfecta ecología; esta es pues la intención de Dios:

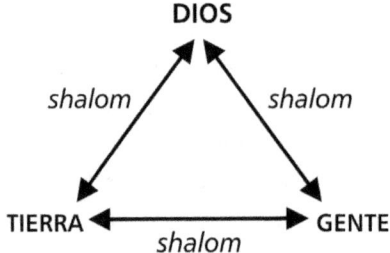

En la narración bíblica, Dios crea «los cielos y la tierra» (Gn 1:1), crea a los humanos y los pone en la tierra; siembra un jardín para el goce y sustento de la comunidad humana. Esta es la visión perfecta de *shalom*, de la apropiada relación mutua entre Dios, la humanidad y la tierra.

Esta ecología perfecta de *shalom* es descrita de modo maravilloso en el Antiguo Testamento en una imagen clave de Israel en paz: «Cada uno se sentará bajo su parra y su higuera; y nadie perturbará su solaz» (Mi 4:4). Hasta cierto punto esto ocurrió bajo el reinado de Salomón, cuando todos en Israel «vivieron seguros bajo su propia parra y su propia higuera» (1R 4:25). Pero esto no perduró. Luego, con la destrucción y exilio. la imagen se vuelve una promesa escatológica del reino de Dios en plenitud, como en Miqueas 4: 4 y también en Zacarías 3:10; «En aquel día, cada uno de ustedes invitará a su vecino a sentarse debajo de su vid y de su higuera, afirma el Señor Todopoderoso». Aquí está el verdadero *shalom*: armonía pacífica y fructífera entre Dios, la gente y la tierra. Sentados «bajo su parra y su higuera» es una figura bíblica básica de la creación sanada.[9]

Así el relato de la Biblia es la narración de la perfecta intención de Dios, luego la interrupción a causa de la rebelión humana y finalmente la manera en que Dios restaura la armónica relación perturbada y enferma por el pecado.

¿De qué manera Dios lleva a cabo esta misión de sanación? Vemos en el Antiguo Testamento que Dios forma un pueblo redentor especial y le da un territorio especial; la tierra prometida. Sin embargo, la preocupación de Dios no es sólo por su pueblo escogido, Israel, sino que incluye a todas las naciones de la tierra. «Las naciones» es un tema central del Antiguo Testamento, porque el plan de Dios es bendecir todas las naciones e incluirlas en su obra redentora. Se escoge a Israel para revelar la verdad de Dios y así ser una bendición para todas las naciones. Dios le dice a Israel, «Si ahora ustedes me son del todo obedientes, y cumplen mi pacto, serán mi propiedad exclusiva entre todas las naciones. Aunque toda la tierra me pertenece, ustedes serán para mí un reino de sacerdotes y una nación santa» (Éx 19:5-6).

Así, pues, Israel sería el pueblo sacerdotal de Dios entre todas las naciones, una sociedad de contrastes para demostrar quién es Dios y sus propósitos. La misión de Israel, entonces, involucra no sólo la relación de Israel con Dios pero también su relación con la tierra y su gente. Dios no es solamente el Dios de Israel; él es el Dios de todas las naciones, de toda la tierra.

La visión ampliada del Antiguo Testamento, entonces, aparece de esta manera:

---

[9] Similarmente, la devastación de parras e higueras se vuelve una figura de juicio: Los enemigos «destruirán tus viñas y tus higueras» (Jer 5:17); «Devastaré sus vides y sus higueras» (Ose 2:12), lo cual luego ilumina alguna acciones y parábolas de Jesús. También ver 2 R 18:31.

Conforme en el Antiguo Testamento se desarrolla el plan de salvación, entendemos cuatro cosas esenciales:

1. Dios es el Dios y Señor de toda la gente, no sólo de Israel.
2. El proyecto de Dios incluye toda la tierra, no sólo la tierra de Israel.
3. El diseño de Dios incluye todas las naciones y gentes, no sólo a los hebreos.

Dios ha escogido a Israel para impartir *shalom* a toda la creación.

Así que vemos cuán integral es el plan de Dios; pero todavía no vemos el cumplimiento de tal plan.

Los profetas de Israel prometieron que Dios, a su debido tiempo, enviaría un siervo especial imperecedero, el Mesías, que en realidad llevaría a cabo el proyecto curativo de Dios. A través de él, Dios mismo impartiría el *shalom* perfecto, como se lo describe tan bellamente en Isaías 11 y muchos otros pasajes. El primer pacto se vincularía a un nuevo convenio por medio del cual el pecado se purgaría, el Espíritu de Dios se derramaría, sus leyes se escribirían en el corazón humano, y el propósito de Dios finalmente se llevaría a cabo; el reino de justicia y *shalom* llegaría completo. Esto ya se prefiguró en el encuentro de Abraham con Melquisedec («Rey de justicia», quien fue «sacerdote de Salem», una forma de *shalom*) (Gn 14: 18-20).

¿Entonces qué sucede en el Nuevo Testamento? El proyecto de Dios se lo expone de muchas maneras. Pablo nos dice que a través de Jesucristo Dios se reconcilia con el mundo (*kosmos*) (2Co 5: 19). El plan de Dios o «economía» («*oikonomía*») es «reunir en él [Jesucristo] todas las cosas, tanto las del cielo como las de la tierra» (Ef 1:10). Al Señor Jesucristo se le ha dado el poder «mediante el [cual]… somete a sí mismo todas las cosas» (Fil 3:21). Está claro que el plan de Dios como se lo presenta en el Nuevo Testamento, es una continuación de la revelación del Antiguo Testamento. En el Testamento más antiguo vemos la preocupación de Dios por toda la gente y toda la tierra. Igualmente en el Nuevo. Dios se ocupa de toda la gente y toda la tierra.

En el libro *The Mission of God: Unlocking the Bible's Grand Narrative* (La misión de Dios: La aclaración de la gran narrativa de la Biblia), Christopher Wright muestra precisamente que esto es lo que el apóstol Pablo anuncia en su misión (comparar Hch 13:17-19 y 17:24-26). Mediante el uso de un triángulo similar al que se ve arriba, Wright muestra como el mensaje del Evangelio expande la economía veterotestamentaria de Dios, Israel y la tierra para incluir a toda la humanidad y todo el mundo tal como se había profetizado. «Todo lo que Dios hizo en Israel, por Israel y por medio de Israel… tenía como meta final la bendición de todas las naciones de la humanidad y la final redención de toda la creación».[10]

La continuidad del Antiguo al Nuevo Testamento aquí es crítica. Subrayamos esto porque la teología cristiana a menudo sobre espiritualiza el plan salvífico de Dios, como lo vimos en la primera parte del este libro. El Nuevo Testamento no describe un rescate divino de la tierra sino la reconciliación del cielo con la tierra, «todas las cosas en el cielo y en la tierra, visibles e invisibles, … haciendo la paz mediante la sangre que derramó en la cruz» (Col 1: 16/21). En el Antiguo Testamento y en el Nuevo, el proyecto de Dios es impartir *shalom* a toda la creación. En este sentido los cristianos todavía «están en el proceso de salvación» porque al final nadie vive el perfecto *shalom* hasta que toda la creación goce de él.

El considerar esta progresión en ambos Testamentos previene el entendimiento anémico o distorsionado de la salvación, y por lo tanto de la misión de la iglesia y la *missio Dei*. En el tránsito del Antiguo al Nuevo Testamento descubrimos esta visión clave: en el nuevo pacto, el proyecto de Dios se interioriza y se universaliza. La fuerza interior se intensifica mientras el alcance exterior se amplía y se hace más claro. La interioriza-

---

[10] Wright, *Mission of God* (La misión de Dios), p. 395 (énfasis en el original). Aunque el modelo que se presenta aquí se desarrollo aparte del de Wright, esencialmente ambos señalan el mismo punto ya que ambos se fundan en la lectura completa de la narración bíblica.

ción y la universalización cabalmente a menudo se repite en el Antiguo Testamento. En el Nuevo Testamento tenemos el más amplio y profundo significado de lo que se promete en el antiguo pacto; más específicamente, el plan de Dios de salvación en el Nuevo Testamento es:

1. interiorizar, pero no meramente espiritualizar;
2. universalizar, pero no meramente simbolizar;
3. lograrlo en parte, pero todavía no hacerlo realidad en su totalidad, y
4. clarificar su intención final.[11]

La culminación se alcanza en Apocalipsis 21 y 22 cuando contemplamos la Ciudad Santa que desciende a la tierra, no a almas que ascienden al cielo. «¡Aquí, entre los seres humanos, está la morada de Dios! Él acampará en medio de ellos, y ellos serán su pueblo; Dios mismo estará con ellos y será su Dios (Ap 21: 3). Aquí el proyecto de Dios se completa «para la salud de las naciones» (Ap. 22 :2)

Podemos dar un paso más adelante para tener la visión total del plan de salvación que se revela en la Bíblia. Ahora la visión es esta:

Las Escrituras así declaran que la misión de Dios es suplir reconciliación completa a toda la creación. Esta es la *missio Dei* que Dios lleva a cabo por el poder del Espíritu Santo por medio de Jesucristo; de la *missio Dei* integral, la iglesia deriva su misión.

VIVIR UNA MISIÓN TRASCENDENTAL

Esto no es teología abstracta, es el llamado a la misión de la iglesia. Como el cuerpo de Cristo, los propios discípulos de Jesús, hallamos

---

[11] Snyder, *Kingdom, Church, and World* (Reino, iglesia y mundo), pp. 74-76.

nuestra vida y vocación dentro de la misión de Dios. Vivimos con una misión transcendental que no nos pertenece. No somos dueños de nosotros mismos; fuimos «comprados por un precio» (1 Cor 6: 19-20). Esto se refiere por igual a la misión de Dios en la cual cada uno de nosotros individualmente, todos juntos, o la iglesia universal encontramos nuestro sentido de la vida.

Esto es integral porque involucra no sólo nuestra vida o trabajo privados sino todos los campos de nuestra vida. Ya que la misión de Dios incluye la tierra así como toda la gente, tiene consecuencias en la manera en que tratamos la tierra y sus criaturas así como la forma en que nos relacionamos con nuestros prójimos. Dicho de modo sucinto, todo esto es parte de la única ecología salvadora.

Conocer la misión de Dios es vivir comprometido con tal misión, vivirla activamente. Se nos ha encomendado la mayordomía total de todo lo que somos y todo lo que «poseemos», controlamos, o influenciamos en cuanto a relaciones interpersonales, tiempo, dinero y toda la creación física.

Este «incomparable valor» (Fil 3:8) de la misión de Dios orienta cada área de la vida. Nos ayuda a discernir el mejor empleo de los atributos de los demás. La inalcanzable pregunta es: ¿Esta o aquella decisión ayuda a la misión de Dios? ¿Es consistente con nuestra misión según la misión de Dios lo ha determinado?

Una renovada invitación a la misión

Así que el entender bíblicamente la misión de Dios es una invitación a la misión en el mundo actual. El Espíritu de Dios nos llama a ser colaboradores con Cristo en proclamar y vivir la salvación como creación sanada.

La misión cristiana fiel se centra en la curación de la creación por razones teológicas como también estratégicas: teológicas porque una visión bíblica fiel de la misión necesariamente incluye lo que la Biblia dice en cuanto a las intenciones de Dios que son para el orden creado. Pero también estratégicas, porque una misión que es tan amplia como las Escrituras es mucho más persuasiva en el mundo de hoy en día. ¿Queremos que la gente de todas las naciones y culturas pongan su fe en Jesús como su Salvador y Señor? Entonces debemos proclamar y demostrar que Jesús es el renovador de toda la creación, toda la faz de la tierra, y todas las dimensiones de la vida. La salvación es así de inmensa.

Al volver nuestra mirada hoy a dos milenios, nos encontramos entre el comienzo y el fin de la narrativa. Miramos hacia atrás al comienzo para entender la jornada y quizás recuperar lo que se ha perdido. También conforme miramos hacia adelante vemos a nuestro alrededor dónde está hoy la iglesia. Todavía no hemos llegado al final de la narración; quedan capítulos misteriosos pero nos encontramos en un tiempo sorprendente cuando la iglesia es global y local como nunca antes. Nos colocamos entre la iglesia antigua, por un lado, y la iglesia global del mañana, por otro lado.

Hoy la iglesia está precisamente al principio de un nuevo acto en el drama, desafiante y prometedor. El escenario nos invita a actuar. ¿Podemos imaginarnos recuperaciones estratégicas adecuadas para el siglo XXI que ayuden a la iglesia a vivir su auténtico futuro antiguo? ¿Podemos imaginarnos ser, de manera dramáticamente fiel y en dimensiones más amplias, la «continuación de la narrativa de Dios»?[12]

Al comienzo de este libro encontramos tendencias inquietantes en la vida temprana de la iglesia. Por ejemplo, el cambio de comunidad interactiva hacia una estructura jerárquica, y de carisma a institución. Rastreamos el movimiento en la visibilidad de la iglesia de la comunidad y la gente a templos e instituciones. Y vimos el gran divorcio entre el cielo y la tierra, el cisma de la visión bíblica integral del mundo y el debilitamiento de la promesa bíblica de la restauración del cielo y la tierra. Tal vez mediante la providencia de Dios la iglesia ahora esté lista a experimentar la sanación de estas distorsiones. Aquí están cuatro recuperaciones posibles, inmensamente importantes, que en conjunto pueden significar un gran empuje nuevo en las misiones:

Un enfoque claro en la persona y obra de Jesucristo

En el transcurso de dos milenios el grandioso panorama bíblico de Jesucristo se ha reducido a algo mucho más pequeño que lo que las Escrituras prometen. O la visión se ha dividido en pedazos separados, el gran mosaico se ha perdido. Hoy necesitamos una visión renovada y clarificada de Jesús, el Mesías prometido que rescata a su gente y trae el reino de

---

[12] Webber, *Ancient/Future Worship* (La adoración antigua y futura), pp. 179-83. Ver también Webber, *Who Gets to Narrate the World?* (Quién consigue narrar el mundo).

Dios en su plenitud.[13] Jesús, el Salvador crucificado, Señor resucitado y Rey. En particular esto significa:

- Un foco renovado en las promesas bíblicas de lo que el Mesías lograría.
- Un entendimiento más completo del significado de la vida de Cristo y su muerte expiatoria.
- Un énfasis nuevo en el significado, poder, alcance y esperanza de la resurrección de Jesús y todo lo que ella significa para los humanos y toda la creación.
- Énfasis (dentro de un mayor marco trinitario) en la obra del Espíritu Santo para traer la nueva creación.

Resultado: Mayor honor y gloria a Jesucristo como cabeza de la iglesia y portador de la nueva creación a través del Espíritu, verdaderamente el Gran Médico.

Una visión clarificada por la promesa del reino de Dios según su voluntad sea hecha «así en la tierra como en el cielo»

La piedad popular cristiana y mucha de la teología conciben el cielo como un «lugar espiritual etéreo e ideal para escaparse después de morir, un lugar nada parecido a la tierra: «es un brillante mundo del más allá». ¡Hemos heredado este nada bíblico concepto del divorcio del cielo de la tierra y pensamos que esto es lo que Dios quería! El cielo es donde, después de morir, vamos a morar permanente. Es un divorcio de la promesa bíblica de una tierra renovada y la reconciliación de «todas la cosas».

Esto no es sólo asunto de la vida después de la muerte. En esencia, es una visión distorsionada del reino de Dios en el presente y en el futuro. Necesitamos una visión que

1. afirma que Jesús reina ahora, aunque de manera velada;
2. proclama y espera que Dios traiga «un cielo nuevo y una nueva tierra, en los que habite la justicia» (2P 3:13);
3. nos ayuda a vivir en esperanza certera, de acuerdo con los valores y virtudes del reino de Dios y ser colaboradores «en pro del reino

---

[13] Frost y Hirsch, *ReJesu* (Re Jesús), en este respecto es profético.

de Dios» (Col 4:11) en su visible, aunque incompleta, realidad en nuestro presente; y

4. reconoce que la visión de este reino es clave en la «continuación de la narración de Dios». Como Robert Webber lo expresa, la promesa y el mandato bíblico es «que vivamos según la voluntad de Dios y que hagamos de la tierra una morada para su gloria y que se cumpla en verdad en el cielo nuevo y en la tierra nueva».[14]

Tal visión clarificada del reino de Dios tendrá las siguientes características:

Un sentido trinitario de la misión de Dios (*missio Dei*) que percibe el fin de la misión como nada menos que la voluntad de Dios cumplida perfectamente en la tierra, un tiempo cuando «El reino del mundo ha pasado a ser de nuestro Señor y de su Cristo» (Ap 11: 15). Las investigaciones prometedoras de los últimos cincuenta años sobre la doctrina de la Trinidad serán relevantes de modos múltiples.[15]

Primeramente la Biblia, y secundariamente la tradición cristiana en general, cumplirán su propio papel como la tradición canónica de la iglesia, guiando, «normalizando», y —por el Espíritu— renovando la iglesia en discipulado y misión.[16]

La iglesia vivirá una escatología personificada que ahora demuestra visiblemente la realidad y la promesa del reino de Dios en su cumplimiento final.

Resultado: La iglesia vive su misión en fidelidad a la esperanza radical de la resurrección y el reino de Dios, desarrollará una visión poderosa del reino que sirva de medicina para nuestros males y nos inmunice efectivamente de visiones y herejías menores.

---

[14] Webber, *Ancient/Future Worship* (Adoración antigua y futura), p. 176.

[15] Ver en especial Gunton, *Promise of Trinitarian Theology* (Promesa de la teología trinitaria); Boff, *Trinity and Society* (Trinidad y sociedad); Karkkainen, *The Trinity* (La trinidad). La doctrina de la Trinidad tiene importancia especial para la misión y toda otra área de la vida y cultura.

[16] Ver la profunda discusión en Abraham *et al.*, *Canonical Theism* (Teísmo canónico).

Un discipulado terrenal integrado

Tenemos la esperanza de esta tercera recuperación. Los evangélicos y otros ahora hablan de «misión integral», «discipulado integral», «espiritualidad integral». Pero a menudo la misión y la *espiritualidad* se discuten como *si la tierra misma ni siquiera existiera*.[17] Nuestra relación con la creación se desconoce mayormente en la literatura cristiana, salvo con pocos lugares comunes. Obras estándar en teología sistemática enfocan muy pocas veces la ecología, la cultura, el mundo físico, el cuidado de la creación, o las consecuencias prácticas de que la voluntad de Dios se cumpla en la tierra como en el cielo. Bíblicamente esto no tiene defensa; es un escándalo.

La literatura devocional está plagada por el mismo problema. *The Renovare Spiritual Formation Bible* [La Biblia de formación espiritual renovadora], por ejemplo, aunque es un maravilloso recurso, presenta la espiritualidad como algo en gran medida sin relación con la tierra. Pasajes claves sobre Romanos 8 enfocan la religiosidad personal, no la creación restaurada[18]. El excelente libro de Andy Crouch *Culture Making* (Hacer cultura) insinúa un discipulado más terrenal, pero jamás explora la conexión de nuestro discipulado con la tierra.[19] Sin embargo, está claro que en muchos sentidos la cultura depende de la tierra.

Una misión fiel requiere un discipulado terrenal integral, un discipulado que rechaza el divorcio del cielo y la tierra y busca la reconciliación. Necesitamos un discipulado terrenal, una escatología viviente que vive el reino de Dios en el presente, en la tierra, con toda la esperanza y frustración que tal posición implica, que encarna la nueva creación por el poder del Espíritu. Esto quiere decir, por ejemplo:

- Disciplina espiritual que incluya cuidado práctico de la creación, sin separación de la dimensión material y la espiritual de la vida. Disciplinas espirituales incluirán reciclaje y lucha por el uso de energía sostenible así como también oración, meditación, y estudio bíblico. Las disciplinas más tradicionales se verán revividas por la unión

---

[17] Por lo malentendida que está la «espiritualidad», bien haríamos, como disciplina espiritual, abandonar por un tiempo los términos «espiritualidad», «vida espiritual», «formación espiritual» y otros términos similares hasta cuando se recupere su significado bíblico.

[18] Foster, *Renovare Spiritual Formation Bible* (Biblia Renovare de formación espiritual).

[19] Crouch, *Culture Making* (Hacer cultura).

de dimensiones materiales y espirituales. Empezaremos a entender la ecología de la espiritualidad. Veremos la vida sacramental más ecológicamente.

- Oración e intercesión en favor de las dimensiones sociales, culturales, medioambientales, y económicas del mundo de hoy en día, con sensibilidad a las preocupaciones de Dios en todas estas áreas y por nuestra propia oportunidad y responsabilidad de interceder.

- Atención, como parte de nuestra adoración «agradable a Dios» (Ro 12:1), a las dimensiones físicas y ecológicas de la vida diaria. Todos los aspectos de la vida se entretejerán en nuestro discipulado y nuestra expectativa del reino venidero de Dios.

Resultado: La iglesia recobrará mucha de la dinámica de la iglesia del Nuevo Testamento, y se sobrepondrá a su discipulado unilateral. Al caminar en el Espíritu, la iglesia ha de practicar un discipulado terrenal que hará real y dinámico el relato de Dios de modos refrescantes e integrales.

Recuperación de la comunidad cristiana visible a nivel global y local

Podemos tener la esperanza de una recuperación en el siglo XXI de la comunidad cristiana visible. Esperamos que la iglesia se haga auténticamente visible en todas las culturas del mundo, naciones y grupos étnicos pero de modo diverso.

Pusimos intencionalmente la comunidad cristiana visible al final, en vez de ponerla al principio. La demostración de la verdad visible del cuerpo de Cristo no tendrá lugar a menos que la iglesia recupere una visión bíblica integral de Jesucristo y su reino. Sin embargo, tenemos motivos para esperar una manifestación visible y extraordinaria de la promesa del reino de Dios a través de una auténtica comunidad cristiana evidente hoy. De cierta manera, Dios ha estado guiando la iglesia. En un sentido la iglesia es en verdad «la continuación de la narrativa de Dios».

La recuperación de la auténtica comunidad cristiana conllevará:

- Conciencia de que la visibilidad primordial de la iglesia es a través de diafanidad de comunidades locales con discípulos de los cuales Jesús dijo: «De este modo todos sabrán que son mis discípulos, si se aman los unos a los otros» (Jn 13:35). Las tradiciones sacramentales y canónicas de la iglesia son esenciales para nutrir su vida. Sin embargo, la iglesia como comunidad visible es la señal sacramental primordial del reino de Dios en la tierra.

- La afirmación de la iglesia como diversa, carismática, profética y local así como también santa, apostólica y universal. La iglesia celebra su rico [hereditario] ADN que es obvio más y más ahora en la iglesia global. (Véase el capítulo 12).
- «Cuerpo de Cristo» dejará de ser una metáfora vacía. En su lugar cada vez más describirá la real presencia real y funcional de la comunidad cristiana.
- La iglesia global de Jesucristo vivirá una unidad ecuménica nueva basada en la diversidad que existe en la unidad, la imagen bíblica del cuerpo de Cristo, la realidad de la Trinidad, una visión compartida del reino de Dios y una comprensión de la ecología y naturaleza orgánica de la iglesia y su misión.
- Global y localmente celebraremos aperturas renovadas al poder y dádivas del Espíritu Santo. La iglesia funcionará y servirá con carismática complacencia, no sólo por medio de su estructura oficial. A la estructura de la iglesia se la concebirá más orgánica y ecológicamente, y menos institucional y jerárquica.

Resultado: Una edad de un creciente auténtico testimonio cristiano a través de todo el mundo en el cual la iglesia sobrepasará la vida, el amor, el pensamiento, el servicio de todas las otras religiones, filosofías, e ideologías. Una edad en que la iglesia visible viva la esperanza y la realidad del reino de Dios conforme sirve al mundo y participa de «la firme esperanza para así alcanzar la gloriosa libertad de los hijos de Dios» (Ro 8 :20:21; compare Co 2:2-4). Las dimensiones mayores de tal comunidad cristiana global, se examinan en el capítulo 13, «La comunidad del cielo y de la tierra».

AGENDA PARA UNA MISIÓN ECLESIOLÓGICA

En su importante libro *Faith Seeking Action: Mission, Social Movements, and the Church in Motion* (La fe en busca de acción: misión, movimientos sociales y la iglesia en moción), el misionólogo Greg Leffel hace un llamado a la iglesia a lo que él llama una «misión eclesiológica» nueva. Repasa la historia y teología de la iglesia, la naturaleza de los movimientos sociales, y los desafíos que la iglesia hoy confronta, Leffel hace un bosquejo teológico y sociológico que percibe «la iglesia como un movimiento portador y personificador de las buenas nuevas de la obra de Dios en el mundo». Subraya que «el objetivo de la misión es, desde luego, actuar». La misión de Dios «se convierte en nuestra misión al momento en que permitimos que Dios habite nuestras acciones». Así pues la «misión eclesiológica» describe a la iglesia en un movimiento de cambio iniciado por Dios.[20]

En su mejor forma, la iglesia es un movimiento social iniciado, guiado, a veces juzgado, y llevado hacia delante al futuro prometido de Dios por su Espíritu en su gracia, su soberanía y su profunda sabiduría. Sin embargo, ella no nace sólo para actuar, sino también para ser, contemplar y vivir en «la serenidad y la confianza» que le dan fuerza (Is 3:15; 32:17). La iglesia ha de ser el cuerpo de Cristo así como también ha de llevar a cabo la obra de Cristo en el mundo. La iglesia y la obra de Cristo van juntas.

A menudo la iglesia sufre de una división nada bíblica, nada ecológica justo en este punto. A la iglesia se la ha llamado y constituido para ser y hacer, en un mutuo apoyo ecológico socio-espiritual. Ella en verdad necesita una eclesiología bíblica (y una bien informada socio-antropología) que incluya una cosmovisión bíblica total. En verdad la iglesia tiene una agenda eclesiomisionera.

Ya que la misión cristiana es ante todo la misión de Dios, esta tercera parte del libro se ha centrado en la misión curativa de Dios. La parte final enfoca la *comunidad curativa*: la iglesia y su misión, su agenda eclesiológica-misionera. Examinamos la forma en que Dios emplea esta comunidad como su instrumento esencial para la sanación de toda su creación. Nos preguntamos qué tipo de cosmovisión o relato mundial alimentará y sustentará a la iglesia en su misión.

---

[20] Leffel, *Faith Seeking Action* (La fe en busca de ación), pp. 1, 7. Lafell articula «un concepto misioneramente informado de la iglesia» basado en «un entendimiento sociológicamente enterado de su acción social» (*ibíd*, p. 252)

9

La misión y el reino de Dios

Es preciso que anuncie también a los demás pueblos las buenas nuevas del reino de Dios, porque para esto fui enviado.

Lucas 4: 43

Los cristianos hablan de la importancia de una cosmovisión bíblica. ¿Pero qué es una cosmovisión bíblica? Ciertamente no todos estamos de acuerdo. Para algunos, tal cosa es insistir en la «verdad absoluta» frente al posmodernismo y el relativismo. Para otros significa la afirmación de «una deidad totalmente soberana y micro administradora, la humanidad lastimosa y pecadora y la lógica consecuencia de tal combinación, la predestinación».[1] Y para otros «una cosmovisión bíblica» es clave de una ideología de conservadorismo político o libre mercado del capitalismo. Para la mayoría de nosotros, «cosmovisión bíblica» significa «aceptar» la doctrina cristiana, moldeada por nuestra propia interpretación tradicional de la fe, sea católica romana, ortodoxa, reformada, pentecostal, o lo que sea.

Pero hay un problema más profundo en la afirmación de una «cosmovisión cristiana». No es sólo asunto de tradiciones distintas o de mezclar teología y política. Vimos en el capítulo 4 que buena parte de la «cosmovisión» de la iglesia se distorsiona por el divorcio teológico sin disputa del cielo y la tierra. A la cosmovisión cristiana se la ha pasado por un «separador» que divide el espíritu de la materia. Se lo ha pasado por un retorcido prisma que impide ver los colores clave del bello espectro de la luz divina. Si nuestra visión descansa en una división no bíblica entre el

---

[1] Van Bierma, "New Calvinism" (El nuevo calvinismo), p. 50. El argumento de este libro niega la posición del teólogo Albert Morder que «El momento en que alguien intenta definir bíblicamente [el ser o las acciones] de Dios, tal persona llega a conclusiones que tradicionalmente se clasifican como calvinistas» (cita en el libro de Van Bierna).

espíritu y la materia, entre el cielo y la tierra, nuestra teología y nuestro discipulado serán sesgados completamente.

Desde el punto de vista bíblico, una cosmovisión cristiana debe centrarse en la revelación de Dios de sí mismo en las Escrituras y la supremacía de Jesucristo y su reino. ¿Pero qué vemos cuando nos fijamos en las Escrituras? No tanto una «cosmovisión» como una narración y una historia, un relato de las obras y misión de Dios. Sería más apropiado hablar de una narración cristiana del mundo que una cosmovisión cristiana o bíblica. La narración bíblica es un relato acerca del trino Dios como Creador, Sustentador, y Sanador de toda la creación.[2]

Este capítulo espera cerrar el hoyo maligno en la cosmovisión cristiana mediante una amplificación de la misión de Dios a través del tema bíblico del reino de Dios. Esto también implica revisar la misión de Jesús a la luz de la promesa bíblica del reino. Aquí encontramos vistas más amplias para entender la enseñanza bíblica de la salvación como la creación sanada, y vemos lo que realmente significa la evangelización cuando se la ve desde la perspectiva del reino.

Empezamos con la misión de Jesús.

La misión de Jesús

La misión de Dios es acerca de la relación soberana del Señor con la gente y la tierra, como lo hemos enfatizado en los capítulos previos. ¿Pero qué acerca de Jesús? ¿Cuál es *su* misión?

En discusiones sobre la misión a menudo no se toma en cuenta *lo que Jesús mismo dijo* en cuanto a su misión y la *«missio Dei»*. La iglesia tiene la tendencia a fijarse en su propia misión más que en la de Jesús, lo cual es extraño, ya que la misión de la iglesia es el producto de la misión de Jesús y la misión de Dios.

Algunas discusiones se fijan en la proclamación de Jesús en Lucas 4, o la Gran Comisión, o en frases como «el Hijo del hombre vino a buscar y a salvar lo que se había perdido» (Lc 19 :10). Pero Jesús tenía mucho más que decir sobre su propia misión. Constantemente se refería a su misión u obra, especialmente en los relatos de Juan. Unas treinta y cuatro veces Jesús habla de que se le ha enviado en frases como «el Padre que

---

[2] Sobre el significado, promesa, y criterio de una «narración del mundo», ver Snyder, *Earth Currents* (Corrientes de la tierra), pp. 273/90.

me envió», «el que me envió» (Juan). Lo que se nota de inmediato es que Jesús enfatiza que su misión procede de la misión del Padre, de la voluntad del Padre. Jesús habla más de la acción del Padre que de la de sí mismo («se me envió» más que «he venido»), aunque dice frases como «vine» o «he venido» unas cuantas veces. Por ejemplo «yo he venido para que tengan vida, y la tengan en abundancia» (Jn 10 :10) y «Yo soy la luz que ha venido al mundo, para que todo el que crea en mí no viva en tinieblas» (Jn 12: 46).

Entonces, ¿cuál es la misión de Jesús? Al combinar muchas de sus declaraciones (por el momento, dejamos aparte su importante oración de Juan 17), tenemos el siguiente resumen:

- Mi alimento es hacer la voluntad y llevar a fin la obra de aquel que me envió. Mi Padre siempre obra hasta este día mismo, y yo también estoy obrando. El Hijo no puede hacer nada por si mismo, puede hacer sólo lo que ve que el Padre hace, porque lo que el Padre hace el Hijo hace también.
- La obra que el Padre me ha encargado que lleve a cabo es testimonio que el Padre me ha enviado. He descendido del cielo no para hacer mi propia voluntad sino la voluntad de quien me envió
- Ocupo mi lugar con el Padre, que me ha enviado. Lo que he oído de él se lo digo al mundo. Vine del Padre y ahora estoy aquí. No vine por mi propia voluntad, sino la de aquel que me envió. Lo que digo es sólo lo que el Padre me ha dicho que diga.
- He venido de Dios y volveré a él. Yo soy el camino, la verdad, y la vida. Nadie llega al Padre excepto a través de mí. Las palabras que les digo no las digo por autoridad propia. Antes bien, es el Padre, que vive en mí, quien hace su obra.
- Como el Padre me envió, yo les envío a Uds.

Esta es la descripción de la misión de Jesús, en sus propias palabras. Esto es lo que significa que se le envió. El evangelio de Juan subraya otros tres términos relacionados con la misión de Jesús: «voluntad», «trabajo», «obras». Una docena de veces Jesús habla del «trabajo» u «obras» de Dios que se le envió a cumplir. Varias veces habla de cumplir la «voluntad» del Padre.

Desde luego, en los otros Evangelios Jesús menciona muchas otras cosas sobre su misión. Lo más importante es que relaciona su misión con el reino de Dios: prédicas acerca del reino, enseñanzas a sus discípulos que deben buscar primero el reino de Dios, y orar: «Venga tu reino, hágase tu voluntad en la tierra como en el cielo» (Mt 6:10). Clave para que esta meta se cumpla es hacer discípulos en todas la naciones (Mt 28: 19/20).

El apóstol Pablo y otros autores del Nuevo Testamento (así como los profetas del Antiguo Testamento) amplían el alcance de la misión de Jesús al relacionarla con la economía o proyecto más extenso de Dios y «reunir en él [Cristo] todas las cosas, tanto las del cielo como las de la tierra» (Ef 1:10), como lo hemos señalado antes.

En resumen, el Padre envió a Jesús al mundo para que «completara» el trabajo del Padre (Jn 4:34; cf. 5: 36; 17:4). Para Jesús, llevar completar el trabajo de Dios incluía su muerte expiatoria en la cruz («Todo se ha cumplido», Jn 19 :30) y el triunfo del reino de Dios final, total («Ya todo está hecho» Ap 21: 6). Ahora la iglesia vive entre el primer «se ha cumplido» y el final «todo está hecho». Celebramos «el trabajo cumplido de Cristo» pero en el presente también podemos hablar del *trabajo de Cristo que está por cumplirse;* si no, ¿por qué orar «venga tu reino, hágase tu voluntad en la tierra como en el cielo»?

Desde luego, la misión de Jesús se completa a través de la presencia y obra del Espíritu Santo. Es trinitaria. En el Evangelio de Juan, Jesús habla del papel que el Espíritu tiene, y muchas otras Escrituras revelan el papel esencial del Espíritu en hacer posible que la misión de Jesús se complete en la iglesia y en toda la creación (por ej. Hech 1:8 y Rom 8).

La descripción que Jesús hace de su misión literalmente le da contenido a la misión de la iglesia, es decir, a nuestra misión compartida. Ahora vemos más vívidamente la misión de Dios para reconciliar y curar a la gente y la tierra. Tres puntos importantes sobresalen aquí:

1. *Nuestra misión (la de la iglesia) no es nuestra. Es la misión de Jesús y la misión de la Trinidad.* Jesús dijo: «Como el Padre me envió a mí, así yo los envío a ustedes» (Jn 20:21). También dijo que «el que cree en mí las obras que yo hago también él las hará, y aun las hará mayores» mediante el «Espíritu de verdad, ... [que] vive con ustedes» (Jn 12:12,17). Jesús se mostró apasionado por llevar a cabo por sobre todo la voluntad y obras de quien le había enviado, no la suya propia. Así es también con nosotros. Vivimos una misión trascendente. La creación sanada significa saber y experimentar el evidente pero trascendental vínculo entre las cosas, en vista de quien es la Trinidad.

2. *Como discípulos que somos invitados a participar en la misión de Dios, nuestra misión suprema es nada menos que el reino de Dios, la reconciliación y restauración de «todas las cosas». Es enorme y absoluta.* Nuestra tarea, por ser discípulos y formar una comunidad cristiana, es entender la parte específica y estratégica de la extensa misión de Dios. Así que la iglesia debe ser una comunidad misionera de discípulos que disciernen la voluntad de Dios, pero jamás debemos perder de vista el panorama completo de la vasta misión en la cual encontramos nuestra misión particular.

3. *El poder para cumplir nuestra misión viene de Dios, de Jesús y el poder de su resurrección y del Espíritu que satisface, empodera y guía.* El poder de la misión es vida en la Trinidad a través de la comunidad cristiana. Así Jesús ora en Juan 17: «Ya no voy a estar por más tiempo en el mundo, pero ellos están todavía en el mundo, y yo vuelvo a ti. Padre santo, protégelos con el poder de tu nombre, el nombre que me diste, para que sean uno, lo mismo que nosotros… No te pido que los quites del mundo, sino que los protejas del maligno… Como tú me enviaste al mundo, yo los envío también al mundo» (Jn 17-18).

En resumen, la misión de Jesús era cumplir la misión de Dios para la cual se le envió y de la cual era y es el actor principal. La obra de Jesús incluía formar comunidades de discípulos, nada menos que el cuerpo de Cristo. Por la tanto, la misión de la iglesia es cumplir su papel, su «trabajo», en la misión trinitaria de Dios para el bien del reino de Dios con el poder del Espíritu.

Dentro de esta visión trinitaria y cristocéntrica de la fe y la misión cristianas hallamos los elementos esenciales de una cosmovisión bíblica y nuestro lugar en él: una cosmovisión y un relato del mundo.

Una cosmovisión bíblica y ecológica de la tierra y el cielo

Sustentar una visión bíblica del reino y de la esperanza radical de resurrección física como la de Jesús exige una gran cosmovisión. Para muchos, esto significa un gran cambio en su cosmovisión. En lugar de visiones subbíblicas o neoplatónicas que colocan el espíritu por sobre la materia y dividen radicalmente el presente del futuro, la iglesia global necesita una cosmovisión bíblica ecológica de la tierra y del cielo que sea en verdad la cosmovisión bíblico-narrativa del reino de Dios.

James Jones, obispo anglicano de Liverpool, Inglaterra, señala la dirección correcta al mostrar cómo la tierra y el cielo se acoplan con la narrativa bíblica del mundo. Escribe:

> Es Jesús el hijo de María, que ha venido del cielo a la tierra, quien sostiene en sí mismo las cosas terrenales y las celestiales... Esta es la realidad: el cielo y la tierra no son dos reinos separados para siempre, divididos por el pecado y la maldad, porque la realidad final es un mundo no dividido donde todas las cosas, sean de la tierra o del cielo, se unen en Jesús (ver Colosenses 1). El es central en lo terrenal del cielo y en lo celestial de la tierra. La tierra y el cielo se pertenecen mútuamente.[3]

Como hemos visto, el relato bíblico del mundo es ecológico en su centro. Muestra la manera en que todos los aspectos de la creación se conectan entre sí. En realidad, la ecología y el reino se desarrollan juntos en la narración de Dios. El plan redentor de Dios es su «buen propósito [*oikonomía*] que de antemano estableció en Cristo para llevarlo a cabo cuando se cumpliera el tiempo» (Ef 1:10). Fundamentalmente el plan de Dios, basado en una ecología bíblica o ecología-lógica (*oikologia*) en la cual «todas las cosas, tanto las del cielo como las de la tierra», «visibles e invisibles», se encuentran conectadas entre sí y participan en la paz que Jesús imparte «mediante la sangre que derramó en la cruz» (Col 1:16-20). La «economía de Dios» y el «reino de Dios» son así metáforas del plan creador y restaurador de Dios que se fortifican mutuamente, que funcionan, la una basada en la idea de hogar (*oikos*), y la otra en la idea histórica de monarquía.[4]

El modelo economía/ecología es oportuno en especial hoy en día. El mundo piensa más y más en términos ecológicos. Las ciencias exploran la vasta ecología de la tierra, la compleja red de vida y de materia y sus implicaciones en todas las dimensiones de la vida y cultura humanas. De igual importancia es que, por primera vez en la historia, somos testigos de la confluencia de ecología y economía a escala mundial. Los economistas Herman Daly y Joshua Farley profetizan que:

---

[3] Jones, *Jesus and the Earth* (Jesus y la Tierra), p. 62.

[4] Claramente, estas dos metáforas que Dios usa están enraizadas en la cultura y están condicionadas.

El mayor problema que confrontamos hoy es el producto de la interacción entre dos sistemas altamente complejos: el sistema humano y el sistema ecológico que lo sustenta. Tales problemas son tan complejos como para que se solucionen desde la perspectiva de una sola disciplina [a lo cual añadimos la teología], y cualquier esfuerzo por hacerlo ignora los aspectos de fuera de la disciplina, o adoptan medios inapropiados para solucionarlos.[5]

Sin embargo, los cristianos tenemos una visión ecológica más amplia. Entendemos que nuestros vastos ecosistemas incluyen el espíritu así como la materia. Incluyen «las cosas… visibles e invisibles» (Col 1:16) y «lo por venir» (Ro 8:38). La Biblia nos muestra que la ecología es la verdadera cosmovisión, rebosante de realidad material y espiritual. La ecología nos muestra las complicadas conexiones interdependiente de todas las partes. Cualquier cosa que afecta a una parte incide en todas las otras partes.[6] «No se puede hacer una sola cosa».

Hoy necesitamos una visión bíblica de la tierra-cielo, pasado-presente; una cosmovisión que se asiente en lo que Dios ha hecho y hace por el Espíritu a través de Jesucristo. Esta narrativa del mundo confronta la alienación del pecado pero firmemente rechaza el divorcio teológico del cielo y la tierra, y afirma en su lugar la visión bíblica de «todas las cosas». Nos provee fundamentos para aceptar los descubrimientos ecológico-científicos a los cuales se añaden las esenciales dimensiones espirituales y teológicas que la Edad Nueva secular u otras visiones religiosas-ecológicas típicamente las excluyen.[7]

Desde el comienzo de este libro hemos subrayado la necesidad de tomar la historia y la ecología seriamente, es decir, la importancia de actuar histórica y ecológicamente. Si se toma en serio el alcance y la totalidad de las Escrituras se requiere esto.

Como asunto de la cosmovisión, el punto importante es que el relato bíblico cabalmente *combina y entreteje* la historia y la ecología. Esto queda bien en claro en nuestra discusión de la misión de Dios y su plan divino para *shalom* en la interconexión entre Dios, la gente y la tierra.

---

[5] Daly y Farley, *Ecological Economics* (Econmía ecológica), p. xxii (corchetes añadidos).

[6] El Dios de la Trinidad es la suprema ecología personal a través de quien se creó la vasta ecología del universo.

[7] Las implicaciones de esto se discuten brevemente en Snyder, *Coherence in Christ* (Coherencia en Cristo).

La combinación de dos elementos, el *relato* o narración y la *ecología* en nuestro entendimiento, por un lado, y la encarnación de la misión de Dios, por otro lado, nos provee una imperiosa narrativa del mundo que es mucho más potente, profunda, y persuasiva a lo largo de los años que cosmovisiones «bíblicas» o «cristianas» contemporáneas.[8] En realidad la Biblia nos da una visión convincente histórico-ecológica basada en la cosmovisión narrativa y la promesa del reino de Dios. Aquí tenemos una visión mejor y más veraz que cualquiera otra llamada «cosmovisión bíblica».

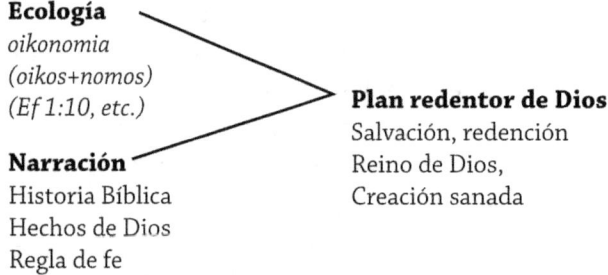

Esta visión bíblica nos ofrece una comprensión ecológica de la creación y la nueva creación que está unida íntimamente a la obra de Jesucristo y al relato bíblico del reino de Dios. La *ecología bíblica* y la *narración, juntas*, forman el elemento esencial del proyecto redentor de Dios. Esto se puede ilustrar gráficamente así:

Ecología (*oikonomia=oikos+nomos,* Ef 1:10, etc). El Plan de Redención de Dios: Salvación, redención, reino de Dios, creación sanada, Narración, Historia bíblica, actos de Dios, regla de fe.

Esta visión está preñada de teología bíblico-ecológica-cultural que incluye todos los elementos de la cultura (arte de guisar, arte, música, lenguaje, literatura, economía, estructuras políticas, ropa, suelo, minerales, arquitectura, agricultura, ética, y valores morales), todos ellos interrelacionados íntimamente no sólo en teoría sino en la práctica.

---

[8] Bíblica y teológicamente, «relato», «narración», e «historia» pueden usarse intercambiablemente siempre y cuando tengamos en claro que (1) el «relato bíblico» supone historia real en el tiempo y el espacio; no es mito o ficción no-histórica (aunque, desde luego, mitos y parábolas también existen en las Escrituras), y que (2) por «historia» queremos decir la existencia real y progresiva del orden creado, incluida la historia humana en la que participa la verdadera actividad humana, aunque guiada por la soberanía de Dios y sus propósitos (que hasta ahora sólo han sido revelados en parte). Así que en este libro se emplean los términos *relato, historia,* y *narración* intercambiablemente cuando su sentido es claro en su contexto.

Una teología basada en una cosmovisión bíblica de *la creación, la encarnación, la nueva creación* (incluyendo asuntos de la caída, la depravación, la redención y la santificación) encontrará el modo de distinguir lo bueno de lo malo en la cultura; hará hincapié en la manera en que Apocalipsis 21:24-27 describe la Nueva Jerusalén:

> Las naciones caminarán a la luz de la ciudad, y los reyes de la tierra le entregarán sus espléndidas riquezas. Sus puertas estarán abiertas todo el día, pues allí no habrá noche. Y llevarán a ella todas las riquezas y el honor de las naciones. Nunca entrará en ella nada impuro, ni los idólatras ni los farsantes, sino sólo aquellos que tienen su nombre escrito en el libro de la vida, el libro del Cordero.

Así, pues, el relato bíblico-ecológico del mundo provee el fundamento para una visión dinámica de la cultura; la antropología y otras ciencias pueden utilizarse para hacer que la iglesia sea más efectiva en su misión y para conformar la cultura y la sociedad de acuerdo con los valores y las virtudes del reino de Dios.

Para los cristianos, esta visión bíblico-ecológica nutre una visión de la salvación como creación sanada. Al examinar imágenes cristianas bíblicas y tradicionales de la salvación como la manera en que Dios sana la enfermedad del pecado, la iglesia podrá suministrar el remedio de la salvación a todas las dimensiones de los efectos de la Caída (cada dimensión humana, cultural y ecológica pervertida como consecuencia del pecado), siempre y cuando la iglesia se guíe como la comunidad de Dios, llena del Espíritu. De esta manera los cristianos tendrán los recursos bíblicos y conceptuales para entablar un diálogo efectivo y redentor con la sociedad global de hoy en día.

LA EVANGELIZACIÓN:
ANUNCIO Y ENCARNACIÓN DEL REINO DE DIOS

Entonces, ¿que es la evangelización? ¿Cómo debemos entender los que a la luz de la misión y el reino de Dios? Si lo ponemos de otra modo: ¿Qué es la evangelización si la interpretamos desde el punto de vista del relato bíblico de la creación sanada por la obra del Espíritu a través de Jesucristo? ¿Qué nos dice la Bíblia?

En el Nuevo Testamento, el término «evangelización» enfáticamente se refiere a las buenas nuevas del reino de Dios. «Evangelizar» textualmente quiere decir proclamar las buenas nuevas del reino de Dios. «Jesús recorría todos los pueblos y aldeas enseñando en las sinagogas, anunciando las buenas nuevas del reino, y sanando toda enfermedad y toda dolencia» (Mt 9:35). En Lucas 4:43 Jesús dice que le era «preciso que anuncie ... las buenas nuevas [literalmente que «evangelice»] del reino de Dios». Una vez más en Lucas 8:1, la proclamación de Jesús acerca del reino en el texto griego se la describe con la palabra «evangelizar». En Hechos 8:12 leemos que Felipe «anunciaba las buenas nuevas del reino de Dios y el nombre de Jesucristo».[9]

En su sentido más amplio y profundo, evangelizar significa anunciar y personificar el reino de Dios. En particular se dirige a la fe personal, a la decisión del corazón en respuesta al llamado de Dios de seguir a Jesucristo, a renacer y ser sus discípulos. Se relaciona con la justificación y la regeneración así como también con el discipulado y la santificación. Piense en lo *circular* de la evangelización y también en lo que se incluye en las buenas nuevas del reino de Dios, pero fíjese en el *centro* que es el llamamiento a «volver» y ser sanado y perdonado. (Ver, p. ej., Mt 13:15; Mr 4:12; Jn 12:40; Hch 14:15, 26:18, etc).

En el Nuevo Testamento, claramente evangelizar significa proclamar el reino de Dios y demostrar la realidad del reino. En la Biblia, la evangelización no se limita a lo que podría llamarse evangelización de conversión: conseguir que individuos se entreguen a Jesucristo. La evangelización encierra mucho más que esto, porque tiene que ver con el mensaje total del reino de Dios.

Así, pues, desde el punto de vista bíblico, ¿qué significa en realidad la evangelización? Si ésta es el anuncio y encarnación del reino de Dios de manera que su voluntad se haga en la tierra, entonces la evangelización se podría representar gráficamente así:

---

[9] Ver también Mt 4:23; 24:14; Lc 16:16. Un estudio del empleo en el Nuevo Testamento del concepto «evangelizar» en su varias acepciones claramente indica que la evangelización tiene que ver con el mensaje total del reino de Dios

Evangelización del reino
Anunciar y encarnar las buenas nuevas del Reino de Dios

↙	↙	↘	↘
Evangelización de Conversión	↔ Evangelización de Discipulado	↔ Evangelización de Justicia	↔ Evangelización de Cultura
Todos andábamos perdidos, como ovejas; cada uno seguía su propio camino. (Is 53:6)	Cumple los mandamientos del Señor tu Dios; témelo y sigue sus caminos. (Dt 8:6)	¿no es más bien romper las cadenas de injusticia... y poner en libertad a los oprimidos. (Is 58:6)	Mi justicia será luz para las naciones. (Is 51:4)
...para que sean borrados sus pecados, arrepiéntanse y vuelvan a Dios. (Hch 3:19)	...enseñándoles a obedecer todo lo que les he mandado a ustedes. (Mt 28:20)	Busquen primeramente el reino de Dios y su justicia. (Mt 6:33)	Llevamos cautivo todo pensamiento para que se someta a Cristo. (2Co 10:5)

Aquí la evangelización es totalmente acerca el reino de Dios, tal como lo tenemos en el Nuevo Testamento. La evangelización denota que se da a conocer a Jesús y su reino por medio de la iglesia, por el poder del Espíritu Santo, a través de la cultura y en todo el mundo. Piense en estas cuatro dimensiones de la evangelización:

La evangelización de conversión es la proclamación y demostración con nuestra vida que Jesucristo es el Salvador y Señor, quien vino al mundo a salvar a los pecadores. La misión de la iglesia es elevar a Jesús de modo que a la gente se la declare culpable de sus pecados, se arrepienta y crea en él, y reciba la vida abundante y la curación que él ofrece.

La evangelización de conversión es el trabajo idóneo de *la iglesia*, la comunidad cristiana, no sólo de individuos u organizaciones especializadas, aunque al final es el fruto del Espíritu. La iglesia, que es el cuerpo fiel de Cristo, hace visible a Jesús en el mundo. Conforme muestra a Cristo a través del mensaje y las obras, se consigue que la gente ponga su fe en él y llegue a ser parte de la comunidad de creyentes.

Así la iglesia tiene un papel central en la evangelización. Su misión es proclamar a Jesús, manifestarlo en la vida de la comunidad, y entonces ser la comunidad que da la bienvenida y el sustento a «los que iban siendo salvos» (Hch 2:47).

Muchos cristianos usan el término evangelización solamente en el sentido de evangelización de conversión. Esta definición es muy estrecha.

La evangelización entraña el anunciar y personificar todo el mensaje del reino.

La evangelización de discipulado se refiere a la iglesia que hace discípulos, no sólo conversos o miembros de la iglesia. Esta es la comisión de Jesús: «Por tanto, vayan y hagan discípulos ... , enseñándoles a obedecer todo lo que les he mandado a ustedes» (Mt 28:19-20).

La verdadera iglesia es una comunidad de discípulos, no sólo creyentes o «creedores». La iglesia debe semejarse a Jesucristo y visiblemente lo representa a él y su reino en el mundo. Pero esto no ocurrirá hasta que la iglesia preste atención cuidadosa a la obra de hacer discípulos.

La meta del discipulado es formar una comunidad que se parezca y actúe como Jesús; que ponga de manifiesto el carácter de Cristo y el poder del Espíritu en su contexto social. La iglesia logra esto al ser una comunidad reconciliada y reconciliadora. Alcanza esto más efectivamente cuando encarna visiblemente la reconciliación entre el rico y el pobre, el hombre y la mujer, y la gente de distintas razas y grupos étnicos.[10] Así que la evangelización de discipulado incluye lo que a veces se ha llamado «evangelización de estilo de vida»: la influencia persuasiva de la vida y la comunidad cristianas. Jesús recalcó esto: «De este modo todos sabrán que son mis discípulos, si se aman los unos a los otros» (Mt 13:35).

La evangelizacón de justicia significa vivir la ecuanimidad y justicia del reino de Dios en el contexto social de la iglesia, local y globalmente. En este punto, la iglesia toma en serio el mandato bíblico de trabajar por la justicia en todos los campos de la sociedad, con preocupación especial por los pobres y los oprimidos. Aquí la iglesia se compromete con asuntos clave de la justicia en el mundo: la pobreza establecida, la explotación del medioambiente, la violencia étnica y religiosa, la opresión de la mujer y el niño, el tráfico sexual, el aborto y la cultura bélica y el militarismo. La evangelización que no incluye estas dimensiones de justicia en realidad no es evangelización en el sentido bíblico completo.

La evangelización de justicia incluye la evangelización ecológica que proclama y personifica las buenas nuevas a la tierra y, por ella, al mundo físico. No se puede vivir justamente mientras se explota la tierra injus-

---

[10] Por esta razón, no se debe tomar Hechos 2 a 5 como el modelo primario de la iglesia, o pensar que presenta toda la visión de la iglesia temprana. La iglesia multiétnica de Antioquia que se nos muestra en Hechos 11 y 13, por ejemplo, nos da una mejor visión de la iglesia original que la que leemos en los primeros capítulos de Hechos en referencia a la iglesia de Jerusalén.

tamente. La evangelización ecológica podría verse como una dimensión separada de la evangelización, pero efectivamente está entretejida con todas las dimensiones: la evangelización de conversión, de discipulado y cultural, ya que todas implican reconciliación con la tierra, con Dios y con los demás.

La evangelización cultural busca reformar las sociedades y culturas del mundo pr medio de las virtudes del reino de Dios. Implica alcanzar a la sociedad en todos sus sectores: las artes, la economía, la educación, la política y el gobierno, las ciencias y la tecnología, los medios de información y el entretenimiento, la filosofía y la visión del mundo. Esta dimensión de la evangelización exige que los cristianos en todos los sectores de la sociedad sean testigos transformadores de la verdad del evangelio. Este es el llamado que Andy Crouch hace en su excelente libro *Making Cultrure*.[11]

La Biblia contiene la verdad. Presenta un cuadro de la realidad (una cosmovisión y un relato) totalmente distinto de todas las filosofías, religiones, e ideologías del mundo. Las Escrituras revelan la verdad de Dios, demostrada de modo supremo en Jesucristo y su reino. Por lo tanto, la evangelización cultural es esencial si se quiere transformar las sociedades para que reflejen la realidad del reino de Dios.

Todas estas cuatro dimensiones de la evangelización, desde luego, están entrelazadas estrechamente y forman la ecología de la evangelización. Juntas componen una visión: la de proclamar y vivir el reino de Dios como se lo revela en Jesús. La misión integral combina estas cuatro dimensiones de la evangelización en cada iglesia local y en la iglesia en el sentido más amplio.

Un aspecto importante de esta perspectiva total de la evangelización es que responsabiliza a cada uno en la comunidad cristiana: a todo creyente y discípulo. El sacerdocio de todos los creyentes y la variedad de dones juegan un papel esencial aquí, como lo veremos en mayor detalle más adelante. Dentro de la iglesia, el Espíritu dota a los creyentes con dones para que sean testigos y evangelistas de distintas maneras. Así que 1 Corintios adquiere un sentido añadido. En la práctica sabemos que «hay diversos dones, pero un mismo Espíritu. Hay diversas maneras de servir, pero un mismo Señor. Hay diversas funciones, pero es un mismo Dios el que hace todas las cosas en todos» (1 Cor 12:4/6)

---

[11] Crouch, *Culture Making* (Hacer cultura).

La labor del Espíritu Santo es hacer que Jesús y su reino sean conocidos y manifiestos en el mundo. La misión integral reconoce esta amplia comprensión bíblica de la evangelización y el papel esencial de los dones particulares y del llamado de Dios, de manera que Jesús sea enaltecido y su reino se encarne en la historia visiblemente.

La misión cristiana es acerca del reino de Dios como se lo anuncia y se lo personifica, se lleva a cabo y es guiada soberanamente por Jesucristo por medio del Espíritu Santo. Los cristianos alaban a Dios que tan generosamente ha invitado a la iglesia, el cuerpo de Cristo, a participar en el trabajo divino de anunciar y personificar el reino en todas sus dimensiones.

El reino de Dios es otra manera de hablar de la salvación como creación sanada. En el siguiente capítulo examinamos el significado de esta sanación en sus dimensiones escatológicas más amplias.

10

Misión, sanación y el fin de la escatología

Se acordarán del Señor y se volverán a él todos los confines de la tierra; ante él se postrarán todas las familias de las naciones, porque del Señor es el reino; él gobierna sobre las naciones.

Salmos 22:27-28

«Ya se acerca el fin de todas las cosas», dice 1 Pedro 4:7. Mas, ¿qué «fin»? ¿Y a qué fin? La palabra griega es «telos», la cual en su contexto no quiere decir ni terminación ni conclusión del tiempo, pero sí la meta hacia la que las cosas se dirigen. Significa que Dios intenta completar su propósito. Es como si dijéramos «estamos en el proceso de completar todas las cosas».

Este capítulo comienza en el presente y concluye en el futuro, en «el final». Pero todo el capítulo tiene que ver con «telos», con la intención de Dios y su manera de llevar a cabo sus propósitos. Así que todo el capítulo es sobre escatología. Todo es escatología. Ese es el sentido bíblico de «las últimas cosas».[1]

Sin duda alguna, en el sentido bíblico, el fin «se acerca». Esto es verdad no en el sentido evolutivo o dialéctico o dispensacional o de progreso inevitable. Tampoco es verdad en el sentido de descenso desenfrenado. Ni que la creación o el plan de Dios vienen con fecha fija de cumplimiento. En

---

[1] La palabra *escatología* proviene de la palabra griega *escatos,* como en el Nuevo Testamento, que significa «última» o «la más lejana». En los Evangelios tiene el sentido de supremo o completo, y así se relaciona con *telos*–final o meta lograda. Escatología es el estudio de las últimas cosas, no sólo en términos de finalización, sino en términos de lo completo o lo llevado a cabo.

lugar de eso, este capítulo es sobre misión, sanidad y escatología. Explora en profundidad lo que significa «creación sanada» en el presente y en el futuro, y muestra la manera en que esto clarifica la misión de la iglesia como respuesta y participación en la misión de Dios.

Comenzamos con el «telos» o meta que Dios intenta alcanzar.

Telos es una rica palabra bíblica. Es la raíz de la palabra *teológico*, como notamos en el capítulo 7. La mejor traducción de *telos* es «un fin o una meta que se ha logrado» o «una intención cumplida». Después de su resurrección, Jesús dijo: «Lo que se ha escrito de mí se está cumpliendo» (Lucas 22:37) o, textualmente, «tiene un final», un «telos».

Telos es una palabra hermana de otro término común en el Nuevo Testamento: *teleios*, que denota lo completo, lo maduro, lo perfecto. Así Pablo dice de Jesús: «A este Cristo proclamamos, aconsejando y enseñando con toda sabiduría a todos los seres humanos, para presentarlos a todos perfectos (*teleion*) en él» (Col 1:28). Esto nos ayuda a entender lo que Jesús dice en Mateo 5:48: «sean perfectos [*teleioi*], así como su Padre celestial es perfecto». Significa ser completo y maduro en Jesucristo por el Espíritu.

Si la salvación significa la creación sanada, entonces la salvación debe ser tan profunda y ancha, tan alta y amplia como la creación misma. No sabemos (no todavía, por lo menos) lo que esas dimensiones salvíficas significan para el orden creado más allá de la tierra o más allá del sistema solar. En sus novelas de ciencia ficción C.S. Lewis presenta la tierra bajo cuarentena divina debido al pecado. Pero por las Escrituras sabemos claramente que Dios ha puesto en la tierra a mujeres y hombres, creados a su imagen, como sujetos y objetos especiales de su gracia, y que nos ha dado la singular responsabilidad y oportunidad de proclamar las buenas nuevas a toda la creación.

En capítulos previos hemos visto el pecado como una enfermedad moral y la salvación como la cura, trazamos la compleja ecología del pecado como consecuencia de la cuádruple alienación introducida en la historia humana por la caída. Vimos por qué el evangelio es la sanidad completa, mediante la obra reconciliadora de Jesucristo. Este capítulo muestra cómo las buenas nuevas del reino de Cristo sanan la cuatro dimensiones de la enajenación: la relación con Dios, con uno mismo, con el prójimo y con la tierra. Muestra también lo que esto implica para la misión y la naturaleza de la iglesia. Veremos que, para usar términos teológicos, la eclesiología, la escatología y la misionología son todas una sola cosa.

La mayoría de los cristianos entiende que el evangelio de Cristo tiene algo que ver con las tres dimensiones del pecado: la relación con Dios, con uno mismo y con el prójimo. Pero debido al antiguo divorcio teológico entre cielo y tierra, se pasa por alto la dimensión de la reconciliación con el medioambiente, la sanación de la tierra. Dado este punto ciego, este agujero negro en la cosmovisión, nos concentraremos aquí en la dimensión de la misión sanadora de la iglesia que tiene que ver con la tierra y el cuidado de la creación.

También explicaremos la manera en que esto se vincula a la a menudo debatida cuestión de la escatología.

La sanación de la alienación en sus cuatro dimensiones

Ya que la «nueva creación» nos ha llegado maravillosamente por medio de Jesucristo, la iglesia busca cumplir el «ministerio de reconciliación» que es nuestra misión y nuestro gozo.

> Todo esto proviene de Dios, quien por medio de Cristo nos reconcilió consigo mismo y nos dio el ministerio de la reconciliación, esto es, que en Cristo, Dios estaba reconciliando al mundo [«*kosmos*»] consigo mismo, no tomándole en cuenta sus pecados y encargándonos a nosotros el mensaje de la reconciliación (2 Cor 5:18-19).

La buena noticia de Jesús y su reino tiene que ver con la ecología del pecado en su totalidad, como sugiere este pasaje: «reconciliando al mundo consigo mismo». Este pasaje, como muchos otros, se refiere a todas las múltiples dimensiones del pecado y la alienación. La ecología de la salvación es tan completa y global como la ecología del pecado. Cualquier otra cosa no es «todo el evangelio para todo el mundo», no es misión integral.

Reconciliación con Dios

Por cuanto todas la otras alienaciones provienen de nuestra separación de Dios, la reconciliación con Dios a través de Jesús por el poder del Espíritu es la verdad central del evangelio. Con el apóstol Pablo celebramos las buenas nuevas de que

> Dios nos escogió en él antes de la creación del mundo, para que seamos santos y sin mancha delante de él. En amor nos predes-

tinó para ser adoptados como hijos suyos por medio de Jesucristo, según el buen propósito de su voluntad, para alabanza de su gloriosa gracia, que nos concedió en su Amado. En él tenemos la redención mediante su sangre, el perdón de nuestros pecados, conforme a las riquezas de la gracia que Dios nos dio en abundancia» (Ef 1:4-8). Todo esto es «para alabanza de su [de Dios] gloria (Ef 1:14).

Nuestra necesidad primordial (y de hecho, la necesidad esencial de toda la creación) es que las personas se reconcilien con Dios.

Las buenas nuevas de Jesús y su reino deben vivirse y proclamarse «en toda la creación» (Col 1:23), «a toda criatura» (Mr 16:15), con el mismo fin que predicó Pablo de que todos en todas partes «se arrepintieran y se convirtieran a Dios, y que demostraran su arrepentimiento con sus buenas obras» (Hch 26:20).

Ya que este es el hecho central del evangelio, es el centro (aunque no la circunferencia) de la misión de la iglesia. Es lo que logra la evangelización enfocada en el reino, y en particular el evangelio de la conversión, como lo expresamos en el capítulo anterior.

La reconciliación con Dios por medio de Jesucristo involucra a la iglesia y a su misión; hablamos de «misioeclesiología». Reconciliación implica eclesiología porque al «nacer de nuevo mediante la resurrección de Jesucristo» (1P 1:3) nacemos al seno de una nueva familia, la iglesia. Unirse a la cabeza significa unirse al cuerpo. Esta reconciliación con Dios implica misión por cuanto, al reconciliarnos con Dios, se nos ha confiado el «mensaje de la reconciliación» (2 Co 5:19). Esta es la ecología completa de la salvación; la increíblemente generosa *oikonomia* de Dios.

Reconciliación con nosotros mismos

La salvación a través de Jesucristo nos reconcilia con nosotros mismos (la dimensión interior), trae una medida de sanidad a nuestro ser interior, contrarresta nuestra preocupación excesiva por nosotros mismos. La regeneración y justificación por fe nos sanan de nuestra rebelión contra Dios, de nuestros desvíos, y nos lanzan en un camino permanente de sanidad, discipulado y santificación. En este camino seguimos a Jesús con la comunidad cristiana y aprendemos más y más a vivir una vida en el Espíritu y bien conectada a la tierra. El Espíritu de Dios en nuestra vida nos da la respuesta a la oración de David en Salmos 86:11: «Dame integridad de corazón para temer tu nombre» (Sal 86:11).

Cuando cantamos «estaba perdido mas fui encontrado», queremos decir que Dios nos encontró; pero también que nos encontramos a nosotros mismos. Bien podríamos identificarnos con Charlotte Elliott: «de penas combatido, de torpes dudas, de conflictos lleno, de luchas y temores rodeado» (del himno «Tal como soy»). Seguramente sabemos lo que San Agustín quiso decir: «Nuestro corazón no descansa hasta que encuentre paz en ti». Y pensamos en las muchas promesas bíblicas de sosiego: «Vengan a mí todos ustedes que están cansados y agobiados, y yo les daré descanso» (Mt 11:28). «Queda todavía un reposo especial para el pueblo de Dios» (Heb 4:9). «En el arrepentimiento y la calma está su salvación, en la serenidad y la confianza está su fuerza» (Is 30:15). Tales palabras se dirigen a todo el pueblo de Dios, no a individuos por separado, y nos recuerdan la naturaleza comunitaria y compartida de la salvación.

A veces la sanidad y la reconciliación con Dios son repentinas y completas; otras, la sanidad ocurre poco a poco, lentamente con el transcurrir del tiempo; por lo general, ambas son necesarias. Así sucede con la sanidad de nuestro ser: el desarrollo de una integridad verdadera, un volver a armarnos, por el milagro de la gracia de Dios. La reconciliación con nosotros mismos comienza en la medida en que respondemos en fe y obediencia al llamado generoso de Dios, y continúa y se profundiza en la medida en que avanzamos por la senda del discipulado en la comunión cristiana. Testimonios de todas partes del mundo y a través de la historia en diferentes lugares y culturas, nos sugieren que para la mayoría de las personas, la sanidad interior es repentina y gradual, tanto crisis como proceso. Gran parte del Nuevo Testamento apunta específicamente al crecimiento en gracia, mediante los medios de gracia, en una comunidad de gracia y verdad.

En este punto la iglesia, en especial en Occidente, tropieza ante vericuetos culturales curiosos. Desde los últimos años del siglo XVIII, las ciencias sociales se desarrollaron mayormente en este orden: psicología, después sociología, luego antropología. En psicología Freud, Jung, y otros fueron los pioneros, por lo menos en términos de reconocimiento y uso popular, seguidos después por la sociología y la antropología. Esta secuencia ha retorcido el discernimiento de la iglesia de lo que significa la salvación, en particular en el mundo del Atlántico Norte donde estas ciencias se desarrollaron.

El orden académico es en realidad una secuencia cultural, y eso explica muchas cosas. Su desarrollo es algo así:

Psicología → Sociología → Antropología → Ecología

La secuencia cultural relacionada es paralela:

Yo (Ego) → Sociología (Grupo) → Cultura → Ecología (Tierra)[2]

La dirección de este desarrollo ha tendido hacia una creciente amplitud y complejidad; en otras palabras, hacia una visión más integral de la situación humana.

Este desarrollo consecutivo es bastante evidente en el cristianismo occidental. Nos ayuda a entender lo que la iglesia realmente necesita en el presente. Esta secuencia también explica por qué la iglesia en su teología y trabajo pastoral a lo largo del siglo xx se fijó mucho más en la psicología de la experiencia cristiana que en la sociología y antropología social de la iglesia y la misión. Desde luego, la sociedad occidental estaba ya predispuesta a esto por su profunda tradición individualista. La teología y práctica cristianas naturalmente prestaban más atención a la experiencia individual que a la experiencia compartida en la iglesia y la cultura. Una comprensión amplia de la salvación como algo integral requiere una corrección de este desequilibrio.

La reconciliación con uno mismo encierra naturalmente los mismos dos aspectos subrayados antes en referencia a la reconciliación con Dios: iglesia y misión. La sanidad interior y la participación en una comunidad cristiana sanadora son recíprocas. Los verdaderos cristianos se transforman en sanadores de Dios, aunque ellos mismos estén heridos. La comunidad cristiana contagiosamente lleva la sanación de Dios a través de la sociedad y la cultura, nutriendo ciclos de sanación y contrarrestando ciclos de muerte. Esto también es parte de la ecología de la salvación.

---

[2] Esto se podría visualizar más adecuadamente por medio de círculos imaginarios. Primero, el «individuo» solitario (en realidad un mito), después varios círculos unidos, con la persona en el centro (grupo, sociedad); entonces un círculo más grande, que representa la cultura, dentro del cual están las personas y los grupos que conforman la cultura y su cosmovisión; y finalmente un círculo enorme dentro del cual están todos los círculos que forman el gran ecosistema, que incluye a los humanos y su medioambiente físico, social y espiritual.

Reconciliación con los demás

Se le preguntó a Jesús cuál era el mandamiento más importante. Hay dos: «Ama al Señor tu Dios con todo tu corazón, con todo tu ser y con toda tu mente" —respondió Jesús—. Éste es el primero y el más importante de los mandamientos. El segundo se parece a éste: "Ama a tu prójimo como a ti mismo." De estos dos mandamientos dependen toda la ley y los profetas» (Mt 22:37-40). Estos son inseparables.

El apóstol Pablo insiste en que el «misterio» mismo del evangelio es que en la iglesia «los gentiles son, junto con Israel, beneficiarios de la misma herencia, miembros de un mismo cuerpo [unidos en un cuerpo] y participantes igualmente de la promesa en Cristo Jesús mediante el evangelio» (Ef 3:5-6). Las dimensiones verticales y horizontales, con Dios y los otros en un solo cuerpo, se entretejen en el misterio de la salvación.

Así que la iglesia proclama y procura encarnar una reconciliación que se dirige hacia los demás por cuanto primero se dirige hacia Dios, por medio de Cristo. El Nuevo Testamento muestra la manera en que el Espíritu Santo obra para construir esta comunidad reconciliada y reconciliadora de modo que «al vivir la verdad con amor, crece[remos] hasta ser en todo como aquel que es la cabeza, es decir, Cristo. Por su acción todo el cuerpo crece y se edifica en amor, sostenido y ajustado por todos los ligamentos, según la actividad propia de cada miembro» (Ef 4:15-16). Una vez más tenemos «misioeclesiología», la iglesia y la misión entrelazadas, la iglesia como una comunidad misionera en la ecología sanadora de la salvación.

¡Qué ridículo es, entonces, presumir que la iglesia puede en verdad ser la iglesia o llevar a cabo su misión integral si no toma en cuenta la tierra en que estamos plantados, de la cual dependemos, donde la gente que esperamos servir se gana la vida, y de la cual Dios nos ha hecho mayordomos!

Reconciliación con la tierra

Un agricultor sabio hizo una vez esta observación: «Recuerde el valor de las cosas pequeñas que se hacen a su debido tiempo». Es evidente que este agricultor conocía el secreto de vivir en paz en la tierra, de vivir *shalom,* de practicar reconciliación con la tierra. Esa es la intención de Dios: vida en armonía con los ritmos de la naturaleza de modo que «cada uno se sentará bajo su parra y su higuera; y nadie perturbará su solaz» (Mi 4:4).

Hoy en día, menos y menos personas se dedican a la agricultura. La mayoría hemos perdido el sentido de dependencia mutua con la tierra. Pero ahora nos llegan señales claras: los gemidos de la creación, como vimos antes. Más importante aún, tenemos enseñanzas bíblicas claras sobre «el pacto imperecedero» de Dios con la tierra, y tenemos múltiples oportunidades de ser reconciliadores en y con la tierra para que la gloria de Dios sea manifiesta en todas las naciones (Sal 8).

El punto clave —como hemos insistido en este libro— es que el cuidado y el florecimiento de la tierra no son asuntos desconectados o secundarios en el evangelio y en la misión cristiana. No son temas separados; no debe ser una preocupación al margen o ser algo adicional. Es una parte esencial y estructural de la ecología de la creación y la redención. Todas las otras dimensiones de reconciliación mediante Jesucristo se empobrecen si dejamos de lado el hincapié que hace la Biblia en la tierra. Aun nuestra experiencia de Dios se ve disminuida si no incluimos nuestra interconexión, y la de Dios, con la maravillosa creación que él ha diseñado. Una vez más, piense en los grandiosos últimos capítulos del libro de Job.

Por lo tanto, la reconciliación con la tierra está entretejida con la misión. La sanidad de la tierra ineludiblemente incluye estos dos aspectos unidos que vimos en las otras dimensiones de reconciliación: la iglesia y la misión.

Cuidado de la creación y misión integral

Correctamente entendido, el concepto de la creación sanada clarifica los cuatro aspectos de la salvación. Vemos la fluidez magnífica de los muchos aspectos de la reconciliación que la Soberana Trinidad ofrece a su creación enferma y dolorida. Se nos recuerda otra vez que Dios quiere redimir a los humanos en su medioambiente, no fuera de él. Vemos con mayor profundidad la majestad de la «oikonomia» salvadora de Dios, la sabiduría de su misericordioso modo de restaurar un mundo herido a través de Jesucristo.

Las Escrituras presentan un mandato de textura rica y amplia para honrar a Dios a través del cuidado de su obra creada. Bíblicamente, esto es parte de las buenas nuevas de salvación en Jesucristo, no un agregado secundario. El encargo del cuidado de la creación tiene profundas raíces en las Escrituras:

10. Misión, sanación, y el fin de la escatología   223

- El plan de salvación es uno de paz, de *shalom,* un concepto ecológico profundo que involucra la interdependencia de las personas con su contexto social y físico.

- La teología bíblica de la tierra, desde el Antiguo hasta el Nuevo Testamento, fundamenta la salvación en el plan de Dios para toda la creación.

- El tema de la tierra como lugar en el que Dios habita implica la responsabilidad del ser humano de respetar y cuidar la creación. El tema bíblico esencial de justicia y rectitud, base primordial de la ética del reino de Dios, excluye la explotación dañina no sólo de otro ser humano sino también de la tierra.

- Los Diez Mandamientos dan por sentado nuestra dependencia de la tierra y nuestra responsabilidad por ella.

- La encarnación y la vida de servicio de Jesús nos enseñan el significado de vivir vidas rectas y santas físicamente en esta tierra.

- La doctrina bíblica del Espíritu Santo y de la iglesia como una comunidad carismática recalca el papel del Espíritu en la creación y en la renovación de la creación (por ej., Sal 104:30).

- Finalmente, la doctrina misma de la Trinidad abunda en perspicaces observaciones ecológicas. Revela la interdependencia mutua y el sacrificio por los demás, en lugar del dominio egoísta y la explotación. El orden creado es como es debido a la naturaleza misma de Dios. Su unidad y diversidad reflejan, en cierto sentido, la diversidad trinitaria en la unidad.

En resumen, la mayordomía de la creación se fundamenta en el carácter de Dios, en las Escrituras (desde el principio hasta el final), y en las buenas nuevas que proclamamos. Todo en el evangelio, en el reino de Dios, se aclara cuando lo vemos a través de la lente de la creación y la promesa de la nueva creación. Desde el punto de vista bíblico, entonces, el cuidado de la creación es parte de la salvación de Dios que sana la creación. Es mucho más que un asunto de ética medioambiental. De hecho, el evangelio nos da una cinco razones para que incluyamos la tierra en el círculo de aquello que nos atañe.

El cuidado de la creación por causa de Dios

«Los cielos cuentan la gloria de Dios, el firmamento proclama la obra de sus manos» (Sal 19:1). Dios creó el universo, en parte, para glorificarse y para enriquecer la alabanza de la humanidad. Debemos alabar a Dios en y por su mundo hermoso y complejo. Así que la razón primaria para el cuidado fiel de la creación es simple: mediante el cuidado del mundo de Dios le glorificamos a él. Le glorificamos mediante la buena mayordomía del mundo que creó. Cuidamos la creación por causa de Dios.

Las Escrituras afirman que «ya sea que coma[mos] o beba[mos] o haga[mos] cualquier otra cosa, [debemos hacer] todo para la gloria de Dios» (1 Co 10:31). Glorificamos a Dios cuando contemplamos la obra de sus manos en la creación y cuando cuidamos el mundo que él ha hecho. El cuidado de la creación es parte de nuestra «adoración espiritual», nuestra liturgia fundamental (Ro 12:1).

Job tuvo que aprender la lección básica de que la creación manifiesta la inmensa sabiduría de Dios y que por eso humildemente le adoramos. «Espera un poco, Job, y escucha; ponte a pensar en las maravillas de Dios» (Job 38:14). Vemos la mano de Dios en sus obras, y elevamos nuestros ojos de la naturaleza al Dios de la naturaleza; y luego miramos otra vez a la naturaleza con nuevos ojos y vemos el jardín que nos toca cuidar. Si sólo miramos hacia arriba, nos perdemos buena parte de la narrativa cósmica de la salvación. Al cumplir con la mayordomía ordenada por Dios mediante las capacidades divinas que hemos recibido de él para bien, no para mal, alabamos al Creador.

Esto es cristianismo histórico. Por cierto Alister McGrath y otros han documentado la larga tradición cristiana de ver la belleza de Dios en la naturaleza, pero también han hablado de la responsabilidad humana de lo que tal visión implica. «Algo de la belleza torrencial de Dios se puede...ver en los riachuelos de la hermosura de la creación. Por largo tiempo esto se ha reconocido como una de las motivaciones religiosas más básicas para la investigación científica,» subraya McGrath, y también debería despertar nuestra pasión por el cuidado de la creación. Tomás de Aquino dijo que «la meditación en la obra de Dios nos permite, al menos en cierta medida, admirar y reflexionar en la sabiduría de Dios».[3] Los seguidores de Jesús deberían dar el lógico paso siguiente: al Dios que se manifiesta y se glorifica en la naturaleza, se le honra y sirve a través del cuidado de la creación.

---

[3] McGrawth *Re-enchantment of Nature* (El reencantamiento de la naturaleza), p. 16.

John Wesley es un buen representante de lo que se podría llamar la gran tradición cristiana de la apreciación de la creación y la responsabilidad que esto implica. «¡Cuán pequeña parte de la gran obra de Dios [en la creación] podemos entender!». «Pero es nuestra obligación contemplar lo que él ha forjado, y entender tanto como nos sea posible».[4] Wesley sostiene que tal contemplación es un ejercicio teológico, no sólo una práctica devota. Afirma así:

> Dios está en todas las cosas, y...debemos ver al Creador en el [reflejo] de toda criatura; ...no debemos usar o mirar nada como algo separado de Dios, lo cual sin duda es una forma de ateísmo práctico; más bien, con gran magnificencia de pensamiento, debemos examinar los cielos y la tierra y todo lo que hay en ellos, y todo lo que está contenido por Dios en la palma de su mano, que por su íntima presencia mantiene en existencia, el Dios que permea e impulsa todo el marco de la creación, y que es en sentido real el alma de todo el universo.[5]

El orden creado nos muestra la sabiduría, la gloria y la belleza de Dios, Wesley dice, y nos guía a alabarle y a vivir responsablemente ante él en el mundo. La creación es «el libro de la naturaleza» que Dios nos ha dado. A la luz de ella interpretamos las Escrituras, y viceversa.

Del cuidado que Dios tiene de sus criaturas aprendemos sobre nuestra mayordomía. Cuidar y proteger el mundo de Dios es parte de nuestra adoración y servicio. Cuidamos la creación en nombre de Dios.

El cuidado de la creación por causa nuestra

Cuidar la creación es esencial para nuestro bienestar. Debemos cuidarla como si nuestra vida dependiera de ello, porque nuestra vida depende de ello.

Nos olvidamos de cuánto dependemos del medioambiente físico, de «unas pocas decenas de metros de aire y unos pocos centímetros de tierra». La mayor parte del tiempo ni nos damos cuenta de cuánto dependemos de la tierra. Pero de pronto huracanes, tornados, terremotos, erupciones volcánicas, u otros «eventos naturales» nos muestran cuán

---

[4] Wesley, Sermón 56, "God's Approbation of His Works" (La aprobación de Dios de sus obras), Wesley, *Works* (Obras), 2:387.

[5] Wesley, Sermón 23, "Upon our Lord's Sermon on the Mount, Discourse III" (Sobre el Sermón del Monte de nuestro Señor), Wesley, *Works* (Obras), 1:516-17.

vulnerables somos. «La Madre Naturaleza se ha enfurecido», dice la gente. Pero no somos menos vulnerables cuando el sol brilla, las plantas florecen y los pajarillos cantan; es solo que somos menos conscientes. En esto las ciencias medioambientales nos ayudan, y debemos prestar atención a lo que nos enseñan.

Si tenemos pasión por las personas, tendremos pasión por el mundo en el que ellas se mueven. A menudo los cristianos dan de comer al hambriento y proveen refugio al que no lo tiene. Esta preocupación como la de Cristo debería ampliarse e incluir las condiciones del medioambiente que afectan la producción de alimentos y el bienestar de nuestro planeta hogar. En muchos países la gente sufre falta de alimento y vivienda porque los bosques se han destruido o porque sus recursos de agua han desaparecido. Estos asuntos ecológicos no pueden resolverse simplemente con esfuerzos de auxilio. Requieren un esmerado cuidado de la creación, bien informado y permanente.

En Estados Unidos, y más y más en otros países tecnológicamente desarrollados, la mayoría de la gente tiene suficiente comida, pero no mucha comida saludable. Alimentos industrializados, extraídos cada vez más de compuestos químicos, con alto contenido de fructosa y sabores artificiales o denominados «naturales», contribuyen a la obesidad y a la ilusión de estar bien alimentado. Desde la II Guerra Mundial, debido a la industrialización y globalización de los alimentos, en Norteamérica la gran mayoría de la población vive en un estado de ignorancia en cuanto a su alimentación.

Cada persona debería poder responder las cuatro preguntas básicas relacionadas a los alimentos: ¿Qué es? ¿De dónde procede? ¿Cómo llegó aquí? ¿Es provechoso para mí? Pero hoy en día la mayoría de los estadounidenses, y millones más en el creciente mercado globalizado de alimentos, simplemente no pueden responder estas preguntas tan básicas. Si se fijan en la lista de ingredientes, rápidamente quedan desconcertados por la lista de compuestos químicos y términos técnicos desconocidos. La verdad es que no tenemos idea de qué porción de nuestros alimentos proceden de la agricultura industrial, de laboratorios y de combustibles fósiles, en lugar de producción agrícola orgánica saludable que nutre y preserva la tierra. A menudo ni siquiera sabemos qué es lo que estamos comiendo.

En el libro *The Omnivore's Dilemma: A Natural History of Four Meals* (El dilema del omnívoro: ciencias naturales de las cuatro comidas) Michael Pollan describe la manera en que esta situación se desarrolló en el último medio siglo. Hoy, «alimentos de sorprendente novedad cubren los anaqueles de nuestros supermercados, y la línea entre lo que constituye alimento y "suplemento alimenticio" es tan nebulosa que la gente arma sus comidas con barras de proteínas y batidos». Pero esto «le viene muy bien a la industria alimenticia… Mientras más ansiosos nos sentimos por nuestra alimentación, más expuestos estamos a la seducción de los vendedores y al consejo de los expertos».[6]

Fíjese en su plato de comida. Si usted es un estadounidense típico, la mayor parte de su comida ha viajado unos 2.500 kilómetros y el 90% de su costo cubrió procesamiento, reventa, propaganda y transporte (mayormente con combustibles fósiles). El alimento mismo costó sólo unos ocho centavos de cada dólar que pagó como consumidor.[7]

Esta triste situación está madura para la reforma. Todo el sistema, no sólo el alimento, es insalubre. Cuidar la creación significa conocer la conexión entre la tierra y nuestro estómago. Restablecer la producción de alimentos a una forma de agricultura más saludable y sostenible es parte de la agenda del cuidado de la creación. Sanar la creación implica reformar el sistema. Scott Sabin lo expresa de esta manera: «Mientras más imite la agricultura a los ecosistemas naturales, más sostenible será», y asimismo será más cercana a la intención de Dios.

> La manera en que Dios hace que todo funcione para bien es evidente en la forma en que los complicados ecosistemas funcionan a la perfección. Nada se desperdicia; todo tiene su lugar. Por todas partes, la vida fluye de la muerte y anticipa la resurrección.[8]

La Biblia es la narración del pueblo de Dios que sirve a Dios en la tierra de Dios. Si su pueblo le es fiel, la tierra prospera. En cambio, si la tierra sufre, nosotros sufrimos. Este tema hace eco a través del Antiguo Testamento, como vimos en el capítulo 8. Permea la ley, los profetas y la literatura sapiencial, y culmina dando atención especial a la legislación del jubileo de Levítico 25-26.

---

[6] Pollan, *The Omnivore's Dilemma* (El dilema del omnívoro), p. 301
[7] *Ibid.*, pp. 239, 242.
[8] Sabin, *Whole World Evangelism* (Evangelización de todo el mundo), p. 29

El punto clave es la interdependencia ecológica. Si nos importan las personas, cuidaremos la tierra y el aire y las muchas especies de las cuales depende nuestro bienestar.

El cuidado de la creación por causa de ella creación

También nos importa el orden creado porque ha recibido de Dios su propio derecho a florecer independientemente de nosotros. Después de todo, el mundo es la obra de Dios y no la nuestra. «¡Mío es todo cuanto hay bajo los cielos!» (Job 41:11). Dios creó el universo con un buen propósito, el cual desconocemos en su totalidad. Necesitamos un poco de humildad y cautela escatológica. Debemos honrar la obra creativa de Dios y cumplir nuestra responsabilidad como mayordomos de lo que él ha creado.

El resto de las criaturas de Dios depende en gran medida de nosotros para su bienestar y supervivencia. Más y más vemos que toda la biósfera depende más del apoyo y cuidado humano de lo que nos imaginábamos. Necesitamos recobrar el sentido bíblico de por qué existe la creación, de qué manera proclama la gloria de Dios y cómo participará toda la naturaleza en la salvación de Dios.

John Wesley tenía convicciones profundas sobre este tema. Una de sus frases predilectas era «la restauración de todas las cosas» de Hechos 3:21. En ese pasaje Pedro dice que viene «el tiempo de la restauración de todas las cosas, como Dios lo ha anunciado desde hace siglos por medio de sus santos profetas». Wesley escribe en relación a Romanos 8:19-22:

> Mientras toda la creación gime a una (sea que [nos demos cuenta de ello] o no), sus gemidos no se dispersan en aire vacío sino que llegan a los oídos de aquel que la creó. Mientras sus criaturas sufren como si tuvieran "dolores de parto", él conoce su dolor y las trae cada vez más cerca al renacer que sucederá a su debido tiempo. Él ve la ansiedad con la que toda la creación aguarda "la revelación de los hijos de Dios", por la cual también ella será liberada (no por aniquilación: tal cosa no es liberación) de la presente "corrupción que la esclaviza, para así alcanzar la gloriosa libertad de los hijos de Dios".

Refiriéndose al capítulo 21 de Apocalipsis, Wesley nota que la destrucción de la muerte, del mal y del dolor que se promete no se limita a los humanos. Al contrario, podemos esperar que «todos los animales sean indudablemente restaurados, no sólo al vigor, la fuerza y agilidad que tenían cuando se las creó, sino a un grado más alto del que jamás hayan gozado»; cada criatura «de acuerdo a su capacidad». Entonces se cumplirá la gran promesa *del reino pacífico* de Isaías 11:6-9.[9]

Por cuanto todas las criaturas de Dios reflejan su gloria y tienen un lugar en su plan, deben incluirse en el espectro del cuidado cristiano. Si a Dios le importan sus criaturas, a nosotros también nos deben importar. Así es con toda la creación, no sólo con los animales, por cuanto todos los organismos vivos convergen en un mismo y vasto ecosistema. Por esta razón temas de tierra, alimentos y agricultura, no son sólo preocupaciones humanas. Atañen a la creación. El cuidado y la sostenibilidad son buenas para la tierra y para nosotros porque todos estamos conectados.

Desde esta perspectiva, algunos avances recientes en cuanto al cuidado de la tierra son buenas nuevas. Cultivar y comprar alimentos producidos local o regionalmente en lugar de los que nos llegan de miles de kilómetros de distancia, es un movimiento creciente en los Estados Unidos. La agricultura orgánica ya no es un emprendimiento de los márgenes. Y ahora el *Land Institute* (Instituto de la Tierra) en Kansas, tras años de investigación, ha empezado a comercializar granos perennes que combinan la resistencia de las hierbas nativas con la productividad del trigo. El cultivo de estos granos perennes, además de reducir la erosión y el deterioro de la tierra mediante la eliminación del sembrado anual, han dejado atrás el uso de químicos y de riego constante.[10]

El cuidado de la creación por causa de la misión

Esta es otra razón clave por la cual los seguidores de Jesús deberían tener pasión por el cuidado de la creación: es esencial para una misión efectiva hoy.

La doctrina bíblica de la creación implica que la misión integral debe incluir la misión hacia la tierra y en su favor. La visión bíblica no ha cam-

---

[9] Wesley, Sermón 60, "General Deliverance" (Presentación general). Wesley, *Works* (Obras), 2:449.

[10] *The Land Institute* (El Instituto de la Tierra). Como lo establece en su declaración de la misión del instituto, es consistente con las Escrituras: «Cuando las personas, la tierra y la comunidad son una, los tres miembros prosperan; cuando se relacionan no como miembros sino como rivales con intereses competitivos, los tres se explotan. Mediante su consulta con la naturaleza como la fuente y medida de esa membresía, *The Land Institute* procura desarrollar una agricultura que preserva el suelo, liberándolo de deterioro o envenenamiento, y al mismo tiempo impulsa la vida comunitaria para que sea a la vez próspera y duradera.

biado: el pueblo de Dios cumpliendo los propósitos de Dios en la tierra de Dios.

Las razones son teológicas y estratégicas. Teológicas, porque la misión totalmente bíblica por necesidad incluirá la dimensión del cuidado de la creación. Pero también es estratégica y pragmática: una misión que incorpora el cuidado de la creación es simplemente más convincente. ¿Queremos que gente de todas las naciones y culturas alcance la fe en Jesús como Salvador del mundo? Entonces debemos proclamar y demostrar que Jesús es el renovador de toda la creación, de toda la faz de la tierra. La salvación es así de amplia. Esta es una representación de Cristo mucho más grande de la que a veces presentamos. Cuando presentamos un evangelio de sanación total, sanación de la creación y restauración de todas las cosas, esto glorifica a nuestro salvador y torna más convincente el evangelio. Este es en verdad todo el evangelio para todo el mundo.

El cuidado de la creación por causa de nuestros descendientes

Aquí tenemos una razón final muy convincente a favor del cuidado de la creación: nuestros hijos y nuestros nietos, nuestros descendientes aún no nacidos. Conforme las Escrituras nos enseñan, tenemos responsabilidad de mayordomía a favor de las generaciones venideras.[11]

Hoy miramos hacia el pasado a los protestantes de los años 1500 y nos preguntamos: ¿por qué no tuvieron una visión global de las misiones? O miramos a los amos esclavistas cristianos de los años 1700 y 1800 y nos preguntamos: ¿cómo es que no se daban cuenta de que la esclavitud distorsiona el evangelio? ¿Qué pensaban que estaban haciendo?

Los argumentos de los abolicionistas del siglo XIX nos enseñan. Los activistas antiesclavistas emplearon cuatro argumentos que hoy encuentran su eco en el debate del cuidado la creación: (1) la Biblia hoy no justifica la esclavitud; (2) este asunto es moral y espiritual, no es sólo político o económico. (3) por lo tanto, la única respuesta adecuada es arrepentirse y poner fin a la esclavitud; y (4) el asunto teológico clave es la creación. Los esclavos son nuestros semejantes humanos, creados a imagen de Dios. En los años de 1830 los abolicionistas eran una minoría, pero hoy en día la mayoría de los cristianos acepta estos argumentos.

---

[11] Recuerde la discusión sobre las generaciones del capítulo 5.

Ahora nos encontramos en una posición similar en relación a la mayordomía de la creación de Dios, y se pueden aplicar argumentos similares. La creación está esclavizada (Ro 8:21); es claro que esto es una preocupación bíblica. Sin embargo, hoy día abogar por el cuidado de la creación, para algunos, es tan polémico como fue en un principio abogar por el abolicionismo.

Nuestros descendientes, conforme hagan frente a un medioambiente dañado y devastado, mirarán a esta generación presente y preguntarán: ¿cómo es que no consideraron nuestra responsabilidad cristiana hacia la tierra? ¿Por qué esperaron tanto tiempo? ¿Qué pensaban que estaban haciendo al fallar en la defensa de los bosques y los mares y la protección de las especies en peligro de extinción? ¿No comprendían lo que le estaban haciendo a sus hijos y a sus nietos?

Somos la generación que debe redescubrir y proclamar el cuidado de la creación como parte del evangelio, parte de la misión de Dios. Como dice el reconocido mundialmente biólogo y científico climatológico de Bangladesh, Saleemul Huq: «El cambio climático es el arma más grande de destrucción masiva de nuestro tiempo. A menos que… reconozcamos esto y busquemos una solución, somos culpables de crímenes contra la humanidad».[12] En verdad este es un llamado a la misión cristiana a favor de las personas en todo el mundo.

Esperamos que nuestros descendientes conozcan y sirvan a Jesucristo. También esperamos que hereden un mundo que no esté sofocado y envenenado por la contaminación ambiental o que sea inhabitable debido a desastres ecológicos y cambios climáticos. Si esta es nuestra esperanza, la hora de actuar es ya. Debemos tratar a las generaciones futuras del modo que quisiéramos que se nos trate.

El fin de la escatología

A esta altura debería estar en claro que este libro en su totalidad es sobre escatología, por cuanto se enfoca en el plan total de Dios para la sanación completa de la creación.

«La salvación significa la creación sanada» es una afirmación escatológica por tres razones. Primero, denota que el propósito o *telos* de la historia prevé la completa sanación, restauración y reconciliación, el *shalom*

---

[12] Cita en Hertsgaard, *Hot* (Caliente), p. 218.

completo. Segundo, supone que este propósito define la existencia y la misión de la iglesia hoy día. Finalmente, implica que, en definitiva, la economía u *oikonomia* de Dios y la escatología son una sola cosa.

Desde el principio la escatología ha sido problemática para la iglesia. Ya que en gran medida el futuro nos es desconocido, es natural preguntarse y especular: ¿qué sucederá? La Biblia representa el final de la historia de diversas maneras. Unas parecen ser más positivas y optimistas; otras, más negativas y pesimistas.

Particularmente en tiempos de presión y controversia la iglesia ha reflexionado sobre el futuro. Ha intentado explicar cómo y cuándo Dios habría de llevar a cabo sus propósitos y qué significaría esto para el presente. A veces en momentos de pruebas la iglesia ha clamado con el salmista, «¿Hasta cuándo, oh Dios, se burlará el adversario? ¿Por siempre insultará tu nombre el enemigo?» (Sal 74:10). «¿Hasta cuándo, Señor, hasta cuándo habrán de ufanarse los impíos?» (Sal 94:3).

Tiempos de tensión y tiempos de renovación dan origen a contradictorias interpretaciones de la escatología. A la vez, esto produce visiones y teorías divergentes sobre el reino de Dios.[13] ¿Qué porción de la esperanza del reino podemos esperar que se haga realidad hoy? ¿Qué porción aguarda el futuro distante, o tal vez no tan distante?

La ilusión del dispensacionalismo

Una manera de responder esta pregunta es mediante una teoría de dispensaciones o épocas de la historia en las que Dios obra de diferentes maneras.

El Nuevo Testamento habla de «este tiempo» y de «la edad venidera» (Mt 12:32; Lc 18:30; Ef 1:21). La Biblia se divide en «Antiguo» y «Nuevo» Testamentos. Pero las teorías dispensacionalistas, como las de Joaquín de Fiore o John Nelson Darby, típicamente proponen no sólo dos sino tres o seis o siete «dispensaciones» o «edades».

Las teorías dispensacionalistas dividen la actividad redentora de Dios en períodos separados o «dispensaciones», a menudo según algún esquema bíblico, como los seis días de la creación, los pactos bíblicos, las siete iglesias de Apocalipsis 2 y 3, o lo que sea. La Biblia está llena de números que pueden ponerse al servicio de la escatología especulativa.

---

[13] Snyder, *Models* (Modelos).

El dispensacionalismo resuelve la tensión básica entre presente y futuro de la enseñanza bíblica acerca del reino de Dios mediante un proceso de fragmentación histórica. Una vez que la iglesia había desarrollado la doctrina de la Trinidad, emergieron teorías sobre la división de la historia en tres partes, como la de Joaquín del Fiore, que propone la edad del Padre, la edad del Hijo y la nueva edad del Espíritu. En la mayoría de estas teorías se considera que la última edad está a punto de iniciarse.[14]

Es así que el dispensacionalismo, y la mayoría de las teorías del milenio, dividen el plan de Dios o su economía en distintas edades o dispensaciones. El Nuevo Testamento sólo habla de «esta era» o «la era venidera», mientras que las teorías dispensacionalistas subdividen la «era venidera» en una serie de etapas sucesivas.`

Para nuestros propósitos, subrayamos aquí tres puntos importantes: primero, todas las teorías dispensacionalistas van más allá de las Escrituras y usan alguna teoría externa como clave para entender la Biblia. Esto es peligroso, sea cual fuere la teoría, ya que distorsiona la narración bíblica dinámica, envolviéndola en una camisa de fuerza que no es bíblica.

Segundo, por esta razón, las teorías dispensacionalistas en general son o más pesimistas o más optimistas que la Biblia misma. Aquí los dispensacionalistas se dividen en dos campos: premilenialistas o postmilenialistas. Los primeros afirman que Jesús ha de volver antes (pre) de los mil años del milenio. Los postmilenialistas dicen que Jesús volverá después (pos) del milenio, ya sea literalmente mil años o un período menos definido de éxito del evangelio[15]. En general, los premilenialistas tienden a ser

---

[14] Para una discusión más completa de la lógica del dispensacionalismo, véase Sneyder *Models* (Modelos), pp. 123-126. En inglés el término «Dispensationalism» se lo traza al versículo de Efesios 1:10 de la versión de la Biblia King James. Igualmente en castellano en la versión de la Biblia de Reina-Valera la palabra «dispensación» se usa en Efesios 1:10 «De reunir todas las cosas en Cristo, en la *dispensación* del cumplimiento de los tiempos, así las que están en los cielos, como las que están en la tierra» (este término ocurre en 1 Co 9:17; Efe 3:2; and Co 1:25). Es interesante que «dispensación» es la traducción del griego «oikonomia», el cual, como hemos visto, significa economía o plan completo de Dios de salvación. «Oikonomia» se traduce también como «mayordomía» («Da cuenta de tu mayordomía» Lc 16:2 R-V). La mayoría de las versiones contemporáneas de la Biblia traducen «oikonomia» (que ocurre varias veces en el Nuevo Testamento) como «plan», «comisión», «encargo», «administración» o «mayordomía». Véase la discusión en el capítulo 1 de este libro.

[15] Toda la idea de un milenio se basa en un solo pasaje bíblico, Apocalipsis 20:2-8. Dado el carácter simbólico de los números en Apocalipsis y la ausencia total de enseñanza acerca del milenio en otras partes de las Escrituras, debemos ser muy cautelosos en cuanto a teorías que se apoyan en un período literal de mil años de salvación. Hay otros

pesimistas en cuanto a la sociedad, porque su teoría requiere que las cosas vayan de mal en peor para que Jesús vuelva. Los postmilenialistas tienden a ser socialmente optimistas porque su teoría sostiene que la Palabra de Dios ha de prosperar más y más, y entonces Jesús volverá en triunfo. Las dos percepciones son problemáticas y bíblicamente unilaterales.

Tercero, las teorías dispensacionalistas a menudo son enormemente importantes porque la escatología da forma a la ética. Lo que creemos acerca del futuro determina cómo actuamos en el presente. La esperanza moldea expectativas y las expectativas movilizan acciones. Nos comportamos de cierta manera según lo que pensamos que ofrece el futuro. Lo mismo sucede en cuanto al cuidado de la creación: si creemos que «de todos modos todo arderá en el infierno,» es menos probable que nos preocupemos por el bienestar de la tierra. Si creemos que Dios de algún modo redimirá la tierra, es más probable que nos importe lo que le suceda ahora. O en términos generales con respecto al reino de Dios: si creemos que Dios realmente tiene la intención de responder la oración de Jesús que pide «hágase tu voluntad en la tierra como en el cielo» (Mat 6:10), nos ocuparemos ahora de mostrar la verdad del reino de Dios en todos los ámbitos de la tierra.

Tanto el premilenialismo como el postmilenialismo pueden, en efecto, funcionar como profecías autocumplidas. Si los cristianos creen que la sociedad sólo puede empeorar, no harán nada para trabajar por su redención y así la sociedad, efectivamente, se deteriorará. Si los cristianos creen que a la sociedad se la puede transformar, trabajarán para redimirla y ella mejorará, posiblemente a nivel local y global.[16]

Desde luego la gente puede ser o mejor o peor que sus teorías. Algunos premilenialistas practican el cuidado de la creación y muchos postmilenialistas no lo hacen. El asunto más importante es este: aunque estamos moldeados por nuestras expectativas escatológicas, ninguna teoría puede captar en su totalidad el dinamismo del relato bíblico

---

tres pasajes que mencionan mil años (Sal 90:4; Ec 6:6; 2P 3:8), pero todos son retóricos. El comentario en 2 Pedro 3:8 debe prevenirnos respecto a matemáticas escatológicas: «para el Señor un día es como mil años, y mil años como un día».

[16] «Soñar el sueño imposible» es en realidad un sentimiento cristiano si se lo relaciona propiamente a la resurrección de Jesucristo y toda la «oikonomía» del trino Dios, y no se basa en optimismo humanístico o mera psicología popular o pensar positivo o de algún panteísmo de la Nueva Era.

Hay otras perspectivas y teorías escatológicas además del pre y el postmilenialismo, y hay muchas variaciones de cada una de ellas.[17] Muchos cristianos son amilenialistas y sostienen que, ya que los números en el Apocalipsis son altamente simbólicos, no debemos anticipar un período literal de mil años en la historia de la salvación. Muchos pre y postmilenialistas también interpretan el período de mil años como un período indefinido de paz y rectitud, no necesariamente de mil años.

Aquí no es necesario clasificar las diferentes teorías. El asunto clave que se recalca permanece: ¿está predeterminado el futuro, o no? Mucha escatología, y la mayoría de las teorías milenialistas, dan por sentado que el futuro está en gran medida predeterminado. Una teoría correcta puede trazar bastante bien su fundamento. Pero hacer esto viola las Escrituras. Muchas teorías pueden sostenerse sólo por una hermenéutica selectiva, es decir, enfatizando unos pasajes e ignorando o malinterpretando otros.

Apertura escatológica: las dos vías

¿Conoce Dios el futuro? Sí, de maneras que sólo él sabe. ¿Dios ha predeterminado el futuro? La Biblia demuestra que Dios, que es soberano y no está limitado por el espacio y el tiempo histórico, ha determinado o «garantizado» (hablando humanamente) la victoria final, la sanación final de la creación. Pero esto todavía deja mucho sitio para la acción y la iniciativa de las criaturas. Dicho de otra manera, en la historia hay contingencia genuina. Dios, al igual que un infinitamente inteligente jugador de ajedrez, gobierna y guía la historia hacia la sanación final. Pero les da libertad genuina a otros «jugadores» para que actúen.

Esta contingencia histórica se fundamenta, en primer lugar, en la creación misma, según Dios mismo lo ha establecido. Atanasio, el padre de la iglesia primitiva, vio esto claramente. Como resume Thomas Torrance, «la independencia dada por Dios a la creación es en sí misma dependencia de él. Dios creó a la naturaleza de tal modo que opera con cierta medida de autonomía…Y sin embargo, la realidad de esta independencia de la naturaleza depende en sí de Dios.» Dios le ha dado a la creación «una realidad auténtica y legalidad propias que él incesantemente sostiene mediante su Palabra y Espíritu Creador». Porque «en Jesucristo Dios ha establecido y asegurado una nueva relación entre la creación y sí mismo en que a la

---

[17] Los «dispensacionalistas progresivos» sostienen una forma menos rígida del premilenialismo que es más compatible con las Escrituras.

creación se le concede una libertad que está cimentada en la trascendente e ilimitada libertad de Dios».[18] La contingencia histórica se fundamenta así en la naturaleza de la Trinidad y en la naturaleza de la creación, en la cual Dios todavía actúa por su Palabra y su Espíritu.

Decir que la historia en la economía de Dios es contingente implica que muchas cosas pueden o no ocurrir, dependiendo de multiplicidad de factores. Ver la historia contingentemente o verla ecológicamente son así las dos caras de una moneda, dado que el ecosistema sociocultural y físico cuenta con billones de actores.

Esta visión de la economía de Dios es más rica y profunda que las teorías dispensacionalistas. Hace que las Escrituras cobren sentido. Como hemos notado antes, la Biblia es «optimista» y «pesimista» acerca del futuro. ¿Es inconsistente? No. Tiene mucho sentido cuando nos damos cuenta del grado de libertad que Dios les da a sus criaturas (humanos, ángeles, demonios y aun animales y plantas en menor grado) para que actúen en una variedad de maneras.[19]

Aquí encontramos, en efecto, un tema clave de las Escrituras. Dios pone ante nosotros dos maneras, dos caminos, y establece las consecuencias de elegir uno u otro. Vez tras vez Dios repite de varios modos lo que Josué les dijo a los israelitas después de la conquista de Canaán: «elijan ustedes mismos a quiénes van a servir» (Jos 24:15). Esto es particularmente claro en Deuteronomio 27:30, donde Dios establece dramáticamente bendiciones y maldiciones: bendiciones por seguir el camino de Dios, maldiciones por seguir los caminos idólatras de las naciones. Bien vale la pena que la iglesia lea y relea estos capítulos aleccionadores porque muestran claramente las opciones, las contingencias, con las que siempre se encuentra el pueblo de Dios.

La conclusión asombrosa se encuentra en Deuteronomio 30:19-20: «Hoy pongo al cielo y a la tierra por testigos contra ti, de que te he dado

---

[18] Torrance, *Trinitarian Faith* (Fe trinitaria), pp. 101,102,106. Torrance muestra cómo «la contingencia de la creación» y por lo tanto su libertad es una consecuencia necesaria de la doctrina de la creación *exnihilo* [de la nada] e importante para la enseñanza bíblica de la restauración de la creación (*Ibíd.*, pp. 98-109)

[19] Cualquier persona que haya observado el comportamiento de los animales no puede dejar de sentirse impresionado por la manera en que ellos, lo que a los humanos nos parece, escogen y cómo de vez en cuando abandonan la norma del grupo, y actúan, según nos parece, independientemente. Aunque las plantas no pueden escoger, ellas responden a distintas formas de estímulo de diversas maneras (¿impredeciblemente?). En la creación de Dios, poco o casi nada es inerte en verdad.

a elegir entre la vida y la muerte, entre la bendición y la maldición. Elige, pues, la vida, para que vivan tú y tus descendientes. Ama al SEÑOR tu Dios, obedécelo y sé fiel a él, porque de él depende tu vida, y por él vivirás mucho tiempo en el territorio que juró dar a tus antepasados Abraham, Isaac y Jacob». Aquí están los dos caminos, y se acentúa el tema de la tierra. La relación entre Dios, Israel y la tierra será saludable, sustentadora, de *shalom*, si Israel sigue el camino de Dios y se mantiene fiel al pacto. Si toma el otro camino, augura triple desastre.

El lenguaje es realmente dramático. Si sigues mi camino, Dios dice, «vivirás mucho tiempo en el territorio que te doy». «Bendito serás en la ciudad, y bendito en el campo. Benditos serán el fruto de tu vientre, tus cosechas, las crías de tu ganado, los terneritos de tus manadas y los corderitos de tus rebaños (Dt 28:3-2). ¿Pero si sigues el camino erróneo? «Malditos serán el fruto de tu vientre, tus cosechas, los terneritos de tus manadas y los corderitos de tus rebaños» (Dt 28:18). «El SEÑOR te infestará de plagas, hasta acabar contigo en la tierra de la que vas a tomar posesión» (Dt 28:21). «Toda ella será un desperdicio ardiente de sal y de azufre, donde nada podrá plantarse, nada germinará, y ni siquiera la hierba crecerá» (Dt 29:23). ¡Qué cuadro tan vívido de la ecología del pecado y la rectitud, la interacción entre Dios, el ser humano y la tierra, y la contingencia escatológica![20] Se nos ofrecen dos vías. Se nos ordena la vía correcta pero el ser humano debe elegir. La respuesta no es obligatoria ni predeterminada.

El tema de los dos caminos, que plantea elección y contingencia, se encuentra a lo largo de todo el Antiguo Testamento. Dios dice: «Pongo delante de ustedes el camino de la vida y el camino de la muerte» (Jer 21:8). En el libro de Proverbios, la sabiduría y la necedad ambas convocan a la adherencia: «andarás por el camino de los buenos y seguirás la senda de los justos» (Pr 2:20). «No sigas la senda de los perversos ni vayas por el camino de los malvados» (Pr 4:14). «Porque el SEÑOR cuida el camino de los justos, mas la senda de los malos lleva a la perdición» (Sal 1:6).

Así es también en el Nuevo Testamento: Jesús en sus enseñanzas y su persona establece un punto crítico, el punto decisivo de escoger entre dos caminos. Sus enseñanzas implican elección y contingencia. Construye tu casa sobre la roca o sobre la arena (Mt 7:24-26). Un hombre invita a mu-

---

[20] Estos pasajes anticipan también el nuevo pacto, porque Moisés promete: «El SEÑOR tu Dios quitará lo pagano que haya en tu corazón y en el de tus descendientes, para que lo ames con todo tu corazón y con toda tu alma, y así tengas vida» (Dt 30:6)

chos a una fiesta de bodas, pero muchos rehúsan asistir (Mt 22:3). Jesús le dice a Jerusalén: «¡Cuántas veces quise reunir a tus hijos, como reúne la gallina a sus pollitos debajo de sus alas, pero no quisiste! (Mt 23:37; Lc 13:34). El resultado de la elección es severa: «Aquéllos [los injustos] irán al castigo eterno, y los justos a la vida eterna» (Mt 25:46). En un eco de Moisés, Josué y Jesús, Pablo escribe: «la paga del pecado es muerte, mientras que la dádiva de Dios es vida eterna en Cristo Jesús, nuestro Señor» (Ro 6:23).

Toda la enseñanza del Nuevo Testamento sobre la iglesia y el discipulado presupone los dos caminos, con sus bendiciones y maldiciones vinculantes. Pablo dice: «Antes ofrecían ustedes los miembros de su cuerpo para servir a la impureza, que lleva más y más a la maldad; ofrézcanlos ahora para servir a la justicia que lleva a la santidad» (Ro 6:19). Pablo y otros autores del Nuevo Testamento de diferentes maneras dicen: «vivan de una manera digna del llamamiento que han recibido» (Ef 4:1); «llev[en] una vida digna de Dios, que los llama a su reino y a su gloria» (1Ts 2:12). Pablo insiste, «no vivan más con pensamientos frívolos como los paganos. Con respecto a la vida que antes llevaban, se les enseñó que debían quitarse el ropaje de la vieja naturaleza, la cual está corrompida por los deseos engañosos; [y] ser renovados en la actitud de su mente» (Ef 4:17-23). Estas enseñanzas tienen sentido sólo si las personas tienen libertad verdadera de elegir uno u otro camino, si pueden verdaderamente escoger con resultados genuinamente positivos o negativos.

Toda la Biblia enseña apertura escatológica bajo la soberanía de Dios. El verdadero misterio de la escatología es el misterio de la contingencia, de lo indeterminado en la historia bajo el reinado seguro de Dios. Cabalmente esta es la naturaleza de la narrativa. Es lo que hace que las historias sean interesantes y que las novelas de misterio sean fascinantes. Esta es la manera en que Dios, el gran Autor y Dramaturgo, actúa en la historia.

El desafío misionero escatológico

Dios le dice lo mismo a la iglesia de hoy día: les propongo dos caminos, dos opciones escatológicas. ¡Escojan la vida! Busquen primero el reino de Dios y su justicia. Busquen el camino de la creación sanada por el Espíritu por medio de Jesús.

De esta manera, la apertura escatológica de la Biblia carga a la iglesia con responsabilidad escatológica. Respira esperanza porque el Espíritu de

Dios está actuando para renovar la faz de la tierra. El trino Dios está de parte de los que buscan ahora su voluntad en la tierra como en el cielo. Richard Foster tiene razón:

> El nuestro es un universo abierto, no uno cerrado. En su soberanía, Dios ha elegido invitarnos a participar de este proceso de dar lugar a su voluntad en la tierra… Somos, como el apóstol Pablo lo dice, colaboradores de Dios que trabajan juntos para determinar el resultado de los sucesos.[21]

Esta verdad es esencial para la misión de la iglesia, para la sanación de la creación. Lo que surja en el futuro, sea positivo o negativo, sea esperanza o desesperanza, sea sanación o enfermedad, depende en gran medida de la fidelidad o infidelidad de la iglesia en su misión.

Así que a la iglesia se le ha confiado la responsabilidad escatológica y la esperanza presente conforme coopera con la *oikonomia* de Dios, su proyecto de salvación. Como Thomas Oden lo expresa, «Ahora se nos llama a entender nuestra responsabilidad ecológica en la creación en el presente como la responsabilidad por la cual se nos pedirá cuentas en el día final».[22] Todo el proyecto escatológico, reducido a lo más básico, es esto: que la voluntad de Dios sea hecha en la tierra como en el cielo, es decir, que la tierra tenga completo conocimiento del Señor. Y la misión, en lo más básico es esto: «venga tu reino, hágase tu voluntad», amando a Dios con todo lo que somos y a nuestros vecinos y a nuestra vecindad como a nosotros mismos.

Vimos antes (ver la nota 14) que el término bíblico del cual se deriva la palabra «dispensación» (en la versión Reina-Valera) es *oikonomia*, la economía o plan general de Dios, un «misterio» (Ef 3:3-9) que sólo Dios conoce. Trazar la gran economía de Dios como una sucesión de segmentos de tiempo predeterminado o dispensaciones rebaja la maravilla, la majestad, y la apertura del plan de Dios. Efectivamente deprecia la soberanía de Dios. Dios es más grande que todos nuestros dispensacionalismos. La salvación sobrepasa todas nuestras teorías.

Nos quedamos no con una teoría cerrada de dispensaciones sino con la abierta y grandiosa *oikonomia* de Dios. Nos quedamos, en otras palabras, con mayordomía, que es un significado clave de la palabra *oikonomia*. No con dispensaciones discretas sino con una mayordomía dinámica. A la

---

[21] Foster and Beebe, *Longing for God* (Anhelando a Dios), p. 99
[22] Oden, *Wesley's Scriptural Christianity* (El cristianismo bíblico de Wesley), p. 130.

iglesia se le ha dado una mayordomía escatológica: el «manejo» o la «administración [*oikonomia*] del plan de la gracia de Dios» (Ef 3:2); la «administración» o «mayordomía» [*oikonomoi*] de este misterio (Ef 3:9). Esta fue la comisión apostólica de Pablo, y es parte del testimonio apostólico de la iglesia. Como declara el apóstol Pedro, los cristianos están llamados a ser «mayordomos» [*oikonomoi*] «administrando fielmente la gracia de Dios en sus diversas formas» (1P 4:10) de manera que el reino de Dios venga y su voluntad sea hecha en la tierra como en el cielo.

La comisión de la iglesia es, entonces, la mayordomía de la misión que Dios le ha encomendado. La iglesia está llamada a la administración del plan redentor de Dios, no a la elaboración de teorías dispensacionalistas. Aunque gran parte del plan de Dios todavía es un misterio, el secreto central «ahora se les ha revelado por el Espíritu a los santos apóstoles y profetas de Dios; es decir, que los gentiles son, junto con Israel, beneficiarios de la misma herencia, miembros de un mismo cuerpo y participantes igualmente de la promesa en Cristo Jesús mediante el evangelio» (Ef 3:5-6).

El gran significado de la mayordomía

El gran desafío escatológico de la iglesia no es la especulación dispensacionalista, sino la mayordomía de la gracia de Dios. Viviendo hoy en «los poderes del mundo venidero» (Heb 6:5), lleno del Espíritu, el cuerpo de Cristo ejerce una mayordomía no sólo en esta era sino también en la era venidera de *shalom* (ver Ef 1:21).

Dado el significado bíblico de «economía» (*oikonomia*) y la dinámica similar de la ecología, queda en claro el rico alcance de la mayordomía. Bíblicamente, mayordomía es *oikonomia*, la manera adecuada de administrar un hogar (*oikos*).

Las Escrituras hablan de dos clases básicas de mayordomía: mayordomía de la tierra o suelo, y mayordomía de la gracia de Dios (1P 4:10). Se combinan en un equilibrio maravilloso. En esto consiste la mayordomía de la misión de la iglesia: cuidar la tierra, enferma por el pecado, y hacer buen uso de la gracia de Dios, que provee sanación. Todas las otras clases de mayordomía fluyen de nuestra administración de la multicolor gracia de Dios (traducción posible de 1P 4:10) y nuestro pacto de cuidado del orden creado, que incluye la tierra, el tiempo, el dinero y todos nuestros recursos.

La Biblia dice: «Dios el SEÑOR tomó al hombre y lo puso en el jardín del Edén para que lo cultivara y lo cuidara» (Gn 2:15). A los humanos se les comisionó el cuidado del jardín. De la lectura de Génesis 1 sabemos que «hombre» quiere decir «el género humano», mujeres y hombres juntos, ya que la narración de la creación dice explícitamente que Eva y Adán, creados a su imagen y semejanza, «tendrán dominio» sobre el orden creado (Gn 1:25-28) como mayordomos creados a su imagen. Génesis 2:15 pone en claro que «dominio» equivale a «cuidado», la clase de gobierno que implica protección y nutrición, no explotación despiadada. Así gobierna Dios. Y ese es el ejemplo que nos da también Jesús.

En el ámbito de la creación, esto es lo que significa mayordomía. Pero entonces el Nuevo Testamento enseña: «Cada uno ponga al servicio de los demás el don que haya recibido, administrando fielmente la gracia de Dios en sus diversas formas» (1 Ped 4:10). Hemos de ser los «mayordomos fieles de la gracia de Dios». Esta es nuestra mayor y más amplia responsabilidad administrativa: un cuidado concienzudo en el uso de «la multicolor gracia de Dios» para el propósito de su reino.

Después de la caída y el diluvio, Dios confirmó el mandato de mayordomía detallado en su primer pacto, «el pacto que he establecido con ustedes y con todos los seres vivientes» (Gn 9:15), es decir «el pacto que establezco con todos los seres vivientes que hay en la tierra» (Gn 9:17), como ya lo hemos visto en el capítulo 8. El nuevo pacto en la sangre de Jesucristo y por el Espíritu provee el poder, el recurso esencial y misericordioso, mediante el cual la iglesia puede llevar a cabo la comisión tan postergada de cuidar adecuadamente y «administrar» todos los buenos dones de Dios.

Mayordomía es, desde luego, una relación: una relación en dos direcciones. El mayordomo tiene la responsabilidad ante alguien por la administración de algo. Así que mayordomía implica un acuerdo en tres dimensiones. En Génesis 1, 2 y 9, las tres dimensiones de este pacto son: Dios, el género humano y la tierra, como vimos antes.

Tanto la versión griega del Nuevo Testamento como la traducción al griego del Antiguo Testamento, o Septuaginta, usan el término *oikonomia* para expresar el significado de mayordomía. Debido a que las diferentes versiones de la Biblia emplean una variedad de palabras para traducir *oikonomia*, así como también los términos relacionados *oikos* («hogar» o «casa») y *oikonomos* («mayordomo» o «administrador»), a menudo se ha diluido la importancia del término y el concepto.

Otra expresión para la mayordomía de la tierra, particularmente a manera de testimonio, es «evangelización ecológica». Esto quiere decir vivir las buenas nuevas en relación con la tierra y todos sus habitantes. Como Elaine Heath expresa, evangelización ecológica es «ser buenas nuevas a la creación en el nombre de Jesús». Conforme nos damos cuenta del verdadero significado de la ecología y de la economía de Dios u *oikonomia*, comenzamos a entender que

> los compromisos ecológicos no se limitan a los animales, las plantas, el agua y el aire. La evangelización ecológica exige que la iglesia se enfrente a sistemas interconectados de explotación que envenenan ríos, obligan a niños a trabajar como esclavos en las fábricas de cigarrillos, dan nombre a los diamantes de sangre y bombean toxinas al aire. La evangelización ecológica tiene que ver con redimir la tierra que Dios ha creado.[23]

Scott Sabin, que dirige la organización *Plant with Purpose* («Siembre con propósito»), usa la expresión «evangelización de toda la tierra». Sabin demuestra que trabajar para sanar la creación que Dios ama es parte de la Gran Comisión y el Gran Mandamiento. «Poco podemos elegir si interactuar o no con la creación» subraya, «pero sí podemos elegir si nuestras interacciones serán portadoras de vida o de muerte».[24]

El punto es éste: Dios tiene un plan general para el cumplimiento de los tiempos que es sanar a toda la creación mediante Jesucristo por el Espíritu. Y la iglesia está llamada, comisionada y empoderada por el Espíritu para llevar a cabo esta mayordomía escatológica. En este sentido bíblico, mayordomía es misión, y misión es mayordomía.

Conclusión

Tenemos una gran comisión y una maravillosa oportunidad de dar a conocer a Jesucristo hoy, de proclamar el evangelio del reino, de declarar la gloria de Dios en todas las naciones. Tenemos que desempeñar una tarea mayordomía, una mayordomía de las «múltiples obras» de Dios y de su «inmensa gracia» (Sal 104:24, 1P 4:10). La creación es nuestro jardín y la gracia de Dios, nuestro recurso.

---

[23] Heath, *Mystic Way* (La manera mística), p. 111
[24] Sabin, *Whole Earth Evangelism* (La evangelización de toda la tierra), pp. 27-29

El mismo Dios que participa de la renovación de la iglesia también participa de la renovación de la creación. El mismo Espíritu que va y viene en la iglesia también va y viene sobre las aguas, procurando traer a ambas a la reconciliación bajo la dirección de Cristo. Si nos importa la misión en su sentido más verdadero, nos importará toda buena cosa que Dios ha creado. A la inversa, si realmente nos importa el mundo de Dios, desearemos ver que el Espíritu Santo renueve al pueblo de Dios y envíe un avivamiento tan profundo que no sólo mueva nuestros corazones sino que también sane nuestra tierra.

Deseamos ver la creación sanada. Tenemos esperanza porque Dios ha prometido que será así. Queremos especialmente ver a nuestras hermanas y hermanos en todo el mundo sanados de la enfermedad del pecado, incluidos a la vida de la nueva creación por medio de Jesús y su Espíritu. Queremos vivir y proclamar las buenas nuevas del reino de manera que más y más personas en todo el mundo mantengan un pacto con Dios y con su buena tierra, seguros de que «la creación misma ha de ser liberada de la corrupción que la esclaviza» (Ro 8:21) y que «rebosará la tierra con el conocimiento del Señor como rebosa el mar con las aguas» (Is 11:9).

¿Cómo sucederá esto? La iglesia tiene un papel fundamental que desempeñar. Dios pretende que la iglesia sea su comunidad sanadora y para serlo, le da el poder necesario. La sección final de este libro muestra qué significa que la iglesia sea esta fuerza sanadora y de qué manera desempeña una función clave en la sanación de la creación.

Cuarta Parte

LA COMUNIDAD SANADORA

11

Redescubrir la iglesia

Cristo amó a la iglesia y se entregó por ella
Efesios 5:25

¿Cuál es la oración de Jesús por la iglesia? «No te pido que los quites del mundo» (Jn 17:15). ¿No sigue siendo esa la oración de Jesús por la iglesia presente y futura, desde lo histórico y lo escatológico? No su remoción, sino su fidelidad; no la huida, sino el testimonio leudante. Esta es la intención de Dios: la iglesia en el mundo pero no del mundo, un testigo fiel de la salvación y el reino de Dios.

Nunca ha sido la intención de Dios sacar a su pueblo del mundo sino sacar el mal del mundo. Juan dice: «El Hijo de Dios fue enviado precisamente para destruir las obras del diablo» (1Jn 3:8). El mundo no es obra del diablo; es la buena obra de Dios. Lo que será destruido no es el mundo sino el mal, que tal vez se autodestruirá. Leemos que Dios «afirmó [la tierra] para siempre» (Sal 78:69).

Así es que la iglesia tiene una misión en la tierra. Ya que la salvación significa la creación sanada, la iglesia está llamada a ser la comunidad sanadora de Dios aquí y ahora, y por la eternidad. Todo lo relacionado con la iglesia (la eclesiología) es así de simple y así de profundo.

En ninguna parte de las Escrituras se da una definición clara de la iglesia, pero se la describe a través de un amplio conjunto de imágenes y metáforas. Cuatro de las más básicas son la iglesia como el pueblo de Dios, el cuerpo de Cristo, la comunidad del Espíritu y la comunidad de los discípulos de Jesús. Los historiadores y los teólogos emplean decenas de imágenes adicionales, como por ejemplo la iglesia como sacramento, como siervo, como libertador, como exilados, como un organismo complejo, o como un eco o imagen de la Trinidad[1].

Hay por lo menos dos razones que explican esta profusión de imágenes. En primer lugar, como el Nuevo Testamento mismo muestra, la iglesia es un misterio por cuanto participa en el misterio de la salvación misma, en la encarnación y obra de redención de Jesús, y en el misterio del reino de Dios. En segundo lugar, la iglesia en la historia es ambigua. Ha sido cosas distintas en tiempos distintos, con enormes diferencias en el grado de fidelidad o infidelidad hacia su Señor.

Cuando consideramos la amplitud de la salvación y la compleja ecología del plan de Dios, ninguna imagen de la iglesia es por sí sola lo suficientemente rica. En este libro hacemos hincapié en la iglesia como la comunidad sanadora de Dios en la tierra, que incluye todas las dimensiones de sanación tratadas en capítulos previos. Los motivos para esto son, primero, clarificar lo que el tema de la creación sanada significa para la iglesia, y segundo, demostrar la manera en que este énfasis enriquece otras imágenes de la iglesia.

La salvación significa una creación sanada por Jesucristo mediante la obra del Espíritu. Jesús estableció una comunidad, un pueblo de números crecientes y complejidad multicultural, para que sean sus agentes de sanación en el mundo a lo largo de la historia y hasta los confines de la tierra. En su máxima expresión, la iglesia siempre ha sido la comunidad sanadora de Dios en la tierra. Por medio de la iglesia Dios ha aplicado el remedio de la salvación, reconciliando a las personas con él por medio de Jesucristo y sanando relaciones rotas. Sin embargo, debido al divorcio teológico entre el cielo y la tierra, el remedio a menudo se ha aplicado sólo parcialmente. La sanación es mucho menor de lo que debería y podría ser. Redescubrir a la iglesia implica reconocer y aplicar la sanidad completa del evangelio a toda la enfermedad del pecado. Implica ser el agente de reconciliación de Dios para vencer la alienación cuádruple producida por la Caída.

---

[1] Para una visión general, ver Snyder, *La comunidad del Rey*, en especial los capítulos 2,3 y 5; *Liberating* (Liberando), capítulos 4-7; Snyder and Runyon, *Decoding the Church*;(Descodificando a la Iglesia); Minear, *Images of the Church* (Imágenes de la Iglesia); Dulles, *Models of the Church* (Modelos de la Iglesia); Driver, *Images of the Church* (Imágenes de la Iglesia); Frost, *Exiles* (Exiliados); Volf, *After Our Likeness* (A nuestra imagen); Tillard, *Flesh of the Church* (Carne de la Iglesia); Prusak, *Church Unfinished* (La Iglesia Inconclusa).

La pregunta es: ¿de qué manera la iglesia puede ser auténticamente la comunidad sanadora de Dios en y con la tierra hoy? Si la salvación significa la creación sanada, ¿cómo puede y cómo debería la iglesia servir fielmente como la comunidad sanadora de Dios en la tierra hasta que Jesús vuelva en gloria? La sección final de este libro responde esta pregunta al examinar a la iglesia como la comunidad sanadora de Dios. Los capítulos previos (en especial el capítulo 4) han mostrado la manera en que el cristianismo en general entiende, o malentiende, la salvación; con cuánta frecuencia ofrece menos que el pleno poder sanador del evangelio. Este capítulo identifica las perspectivas generalizadas de la iglesia que reforzadas frecuentemente por este evangelio demasiado limitado. Aquí, y en los dos capítulos siguientes, veremos cómo redescubrir a la verdadera iglesia de Jesucristo.

En primer lugar consideraremos a la iglesia tal como aparece en la realidad hoy: el rostro visible que muestra al mundo, especialmente en sus formas de adoración. Luego presentaremos a la iglesia como la comunidad sanadora de Dios en la tierra, comenzando con un énfasis en la Trinidad. Las marcas y los rasgos clave de la iglesia se elaboran más ampliamente en los dos últimos capítulos, que conducen a la visión final de la Comunidad de la Tierra y el Cielo.

El rostro predominante de la iglesia actual

La notable empresa mundial de la iglesia protestante del siglo XIX difundió un concepto y una forma de la iglesia que, para el siglo XX, se había convertido en el sello característico de gran parte del protestantismo en todo el mundo. El historiador de misiones Kenneth Scott Latourette señala: «Especialmente a través de su contribución a dar forma a los Estados Unidos de América, el cristianismo creció en el escenario total del mundo» durante el siglo XIX.[2]

En gran medida gracias a los avivamientos evangélicos del siglo XVIII en Europa y Estados Unidos, la expansión mundial del cristianismo en el siglo XIX fue notablemente evangélica en su tono y teología. En consecuencia, una comprensión evangélica de la eclesiología pasó a ser dominante en gran parte del protestantismo en todo el mundo, y esto aún

---

[2] Latourette, *History of Christianity* (Historia del Cristianismo), p. xxv. Como indicamos en el capítulo 3, Latourette llamó al período de 1815 a 1914 el Gran Siglo del cristianismo global, en particular de las misiones protestantes.

se cumple hoy. En los Estados Unidos, al perder las etiquetas denominacionales gran parte de su significado, «una forma genérica de evangelicalismo está surgiendo como la forma normativa del cristianismo no católico», informa la revista *Christianity Today*, citando una encuesta de 2009 llevada a cabo por el *Trinity College Public Values Program* (Programa de Valores Públicos de Trinity College). Desde 1990 el número de cristianos en los EE. UU. que se consideran «no denominacionales» o «evangélicos» se ha disparado, de unos 200.000 a 8 millones, lo cual sugiere un desplazamiento hacia una clase de evangelicalismo blando de límites vagos e indefinidos. El uso mismo del término «evangélico» aquí muestra el parentesco de estos creyentes con sus congregaciones.

¿Qué rostro de la iglesia ha presentado el protestantismo evangélico al mundo? En el capítulo 3 describimos las corrientes de renovación que avivaron gran parte del cristianismo durante este período. ¿Cuál fue la eclesiología (el concepto y forma de la iglesia) que resultó?[3]

El efecto dominó del gran siglo de las misiones cristianas es evidente si uno visita una iglesia evangélica en casi cualquier lugar del mundo, en especial en los grandes centros urbanos. A pesar de diferencias en tradiciones denominacionales y la expansión mundial del pentecostalismo desde 1906, por lo general se evidencia una eclesiología dominante o, más precisamente, un patrón dominante con cuatro variaciones. Vaya a una iglesia un domingo por la mañana o por la tarde, y lo más probable es que vea uno de cuatro modelos muy distintos de liturgia, o tal vez una mezcla de ellos. Estos patrones de adoración pública son señales reveladoras de la variada la historia del evangelicalismo y su obra misionera mundial. Describiremos brevemente estos cuatro patrones, y luego nos preguntaremos qué nos dicen sobre la iglesia como la comunidad sanadora de Dios en el mundo.

Hoy el rostro predominante del cristianismo tiene cuatro expresiones, pero todas muestran tener un parecido familiar. Se los reconoce en distintos patrones de adoración que podríamos denominar tradicional-litúrgico, avivamentista, pentecostal-carismática y de concierto de rock.

La mayor parte de la adoración evangélica exhibe uno o más de estos cuatro patrones. A la vez, estos modelos sugieren ideas diferentes de lo que la iglesia es. El rostro de la adoración pública revela cómo se entiende

---

[3] Parte de lo que sigue se ha adaptado de Snyder, *Marks of Evangelical Ecclesiology* (Marcas de la eclesiología evangélica), pp. 77-103.

la salvación misma, lo que la iglesia cree sobre el poder sanador del evangelio. Cada patrón tiene su propio marco cronológico general, aunque, desde luego, los tiempos pueden variar. Sugerimos marcos cronológicos promedio, en base a nuestra experiencia al visitar iglesias en los Estados Unidos y en otros países.

El patrón litúrgico-tradicional

El patrón litúrgico-tradicional generalmente dura alrededor de una hora. El culto usa una liturgia tradicional que se remonta a muchos siglos atrás. Incluye lecturas, tanto del Antiguo como del Nuevo Testamento, basadas a menudo en un leccionario, oraciones leídas e himnos con una métrica predecible, frecuentemente basados en los Salmos y en simbolismo bíblico.

El canto es acompañado, y a menudo ahogado, por la música de un órgano. El tono de los himnos será más doctrinal que experiencial. A menudo los himnos tienen una forma trinitaria. No habrá batido de palmas. Se dará un sermón u homilía bastante breve, y muy posiblemente se celebre la Santa Cena, considerada como el acto central del culto.

En la mayoría de los casos la arquitectura, al igual que la liturgia, tiene sus orígenes en la Europa medieval. Lo más probable es que la congregación tenga una buena educación formal y cierta seguridad económica. Este patrón litúrgico es conocido por todos en la tradición litúrgica cristiana. Sus raíces se encuentran en el catolicismo romano medieval y primitivo, reformado o modificado por la Reforma protestante inglesa o continental. El culto luterano representa a menudo una variación germano/católica de la misma forma.

El patrón avivamentista

El patrón avivamentista es muy diferente. A menudo es más largo, con un promedio de entre sesenta y setenta y cinco minutos. Cualquiera que conozca la historia de los avivamientos reconocerá que el culto de adoración tiene sus raíces en el antiguo culto de avivamiento. Gran parte de la música será de canciones "gospel" de los Estados Unidos o Inglaterra del siglo XIX o principios del siglo XX, o tal vez traducciones de los avivamientos del continente europeo del siglo XVIII. Las canciones tendrán varias estrofas, además de un estribillo con frases que se repiten.

Para mi sorpresa, me topé con este modelo en Shénzhen, China, cuando visité una iglesia allí hace muchos años. La iglesia usaba un himnario publicado antes de la revolución comunista de 1949. Aunque no entendía el idioma, reconocí las canciones *gospel*, como "Savior, Like a Shepherd Lead Us" (Salvador, guíanos como pastor).

En el patrón avivamentista, la adoración es informal. Los himnos y las canciones son experienciales, gran parte del vocabulario está centrado en "mi" experiencia de Dios y en "mi" conversión y la expiación de Cristo, con muy poco énfasis en la Trinidad. El simbolismo bíblico emotivo se usa efectivamente. La tierra prometida bíblica simboliza la salvación, la vida cristiana o el cielo, a menudo bastante individualizada y espiritualizada. Por lo general los cantos se acompañan con piano u órgano eléctrico, a menos que sea una iglesia de tradición no instrumental. Podrían agregarse una guitarra, un teclado digital u otros instrumentos.

Por lo general se leerá un solo pasaje de las Escrituras, que provee el texto del sermón. No se seguirá ningún leccionario. Aunque el canto es muy importante, el sermón será el punto culminante y probablemente termine con algún tipo de llamado al compromiso. En general, la respuesta aceptada será que las personas levanten las manos y se dirijan al altar o al frente del santuario para orar.

En el patrón avivamentista, la arquitectura suele ser un híbrido, una adaptación del estilo de casa de reunión sencilla con elementos de estilos tradicionales más antiguos. Probablemente no haya vitrales, tal vez a excepción del frente; sin embargo, las ventanas podrán tener el arco apuntado que se originó en las catedrales góticas de los siglos XII y XIII.. Los símbolos religiosos más visibles serán una cruz, un púlpito, una baranda del altar y una Biblia abierta.

Un perfil de la congregación posiblemente encontraría que, en términos generales, las personas vienen de una clase social más baja que las del patrón litúrgico-tradicional en cuanto a educación, ingreso económico y trabajo. La edad promedio será algo menor. Si hablamos de los Estados Unidos, una importante proporción de la congregación estaría compuesta de maestros de escuela, enfermeras, pequeños empresarios y empleados de oficina.

En mi propia experiencia, habiéndome criado en la Iglesia Metodista Libre, he visto que estos dos primeros patrones solían mezclarse. Normalmente al culto de la mañana se lo consideraría tradicional, pero con algunos elementos avivamentistas. El culto de la tarde, a menudo llamado «servicio evangelístico», era casi una reunión al puro estilo avivamentista. La Santa Cena se celebraba trimestralmente el domingo por la mañana, y era aún más tradicional, con una liturgia que se remonta a miles de años antes de la Reforma.

La mayoría de las iglesias tradicionales afro-estadounidenses siguen el patrón avivamentista, aunque con elementos culturales distintivos. En general se hace más uso de coros y hay una predicación más larga e interactiva. El culto durará generalmente dos horas o más, con personas que entran y salen durante el culto, a diferencia de las congregaciones predominantemente anglo-estadounidenses. Dependiendo del lugar y la historia de la congregación, algunos elementos del patrón pentecostal-carismático podrán incluirse en una congregación afro-estadounidense en la tradición avivamentista. Si la congregación tiene una herencia metodista, algunos elementos litúrgicos tradicionales podrían estar presentes.

El patrón pentecostal-carismático

Este patrón tiene también elementos que lo identifican, aunque cubre una amplia gama, que va desde el pentecostalismo clásico a estilos carismáticos más recientes. En términos generales, este modelo se parece más al estilo avivamentsista que al género litúrgico-tradicional. Sin embargo, el culto es más emotivo y enérgico, con énfasis es el Espíritu Santo y la experiencia presente del Espíritu más que en Jesucristo y en la conversión. El culto dura entre setenta y cinco y ciento cinco minutos.

La música consiste mayormente de cantos de alabanza que proceden de la renovación carismática del siglo XX y el Movimiento de Jesús, incluyendo algunos elementos de la música folklórica. Los cantos se acompañan con guitarras y posiblemente otros instrumentos, que incluyen el piano y teclado electrónico, varios cantantes en el escenario o un coro de alabanza. Durante muchos de los cantos la gente batirá palmas de manera rítmica y con entusiasmo. Podrá cantarse un himno tradicional con un ritmo más moderno. El culto tendrá períodos bastante largos de canto y alabanza, con cortas oraciones intercaladas y tal vez «cantos en el Espíritu». Posiblemente haya también personas de la congregación o en el escenario que hablen en lenguas.

En el modelo pentecostal-carismático, el espacio de adoración será un auditorio grande, tal vez un teatro o galpón adaptado. Hay pocos o ningún símbolo litúrgico presente, a menos que se hayan añadido estandartes. El sermón se centrará en la vida cristiana diaria y problemas prácticos de la vida y cómo vivir en el Espíritu en el mundo cotidiano. Muchos de los miembros de la congregación serán profesionales jóvenes, aunque esto puede variar, y podrá notarse una considerable amplitud socioeconómica. Si la congregación es más clásicamente pentecostal, otros elementos pentecostales podrán estar presentes, como palabras de profecía (tal vez emitidas en lenguas), sanidades y canciones pentecostales más antiguas, y la arquitectura podrá reflejar posiblemente alguna tradición protestante más antigua.

El patrón de concierto de *rock*

El patrón de concierto de *rock* ha surgido desde el nacimiento de la música *rock and roll* en los años 50. Podrá mezclar elementos de los modelos avivamentista y carismático, pero sigue siendo distintivo. El marco cronológico puede ser de noventa a ciento veinte minutos.

En este patrón, la estructura subyacente del concierto de *rock* es dominante, aun cuando el culto parezca ser inicialmente pentecostal o carismático. El punto importante no es solo que la música ha sido influenciada por la música *rock*, sino que la estructura del concierto de *rock* se ha convertido en una forma litúrgica. Todo el servicio tendrá una gran energía y tendrá un componente electrónico, con un conjunto de guitarras eléctricas, teclados y batería, y un volumen del sonido notablemente superior. Habrá "bloques" de música durante los cuales la mayoría de las personas permanece de pie, posiblemente con las manos alzadas, pero más probablemente con los dedos señalando hacia arriba u otros gestos propios de los conciertos de *rock* en lugar de los típicos gestos de palmas abiertas del culto carismático.

La música consiste de frases cortas que se repiten muchas veces. Su contenido puede ser expresiones o frases bíblicas relacionadas con sentir la presencia de Dios, a menudo con un foco en el compromiso o un nuevo compromiso con Dios y en la venida presente y futura del Espíritu. La música tendrá un ritmo sincopado o irregular, sostenido por un fuerte compás pulsante. La congregación batirá palmas frecuentemente después de cada canción o grupo de canciones.

En el patrón de concierto de *rock*, a menudo no se lee ningún pasaje de las Escrituras. Habrá poca oración, salvo tal vez brevemente hacia el comienzo o entre canciones, o unos pocos minutos de meditación en silencio antes o después de la enseñanza. El sermón puede ser alguna enseñanza bíblica relacionada con la experiencia personal y tal vez presentada en la forma de un testimonio personal, quizás reafirmada por una breve presentación dramática. La congregación tenderá a ser bastante joven, o entrando algo en años, si la congregación tiene una o dos décadas de existencia.

Aquí tenemos entonces los cuatro patrones de cultos: litúrgico-tradicional, avivamentista, pentecostal-carismático y concierto de *rock*, los cuatro rostros públicos más predominantes del cristianismo popular. Aunque no sea completa, esta tipología cuádruple sirve para capturar los principales sabores de la adoración evangélica actual. Como toda tipología, es una simplificación excesiva. Sin embargo, a menudo hemos observado estos patrones tal como los hemos descrito aquí. A veces experimentamos mezclas y mutaciones, aunque todavía se pueden reconocer los elementos distintivos. Así que los cuatro patrones son, por así decirlo, círculos parcialmente superpuestos.

En los Estados Unidos, y cada vez más en el mundo, una combinación influyente de estos estilos es el modelo Willow Creek, desarrollado por la *Willow Creek Community Church*, en la acaudalada comunidad de Barrington, Illinois, en el noroeste de Chicago. El modelo Willow Creek es una mezcla «blanda» de los patrones carismático y concierto de *rock*, con algunos elementos de un club nocturno (cómodo, no amenazador). Pero tiene una cuidadosa limitación en el tiempo y usa alta tecnología, con un énfasis en la excelencia planificada. También se lo puede ver como una adaptación del patrón avivamentista en el hecho de que su foco primario es la evangelización y la comunicación del mensaje central del evangelio, según se lo entiende en esta tradición.

Al identificar estos cuatro modelos, nuestra intención no es hacer un análisis sociológico o generacional. Tampoco es evaluar o criticar estos patrones. Nuestro objetivo, más bien, es preguntar: ¿Qué nos dice esta gama de modelos de adoración sobre las concepciones predominantes de la iglesia hoy? ¿Estos patrones representan eclesiologías marcadamente diferentes o son variaciones de una eclesiología evangélica identificable (mayormente occidental)? ¿O acaso sugieren la ausencia de eclesiología, como sostienen algunos?

Las raíces del cristianimo predominante

La historia es importante. Los primeros capítulos de este libro mostraron cómo el divorcio teológico entre el cielo y la tierra se desarrolló a través de los siglos, haciendo que fuera difícil para la iglesia comprender o encarnar plenamente el significado de la amplia salvación de la creación sanada. Las corrientes de renovación que siguieron a la Reforma Protestante y luego el Gran Siglo de las Misiones trajo nueva vida a la iglesia y difundió el evangelio como nunca antes por todo el mundo. La gran empresa misionera protestante del siglo XIX fue, de hecho, un fruto esencial de los avivamientos evangélicos de los siglos XVII y XVIII.[4]

Esta historia fue una fuente principal del cristianismo predominante de hoy. Con el paso del tiempo, otras influencias y corrientes se fueron incorporando y dieron como resultado el rostro predominante del cristianismo que hemos descrito anteriormente.

Desde el punto de vista eclesiológico, el evangelicalismo predominante actual es un híbrido. Esto sucede porque las concepciones de la iglesia involucran no sólo la doctrina sino también las prácticas sociales, la forma de vida y variadas estructuras; concretamente, todo el espectro de la encarnación social de la iglesia. La eclesiología predominante emana de una complicada gama de fuentes que moldean no sólo su forma sino también su teología. Los cuatro patrones que ya hemos presentado nos dan algunos indicios.

¿De dónde surgieron estas formas predominantes de la iglesia? Algunas referencias ya se han hecho, pero será útil identificar cinco fuentes clave con más detalle. Estas son las raíces de las formas en que las iglesias evangélicas funcionan en la realidad, independientemente de cómo se explican a sí mismas teológicamente.

La herencia litúrgica-tradicional y reformada-luterana

Siempre que una iglesia o movimiento da origen a otro movimiento, el nuevo grupo hereda gran parte del ADN de su progenitor. Esto se cumple aun cuando el nuevo movimiento quiera reformar radicalmente al an-

---

[4] Ver Snyder, *Signs of the Spirit* (Señales del Espíritu). A lo largo de la historia de la iglesia, no sólo la protestante, movimientos de renovación han dado como resultado un impulso de misiones y de reformas sociales, y a veces al contrario; las dos dinámicas están unidas íntimamente. En relación al contexto en Estados Unidos, ver por ejemplo Stafford, *Shaking the System* (Sacudiendo el sistema).

tiguo. La Reforma Protestante, después de todo, fue una reforma, y no una recreación o reconstitución de la iglesia.

La Reforma en sus ramas principales fue mayormente un cambio en la manera en que se entendía la salvación personal (soteriología). Fue mucho menos una reforma de la manera en que se entendía la iglesia (la eclesiología). Gran parte del catolicismo romano medieval fue trasladado al protestantismo. Las principales reformas en la vida y la práctica de la iglesia estuvieron relacionados con los sacramentos, la centralidad de las Escrituras y, por lo tanto, de la prédica, y tal vez un mayor énfasis en la vida congregacional. Sin embargo, permanecieron tres elementos de arrastre del cristianismo medieval: (1) la aceptación de la división cler-/laicado, a pesar del énfasis de la Reforma en el sacerdocio de todos los creyentes; (2) el acuerdo de iglesia oficial, mediante el cual solo una iglesia era reconocida por el gobierno; y (3) la centralidad, en la práctica y la teología, de los edificios eclesiásticos, junto con la marginación o la prohibición de las iglesias hogareñas o «conventículos». Y algo muy importante, como ya lo señalamos en el capítulo 3: no se cuestionó realmente el divorcio entre el cielo y la tierra.

En consecuencia, las raíces de la eclesiología predominante actual es la herencia católica romana que fue trasladada al protestantismo en el tiempo de la Reforma.

La Reforma radical y la tradición de la Iglesia Libre

Muchas de las iglesias actuales tienen sus raíces en las tradiciones de los anabautistas, las iglesias libres y las iglesias de creyentes (*Believers' Church*). Aunque las eclesiologías de los anabautistas y de las iglesias libres difieren en algunos aspectos, en realidad representan una única tradición.[5]

Esta corriente protestante radical todavía debe algo al catolicismo romano, pero gran parte de la visión de las iglesias libres o anabautistas sobre la vida de la iglesia y el discipulado tienen más en común con los grupos sectarios o «cismáticos» previos a la Reforma, como los valdenses, que con el catolicismo. Los católicos romanos, y luego algunas iglesias

---

[5] Véase Durnbaugh, *Free Church Tradition in America* (La tradición de la iglesia libre en los Estados Unidos); Littell, *Free Church* (Iglesia Libre); Durnbaugh, *Believers' Church* (Iglesia de creyentes); Callen, *Radical Christianit* (Cristianismo radical). Se pueden ver paralelos entre los grupos anabautistas y las órdenes católicas romanas; ver, p.ej., Snyder, *Signs of the Spirit* (Señales del Espíritu), pp. 54-61.

protestantes, persiguieron o excomulgaron a estos grupos, e hicieron grandes esfuerzos por eliminarlos.[6]

Como sugieren los términos «iglesia libre» e «iglesia de creyentes», el asunto central aquí es la eclesiología. ¿Qué significa vivir como personas fieles a Dios en el mundo? ¿A qué forma social está llamada la iglesia fiel? Esta es una preocupación importante en la tradición anabautista y en las iglesias libres. Los comentaristas anabautistas siempre han sostenido que la Reforma fue incompleta. Los reformadores no lograron realmente reconstruir la misma vida y forma social de la iglesia. La fidelidad a Jesucristo requiere que la iglesia vuelva al patrón y a la dinámica de la iglesia inicial o «primitiva».[7]

Aquí tenemos un punto esencial y curioso relacionado con el cristianismo predominante actual: consciente o inconscientemente, la mayoría de las iglesias ahora aceptan el argumento de las iglesias libres de que la iglesia y el Estado deben mantenerse separados. Sin embargo, pocas iglesias han criticado fundamentalmente la división tradicional entre el clero y el laicado. No han adoptado la doctrina del sacerdocio de todos los creyentes como un principio eclesiológico fundamental que define el ministerio en la iglesia, aunque la mayoría lo ha aceptado desde la perspectiva soteriológica, según la cual Jesús es nuestro gran Sumo Sacerdote y, consecuentemente, el acceso directo a Dios se obtiene a través de él por fe, y no a través de un sacerdote humano. Además, la mayoría de los cristianos centra su vida de iglesia y su discipulado principalmente en los edificios de iglesia, antes que en los hogares, el espacio público o el ámbito laboral.

La mayor parte del cristianismo predominante, por lo tanto, tiene una herencia doble, que emana de la Reforma «tradicional» y de la Reforma Radical, pero estas tradiciones están en conflicto entre sí en puntos básicos. En algunos aspectos la eclesiología evangélica es esquizofrénica. Hoy la mayoría de las instituciones evangélicas tienen esencialmente una teología oficial luterana, reformada o wesleyana mezclada con una visión mayormente anabautista de la iglesia. Asi, pues, la tradición anabautista o de iglesia libre es una fuente importante de gran parte de la eclesiología predominante. A esto se le suma el hecho de que, sea cual fuere su teo-

---

[6] "Free Church Movements as Heresies" (Los movimientos de la iglesia libre como herejía), capítulo 2 de Westin, *Free Church* (La iglesia libre).

[7] Primitivismo, restauraccionismo, y restitucionismo aquí son temas eclesiológicos claves. Ver Hughes, *American Quest for the Primitive Church* (La búsqueda estadounidense de la Iglesia primitiva).

logía oficial, casi todas las iglesias evangélicas han sido muy influenciadas por el dispensacionalismo premilenialista, como hemos mencionado en capítulos anteriores.

La influencia del avivamentismo

El avivamentismo es una tercera fuente importante que influye en el cristianismo predominante. En especial en la experiencia estadounidense, el avivamentismo ha moldeado los contornos y conceptos de la vida de iglesia.

Si bien la influencia avivamentista puede rastrearse a los avivamientos evangélicos de los siglos XVIII y XIX en Europa y Estados Unidos, como se señaló anteriormente, su forma más potente fueron los avivamientos estadounidenses con Charles Finney en la década de 1820, que continuaron de diferentes formas con D. L. Moody, Billy Sunday y otros, hasta comienzos del siglo XX.

El avivamentismo tiende a reforzar la eclesiología de las iglesias libres a través de su énfasis en el voluntarismo, la decisión individual del adulto y la importancia de la vida congregacional vital. El avivamentismo, por supuesto, puede florecer en una variedad de entornos protestantes y aun católicos romanos.[8] Sin embargo, como tradición el avivamentismo tiende a fortalecer un contexto para la eclesiología de las iglesias libres, pero con algunos giros clave. El avivamentismo es más individualista que la eclesiología tradicional de las iglesias libres. Tiende a fomentar el «modelo de avivamiento» en la vida de la iglesia, de auge-caída o arriba-abajo: renovaciones dramáticas periódicas con puntos bajos intermedios implícitos. El avivamentismo acentúa también la experiencia o la apropiación de la fe a nivel emocional. En consecuencia, tiende a no dar mucho valor al discipulado firme y constante en obediencia sencilla a Cristo, que es un énfasis clave del anabautismo. La influencia avivamentista se vio fortalecida fuertemente por la popularidad de la himnología de canciones *gospel* de los avivamientos. En resumen: el avivamentismo funcionó en su momento como una forma del despertar religioso y de la evangelización, pero es problemático en la eclesiología que plantea.

Aquí el modelo de la iglesia metodista estadounidense del siglo XIX provee un estudio de caso instructivo. En los Estados Unidos, los patrones de evangelización, crecimiento y discipulado y, hasta cierto punto,

---

[8] Véase por ejemplo, Dolan, *Catholic Revivalism* (Avivamentismo Católico).

la adoración, pasaron por una transición entre las décadas de 1820 y 1850 aproximadamente. Esto se debió en gran medida a la influencia del avivamentismo, aunque también influyeron otras corrientes. La reunión en forma de la *clase* (una estructura metodista clave para la evangelización, el discipulado y la socialización) decayó a medida que las iglesias adoptaron el modo de reuniones de oración avivamentistas. La declinación de la reunión en forma de clase semanal y el incremento de la reunión en forma de campamento avivamentista fueron hechos interrelacionados. El discipulado y la santificación a largo plazo y a lo largo de toda la vida tendieron a ser reemplazados por el modelo avivamentista. Hasta cierto punto el Movimiento de Santidad, promovido mayormente por Phoebe Palmer y sus colegas, siguieron más la psicología de Charles Finney que la de John Wesley.[9] Por lo tanto, el avivamentismo jugó un papel decisivo en impulsar el cristianismo predominante estadounidense hacia un patrón de vida de iglesia más emocional, individualista y cíclico.

La democracia norteamericana

La democracia estadounidense también ha influido en la forma del cristianismo predominante. Aunque la «democratización» puede interpretarse de varias maneras y ha afectado a las tradiciones eclesiásticas de manera desigual, prácticamente todas las iglesias estadounidenses, de un modo u otro, acogieron el espíritu de la democracia y los ideales democráticos.[10]

La democracia estadounidense (más precisamente, el republicanismo democrático) reforzó algunos aspectos de la eclesiología de las iglesias libres, a la vez que debilitó otros. El voluntarismo tendió a reemplazar o remodelar la jerarquía, pero el individualismo socavó la solidaridad comunitaria y del pacto. El resultado fue el sistema denominacional estadounidense: el denominacionalismo pasó a ser «la forma del protestantismo

---

[9] Un importante estudio es el de Hardt, «A Prudential Means of Grace» (Un prudente medio de gracia). Basado en los registros de las clases metodistas de la ciudad de Nueva York, Hardt documenta algunas diferencias con el «modelo wesleyano original» de la reunión de clase. Sin embargo, por muchas razones, desde 1850 la Iglesia Metodista Episcopal en la mayoría de los casos no siguió el ejemplo de Palmer, pero en su práctica e interpretación eclesiológicas se inclinó más hacia el lado litúrgico tradicional.

[10] La «democratización» del cristianismo estadounidense se ha documentado y debatido ampliamente. Ver en especial Hatch, *Democratization of American Christianity* (La democratización del cristianismo estadounidense); Noll, *America's God* (El Dios de los Estados Unidos).

en Estados Unidos».[11] La experiencia estadounidense añadió, en consecuencia, otro acento y otra dinámica a la mezcla que se manifiesta hoy en la vida de la iglesia predominante.

Durante la primera mitad del siglo XIX, varias iglesias estadounidenses adoptaron formas más democráticas de gobierno y de toma de decisiones. Además, la mayoría de los numerosos nuevos movimientos de iglesia que surgieron en este período eran más democráticos que las tradiciones de donde tenían sus raíces.

El metodismo es quizás el ejemplo más instructivo. Para el año 1850, el metodismo en sus diversas ramas era la familia denominacional más grande del país. Sin embargo, se dividió en varios grupos, mayormente por exigencias de un gobierno más democrático y una mayor participación «laica» en la toma de decisiones.[12]

Fue así que surgió el sistema denominacional estadounidense, con supuestos básicos sobre los procesos democráticos y la toma de decisiones. Por un lado, este hecho realzó cierto sentido de propiedad y participación personal de los miembros de la iglesia. Por otra parte, reforzó dentro de la iglesia el carácter individualista de la sociedad estadounidense. El resultado es lo que los sociólogos Roger Finke y Rodney Stark denominan «la economía religiosa del libre mercado».[13]

La historia en Canadá fue algo distinta. Debido a su historia diferente y al hecho de que miles de cristianos emigraron a Canadá después de la Revolución de las Trece Colonias para continuar siendo ciudadanos británicos leales, el cristianismo canadiense predominante tiende a ser un poco menos individualista y un poco más mundial en su perspectiva. Sin embargo, con el tiempo el avivamentismo y el cristianismo predominante de Estados Unidos hizo sentir su influencia también en Canadá.[14]

---

[11] Richey, *Denominationalism* (Denominacionalismo). Sidney Mead tituló su contribución a este libro «Denominationalism: The Shape of Protestantism in America» (El denominacionalismo: La forma del Protestantismo en Estados Unidos).

[12] En la iglesia metodista debates sobre la esclavitud, la tenencia y la abolición de esclavos estaban bastante entretejidos con asuntos de gobierno, en particular lo relacionado con la autoridad episcopal. Fue así que la abolicionista «Wesleyan Methodism Church», establecida en 1843, abolió el obispado.

[13] Finke y Stark, *Churching of America 1776-2005* (Participando en la iglesia 1776-2005). Ver también el estudio clásico de H. Richard Niebuhr, *Social Sources of Denominationalism* (Fuentes sociales del denominacionalismo).

[14] Guder, *Missional Church* (La iglesia misional), pp. 31-36, 55-60; Wolffe, *Expansion of Evangelicalism* (La expansión del denominacionalismo), Stackhouse, *Canadian Evangeli-*

El espíritu emprendedor estadounidense

Finalmente, el espíritu emprendedor estadounidense ha dejado su marca en el cristianismo predominante, especialmente entre los evangélicos.

El espíritu emprendedor fue una dinámica clave en la sociedad estadounidense del siglo XIX. El surgimiento de los ferrocarriles como la primera gran empresa estadounidense, el crecimiento del capitalismo financiero y la revolución industrial estadounidense introdujeron una dinámica que estaba apenas latente cuando ocurrió la Revolución. Desde 1860 en adelante, los Estados Unidos se convirtieron en una pujante nación emprendedora.[15]

No es de sorprender, entonces, que las denominaciones y las iglesias locales estadounidense a menudo sean entidades empresariales. Lo mismo ocurre con muchas agencias de evangelización, misioneras y de servicio. La sociedad estadounidense suministra tanto la cultura como los modelos para iniciativas empresariales dinámicas. El espíritu emprendedor influencia la eclesiología al proveer la oportunidad, la mentalidad, los modelos, los métodos y los medios para construir cierto tipo de empresa eclesiástica. Con frecuencia el dinamismo va mano en mano con una ausencia de reflexión teológica, lo que expone a la iglesia a ser moldeada por los criterios del mundo.

En resumen: la vida de iglesia más predominante en Estados Unidos es una mezcla variada de cinco elementos: la tradición protestante que se remonta al catolicismo romano, la tradición de las iglesias libres, el avivamentismo, la democracia y el espíritu emprendedor.

Pregunta: en todo esto, ¿dónde está la Biblia, y dónde está la tierra? Sorprendentemente, las Escrituras son una fuente bastante débil en gran parte de la eclesiología predominante. Estas cinco fuentes parecen dominar. En la medida en que las Escrituras son un factor de peso, igual-

---

calism (El evangelicalismo canadiense), pp. 177-204.

[15] Ver Phillips, *Wealth and Democracy* (Riqueza y democracia), pp. 35-37. Phillips señala que un «sorprendente número de gigantes comerciantes y financieros de fines del siglo diecinueve», en los años de la Guerra Civil, eran «jóvenes del norte» que «usaron la guerra como la escalera para ascender a las fortunas del futuro». Uno puede reflexionar sobre el significado del «benevolente imperio» de misión del siglo XIX, de reforma social, y sociedades filantrópicas establecidas en su mayoría por hombres evangélicos de negocios y empresas; see Rosell, «Charles Grandison Finney and the Rise of the Benevolence Empire». Otra vez la experiencia canadiense fue de alguna manera diferente.

mente están mediadas en gran medida por las tradiciones protestante/ católica y de las iglesias libres.[16] En ninguno de los dos casos la Biblia determina realmente la eclesiología (el concepto o modelo básico de la iglesia), aunque ocupe un lugar protagónico en relación con otras doctrinas, especialmente en la teología (en el sentido estrecho), la cristología y la soteriología y, por lo tanto, en la evangelización y las misiones.

Así también en referencia a la tierra. Comparada con la importancia que tiene en la Biblia, la buena creación de Dios juega un papel minúsculo en el cristianismo predominante contemporáneo. Para la mayoría de los cristianos la tierra física y real se ha vuelto secularizada y espiritualizada simultáneamente, cortando el nervio del cuidado de la creación y la esperanza del matrimonio de cielo y tierra, y del cumplimiento de la promesa bíblica del reino de Dios.

El redescubrimiento de la comunidad trinitaria

Si la salvación significa una creación sanada, los seguidores fieles de Jesús vivirán y proclamarán esa realidad. Sostendrán esa esperanza. Sus iglesias parecerán señales, estaciones de paso en el camino hacia el nuevo cielo y la nueva tierra. Esto es posible solo en la medida en que el Espíritu Santo obre en el interior de las iglesias para hacer que sean, de manera real y visible, el cuerpo de Cristo. Dios actúa por medio de su Espíritu para sanar nuestra relación con él, y consecuentemente con nuestros semejantes y con la tierra, si se lo permitimos. La iglesia se vuelve así parte de la agencia de Dios en el mundo para sanar toda la creación.

Señalamos en el capítulo 9 que la misión cristiana es trinitaria; que el poder para la misión es la vida en la Trinidad por medio de la comunidad cristiana, de acuerdo con la oración de Jesús en Juan 17. Mostramos que la misión de la iglesia es cumplir su papel, su «trabajo», por el poder del Espíritu Santo, en la misión trinitaria de Dios en bien del reino de Dios, en el poder del Espíritu Santo. También hemos señalado (capítulo 10) que

---

[16] El mayor impacto que la Biblia ha tenido en la eclesiología evangélica probablemente procede en las formas del primitivismo y del restauracionismo, que fueron temas clave en las tradiciones anabautista y de la Iglesia Libre. Estos temas enfatizan que la verdadera iglesia debe ser como la iglesia temprana del Nuevo Testamento o la de los primeros siglos. Esta es una fuerza mayor en la tradición de la Iglesia Libre, pero hasta cierto nivel el primitivismo y el restauracionismo siempre han estado presentes en los movimientos de renovación. Ver Snyder, *Signs of the Spirit*. Ver especialmente pp. 40-42; Hughes, *American Quest* (Búsqueda estadounidense).

la Trinidad es, en sí misma, una identidad tripersonal, una realidad y un misterio profundamente ecológicos.

¿Qué significa ser la comunidad trinitaria en bien de la creación sanada? Dios ha escogido actuar a través de la iglesia para manifestar su reino y su redención sanadora en la tierra. El redescubrimiento de la iglesia como una comunidad trinitaria es clave[17] Así que terminamos este capítulo con una reflexión sobre la iglesia como comunidad trinitaria, y en los dos capítulos últimos reconsideramos las «marcas» de la iglesia y las demás dimensiones mayores de la comunidad a la luz del proyecto trinitario de sanar toda la creación.

Aquí el punto principal es que la iglesia es y ha sido llamada a ser una comunidad trinitaria. Esta afirmación puede sostenerse desde muchos ángulos, pero encontramos su fundamento más profundo en las palabra de Jesús en Juan 17:

> No ruego sólo por estos [discípulos]. Ruego también por los que han de creer en mí por el mensaje de ellos, para que todos sean uno. Padre, así como tú estás en mí y yo en ti, permite que ellos también estén en nosotros, para que el mundo crea que tú me has enviado. Yo les he dado la gloria que me diste, para que sean uno, así como nosotros somos uno: yo en ellos y tú en mí. Permite que alcancen la perfección en la unidad, y así el mundo reconozca que tú me enviaste y que los has amado a ellos tal como me has amado a mí (Jn 17:20-23).

La iglesia es la comunidad de «yo en ellos y tú en mí», la comunidad del Padre, el Hijo y el Espíritu Santo. La existencia trinitaria de la iglesia cimienta la comunidad cristiana en la Realidad, la más fundamental de las

---

[17] Al igual que con la «misión de Dios», la doctrina de la Trinidad y sus implicaciones para la iglesia y misiones ha recibido mucha reflexión fructífera a través del medio siglo pasado (Snyder, *La comunidad del Rey*). Sin embargo dos advertencias deben tenerse en mente. Primera, el punto importante no es hacer hincapié en la doctrina de la Trinidad en sí, pero en realidad ser trinitarios en nuestra teología total, en nuestra visión del mundo y en nuestra comprensión de la iglesia. Segunda, es decisivo que la reflexión trinitaria permanezca cuidadosamente fundamentada en las Escrituras como garantía contra mera especulación. Esto es verdad de toda doctrina, desde luego, pero en especial en este caso. Ya que la Biblia no emplea el término «Trinidad» ni enseña explícitamente la doctrina, tenemos la obligación de mantener nuestras reflexiones bien relacionadas con lo que las Escrituras revelan sobre el Padre, el Hijo, y el Espíritu Santo. Sería bueno también recordar que aquí estamos hablando de un misterio ecológico multidimensional que en mucho supera nuestra capacidad de entendimiento.

realidades: Dios como la fuente de la vida y del ser, creador, sustentador providencial, y el que trae la nueva creación.

Porque la iglesia es trinitaria, basada en lo que Dios el Padre ha hecho y hará a través de Cristo por el poder del Espíritu, la iglesia es al mismo tiempo encarnacional y escatológica. Es encarnacional porque «el Verbo se hizo hombre y habitó entre nosotros» y así reveló la gloria de Dios (Juan 1: 14), y la iglesia debe ser el cuerpo visible de Cristo. Es escatológica porque encarna ahora la esperanza de la creación sanada finalmente, y llega a ser un agente de esta esperanza.

Cuatro dimensiones de la comunidad trinitaria

La reflexión acerca de Dios como Trinidad sugiere que la iglesia es una comunidad trinitaria de cuatro maneras.[18] En primer lugar, *la iglesia es fundamentalmente la comunidad reunida alrededor de Jesús*. Dada la realidad de la Trinidad, la iglesia es esencialmente social y relacional, unida por el amor mutuo y la interdependencia abnegada, gracias a Jesús.

Es cierto que la iglesia no siempre es percibida de esta manera, y con frecuencia no encarna esta verdad visiblemente. Pero eso no disminuye la realidad de que sea así, porque la Biblia constantemente pone énfasis en que debemos movernos hacia esa realidad y vivirla en el día a día. En palabras de Pablo, «vivan de una manera digna del llamamiento que han recibido» (Ef 4:1).

La iglesia es, esencialmente, una comunidad de discípulos, una comunidad misional cuya vida, ser y misión están fundamentados en la Trinidad y, por lo tanto, en la misión de Dios.

En segundo lugar, *la iglesia es una comunidad de adoración trinitaria*. En su adoración, y muchas veces de manera más explícita en sus himnos y liturgias, adora a la Trinidad: Padre, Hijo y Espíritu Santo. Además, la Trinidad es la base de la misión sanadora de la iglesia al responder la comunidad al llamado de la Trinidad a participar en la *missio Dei*, la misión de Dios. En la adoración, la comunidad se acerca a Dios y llega a comprender el amor y cuidado creativos del Padre por todo lo creado, la entrega del Hijo de sí mismo al hacerse siervo para nuestra salvación, y el llamado y el empuje del Espíritu para que vaya al mundo, «como el Padre» ha enviado

---

[18] De modo algo similar una discusión sobre la iglesia como comunidad trinitaria se encuentra en Snyder y Runyon, *Decoding the Church* (Decodificando la iglesia), pp. 54-56.

a su Hijo (Jn 5:26; 15:9; 20 :21). La adoración genuina impulsa hacia la misión.

La riqueza teológica de los grandes himnos trinitarios de la iglesia es una razón por la cual las iglesias dinámicas necesitan la himnología histórica de la iglesia además de los cantos de alabanza contemporáneos, y la razón por la que los compositores de canciones contemporáneos deberían reflexionar sobre la Trinidad y la misión de Dios. Para los que están en las tradiciones tradicional-litúrgica y reformada/luterana-católica, las liturgias y oraciones tradicionales también transmiten este rico legado trinitario.

El llamado a adorar al Dios trinitario significa que la iglesia tiene una misión para Dios así como una misión de Dios para el mundo. Hay aquí una acción recíproca de ida y vuelta basada en la clásica doctrina de la *pericoresis* (literalmente «danzar juntos» o «danzar alrededor», un compartir mutuo de características). Desde luego «danzar juntos» es una mera analogía humana; históricamente, se ha entendido que la pericoresis significa la morada mutua de cada una de las personas trinitarias en las demás. Ese morada mutua en amor desborda a través de Cristo por el Espíritu hacia la iglesia, y la iglesia responde en adoración y servicio. Nosotros nos entregamos a Dios (nuestra misión a Dios), y él se entrega a nosotros, en respuesta, con un amor que desborda y nos impele a salir de nosotros hacia la misión. Este parece ser, en parte, el mensaje de Juan 17: «Como tú me enviaste al mundo, yo los envío también al mundo. ...yo en ellos y tú en mí. Permite que alcancen la perfección en la unidad, y así el mundo reconozca que tú me enviaste y que los has amado a ellos tal como me has amado a mí» (Jn 17:18, 23).

La adoración y la misión, entonces, están interrelacionadas en una única ecología. Desde en la perspectiva trinitaria, la misión nunca es de una sola vía. No salimos en misión simplemente porque la Trinidad nos envía; más bien, la misión es recíproca. En respuesta a la gracia de Dios, llevamos a cabo nuestra misión a Dios y somos «llevados» a la misión en el mundo por el Espíritu Santo que va, de hecho, delante de nosotros. Esto no ocurre de manera que nos abrume o nos vuelva zombis o evangelistas robóticos. Al contrario, el Espíritu nos empodera para que tengamos la voluntad de hacer la voluntad de Dios (Jn 7:17; Fil 2:13; Gá 5:23).[19]

---

[19] La *pericoresis* divina de la Trinidad refleja así y se transfiere a la vida de la iglesia. Ver en especial Gunton, *Promise* (Promesa), capítulo 4, «The Community: The Trinity and the being of the Church» (La comunidad: La Trinidad y el ser de la Iglesia)..

La iglesia es trinitaria. Su adoración y misión están fundamentadas en la Trinidad. Y, en la perspectiva trinitaria, la misión de la iglesia incluye su misión ante Dios, a unos a otros y al mundo, a toda la tierra. Aquí está la misión de la iglesia a toda la creación, porque Dios es el Señor de toda la creación y un actor en toda ella, trayendo la medicina sanadora de la salvación (Ro 8:19-21).

En tercer lugar, *la comunidad trinitaria es enviada especialmente a los pobres*.[20] «Siendo por naturaleza Dios, ...[Cristo] se rebajó voluntariamente, tomando la naturaleza de siervo» (Fil 2 :6-7) al llevar a cabo su misión. Esto es una demostración literal de la «sabiduría de Dios»:

> Pero Dios escogió lo insensato del mundo para avergonzar a los sabios, y escogió lo débil del mundo para avergonzar a los poderosos. También escogió Dios lo más bajo y despreciado, y lo que no es nada, para anular lo que es, a fin de que en su presencia nadie pueda jactarse. Pero gracias a él ustedes están unidos a Cristo Jesús, a quien Dios ha hecho nuestra sabiduría, es decir, nuestra justificación, santificación y redención (1Co 1:27-30).

La preocupación especial de Dios por los pobres, y la misión explícita de Jesús a los pobres, están fundamentadas en la Trinidad, y no en la sociología o la política. Por eso el tema del pobre, la viuda, el huérfano y el extranjero surge tan frecuentemente en las Escrituras.

La Trinidad es amor abnegado e ilimitado de uno hacia el otro, siempre buscando lo mejor para el otro y recibiendo amor en devolución. Como la misión de la iglesia surge del derrame de este amor, es una misión a todas las personas y a toda la creación.

Sin embargo, es asombroso que en su encarnación Jesucristo se transformó en la Trinidad que sufre, y así el Padre y el Espíritu tienen una compasión especial por él en sus sufrimientos. Esto se refleja en la preocupación de Dios por los pobres y oprimidos en general y por los «gemidos» de la creación. Esta preocupación se refleja también, como consecuencia, en

---

[20] Karl Barth subraya, «La iglesia es testigo del hecho que el Hijo del hombre vino a buscar y salvar al perdido. Y esto implica que, dejando de lado toda imparcialidad falsa, la iglesia debe concentrarse primero en los niveles bajos y bajísimos de la sociedad humana. El pobre, el social y económicamente débil y amenazado, será siempre el objeto de su primaria y particular preocupación, y siempre insistirá en la responsabilidad especial del Estado por los miembros más débiles de la sociedad». Barth, *Christian Community and Civil Community* (Comunidad cristiana y comunidad civil), p. 36.

la misión de la iglesia, como ha ocurrido frecuentemente cuando la iglesia ha mostrado su mejor rostro.

Dios ama a todos, pero especialmente a aquellos que sufren. Es así de sencillo y así de profundo. El amor mutuo de la Trinidad impele a Dios, y por lo tanto a la iglesia, a encarnar el evangelio entre los pobres. Así Jesús puede decir, en palabras que son un eco del misterio de la Trinidad: «El Espíritu del Señor está sobre mí, por cuanto me ha ungido para anunciar buenas nuevas a los pobres» (Lc 4 :18). Debido a esto, John Wesley dijo que los pobres tienen un «derecho peculiar de que el evangelio se les prediquen».[21] La preferencia de la iglesia por el ministerio a los pobres está fundamentada en la Trinidad, especialmente de la forma en que lo demostró Jesucristo.

En cuarto y último lugar, *todo el ministerio de la iglesia está fundamentado totalmente en la Trinidad*. El ministerio de toda clase (laico o clerical, pago o no pago, local o global) está arraigado en el ministerio trinitario. Las raíces de un ministerio auténtico se encuentran en una comunidad empoderada por el Espíritu, no en su organización jerárquica.

En realidad, la Trinidad es lo opuesto de la jerarquía.[22] El ministerio de la iglesia, su liderazgo incluido, no es jerárquico. El profundo fundamento teológico de esto es la Trinidad misma, no algún igualitarismo filosófico. La Trinidad y la naturaleza misma de la creación material que Dios ha hecho nos indican que debemos concebir a la iglesia y su ministerio en términos orgánicos y relacionales, no primordialmente en términos institucionales o jerárquicos. La iglesia no es una organización racional o una máquina religiosa tanto como un organismo complejo. La naturaleza trinitaria de la iglesia está incorporada en su mismo ADN.

Esto no es un argumento contra las estructuras institucionales o administrativas. Lo que sí hace es proveer una orientación para estructurar una organización. Para la mayor parte de la cultura humana (no sólo occidental), la jerarquía es el modelo que se da por sentado para las organizaciones, por defecto y sin evaluación. Sin embargo, este presupuesto nece-

---

[21] Wesley, Sermón 1, «Salvation by faith» (Salvación por la fe), Wesley, *Works* (Obras), 1:128

[22] A veces los teólogos han intentado reconciliar la Trinidad con la jerarquía, en especial en la tradición occidental. Sin embargo, esto confunde las categorías y tiene la propensión a socavar el significado mismo de la comunidad Trinitaria de Padre, Hijo y Espíritu Santo.

sita ser cuestionado a la luz de la Trinidad, y mucho más ante el ejemplo y la enseñanza explícita de Jesús.

La naturaleza de la iglesia está determinada por la naturaleza de Dios, según aparece revelada en Jesucristo y en las Escrituras. La iglesia es por naturaleza una comunidad en misión y en movimiento. Esto se debe a quién es Dios como Trinidad y cómo se está manifestando en el mundo.

Aquí la misión de Dios (*missio Dei*) y la realidad de la Trinidad convergen y señalan en la misma dirección. La misión de Dios refleja la Trinidad en el ser divino (en la medida en que se nos ha revelado) y aprendemos de la naturaleza de Dios por medio de la vida y el ministerio de Jesucristo.[23]

Vivir en una comunidad trinitaria

¿Cómo pueden los cristianos organizar su vida comunitaria de manera que ésta refleje las formas en que el Dios trinitario se ha revelado a sí mismo? ¿Cómo puede la iglesia encarnar formas de ser orgánicas, de relación y sometimiento mutuos, al definir sus estructuras, sus roles, sus responsabilidades y su rendición de cuentas?

La mayor consecuencia de Dios como Trinidad es que somos llamados a vivir en una comunidad interdependiente. El principio clave es: «Sométanse unos a otros, por reverencia a Cristo» (Ef 5:21). Esto expresa lo que Jesús enseñó y ejemplificó en su propia vida.

Cada esfera de la vida cristiana debe estar marcada por una comunidad interdependiente: la familia, la iglesia y también las organizaciones e instituciones cristianas (universidades, sociedades misioneras o lo que sea). Este es un principio que subyace y trasciende las estructuras y la diferenciación de roles que son necesarios dentro de una organización. Aquí existe cierta tensión, y una prueba clave de nuestro discipulado es si real-

---

[23] Detrás de está afirmación está la discusión en cuanto a la Trinidad «inmanente» y «económica». Estoy de acuerdo con la formulación de Karl Rahner: «La Trinidad económica es la Trinidad inmanente», es decir, que el trino Dios es en esencia lo que la Trinidad revela lo que es en Jesucristo, aunque tal afirmación es tanto una deducción lógica y una declaración de fe como una verdad revelada (Ver Kärkkäinen, *Trinity* [Trinidad], pp.76-87). La formulación de Rahner se la puede ver analógicamente como $E=MC^2$ de la teología trinitaria, la más alta Teoría de Relatividad.

mente practicamos esta interdependencia mutua, o si permitimos que se vea comprometida por nuestras estructuras y relaciones institucionales.[24]

En la práctica, esto significa hacer un gran esfuerzo para ver las cosas desde el punto de vista de los demás. Significa respetar, honrar y aprender de las diversidades de culturas y dones de todo el cuerpo de Cristo, y de cada persona en sus diversas funciones. Esta práctica y sensibilidad en realidad edifica y nutre a la comunidad.

Por cuanto el Padre envió al Hijo al mundo en el poder del Espíritu Santo, una comunidad trinitaria significa una comunidad misional. Jesús lo dejó en claro, como vimos antes al examinar el sentido de misión de Jesús mismo (capítulo 9). «Tanto amó Dios al mundo, que dio a su Hijo unigénito, para que todo el que cree en él no se pierda, sino que tenga vida eterna» (Jn 3:16). «Como el Padre me envió a mí, así yo los envío a ustedes» (Jn 20:21). Debido a la misión de Jesús y la obra del Espíritu Santo, la iglesia es, ante todo, una comunidad en misión. No existe para sí misma sino para aquel quien la forma y la envía al mundo para que haga las obras de Jesús y para que cumpla su papel en la amplia economía de Dios para la sanación de toda la creación.

La iglesia es genéticamente misional porque es la comunidad de Jesucristo, el gran misionero de Dios. Es el Cuerpo de Cristo y comparte el ADN de su Cabeza. Es la comunidad llamada a existir para la misión de Dios. Toda eclesiología debe ser vista desde este ángulo, en vez de verla principalmente desde las perspectivas de las estructuras tradicionales del cristianismo cultural heredado de dos milenios de cristiandad.

Sin embargo, vivir en una comunidad misional trinitaria no es tanto un deber como un alegría inspirada por la esperanza, debido a las promesas de Dios, la presencia del Espíritu Santo con nosotros y, por sobre todo, la resurrección de Jesucristo. Vivir en un reino misional tiene que ver con «justicia, paz y alegría en el Espíritu Santo» (Ro 14:17). Porque «el fruto del Espíritu», que hace que la resurrección de Jesús y la promesa de la creación sanada sean reales en nosotros, «es amor, alegría, paz, paciencia, amabilidad, bondad, fidelidad, humildad y dominio propio», que son cuestiones de carácter y de comunidad, y no un conjunto de requisitos legales (Gá 5:22-23).

---

[24] Para el fondo conceptual y teológico de este asunto, ver, Snyder, *Community of the King* (La comunidad del Rey), capítulo 9, y *The Problem of Wineskins* (El problema de los odres).

En su libro *Surprised by Hope* (Sorprendidos por la esperanza), N. T. Wright capta este sentido de esperanza misional. Invita a los cristianos a reflexionar en la esperanza que es nuestra en el evangelio, a reconocer la renovación de la creación como la meta de todas las cosas en Cristo y el logro que ya se ha alcanzado en la resurrección, y a dedicarse al trabajo de la justicia, la belleza, la evangelización, la renovación del espacio, el tiempo y la materia como anticipación de la meta final y la implementación de lo que Jesús logró en su muerte y resurrección. Ese es el camino, tanto para la auténtica misión de Dios como para que la iglesia sea moldeada por esa misión y para su cumplimiento.

Desde luego, todo esto quiere decir que la gente que trabaja en esta misión y para esta misión en el mundo más amplio debe estar viviendo, ejemplificando y experimentando lo mismo en su propia vida. En última instancia no hay justificación para una piedad privada que no se evidencie en misión concreta, así como en última instancia no hay justificación para las personas que usan su activismo en la esfera social, cultural o política como una pantalla que los exime de hacerle frente a ese mismo desafío en su vida personal; es decir, el desafío del reino de Dios, del señorío de Jesús y del empoderamiento del Espíritu. Si el evangelio no lo transforma a usted, ¿cómo sabe que transformará alguna otra cosa?[25]

Wright habla aquí de la comunidad trinitaria, de lo que significa redescubrir a la iglesia y vivir como el cuerpo de Cristo hoy. Señala que «toda clase de resultados positivos y prácticos» proceden de vivir ahora la vida de la resurrección, de fijar nuestras mentes realmente «en el mundo que es hoy el hogar principal de Jesús, el mundo que está destinado a sanar y restaurar nuestro mundo presente». Y esto involucra la «realidad física actual y concreta, colmada ahora con la vida del cielo», gracias a la resurrección de Jesús.[26]

Como hemos insistido a lo largo de este libro, este no es un asunto de espiritualidad abstracta o ultramundana. No es solo una cuestión de actitud y vida devocional. También involucra una cosmovisión, una historia del mundo y una vida misional. En palabras de Wright:

> Parte de acostumbrarse a vivir en el mundo pospascual. es decir, parte de acostumbrarse a dejar que la Pascua cambie su vida, sus actitudes, su pensamiento, su comportamiento, es acostumbrarse

---

[25] Wright, *Surprised by Hope* (Sorprendido por la esperanza), p. 270.

[26] *Ibid*, p. 251 (énfasis en el original).

a la cosmología que ahora es develada. Cielo y tierra... están hechos el uno para el otro, y en ciertos puntos se intersectan y se traban. Jesús es este punto último. *Como cristianos, debemos ser estos puntos, derivados de él*. El Espíritu, los sacramentos y las Escrituras han sido dados para que la vida doble de Jesús, tanto la celestial como la terrenal, pasen a ser nuestras también, ya en el presente.[27]

Wright tiene razón. Pero nos gustaría ir un poco más lejos aún. Mirando el mundo bíblica y ecológicamente, podemos afirmar que el cielo y la tierra están interconectados íntimamente a través de todo el relato de la creación sanada, como hemos argumentado a lo largo de este libro.

Redescubrir la iglesia significa, en primer lugar, entender cómo se desarrollaron las formas del cristianismo predominante de hoy, para luego entender cuál es nuestro llamado como la comunidad sanadora, misional y trinitaria de Dios en la tierra.

En el siguiente capítulo analizaremos las marcas visibles de la comunidad misional de Dios.

---

[27] *Ibid*, 251-252 (énfasis en el original)-

12

Las marcas de una comunidad sanadora

De este modo todos sabrán que son mis discípulos, si se aman los unos a los otros.
Juan 13:35

¿De qué manera se puede reconocer el cuerpo de Jesús en la tierra? ¿Cuáles son las marcas de la comunidad fiel y sanadora de Dios hoy y a lo largo de la historia?

La Biblia responde esta pregunta. A lo largo de la historia, los teólogos y los concilios de la iglesia han ofrecido sus propias respuestas, aunque no siempre han sido enteramente bíblicas. En sus cartas, el apóstol Pablo menciona tres marcas clave de la iglesia: fe, esperanza y amor. Dice a los colosenses: «Hemos recibido noticias de su fe en Cristo Jesús y del amor que tienen por todos los santos a causa de la esperanza reservada para ustedes en el cielo» (Col 1:4-5). Elogia a los creyentes tesalónicos con una actitud de agradecimiento por «la obra realizada por su fe, el trabajo motivado por su amor, y la constancia sostenida por su esperanza en nuestro Señor Jesucristo» (1Ts 1:3). Pablo, en una frase memorable, escribió: «Permanecen estas tres virtudes: la fe, la esperanza y el amor. Pero la más excelente de ellas es el amor» (1Co 13:13). Esto es un reflejo de las palabras fundamentales de Jesús: «De este modo todos sabrán que son mis discípulos, si se aman los unos a los otros» (Jn 13:35). Fe, esperanza y amor: las marcas del verdadero cuerpo de Cristo. Como veremos a continuación, en el Nuevo Testamento no son ideales vagos o virtudes filosóficas. Están vinculadas directamente a las buenas nuevas de Jesucristo. Están entretejidas en la ecología del plan de Dios para la creación sanada.

Este capítulo examina las marcas que identifican a la iglesia como la comunidad sanadora de Dios. Reabre la cuestión histórica de las marcas de la iglesia a través del lente de la salvación como la creación sanada. Consideraremos primero las Escrituras, y luego analizaremos el debate de muchos siglos sobre las marcas fundamentales de la iglesia. El capítulo finaliza con la pregunta: ¿cuáles son hoy las marcas o señales de la fiel iglesia local y mundial de Jesucristo, y cómo pueden verse?

Las marcas de la iglesia en el Nuevo Testamento

La intención de Dios es que la iglesia, como cuerpo de Cristo, sea la comunidad trinitaria sanadora y misional en la tierra, y el Nuevo Testamento muestra cómo. Las palabras de Jesús en Juan 13:35, «Todos sabrán que son mis discípulos, si se aman los unos a los otros», dejan en claro que la suprema marca distintiva de la iglesia es el amor. Este es el amor de la Trinidad expresado en Jesucristo y, por lo tanto, en su cuerpo a través del Espíritu Santo. Porque Jesús dijo: «Así como el Padre me ha amado a mí, también yo los he amado a ustedes. Permanezcan en mi amor» y «ustedes dan mucho fruto y muestran así que son mis discípulos» (Jn 15:8-9). Este es el trasfondo de la comisión de Jesús en Juan 20:21: «Como el Padre me envió a mí, así yo los envío a ustedes».

El apóstol Pablo, como vimos antes, usa frecuentemente la tríada fe/esperanza/amor. Todos los autores del Nuevo Testamento hablan de fe y amor cuando describen la acción de Dios en Jesús y la respuesta humana mediante la cual pasamos a ser «miembros del cuerpo» (1Co 12:22) y llegamos a «tener parte en la naturaleza divina» (2P 1:4).

El acento en la esperanza está unido frecuentemente a las promesas históricas de Dios. Pablo habla de «la esperanza que tengo en la promesa que Dios hizo a nuestros antepasados» (Hch 26:6). Pedro escribe: «Por su gran misericordia, [Dios] nos ha hecho nacer de nuevo mediante la resurrección de Jesucristo, para que tengamos una esperanza viva» (1P 1:3). Los cristianos deben poner «su esperanza completamente en la gracia que se les dará cuando se revele Jesucristo» (1P 1:13), porque «su fe y su esperanza están puestas en Dios» (1P 1:21). La carta a los Hebreos insta a los cristianos a que «cada uno de ustedes siga mostrando ese mismo empeño hasta la realización final y completa de su esperanza» (Heb 6:11). «Tenemos como firme y segura ancla del alma una esperanza que penetra hasta detrás de la cortina del santuario, hasta donde Jesús, el precursor, entró por nosotros» (Heb 6:19-20).

Finalmente, Pablo habla de la esperanza de toda la creación sanada, «porque [la creación] fue sometida a la frustración. Esto no sucedió por su propia voluntad, sino por la del que así lo dispuso. Pero queda la firme esperanza de que la creación misma ha de ser liberada de la corrupción que la esclaviza, para así alcanzar la gloriosa libertad de los hijos de Dios» (Ro 8 :19-21).

Fe, esperanza y, por sobre todo, amor: éstas son las marcas clave de la iglesia de Jesucristo. Esta tríada no es una fórmula, una receta o una prueba decisiva. Fe, esperanza y amor pueden tener significados diferentes para diferentes personas. En el Nuevo Testamento, la fe, la esperanza y el amor son las marcas superpuestas del cuerpo único de Cristo, porque la iglesia es un organismo complejo, un misterio del Espíritu, el cuerpo de Cristo con su propia ecología profunda.

La fe, la esperanza y el amor no son meras virtudes privadas. No tienen que ver tanto con la salvación personal como con la vida en comunidad. En el relato bíblico, la fe, la esperanza y el amor son las marcas entretejidas en toda la trama de la *oikonomia* de Dios para la creación sanada.

Somos salvados por gracia a través de la fe en Jesucristo. Pero Jesús no es sólo nuestro «salvador personal»; él es mediante quien «todas las cosas ... forman un todo coherente». El Jesucristo resucitado «es la cabeza del cuerpo, que es la iglesia» (Col 1:18); es también en quien Dios ha de «reunir ... todas las cosas, tanto las del cielo como las de la tierra» (Ef 1:10).

Cuando hablamos de la *fe* cristiana, expresamos nuestra confianza en lo que Dios ha hecho y hará por medio del sacrificio, la resurrección y el reinado continuo de Jesucristo. Esta es la fe de la iglesia como participante del gran plan de Dios para la creación sanada.

La *esperanza* es una señal clave de la iglesia verdadera. Esto es más que una esperanza para la eternidad en el cielo o la prosperidad en la tierra. Es, más bien, la esperanza de la creación sanada, el matrimonio del cielo y la tierra. Pablo pide que la iglesia tenga «el Espíritu de sabiduría y de revelación», para que sus miembros «sepan a qué esperanza él los ha llamado, cuál es la riqueza de su gloriosa herencia entre los santos» (Ef 1:17-19). Es la esperanza segura (no optimismo ni vanas ilusiones) «de que la creación misma ha de ser liberada de la corrupción que la esclaviza, para así alcanzar la gloriosa libertad de los hijos de Dios» (Ro 8:21), de que la voluntad de Dios se cumpla realmente en la tierra como en el cielo. Este es el significado mayor de «Cristo en ustedes, la esperanza de gloria» (Col 1:27).

De modo que, cuando hablamos de la esperanza cristiana, expresamos nuestra certidumbre de que Dios, en Cristo y por el Espíritu, está cumpliendo su misión de sanar toda la creación. Ésta es la esperanza de la iglesia como actor en el gran misterio de Dios de la redención y la sanación.

De manera similar, el amor es otra señal clave de la iglesia: amor a Dios, amor de unos por otros, amor por los prójimos cercanos y distantes, visibles o invisibles, locales y mundiales. Y amor a todo el jardín que Dios ha creado, amándolo aún en su estado semiarruinado.

Por el Espíritu, a través de la iglesia, el «tanto amó Dios al mundo» de Juan 3:16 pasa a ser el amor que la iglesia demuestra. Entendemos que las palabras «no amen al mundo ni nada de lo que hay en él» (1Jn 2:15) no se refieren a la creación física sino a los distorsionados y pecaminosos «malos deseos del cuerpo, la codicia de los ojos y la arrogancia de la vida» (1Jn 2:16). Así que cuando hablamos del amor cristiano nos referimos al amor de Dios por el mundo, por todo lo que Dios ha hecho y se ha propuesto redimir. Esto se convierte en el amor que la iglesia demuestra como colaboradora en la maravillosa economía de la creación sanada.

En la economía de Dios, la fe, la esperanza y el amor se convierten así en señales clave de la iglesia fiel en misión. La fe es la seguridad dada a los que son justificados por la fe en que Dios sanará toda la creación, cumpliendo sus promesas. La esperanza es la certidumbre de que Dios, «según su promesa», traerá «un cielo nuevo y una tierra nueva, en los que habite la justicia» (2P 3:13). «Porque en esa esperanza fuimos salvados» (Ro 8:24). El amor es compartir la naturaleza divina (2P 1:4), llena del amor de Cristo, de modo que amamos a Dios, a nuestros semejantes y a toda la creación de Dios, amando todo lo que incluye el «pacto que [estableció] para siempre con ...la tierra» (Gn 9:15-16).

Dentro del amplio relato y la ecología bíblica, la fe, la esperanza y el amor, en estas dimensiones mayores, son marcas de la verdadera iglesia de Jesús. Gracias a las promesas de Dios, sabemos que «esta esperanza no nos defrauda, porque Dios ha derramado su amor en nuestro corazón por el Espíritu Santo que nos ha dado» (Ro 5:5).

Reconsiderar las marcas tradicionales

Es extraño que la fe, la esperanza y el amor, tan destacados en el Nuevo Testamento, no han sido considerados frecuentemente en la historia de la iglesia como las marcas principales de la iglesia. Conforme la iglesia desarrolló sus estructuras, diversificándose gradualmente en distintos contextos culturales y luchando con cuestiones doctrinales, surgió un conjunto diferente de marcas distintivas.

Para fines del siglo IV, la iglesia había desarrollado una teoría de las «marcas» o «notas» de la iglesia; formas de identificar a la verdadera iglesia.

Una iglesia, santa, católica y apostólica

Como hemos señalado en el capítulo 1, el primer Concilio de Constantinopla de 318 d.C. describió a la iglesia como una, santa, católica y apostólica. Esta formulación ha dado forma en gran medida a la concepción que la iglesia ha tenido de sí misma a lo largo de la historia y ha encontrado cabida en muchos credos.

Pero, ¿qué podemos decir de las bases bíblicas de estas «marcas» o «notas»? ¿Es posible que la fórmula nicena-constantinopolitana en realidad le haya impedido a la iglesia tener una concepción bíblica del cuerpo de Cristo? Porque sin duda la Biblia tiene prioridad sobre los credos de la iglesia; todos los credos, no importa cuándo fueron escritos o cuáles fueron sus fuentes, deben ser evaluados bíblicamente.[1]

Consideremos las cuatro marcas o «notas» (*notae*) clásicas de la iglesia: unidad, santidad, catolicidad y apostolicidad (*ecclesia una, sancta, catholica, et apostolica*, según el credo del año 381 d.C.). Jaroslav Pelikan dice: «hablamos de la única iglesia santa, católica y apostólica» basados en «las cuatro notas clásicas de la iglesia que se definen en el Credo Niceno».[2] Estos cuatro atributos son entendidos como las marcas o características esenciales de la iglesia. Que es, no importa qué otra cosa pueda decirse de

---

[1] Lo que sigue es paralelo pero algo diferente de la discusión sobre las señales de la iglesia en Snyder y Runyon, *Decoding the Church* (La decodificación de la iglesia), pp. 17-31, y Snyder, *Marks of Evangelical Ecclesiology* (Marcas de una eclesiología evangélica), pp. 81-92.

[2] Pelikan, *Emergence* (Surgimiento), p. 156.

la iglesia, esencialmente una, santa, católica y apostólica, porque si no, no es la verdadera iglesia de Jesucristo.

Ya que estas «marcas» o «notas» quedaron consagradas en los primeros grandes credos, han sido aceptadas casi universalmente a lo largo de los siglos. Se han postulado otras marcas en ocasiones (por ejemplo, que la iglesia está constituida por la Palabra y el Espíritu), pero estas cuatro han permanecido sin objeciones. G. C. Berkouwer notó que si bien «hubo bastantes diferencias de opinión acerca de la cantidad de *notae*» durante la Reforma, todavía «las cuatro palabras mismas jamás fueron cuestionadas, ya que los reformadores no escogieron otros "atributos". En todas partes existe un apego común a la descripción de la iglesia en el Credo Niceno: una, santa, católica y apostólica. Aun después de la Reforma, a pesar de todas las diferencias de interpretación que aparecieron con respecto a las cuatro palabras, su uso permaneció igual». Berkouwer añade: «Lo llamativo aquí es que no se pregunta si la iglesia es realmente una y católica, apostólica y santa; más bien, se mencionan varias marcas [adicionales, tales como] la predicación pura del evangelio, la administración pura de los sacramentos y el ejercicio de la disciplina en la iglesia».[3]

El denominado Credo Apostólico, más antiguo que el Credo Niceno, describe a la iglesia como «la comunidad de los santos». Craig Van Gelder señala que «comunidad de los santos» describe «la realidad social de la iglesia», y puede considerarse como una quinta marca clásica. Así es que estos «cinco atributos pasaron a ser la forma habitual de describir a la iglesia durante los siglos siguientes».[4] Sin embargo, las cuatro marcas clásicas han tenido una influencia especialmente fuerte, y necesitan ser reconsideradas.

Dos cosas quedan claras cuando examinamos las cuatro marcas a la luz de la historia. Primero, esta formulación del carácter esencial y definidor de la iglesia surgió en un contexto particular y fue usado, de hecho, como una prueba para excluir a los cristianos que veían a la iglesia de modo diferente. Segundo, en distintos puntos de la historia, cristianos fervientes y completamente ortodoxos han sostenido que hay otras marcas diferentes que definen más auténticamente la esencia del ser y la fidelidad de la iglesia.

---

[3] Berkouwer, *The Church* (La iglesia), pp. 14-15. Aquí él se refiere específicamente a la «Belgic Confession» (Confesión Bélgica) [de la *Dutch Reformed Church*» (Iglesia Reformada de Holanda)], pero su punto se aplica más en general.

[4] Van Gelder, *Essence of the Church* (La esencia de la iglesia), p. 50.

Desde el punto de vista de las Escrituras y la creación sanada, las cuatro marcas ciertamente plantean algunos interrogantes. Los tiempos de renovación y reforma de la iglesia generan frecuentemente nuevas ideas sobre la iglesia. En general, las marcas clásicas mismas no han sido cuestionadas, pero el ejemplo de Jesucristo y de la iglesia en Hechos ha sido presentado a menudo como crítica de la práctica y teoría contemporáneas de la iglesia, cuestionando implícitamente así las marcas tradicionales.

Consideremos el ejemplo del metodismo primitivo en Inglaterra y Estados Unidos. John Wesley ponía mucho énfasis en la predicación del evangelio a los pobres. Algunos de los primeros metodistas argüían que el evangelio para los pobres era una marca esencial de la iglesia. En Estados Unidos, el influyente líder metodista Stephen Olin (1797-1851), presidente de la Wesleyan University, dijo que la iglesia no era realmente apostólica si no predicaba el evangelio a los pobres, como lo había hecho Jesús. En su sermón «The Adaptation of the Gospel to the Poor» (La adaptación del evangelio a los pobres), Olin dijo:

> Hay encendidas controversias acerca de la iglesia verdadera. ¿Qué la constituye, qué es esencial, qué la invalida? Éstas pueden ser preguntas importantes, pero hay otras más importantes. Tal vez no sea posible que haya una iglesia sin un obispo, o tal vez sea posible. No puede haber ninguna sin un evangelio, pero un evangelio para los pobres. ¿La iglesia predica el evangelio a los pobres, y lo predica de manera efectiva? ¿Convierte y santifica a las personas? Su predicación, sus formas y sus doctrinas, ¿están adaptadas especialmente para estos resultados? Si no, no debemos tomarnos el trabajo de hacer ninguna pregunta más acerca de ella. Ha pasado por alto el asunto más importante. No hace lo que Jesús hizo, lo que los apóstoles hicieron. ¿Hay una iglesia —un ministerio— que convierte, reforma, santifica a las personas? ¿Los pobres aprenden realmente a amar a Cristo? ¿Viven de manera pura y mueren felices? Espero que la iglesia se conforme al Nuevo Testamento en su gobierno y formas tanto como le sea posible... espero que sus ministros sean hombres con la mejor preparación, y elocuentes. Espero que adoren en buenos templos, y todo eso, pero no puedo pensar o hablar seriamente sobre estos asuntos en el día de reposo. Predican un evangelio de salvación a los pobres, y eso basta. Es una

iglesia apostólica. Cristo es la piedra angular. Lo más importante está asegurado, gracias a Dios.[5]

Así se afirman dos cosas clave acerca de la verdadera iglesia. Primero, que predicar el evangelio a los pobres es una marca identificatoria esencial. Segundo, que esta marca es una prueba de si la iglesia es genuinamente apostólica: ¿sigue la iglesia los pasos de Jesús? La iglesia que predica el evangelio a los pobres «es una iglesia apostólica», dijo Olin. El apostolado verdadero implica que la iglesia sigue los pasos de Jesús. Note que Olin apela a las Escrituras, especialmente a la enseñanza y el ejemplo de Jesucristo, y no a credos específicos.

Entonces, ¿qué podemos decir de las marcas de la iglesia como la comunidad sanadora de Dios en la tierra? ¿De qué manera el acento del Nuevo Testamento en la fe, la esperanza y el amor se relacionan con la iglesia como una, santa, católica (universal) y apostólica? ¿Qué podemos decir del énfasis mismo de Jesús en el evangelio a los pobres?

Una visión más amplia de la ecología de la iglesia

Ya hemos visto el lugar destacado que el apóstol Pablo da a la fe, la esperanza y el amor. Si examinamos los evangelios y el libro de Hechos, vemos que la predicación del evangelio a los pobres tiene un sustento bíblico más obvio que las cuatro marcas clásicas. Las Escrituras resaltan el ministerio hacia y entre los pobres más que la universalidad o la catolicidad, por ejemplo, como una señal clave de la fidelidad de la iglesia.

Entonces, ¿cuán bíblicas son las cuatro marcas clásicas? ¿De qué manera se relacionan con la misión de la iglesia en la sanación de la creación? Las cuatro marcas mismas son muy ambiguas. Los teólogos han debatido durante mucho tiempo sobre qué significan precisamente. A menudo, las marcas se han interpretado de manera que estén en armonía con otros esquemas.

¿Por qué debemos aceptar estas marcas como verdaderas y autoritativas? ¿Son realmente bíblicas? Efesios 4:3-6 puede citarse como el texto clave para las marcas clásicas: «Esfuércense por mantener la unidad del

---

[5] Olin, «Adaptation of the Gospel to the Poor» (Adaptación del evangelio a los pobres), en Olin, *Works of Stephen Olin* (Obras de Stephen Olin), 1:345 (itálicas en el original). Este era un énfasis común de los wesleyanos desde los días tempranos de la iglesia metodista en Inglaterra y Norteamérica, pero para los años de 1850 había decaído o se encontraba bajo ataque entre los metodistas.

Espíritu mediante el vínculo de la paz. Hay un solo cuerpo y un solo Espíritu, así como también fueron llamados a una sola esperanza; un solo Señor, una sola fe, un solo bautismo; un solo Dios y Padre de todos, que está sobre todos y por medio de todos y en todos». Este importante pasaje subraya la unidad (e, implícitamente, la catolicidad) de la iglesia: «un solo Señor, una sola fe, un solo bautismo». Otros pasajes de Efesios acentúan la santidad de la iglesia (especialmente 5:26-27) y su apostolicidad (2:20: «edificados sobre el fundamento de los apóstoles y los profetas» y 3:5: «se les ha revelado por el Espíritu a los santos apóstoles y profetas»; cf. 4:11). Otros pasajes del Nuevo Testamento podrían citarse, especialmente Juan 17, acerca de la unidad de la iglesia. En otras palabras, se pueden encontrar pasajes que apoyan las ideas de la unidad, la santidad, la catolicidad y la apostolicidad como marcas esenciales. Pero hay otros acentos que se destacan tanto como estos en las Escrituras, si no más.

Sin duda debemos afirmar las marcas tradicionales (unidad, santidad, catolicidad y apostolicidad) como marcas esenciales de la iglesia, especialmente en la medida que la diferencian del resto de la sociedad. Pero, en realidad, la formulación cuádruple clásica dice solo una parte de la historia. Esto es obvio aun en Efesios 4:3-6, ya que el versículo siguiente dice: «Pero a cada uno de nosotros se nos ha dado gracia en la medida en que Cristo ha repartido los dones», introduciendo de esta manera el acento de la diversidad carismática.

Las cuatro marcas tradicionales resaltan sólo un lado de la ecología de la iglesia. La iglesia de Jesucristo es más compleja, diversa y gloriosa de lo que sugieren las marcas clásicas. En realidad, es mucho más preciso decir bíblicamente que la iglesia es:

DIVERSA además de UNA
CARISMÁTICA además de SANTA
LOCAL además de CATÓLICA (o universal)
PROFÉTICA además de APOSTÓLICA

La teología ortodoxa clásica habla de una iglesia, santa, católica y apostólica. Por lo general no ha hablado de la iglesia como también diversa, carismática, local y profética. Este segundo grupo de cualidades es tan visible en el Nuevo Testamento como las marcas tradicionales. Por ejemplo, en Hechos, la diversidad de la iglesia es clara cuando vemos las primeras comunidades cristianas: Jerusalén, Antioquía, Filipos, Corinto, por ejemplo. La naturaleza carismática de la iglesia primitiva se ve en el acento en las «señales y prodigios» en Hechos (4:30; 5:12; 14:3; 15:12). El carácter local o el arraigo contextual es evidente precisamente en el hecho de que la iglesia fue plantada en entornos sociales y locales específicos. El carácter profético de la iglesia primitiva se ve en su formación de una sociedad contrastante cuyos valores y cosmovisión chocaban con los valores de la sociedad dominante.

Históricamente una función clave de las señales tradicionales ha sido identificar características que diferencian a la iglesia del resto de la sociedad. Esto lo confirmamos también hoy en día. Pero en el complejo mundo actual, y con la preocupación de ser un reflejo de la dinámica de la iglesia primitiva en tu totalidad, como la vemos en el Nuevo Testamento, también es necesario, desde el punto de vista teológico y misionero, reconocer el significado de la diversidad y la contextualidad de la iglesia, como también sus dimensiones carismáticas y proféticas.

Diversa, carismática, local y profética

La diversidad, el carácter local y contextual, el testimonio profético y la vida carismática de la iglesia se vuelven evidentes cuando ahondamos en el Nuevo Testamento. Aquí encontramos una sanadora y reconciliadora comunidad de fe, esperanza y amor que encarna las buenas nuevas entre los pobres y comienza a alcanzar a las naciones, extendiendo su testimonio «hasta los confines de la tierra» (Hch 1:8). Así que vemos lo siguiente:

1. La iglesia no es sólo una: también es muchas. Múltiple y diversa. Considere la diversidad de las primeras congregaciones cristianas, desde Antioquía a Roma, pasando por Colosas. Note cómo las cartas de Pablo celebran la diversidad étnica, socioeconómica y de clases de la iglesia (Gá 3:23-29; 1Co 12:13; Col 3:11). Sin duda el tema aquí no es solo la unidad que tenemos en Cristo, sino también la diversidad que se reconcilia y aún se celebra en la iglesia. Esta diversidad es, en parte, lo que hace que la unidad sea tan impresionante.[6]

---

[6] La unidad en la diversidad es un tema a lo largo de las Escrituras. Israel, aunque una nación, estaba constituida por doce tribus. Debía tener preocupación particular por los extranjeros y forasteros que reconocían a Dios y se hacían parte del pueblo de Dios. Una y otra vez, Dios le recordaba a Israel que su pueblo algún día incorporaría a gentes de muchas naciones. Pasajes del Antiguo Testamento que unen a los forasteros y extranjeros con los huérfanos y las viudas sugieren una relación entre la diversidad del pueblo de Dios y su preocupación especial por el pobre y el oprimido (por eje., Deu 14:29,16:11,16:14).

La enseñanza de «un cuerpo, muchos miembros» de 1 Corintios 12 y Romanos 12 puede extenderse a la iglesia universal además de la local. El punto es que la iglesia, local o global, es simultáneamente una y muchas.

2. La iglesia es *carismática* además de *santa*. El mismo Espíritu Santo que santifica a la iglesia la bendice con diversos dones (Ef 4:7-16; 1Co 12; Heb 2:4). Es el Espíritu Santo quien da los dones. La iglesia funciona mejor con los frutos y los dones del Espíritu por igual, encarnando el carácter y los carismas de Jesús.[7]

A primera vista, la santidad y el carisma no parecen estar relacionados. Pero hay dos cosas que sobresalen en las enseñanzas bíblicas. Primero, las Escrituras vinculan directamente el carácter santo (sagrado, apartado) de la iglesia con el hecho de que es una comunidad dotada de los dones del Espíritu (ej: Hch 1:8; 2:4-38; Heb 2:4; 1P 2:9). Segundo, en las Escrituras a la iglesia se la describe una y otra vez como santa y carismática, aunque en distintos pasajes.

A menudo le ha costado a la iglesia mantener juntos estos dos aspectos. La historia ofrece muchos ejemplos de tensiones en este punto, incluyendo la división a principios del siglo XX en el Movimiento de Santidad que produjo el pentecostalismo moderno.[8] Pero la realidad es que la santidad y el carisma se necesitan mutuamente.

3. La iglesia es simultáneamente local y universal. Existe a la vez como el cuerpo mundial de Cristo (en este mundo y más allá) y como comunidades locales muy diversas y específicas, cada una con su propio sabor, estilo y cultura. La iglesia trasciende la cultura y al mismo tiempo está encarnada en culturas específicas.

También aquí la iglesia ha luchado por mantener unidos dos aspectos fundamentales, debido a toda una gama de razones históricas, teológicas y sociológicas. En sus formas mayoritarias, la iglesia tiende a valorar más la uniformidad por sobre la particularidad, la universalidad por sobre el carácter local, la trascendencia transcultural por sobre la encarnación cultural, lo predecible por sobre lo innovador. O a veces la iglesia se vuelca al extremo opuesto, perdiéndose en la adaptación y la innovación.

---

[7] Snyder, «Church as Holy and Charismatic» (La iglesia como santa y carismática); Snyder, «Spiritual Gifts and Church Vitality» (Los dones espirituales y la vitalidad de la iglesia), capítulo 10 en Snyder, *Yes in Christ* (Sí en Cristo), pp. 201-220.

[8] Ver Synan, *Holiness-Pentecostal Tradition* (La tradición pentecostal de santidad).

En el Nuevo Testamento está claro que la iglesia es a la vez local y universal. El uso mismo de la palabra «iglesia» en el Nuevo Testamento lo indica.[9] Hay más evidencia en la historia misma de las primeras comunidades cristianas (retratadas especialmente en Hechos) y la enseñanza apostólica acerca de adaptarse a las costumbres locales en relación con la comida y la vestimenta (ej: Ro 14:21; 1Co 8:13). El Nuevo Testamento hace por lo menos tanto hincapié en el carácter de la iglesia local como en su universalidad. En realidad, es el carácter local de la iglesia lo que hace que su universalidad sea más profunda, y viceversa.

4. La iglesia es tan auténticamente profética como es apostólica. Después de todo, la iglesia está edificada «sobre el fundamento de los apóstoles y los profetas, y Cristo Jesús mismo es la piedra angular» (Ef 2:20; cf. Ef 3:5; Ap 18:20). Jesús es a la vez el Apóstol y el Profeta que establece la iglesia (Hch 3:22; Heb 3:1). El binomio bíblico de «apóstoles y profetas» es una señal de que estos dos énfasis van juntos.[10]

La iglesia es apostólica: es enviada al mundo como el Padre envió a Jesús, enviada para que continúe la obra que Jesús comenzó (Jn 14:12; 20:21).[11] Jesús envió primero a sus doce apóstoles, después a Pablo y a un grupo más grande de testigos apostólicos (Ro 16:7; Ef 4:11). La fidelidad tanto a las palabras como a las obras de Jesucristo (a su vida y a su enseñanza) constituye la verdadera apostolicidad. Pero la apostolicidad también requiere un testimonio fiel de quién es Jesús realmente, fidelidad tanto al evangelio de Jesús como al evangelio *acerca* de Jesús.[12] La fidelidad a las *palabras*, las *obras* y la *vida* de Jesucristo definen en conjunto el verdadero significado de la apostolicidad y, consecuentemente, de la «sucesión apostólica».

---

[9] Ver Mat 16:18,18:17; Hec 8:1; 9:31; 11:22-26; 13:1; 15:22; 20:17; 1 Cor 12:28; Efe 1:22; 3:10; 5:29-32; Apo 2-3.

[10] Teológicamente hay cierta prioridad de los apóstoles sobre los profetas, como se sugiere en 1 Cor 12:28 y Efe 4: 11. Los apóstoles, a lo largo de la historia, establecen la iglesia sobre la base de su autoridad y la de Jesucristo, y ellos tienen la responsabilidad inicial de supervisar a la iglesia. A los apóstoles les siguen los profetas que animan, inspiran y, cuando es necesario, juzgan a la iglesia. El Nuevo Testamento y la historia proveen muchos ejemplos. Pero en el NT a los apóstoles y a los profetas no se los presenta como administradores sino como personas dotadas de dones (Ef 4:11), quienes en todas las edades proveen la «fundación» funcional sobre la cual Jesucristo edifica su iglesia.

[11] Ver la discusión en el capítulo 9 sobre la misión de Jesús.

[12] Arias, *Announcing the Reign of God* (El anuncio del reinado de Dios), pp. 8-10.

Pero la iglesia también es profética. Si su apostolicidad es realmente empoderada por el Espíritu Santo, será profética. La iglesia es profética de dos modos. Primero, al ser una verdadera comunidad que encarna de manera visible el mensaje profético de la creación sanada que se encuentra en los libros proféticos del Antiguo Testamento así como en la vida de Jesús. En otras palabras, la iglesia es profética, en primer lugar, en lo que es como comunidad sanadora de Dios en la tierra. Segundo, es profética al proclamar las buenas nuevas del reinado de Dios dentro del mundo presente. Esto podrá tener distintos acentos en diferentes contextos históricos, pero siempre significa ser sal y luz hoy mismo (Mt 5:14; Jn 8:12; Fil 2:15).[13]

Edificada «sobre el fundamento de los apóstoles y los profetas» quiere decir que la iglesia es un pueblo apostólico, no sólo una iglesia con apóstoles. Debe ser un pueblo profético, no sólo una iglesia con profetas. Existe el apostolado y el profetismo de todos los creyentes como también existe el sacerdocio de los creyentes. Esto pasa a ser una realidad auténtica y visible cuando todos los dones de la iglesia, funcionando juntos, hacen de la iglesia un pueblo profético (1Co 12; Ef 4:7-16; Ro 2:8-10). Así es como el Espíritu edifica y obra por medio de la iglesia como su comunidad sanadora en la tierra.

Mantener el equilibrio ecológico

En resumen, si consideramos la totalidad de las Escrituras vemos que la iglesia es simultáneamente una y diversa, tanto santa como carismática, a la vez universal y local, tanto apostólica como profética. La iglesia se vuelve poderosamente dinámica en cualquier terreno cuando estas verdades se encarnan en su experiencia concreta. Así que, si somos bíblicos, veremos a la iglesia como diversa, carismática, contextual y profética además de una, santa, católica y apostólica. Aquí captamos un perfil más completo de la iglesia (más ecológico, más dinámico, más sanador y misional) que el que captamos con las cuatro marcas tradicionales.

Estas marcas diferentes no están en conflicto. Dado el misterio de la iglesia como un emblema polifacético del reino de Dios, podemos ver estos acentos contrastantes como correlativos: verdades complementarias en el misterio único que es el Cuerpo de Cristo.

---

[13] Snyder, *Community of the King* (La comunidad del Rey), pp. 123-37.

Sin embargo, encontramos una tensión creativa saludable entre estos dos conjuntos de marcas. Esto es simplemente parte de la ecología de la iglesia como organismo vivo. Las cuatro marcas complementarias (la diversidad, los carismas recibidos, el carácter local y el profetismo) funcionan en una tensión creativa con las marcas tradicionales. De hecho, estas cuatro marcas equilibran las marcas tradicionales como si fuera un acoplamiento genético.

- La unidad de la iglesia se acopla con su diversidad.
- Su santidad se acopla con su plenitud carismática.
- Su catolicidad o universalidad se acopla ecológicamente con su ser contextual y estar encarnada localmente.
- Su apostolicidad se acopla con ser profética, estar centrada en la justicia además de la verdad, ser una sociedad de contraste sanador además de una comunidad evangelizadora atrayente.

¿Qué sucedería si tomáramos estas cualidades complementarias con igual seriedad en la iglesia como la comunidad sanadora de Dios en la tierra? Eso es lo que este libro intenta hacer. En la historia, estos dos conjuntos de marcas a menudo han sido separados violentamente. La diversidad, por ejemplo, se convierte en la enemiga de la unidad, o la adaptación local amenaza la uniformidad católica. Esto es contrario a la auténtica ecología de la iglesia.

Contraponer la unidad con la diversidad, o la santidad con la plenitud carismática, o la fidelidad apostólica con el testimonio profético fractura la ecología de la iglesia. Hiere a la iglesia y debilita su misión sanadora. Enfrentar estas marcas entre sí, de hecho, conduce a dos tipos de iglesias muy diferentes. Si nos centramos solo en las cuatro marcas tradicionales, o al contrario, sólo en las cuatro contrastantes, se producen iglesias muy diferentes y anémicas. En realidad, la historia de la iglesia puede leerse como una batalla entre estos dos grupos de marcas que deberían mantenerse juntas.

¿Movimiento versus institución?

Esto queda claro especialmente cuando examinamos la historia de la iglesia como un movimiento. La historia de la iglesia revela frecuentemente una tensión entre la iglesia como movimiento y la iglesia como institución. Por lo general, se han usado las cuatro marcas clásicas para definir y defender a la iglesia más como institución que como movimiento.

En contraste, es más probable que la iglesia sea diversa, encarnada localmente, carismática y profética cuando es un movimiento.

Las cuatro marcas clásicas tienden a predominar durante tiempos de énfasis en la institución y la organización; las otras cuatro marcas son más evidentes durante tiempos de movimiento y avivamiento. Cuando la iglesia es un movimiento dinámico tiende a ser profética, empoderada carismáticamente, diversa (tal vez en contraste con la iglesia más amplia) y más contextualizada en su entorno social inmediato. Pero cuando la iglesia se mueve hacia una institución más asentada comienza a celebrar (y tal vez a imponer) su unidad, su santidad (es decir, su condición sagrada como institución), su universalidad y su autoridad apostólica.

Pero esta misma tensión, que a veces produce escisiones, en realidad da testimonio de una profunda verdad teológica acerca de la iglesia. Para ser un agente de la creación sanada, la iglesia necesita tanto las marcas clásicas como sus correspondientes marcas equilibrantes. Las iglesias fieles viven en una tensión dinámica con estos pares de atributos de su carácter. Esto es lo que acompaña la ecología con la que el Espíritu dota a la iglesia.

La plena ecología de la comunidad sanadora de Dios

Las cuatro marcas tradicionales empaquetan la eclesiología de manera demasiado prolija y ajustada, fijando el escenario para divisiones y nuevos movimientos que saben intuitivamente que algo les falta. Pero si vemos las cuatro marcas contrastantes como la mitad faltante del ADN de la iglesia, surge un cuadro dinámico. Vemos que la iglesia verdadera es siempre y a la vez:

UNA	←→	VARIADA/DIVERSA
SANTA	←→	CARISMÁTICA
APOSTÓLICA	←→	PROFÉTICA
CATÓLICA	←→	PARTICULAR/LOCAL/CONTEXTUAL

Esto está mucho más cerca de la visión del pueblo de Dios descrita en ambos Testamentos. Encaja bien con la narrativa de Dios-pueblo-tierra. Vivir fielmente en y con la tierra exige verdades abarcadoras y también adaptación local: ser fieles a Dios y estar arraigados en la tierra simultáneamente.

Si cimentamos la eclesiología en la plenitud de la revelación bíblica, tenemos una imagen más potente y verdadera del misterio que es el cuerpo de Cristo que si aceptamos sin críticas las cuatro marcas clásicas. Vemos que, en la economía de Dios, no hay simplemente «una iglesia santa católica apostólica» sino simultáneamente muchas iglesias particulares, carismáticas y proféticas llamadas a vivir en la fe, la esperanza y el amor que da el evangelio.

La fórmula tradicional ofrece perspectivas valiosas. Sin embargo, debido al divorcio teológico entre el cielo y la tierra que hemos trazado en este libro, la teoría tradicional de las marcas es inadecuada en tres sentidos. Primero, no logra encarnar plenamente la marca central del amor. Segundo, no encarna la dinámica de la ecología total de la iglesia. Tercero, omite la esfera de la creación sanada. Sin un fundamento bíblico integral, las cuatro marcas tradicionales pueden en realidad acentuar la división entre la tierra y el cielo, en lugar de ayudar a sanarla. Pero, entretejidas en la visión bíblica de la creación sanada, las cuatro marcas y sus cuatro complementos nos ayudan a ver el misterio de la iglesia en el plan sanador de Dios.

Las marcas de hoy

¿Cuáles son las marcas distintivas del cuerpo de Cristo, la iglesia, hoy día? ¿Tiene marcas o señales que apuntan a Jesús?

Hemos destacado las marcas de la fe, la esperanza y el amor, no como vagas ideas o ideales, sino como conductas reales que surgen del Jesucristo resucitado y la presencia activa del Espíritu Santo en la vida de los cristianos. Fe, esperanza y amor, no como virtudes privadas pero como atributos nutridos por la promesa bíblica plena de la creación sanada.

Vemos también que, como la comunidad sanadora de Dios en la tierra, la iglesia mundial-local es a la vez una y muchas, santa y carismática, universal y local, apostólica y profética. ¡Qué hermoso es el cuerpo de Cristo, no sin sus *notae* o marcas, sino con ellas! ¡Cuán amplio y sabio es el plan redentor de Dios. «¡Qué profundas son las riquezas de la sabiduría y del conocimiento de Dios! ¡Qué indescifrables sus juicios e impenetrables sus caminos!» (Ro 11:33).

Jesús dijo: «Como el Padre me envió a mí, así yo los envío a ustedes» (Jn 20:21). Dijo, refiriéndose a la iglesia, «las obras que yo hago también

...las hará (Jn 14:12). «De este modo todos sabrán que son mis discípulos, si se aman los unos a los otros» (Jn 13 :35). La iglesia no es Jesús, pero por ser su cuerpo, puede tener la mente de Cristo (Fil 2:5) y así cumplir su misión sanadora en la economía de la salvación de Dios.

Quedan por decir dos palabras finales: una, acerca del evangelio para los pobres; la otra, sobre la práctica diaria de las marcas de la iglesia.

La marca de los pobres

Previamente subrayamos el evangelio hacia y para los pobres. ¿Es esta otra marca esencial de la iglesia? De ser así, ¿cómo se vincula con las otras marcas?

La respuesta se encuentra en Lucas 4:16-30.[14] El tema es la marca de la apostolicidad, como señaló Stephen Olin. La verdadera iglesia apostólica continúa en el mundo las obras que empezó Jesús. Por esta razón Jesús mandó a decir a Juan el Bautista: «Vayan y cuéntenle a Juan lo que están viendo y oyendo» (Mt 11: 4). El punto clave es: «a los pobres se les anuncian las buenas nuevas» (Mt 11:5). «Esta era la prueba suprema de que *Él era el que había de venir*... El que se ocupaba de los pobres de esta forma debía venir de Dios».[15] El Nuevo Testamento muestra que el evangelio para los pobres es la prueba de la apostolicidad de la iglesia, su auténtica condición de enviada.

Precisamente, el evangelio para los pobres es poderoso porque une las notas apostólicas y proféticas. Tal vez es esto lo que John Wesley quiso decir cuando escribió que predicar el evangelio a los pobres era «el mayor milagro de todos»;[16] un milagro, porque la iglesia jamás hará esto a menos que sea movida por el Espíritu y sea capturada por el carácter de Cristo.[17] La iglesia es, de manera única y divina, apostólica y profética a

---

[14] Véase Jones, *Christ's Alternative to Communism* (La alternativa de Cristo al comunismo).

[15] Roberts, «Free Churches» (Iglesias libres) énfasis en el original.

[16] Wesley, *Explanatory Notes New Testament* (Notas explicativas: Nuevo Testamento), comentarios sobre Lucas 7:22. Comparar los comentarios de Wesley acerca de Hebreos 8: 11, «porque todos, desde el más pequeño hasta el más grande, me conocerán», «en este orden el conocimiento salvador de Dios lo ha hecho y lo hará, no primero al más grande, y después al más pequeño».

[17] Este punto merece una reflexión más extensa. Parece que Wesley afirma que para la iglesia el predicar el evangelio a los pobres es un milagro más importante que las curaciones físicas. De todas «las señales y maravillas» en la iglesia, esta es la más grande. Es la más grande porque así la iglesia realiza lo más milagroso, que es trascender las «leyes»

la vez cuando ministra el evangelio a y entre los pobres, en fidelidad a las palabras, la obra y vida de Jesús. Está claro que esto requiere ser empoderado por Espíritu Santo, por medio de quien el Hijo «se rebajó voluntariamente, tomando la naturaleza de siervo y... se humilló a sí mismo y se hizo obediente hasta la muerte» (Fil 2:7-8). Este es el modelo cristológico para la eclesiología.

El evangelio que obra visiblemente entre los pobres es así una señal clave de la fidelidad de la iglesia, una prueba de su apostolado. La «apostolicidad» puede ser imprecisa. Pierde fácilmente su fundamento en el ministerio concreto de Jesús y se vuelve un asunto de autoridad o de «sucesión apostólica» institucional. La apostolicidad necesita la prueba de la práctica, siguiendo los pasos de Jesús, quien envió apóstoles al mundo para proclamarlo y edificar su cuerpo.

Independientemente de todo otro significado, la apostolicidad significa el evangelio a y con los pobres. El ministerio entre los pobres es una acción concreta, no un concepto abstracto. Se hace o no se hace. Las afirmaciones de apostolicidad suenan huecas si la iglesia no está siendo, de manera visible, una buena noticia para los pobres. Karl Barth dijo: «Los pobres, los débiles y amenazados social y económicamente, siempre serán objeto de preocupación primaria y específica [de la iglesia]».[18]

Al compartir fielmente el evangelio con y entre los pobres, la iglesia es apostólica y profética a la vez. Es santa y carismática a la vez, porque, empoderada por el Espíritu,[19] demuestra el amor santo de Dios. Es católica y local a la vez, porque el ministerio hacia y entre los pobres es siempre una cuestión de personas de carne y hueso en contextos locales específicos, aun cuando sea una pasión mundial y universal. Asimismo, predicar el evangelio a los pobres involucra tanto la unidad como la diversidad de

---

de la dinámica de la sociedad, lo cual sobrepasa las «leyes» de la física o la psicología en la curación milagrosa de un mal físico.

[18] Barth, *Christian Community and Civil Community* (Comunidad cristiana y comunidad civil), p. 36.

[19] La esencia de la santidad de Dios es el amor (como Wesley lo enfatiza), que generosamente hace el bien para todos, y en especial para los pobres. Además, la verdad bíblica del carisma es particularmente relevante entre los pobres. La doctrina de los dones del Espíritu es las buenas nuevas en especial para los pobres, porque enseña (¡y demuestra!) que el don del poder no depende del estatus, los bienes, la educación, y los credenciales sociales, sino que es asunto de la simple obra del Espíritu Santo. Es por eso que los movimientos «carismáticos» (desde el punto de vista sociológico) han sido, por lo general, en primer lugar movimientos de los pobres.

la iglesia, uniendo a los cristianos en una misión común del evangelio mientras también afirma el mosaico cultural del mundo cuando la iglesia encarna el amor de Jesús entre los pobres de lugares más diversos del mundo.

El crecimiento del evangelio entre los pobres pone carne y hueso a la fe, la esperanza y el amor. Estas virtudes encuentran un significado más hondo en las iglesias de los pobres, y también en iglesias ricas con una pasión misional por los pobres. «¿No ha escogido Dios a los que son pobres según el mundo para que sean ricos en la fe y hereden el reino que prometió a quienes lo aman?» (Stg 2:5). «Dios escogió lo insensato del mundo para avergonzar a los sabios, y escogió lo débil del mundo para avergonzar a los poderosos. También escogió Dios lo más bajo y despreciado, y lo que no es nada, para anular lo que es, a fin de que en su presencia nadie pueda jactarse» (1Co 1: 27-29). Conscientes de su necesidad, los pobres a menudo, con alegría y en fe, abren su corazón a Jesús y su sanidad. Al vivir sin esperanza, encuentran una esperanza transformadora en Jesús, que cambia su vida y les da una confianza audaz en que Dios traerá su reino sanador en plenitud. El amor del uno por el otro anima a la comunidad y desarrolla la solidaridad, avivando a la iglesia como una verdadera señal del reinado de Dios y de la creación sanada.

Las iglesias mundiales y locales fieles demuestran hoy la mente de Cristo en su ministerio a todas las naciones, con una preocupación especial por los pobres.

La práctica de las marcas hoy

Como comunidad sanadora de Jesús en la tierra, la iglesia en todo el mundo tiene la oportunidad de vivir los principios de la sanidad y dedicarse a las prácticas sanadoras que muestran y difunden la salvación en el mundo local y mundial que nos rodea.

Cuatro principios clave

Como comunidad sanadora de Dios, la iglesia se nutre de las disciplinas de la oración, la lectura de la Biblia, la adoración y el consejo cristiano. Estas prácticas tradicionales extienden su alcance y efectividad conforme se las ve dentro del relato bíblico y la economía de la creación sanada.

A causa del divorcio entre el cielo y la tierra, la espiritualidad se ha vuelto demasiado espiritual.[20] La espiritualidad ha llegado a significar lo opuesto a lo físico y lo material. Esto sucede siempre que el espíritu y la materia se convierten en opuestos, como en las religiones paganas. En la economía de Dios, el espíritu y la materia son dimensiones entrelazadas de la buena creación de Dios, y ambas son susceptibles a la distorsión y la enfermedad del pecado.

La vida cristiana (la vida espiritual, la espiritualidad) necesita ser refundada sobre una base más bíblica, una base más material, por así decirlo. Esto significa prestar mucha atención al orden creado y a los principios esenciales que Dios, el arquitecto, incorporó en ese orden y mediante los cuales funciona. Estos principios son fundamentales para la creación como ecosistema y, por lo tanto, para la ecología del testimonio de la iglesia.

La Biblia abunda en enseñanzas acerca de la creación. No solo nos da el cuadro general de la transformación y la sanación, sino también principios prácticos mediante los cuales nuestra misión y mayordomía cristianas pueden vivirse en la realidad. El biólogo cristiano Calvin DeWitt identifica cuatro principios enraizados en las Escrituras que deberían estar entretejidos en el entendimiento propio y la práctica de la iglesia. Aunque DeWitt los aplica principalmente al cuidado de la creación, se relacionan claramente con todas las dimensiones de lo que llamamos comúnmente espiritualidad y discipulado.[21] Los cuatro se acoplan con el argumento central de este libro. La práctica de estos principios enriquece la espiritualidad de la iglesia y aviva su testimonio.

1. *El principio del cuidado de la tierra.* Así como el Creador mantiene y sustenta a la humanidad, la humanidad debe mantener y sustentar la creación. Esto afirma de manera sintética un elemento bíblico clave del nexo Dios-pueblo-tierra que analizamos en el capítulo 8. Aquí, el punto es que espiritualidad y misión (que son, en el fondo, la misma cosa) deben ocuparse de la relación con la tierra así como la relación con Dios. Una vez que este principio penetra en nuestra cosmovisión y nuestra historia del mundo, enriquece la totalidad de nuestro discipulado y de nuestra comunidad cristiana.

---

[20] Ver los capítulos 1, 2, y 8.

[21] DeWitt, *Ecology and Ethics* (Ecología y ética), pp. 838-848. DeWitt sugiere también otros principios, a los que denomina: principio de la barrera (en relación con los límites), principio de contención, principio de prioridad y principio de práctica.

2. El principio del día de reposo. A la creación se le debe permitir la recuperación del uso humano de sus recursos. Con raíces en la creación (Gn 2:1-4), el principio del día de reposo es una parte clave del pacto mosaico. También hace eco del pacto eterno de Dios con la tierra (Gn 9) y es el fundamento del año sabático, el año del jubileo y la promesa bíblica del Jubileo final, sanidad y shalom (ej: Is 61:1-4; Lc 4:16-21).[22]

El principio del día de reposo nos guía en el cuidado de la tierra. También nos guía en el cuidado de nuestros cuerpos, de unos a otros y de los abundantes recursos de gracia y de materia de Dios que forman, juntos, nuestra mayordomía cristiana. La iglesia es más saludable y más útil en su ministerio sanador cuando vive según los principios y los ritmos del día de reposo.

3. El principio de la fecundidad. La fecundidad de la creación debe ser disfrutada y cuidada, no destruida. La comisión de Génesis, «sean fructíferos y multiplíquense», se extiende en significado y profundidad al desdoblarse la revelación bíblica. Dios promete a Israel que, si permanece fiel, «les mostraré mi favor. Yo los haré fecundos. Los multiplicaré, y mantendré mi pacto con ustedes» (Lv 26:9). Jesús dice a sus discípulos: «Mi Padre es glorificado cuando ustedes dan mucho fruto y muestran así que son mis discípulos... los comisioné para que vayan y den fruto, un fruto que perdure» (Jn 15:8,16). Los cristianos pertenecen a Cristo y «de este modo daremos fruto para Dios» (Ro 7:4). Así que los cristianos deben florecer con «el fruto del Espíritu» que es «amor, alegría, paz, paciencia, amabilidad, bondad, fidelidad, humildad y dominio propio» (Gá 5:22-23). Finalmente, en la nueva creación, el árbol de la vida produce distintos frutos cada mes, «y las hojas del árbol son para la salud de las naciones» (Ap 22:2). En la economía de Dios y la ecología de la vida de la iglesia, la fecundidad tiene muchas dimensiones. Une lo que consideramos comúnmente como los frutos del Espíritu y el «fruto de la tierra» (Gn 5:3; Dt 26:2; Is 4:2; Stg 5:7). El principio de la fecundidad, por lo tanto, toca todas las dimensiones de la vida y el testimonio, desde la evangelización hasta el cuidado de la creación.

4. El principio de la satisfacción y los límites. Dios ha puesto límites al papel de la humanidad dentro de la creación, y esas fronteras deben respetarse. Génesis 1 y 2 muestran el ordenamiento de toda la creación. Dios

---

[22] Para un breve resumen del significado del sabático y del jubileo, ver Snyder, *Kingdom, Church, and World* (Reino, iglesia y mundo), pp. 59-76.

ha establecido límites (físicos, sociales, económicos, morales), y es precisamente dentro de estos límites que los humanos y toda la creación encuentran satisfacción. La tierra debe ser llenada y debe florecer con vida diversa y abundante.[23]

También se le podría llamar el principio de sostenibilidad. Sostenibilidad significa el reconocimiento de los límites dentro de los cuales los sistemas prosperan, y que violarlos conduce a la enfermedad o la muerte. Por ejemplo, sostenemos cuerpos saludables mediante el alimento, el descanso, el ejercicio, el trabajo y la interacción social dentro de límites saludables. Lo mismo se aplica al cuerpo de Cristo; de hecho, a la totalidad del orden creado. Se aplica al clima de la tierra, como señalamos en el capítulo 6.

Dado que los principios de sostenibilidad atraviesan y conectan todas las dimensiones de la creación, aquí encontramos orientación para una economía sana y una vida cultural creativa, y también para la salud interna y la misión sanadora de la iglesia.

En consecuencia, estas dimensiones clave de la creación se aplican a la vida visible de la iglesia. Al honrar, en lugar de ignorar estos principios, la iglesia es, de manera más visible, la comunidad redentora y sanadora que Dios desea. En la medida en que estos principios se integren a la práctica de la misión mundial, veremos el poder sanador del evangelio como nunca antes en la historia. La espiritualidad será mucho más rica, con dimensiones múltiples que tocan e interactúan con «todas las cosas en el cielo y en la tierra, visibles e invisibles» (Col 1:16). La vida espiritual se vuelve física, terrenal y mundial, además de espiritual, celestial e interna.

Pasos prácticos

¿Cómo viviremos, entonces, honrando a Dios en el mundo de Dios? ¿Cómo puede la iglesia encarnar la fe, la esperanza y el amor, y las diversas dimensiones de las marcas de la iglesia? ¿Cómo ponemos en práctica, cotidianamente, los principios de sencillez, la sensibilidad por la creación y la mayordomía bíblica?

---

[23] Satisfacción propia y limitaciones pueden ser una reflexión de la vida de la Trinidad, porque mientras Dios, en ciertos sentidos, no tiene límites, la lógica de las relaciones trinas quizás sugiere alguna forma de limitación de cada miembro de la Trinidad en sí mismo y mutuo cumplimiento.

La iglesia como pueblo de Dios y comunidad de los discípulos de Jesús es a la vez un organismo carismático y una realidad histórica dentro del relato y la economía de Dios. En el capítulo previo mostramos cómo la iglesia puede vivir y testificar como una comunidad trinitaria. En otra ocasión la iglesia ha sido retratada como un organismo de tres dimensiones clave que interactúan: adoración, comunidad y testimonio, con implicaciones prácticas para el liderazgo, los dones espirituales y la estructura y testimonio de la iglesia. Estos son temas centrales especialmente en mi libro *La comunidad del Rey*.

Todo eso es pertinente aquí. Muchos buenos libros de hecho dan orientación sobre el funcionamiento práctico del cuerpo de Cristo, en especial a nivel local. Pero hay una dimensión que falta en la mayoría de esos recursos. La pieza faltante es la misión del cuidado de la creación. Sin embargo, cumplir el mandato bíblico de la ecoevangelización es básico para el testimonio fiel de la iglesia. Comenzamos a entender el cuidado de la creación como un hilo que entreteje todo el tapiz del testimonio fiel de la iglesia e incrementa las marcas visibles de la iglesia.

La práctica del cuidado de la creación

La mayordomía de la creación comienza con tres realidades fundamentales:

1. El cuidado de la creación es un encargo del pacto divino dado en primera instancia a toda la humanidad.

2. Mediante los recursos de la gracia de Dios y la administración fiel de «la gracia de Dios en sus diversas formas» que se nos han dado (1P 4:10), el cuidado de la creación es ahora una parte integral de la misión local y mundial de la iglesia.

3. El cuidado de la creación toca cada dimensión de la vida en la tierra, desde el tiempo y las finanzas hasta nuestra interacción con toda esta creación encantadora pero enferma.

Cada iglesia, al igual que cada persona y familia, decidirá cómo hacer visible la ecoevangelización en su propio lugar inmediato y también en sus conexiones globales, ya que en el mundo de hoy cada iglesia está conectada mundialmente.

Cada congregación es un organismo con su propia ecología interna, y también es parte de la ecología del contexto más amplio donde vive y funciona. Cada vez más, también es parte de la ecología y la economía mundial. Así que cada iglesia debe preguntarse de qué manera la pasión por la creación sanada se relaciona con todos los aspectos de su vida: cómo esta misión moldea su enseñanza, sus prácticas de discipulado, su formación comunitaria y su testimonio más amplio en el mundo.

La esperanza de la creación sanada debería ser un tema central natural en los sermones; de hecho, en toda la enseñanza bíblica. El cuidado de la creación debería marcar toda la vida comunitaria de la iglesia, haciéndose visible en el cuidado mutuo y en el cuidado de la tierra. El cuidado de la creación aparecerá mayormente en el diseño de los edificios, el uso de las propiedades de la iglesia y las prácticas de la comunidad. Cualquier bien inmueble de la iglesia debe ser una parcela de demostración de la creación sanada. La ecoevangelización implicará reciclar casi todo, poniendo fin a prácticas descartables que están entretejidas de manera tan irreflexiva en la sociedad de consumo. Por ejemplo, cuando una iglesia prohíbe el uso de vasos y platos de poliestireno muestra que entiende cómo cosas aparentemente pequeñas alimentan ciclos de vida o ciclos de muerte. Las congregaciones estadounidenses podrían seguir el ejemplo de una iglesia en Tanzania que hace que la plantación de árboles sea parte de cada clase de confirmación. Gracias a sus clases y tres viveros, más de 500.000 árboles están creciendo, recuperando una fuente esencial de agua que estaba menguando.[24]

En un nivel más personal, las prácticas sencillas del cuidado de la creación muestran las marcas de la iglesia como comunidad sanadora. Adaptadas a variados contextos, estas prácticas pueden estimular una mayor creatividad. Este tipo de prácticas pueden incorporarse a nuestro discipulado cristiano, demostrando el aspecto físico de la verdadera espiritualidad.

1. *Estudio bíblico*. Estudiar la Biblia (individualmente o en grupos) con la mira en el cuidado de la creación. Es indispensable aprender lo que la Biblia enseña acerca de la creación, la tierra, el pacto de Dios con la tierra (Gn 9) y su plan para la creación sanada. Los temas clave que deberían estudiarse son la tierra, la justicia, el suelo, *shalom*, los pobres, las naciones, el día de reposo, el Jubileo y la reconciliación.

2. *Oración* (individualmente y en grupos) por la sanación de la tierra y las naciones. Podemos orar por la reforestación en Haití y las zonas devastadas de África, por la paz en los lugares donde la guerra causa estragos

---

[24] Sabin, *Whole Earth Evangelism* (Evangelización de toda la tierra), p. 29.

en el medioambiente, por el sustento de Dios para los misioneros y sanadores de la tierra que están en el frente, y por discernimiento: «Señor, ¿qué quieres que haga?»

3. *Reciclar* en lugar de «deshacernos» de las cosas, conscientes de que nunca nos «deshacemos» realmente de los residuos. Apoyar los esfuerzos de reciclaje de toda la comunidad. Recordar que usar latas de bebidas recicladas cuesta alrededor de 90% menos y es ecológicamente más responsable que hacer latas nuevas. El reciclaje ayuda económicamente además de ecológicamente. Reciclar retarda en vez de acelerar la entropía del orden creado. Muchas ciudades están empezando a descubrir que pueden ahorrar millones de dólares en sus servicios si estimulan el reciclaje.

4. *Apoyar la legislación local, estatal y federal, y los acuerdos internacionales que protegen el medioambiente y promueven el cuidado de la creación.* Ya sea fortaleciendo las leyes de protección de especies en peligro de desaparición, apoyando acuerdos internacionales que limitan los gases de efecto invernadero o enseñando a los líderes de mañana (nuestros alumnos e hijos) a vivir ecológicamente, la iglesia puede ayudar a impulsar al mundo hacia una mayordomía efectiva y una auténtica sostenibilidad. A nivel local, podemos promover bicisendas en las calles de la ciudad, más parques y senderos, jardines comunitarios, códigos de edificación que conserven la energía, e incremento del reciclaje. Todo esto forma parte de la ecoevangelización.

5. *Convertir los domingos (o cualquier otro día) en auténticos días de reposo*, dedicando por lo menos una hora a leer buenos libros y artículos sobre la creación, la misión integral y el discipulado. Combinar esto con caminatas (solo o con amigos) por el campo, los bosques o las calles de la ciudad, prestando atención a las otras criaturas de Dios.

6. *Unirse o iniciar un grupo* centrado en las dimensiones de misión y discipulado vinculados al cuidado de la creación: oración, estudio, conversación, acción.

7. *Escribir una poesía, un himno, una canción o una meditación* que celebre la sabiduría de Dios en la creación. Los salmos y el libro de Job proveen modelos maravillosos. O descubrir las repercusiones del cuidado de la creación en su trabajo, sus pasatiempos, o su enseñanza o predicación.

8. *Formar hábitos afirmadores de la creación*: comer moderadamente, ejercitarse de manera regular, caminar (si es posible) en lugar de viajar en coche o usar el ascensor, observar aves, fotografiar la naturaleza, hacer

jardinería, lo que encaje con su situación. Usar las disciplinas y el ejercicio para beneficiar a la creación y a los demás, no sólo para su salud personal. Dejar el iPod y el celular cuando sale a caminar. Convertir las multitareas en multiatenciones a la creación.

9. En relación con lo anterior, *comer alimentos locales tanto como le sea posible*. Apoyar la economía del lugar disfrutando comida que es de producción local. Esto es un rechazo a la clase de «alimento industrial» acerca del que escribe Michael Pollan en su libro *The Omnivore's Dilemma* (El dilema del omnívoro). El alimento industrial es «todo alimento cuya procedencia es tan compleja o desconocida que requiere la ayuda de expertos para establecerla».[25] Cuando compramos los alimentos en un lugar cercano sabemos más de dónde vienen y lo que contienen.

Comprar y comer en el lugar ayuda a sanar la tierra mientras mejoramos nuestra propia salud. Piense en los beneficios: 1) alimento más fresco, más nutritivo y de mejor sabor; 2) menor ingestión de productos químicos desconocidos e innecesarios, sabores y colores artificiales y jarabe de maíz de alto nivel de fructosa que causa obesidad; 3) reducción de los combustibles fósiles y la contaminación involucrada en el transporte de alimentos por todo el mundo; 4) apoyo a la economía local. Apoyar la economía local es un acto de justicia social, un acto revolucionario de resistencia contra la industrialización insalubre de nuestra cadena alimenticia. Refuerza el movimiento creciente hacia economías locales y mundiales más saludables y más sostenibles.

También hay aquí grandes lecciones de discipulado para la familia. ¡Nuestros hijos descubren con deleite qué sabor debería tener un verdadero tomate o fresa o huevo producidos de manera saludable! Saborean la diferencia que hay entre un tomate cosechado todavía verde a miles de kilómetros de distancia (tal vez enrojecido artificialmente y luego enviado a nuestro supermercado local en grandes cajas) y un tomate rojo y pulposo madurado en la planta y cultivado naturalmente en su propio jardín o ciudad.

10. *Practicar la conservación de la energía* (por el bien del planeta y los pobres, no sólo para ahorrar dinero) en la construcción o restauración de casas, el transporte, el entretenimiento y en los hábitos cotidianos.

11. *Unirse a una organización o red* que promueve la sanación de la creación desde un punto de vista bíblico. La *Evangelical Environmental Net-*

---

[25] Pollan, *The Omnivore's Dilemma* (El dilema del omnívoro).

work (Red Evangélica Medioambiental) y la organización Blessed Earth (Tierra bendecida) son buenos lugares para empezar y son fuentes de información sobre otras redes, recursos y programas.[26]

Las iglesias mundiales y locales enfrentan hoy una gran oportunidad para canalizar la gracia sanadora y transformadora de Dios hacia múltiples dimensiones de la mayordomía de la creación, dando testimonio de las buenas nuevas sanadoras de Jesucristo.

Jesús es la cabeza, nosotros somos el cuerpo

En última instancia, las marcas, la identidad visible de la iglesia verdadera, nos conducen de nuevo a Jesucristo, a su persona y misión. Lo que significa «cuerpo de Cristo» depende de quién es Jesús. La eclesiología, en este sentido, depende enteramente de la cristología.

Bíblicamente, podemos resumir esta verdad en términos de la gran confesión («Tú eres el Cristo», el Mesías ungido, Mt 16 :16) y la gran identificación («Como el Padre me envió a mí, así yo los envío a ustedes»). La gran confesión es que Jesucristo es Señor, Salvador, Sanador y Libertador del mundo. La gran identificación es que somos su Cuerpo, llamados a seguir sus pasos (1P 2:21). Nosotros, la iglesia, somos sus discípulos, siervos y sacerdotes, sanadores heridos. Pensamos en los muchos pasajes que usan el «cómo» («que se amen los unos a los otros, como yo los he amado»; ej: Jn 15:12). O, en las palabras del apóstol Juan: «el que afirma que permanece en él, debe vivir como él vivió» (1Jn 2:6).

La iglesia nace de esta gran confesión y gran identificación. Así que Jesús dijo: «donde dos o tres se reúnen en mi nombre, allí estoy yo en medio de ellos» (Mt 18:20). Jesús habló de sus discípulos «habitando» o «permaneciendo» en él, de encontrar sus vidas en él (Jn 15:4-7). Esta es la gran identificación. Si el Espíritu del Señor está sobre nosotros, esto nos llevará a poner en práctica la mente de Cristo, cumpliendo la misión sanadora que Dios nos ha encomendado.

Esto es eclesiología bíblica, es el significado de «cuerpo de Cristo». La iglesia nace de esta *koinonía* del Espíritu, esta identificación con Jesús.

---

[26] Hay muchas excelentes fuentes accesibles. Ver, por ejemplo, Ball, *Global Warming and the Risen Lord* (Calentamiento global y el Cristo resucitado); Brown, *Our Father's World* (El mundo de nuestro Padre); J. Matthew Sleeth, *Serve God, Save the Planet* (Servir a Dios, salvar el Planeta); Nancy Sleeth, *Go Green, Save Green* (Ser verde, salvar verde). Estos libros traen listas de fuentes adicionales y sugieren numerosos sitios de Internet.

Así, la identificación con Jesús mediante el Espíritu se traduce en la gran comunión, la iglesia (*koinonía*, la comunión de los santos), y la gran comisión, la misión de Cristo de hacer discípulos, tal como expresan pasajes como Lc 4:18-19, Mt 28:19-20 y 1P 2:9.

La reseña de este capítulo de las marcas de la iglesia desde luego no agota el significado de las marcas ni el misterio de la iglesia. Pero nos muestra tres cosas:

1. Las cuatro marcas clásicas de la iglesia por sí solas no proveen un cuadro suficientemente completo de la iglesia. El modelo tradicional, al ser unilateral, es más útil cuando está incorporado en una comprensión bíblica más amplia de la iglesia como la comunidad sanadora de Dios en la tierra, y cuando se la combina con las notas de la fe, la esperanza y el amor.

2. Un entendimiento más completo de las marcas de la iglesia pone énfasis en los complementos que equilibran la unidad, la santidad, la catolicidad y la apostolicidad, produciendo una visión de la iglesia que es teológicamente más rica, misionológicamente más poderosa y funcionalmente más potente para la misión sanadora de la iglesia. Ver a la iglesia también como diversa, carismática, arraigada localmente y profética es un retrato más rico y más bíblico de la ecología de la iglesia.

3. La eclesiología bíblica toma en serio el hecho de que la iglesia es el cuerpo del cual solo Jesús es Cabeza. Las iglesias fieles se identifican radicalmente con la vida, la obra y las palabras de Jesucristo, y con su misión. Una señal clave de fidelidad es la encarnación del evangelio entre los pobres a través del poder del Espíritu Santo. Esto produce una eclesiología que nace de la misión, no de abstracciones teológicas o de la autopreservación institucional.[27]

La iglesia es un misterio porque, por gracia, participa del misterio de la encarnación, el misterio de la Trinidad y el misterio del reino de Dios (Mt 13:11; Mr 4:11; Jn 17:23; Ef 1:9-10; 3:6-10; 5:32; Col 1:26-27). Pero Dios nos ha revelado «el plan [*oikonomia*] del misterio» centrado en Jesucristo, Cabeza y Cuerpo (Ef 3:9), en la vida y la obra de Jesús, reflejadas en la iglesia. La iglesia tiene el llamado elevado (y la posibilidad y el potencial elevados, gracias al Espíritu) de encarnar las buenas nuevas dentro de la sociedad contemporánea de modo que veamos cada vez más señales de

---

[27] Este es el tema principal de algunos libros recientes sobre la iglesia y la renovación de la misión, tales como Hirsch, *Forgotten Ways* (Caminos olvidados) y Frost, *Exiles* (Exiliados).

que Dios está contestando nuestra oración incesante para que su reino venga y su voluntad sea hecha en la tierra como en el cielo.

Con el paso del tiempo, la iglesia tiende a desplazarse de las marcas «movimentistas» más radicales hacia las más estables y manejables. Permanece la inclinación de objetivar en exceso las marcas, convirtiéndolas en atributos abstractos de la iglesia como institución, o afirmaciones invisibles en lugar de testimonios visibles. Por lo tanto, la iglesia siempre debe estar alerta a las marcas bíblicas de la iglesia (en especial las más «radicales»), permaneciendo cerca de las Escrituras y de la experiencia radical de la comunidad cristiana.

Un análisis de las marcas de la iglesia no produce una eclesiología completa, pero nos ayuda a identificar algunos aspectos esenciales de la iglesia como cuerpo de Cristo en misión. Nos provee un cuadro más amplio del misterio y la complejidad de la iglesia, lo cual es muy útil en la vida concreta y la misión sanadora de la iglesia.

Escuche ahora la historia de una joven cristiana llamada Amber Medin. Su experiencia resalta temas clave de este libro. Amber descubrió que ver la salvación como creación sanada no significa reducir toda la misión al cuidado de la creación. Significa, más bien, ver las conexiones entre todos los aspectos de la creación y todas las dimensiones de la redención y la sanación.

Amber había sido cristiana por mucho tiempo, pero entonces tuvo lo que ella llama su «ecoconversión». Veía la creación como algo que existía «para mi beneficio, mi placer y mi comodidad; y yo, en cambio, no tenía ninguna responsabilidad. Veía la creación de Dios como un conjunto de objetos en vez de una comunión de sujetos».

Amber se alarmó cuando descubrió su «completa falta de conciencia» de que había aceptado inconscientemente un «estilo de vida donde todo tiene que ver conmigo». Aunque era miembro fiel del Ejército de Salvación, comenzó a ver que «había desconexiones por todas partes» en su vida. «El agua no venía de embalses que se estaban evaporando; venía del grifo. La electricidad no venía de centrales alimentadas por carbón que producían mercurio y arsénico; venía del interruptor de la luz.»

Paulatinamente Dios la guió en «un viaje de conexión», como ella dice. «Me enfrenté cara a cara al hecho de que estaba contribuyendo activamente a la degradación de la Tierra, la extinción de las especies y la opresión de los pobres».

Amber adoptó hábitos nuevos que cooperan con la creación de Dios en lugar de explotarla: una alimentación más saludable, un coche más eficiente en el uso de combustible y otros cambios. «Con cada paso, me di cuenta de que estaba participando en la disciplina espiritual de la sencillez, y que esta sencillez es una parte no explotada de la santidad práctica. Menos se convirtió en más.»

Amber concluye: «Después de mi "ecoconversión", descubrí que había añadido una dimensión enteramente nueva a mi vida sacramental... Estoy empezando a verme como parte del orden creado en vez de su pináculo, como un miembro de una orquesta adoradora en lugar de la solista principal. Estoy aprendiendo a adorar al Creador, y no a mí misma, que soy solo una de sus creaciones».[28]

La creación sanada significa captar las conexiones, dado quién es la Trinidad. La mejor marca de la iglesia es una comunidad de discípulos que descubre y vive las hebras interconectadas que, juntas, tejen el intrincado tapiz de la creación sanada.

---

[28] Medin, *My eco-conversion* (Mi conversión ecológica), pp. 40-41.

13

La comunión de la tierra y el cielo

Por tanto, también nosotros, que estamos rodeados de una multitud tan grande de testigos, despojémonos del lastre que nos estorba, en especial del pecado que nos asedia, y corramos con perseverancia la carrera que tenemos por delante. Fijemos la mirada en Jesús, el iniciador y perfeccionador de nuestra fe, quien por el gozo que le esperaba, soportó la cruz, menospreciando la vergüenza que ella significaba, y ahora está sentado a la derecha del trono de Dios.

Hebreos 12:1-2

La salvación como creación sanada pone a la comunión cristiana bajo una luz completamente nueva. Dios la Trinidad es, en un sentido profundo, comunidad. Los seres humanos han sido creados para la comunión con Dios y para una relación de apoyo mutuo. Por lo tanto, la creación sanada significa la restauración de una comunión saludable en varias dimensiones.

Ya que «por medio de Cristo nos reconcilió consigo mismo y nos dio el ministerio de reconciliación» (2Co 5:18), todos estamos involucrados en la reconciliación, en la restauración de la comunión y en la sanación de la creación. A través de Jesucristo «a Dios le agradó... reconciliar consigo todas las cosas [no solo algunas cosas], tanto las que están en la tierra como las que están en el cielo, haciendo la paz mediante la sangre que derramó en la cruz» (Col 1:19-20). Así que, en un sentido, la comunión cristiana involucra «todas las cosas, tanto las del cielo como las de la tierra» (Ef 1:10).

Entonces, a la luz de la creación sanada, ¿qué es la comunidad cristiana? ¿Cuál es la naturaleza de la comunión, la «vida compartida» de la cual los cristianos hablan tanto? A menudo hay bastante confusión aquí. Podemos hablar muy superficialmente acerca de la comunidad y olvidarnos que estamos tratando con realidades de lo más significativas. A lo largo de los años he reflexionado sobre esta pregunta. Poco a poco he llegado a percibir la profundidad del significado de la comunión en Jesucristo.

La comunión en seis dimensiones

La comunión cristiana tiene, de hecho, varios niveles. Es multidimensional. Desde el punto de vista bíblico y teológico, y a la luz de la historia de la iglesia y las misiones, la comunión cristiana genuina se manifiesta en seis formas diferentes. En este capítulo final examinamos estas seis dimensiones y su significado para la iglesia como comunidad sanadora hoy.

Algunas de estas dimensiones son obvias. Otras tal vez son nuevas o extrañas. Pero ninguna forma de comunión existe por sí sola. La maravilla del cuerpo de Cristo se encuentra en la plenitud de la comunión cristiana.

1. Comunión con Dios a través de Jesucristo por el Espíritu Santo

Esta es la comunión que tenemos con Dios basada en el arrepentimiento y la fe en Cristo, en el nuevo nacimiento. Cuando por fe nos entregamos a Dios y recibimos la justificación y la regeneración, experimentamos una comunión nueva y viva con Dios. Este es el regalo de Dios para nosotros y es la manera en que ingresamos en esta primera dimensión de la comunión cristiana, la comunión con Dios por medio de Jesucristo. Recibimos vida nueva, el comienzo de la vida en abundancia (Jn 10:10). Este es un tema central del Nuevo Testamento. Entramos en una hermandad, una comunión con Dios mediante la reconciliación en la sangre de Cristo. «Nuestra comunión es con el Padre y con su Hijo Jesucristo» (1Jn 1:3).

Ésta y las otras dimensiones de la comunión que presentamos aquí pueden ilustrarse con dos imágenes bíblicas: el sol naciente, con sus rayos y colores, y el arco iris (ver Gn 9:13-16). Así como el sol naciente da energía y luz, de la misma manera esta primera dimensión es la fuente central de todas las demás dimensiones. Y así como el arco iris nace de la luz del sol que interactúa con la humedad de la atmósfera, de la misma manera las demás dimensiones de la comunión siguen a continuación. (Ver la ilustración al final de este capítulo). Por lo tanto, la renovación y la vitalidad de la iglesia empiezan aquí: comunión o hermandad con Dios por medio de la salvación provista en Jesucristo.

La experiencia de Dios que tuvo Julia Foote con Dios a principios del siglo XIX provee un ejemplo notable de esta clase de comunión con Dios por el Espíritu. Ella nació en Schenectady, Nueva York, en 1823, en una familia de esclavos. Inicialmente se rebeló contra Dios. Sin embargo, cuando era adolescente, conoció a Dios personalmente. Más tarde llegó a ser una evangelista afroamericana muy eficaz.

Tanto su padre como su madre habían sufrido bajo la esclavitud. Su madre, en particular, soportó violencia y abusos antes de que su padre pudiera comprar su propia libertad y luego la de su familia.

Cuando Julia tenía quince años, tuvo una conversión decisiva en una conferencia trimestral de la Iglesia Episcopal Metodista Africana Sión. Pocos años después, después de casarse con George Foote y mientras vivía en Boston, Julia sintió un claro llamado a predicar el evangelio. Ni su marido ni su pastor la apoyaron. ¿Cómo podía ella, una mujer negra de una familia pobre, ser predicadora y evangelista?

Pero Dios le afianzó por medio de una extraordinaria visión trinitaria que selló su llamado para siempre. Elaine Heath cuenta la historia:

> La visión fue multisensorial: incluía la vista, el sonido, el tacto, el sabor y el olfato. Duró varias horas, y comenzó durante un período de oración ferviente a la noche de un día de reposo. Un ángel vino y llevó a Foote al Padre, al Hijo y al Espíritu Santo al pie de un enorme árbol. Había muchos otros en el lugar, pero ella no podía distinguir si eran ángeles o personas. Dios el Padre le dijo que debía decidir si iba a responder a su llamado, advirtiéndole que si rechazaba sufriría eternamente. Cuando Julia permaneció en silencio, Dios tomó su mano. Ella pensó que sería llevada al infierno, así que clamó y dijo que obedecería a Dios y que iría adonde Dios la guiara. Dios señaló entonces en varias direcciones, y cada vez le preguntaba si iría allí. A cada pregunta, ella contestaba: «Sí».

Después de eso, Dios la guió a la orilla de un gran mar, donde la llevó a Cristo. Allí experimentó una extraordinaria limpieza, sanidad y comisión, matizados con connotaciones bautismales y maritales: «Mi mano fue entregada a Cristo, quien me hizo entrar en el agua y me quitó la ropa, que desapareció de mi vista al instante. Cristo apareció entonces para lavarme, y el agua se sentía bastante cálida». Sigue diciendo que durante estos momentos hubo un «profundo silencio» desde la orilla. Cuando salió del agua, un ángel proveyó una túnica limpia y blanca, que el Padre le puso. Luego escuchó una música increíble y gritos. Cuando volvieron todos al árbol donde ella se había encontrado por primera vez con la Trinidad, el Espíritu Santo arrancó algunos frutos del árbol y se los dio a Foote. Después de haberlas comido, Dios el Padre le dijo que ahora estaba lista para ser enviada al mundo para ir adonde él la enviara.[1]

La visión de Julia Foote tiene connotaciones de comunión y de creación sanada. Las imágenes de la Santa Trinidad se combinan con las sensaciones físicas y con símbolos de la naturaleza —agua, un árbol, frutas—, y ellas mismas son imágenes bíblicas de la salvación y la sanidad de Dios. La combinación simbólica del cielo y la tierra apunta a la creación sanada, y también a la misión y la interacción de las dimensiones múltiples de comunión y reconciliación.[2]

El encuentro de Julia Foote con Dios fue más místico que lo que experimentan la mayoría de los cristianos, aunque los sueños y las visiones de la presencia de Dios pueden ser más frecuentes de lo que a veces pensamos. En este caso, tal vez Dios en su gracia se apareció visualmente a Julia debido a la opresión y al prejuicio que había sufrido y que continuaría enfrentando al seguir su llamado. Pero su historia ilustra una verdad común de todos los cristianos: a través de Jesucristo y por el Espíritu Santo llegamos a conocer a Dios profundamente. Esta comunión con el Dios trino es la raíz y la fuente de las dimensiones expansivas de la comunión que experimentamos a medida que seguimos a Jesús.

2. Comunión de unos con otros en el cuerpo local de Cristo

Esta es la comunión que tenemos juntos en la iglesia dentro de una congregación local. Es la hermandad cristiana o *koinonia* en un espacio y tiempo específicos. Participamos en una comunidad que visiblemente trasciende y reconcilia las diferencias de género, posición socioeconó-

---

[1] Heath, *Mystic Way* (Camino místico), p. 87, cita a Julia Foote, «A Brand Plucked from the Fire» (Una marca arrancada del fuego), en Andrews, *Sisters in the Spirit* (Hermanas en el Espíritu).

[2] Aquí hay similitudes admirables entre la manera en que el Padre, el Hijo y el Espíritu hacen su aparición y los personajes principales de la novela de William Young *The Shack*. [La choza].

mica, educación y etnicidad. Como vemos en el Nuevo Testamento, aquí hay una comunión que une a ricos y pobres, amos y esclavos, doctos e indoctos. Aunque nuestras iglesias pueden encarnar esto solamente de manera imperfecta, es una dimensión esencial del evangelio. Mediante el poder del Espíritu, esta dimensión ciertamente existe, y puede existir de manera más perfecta y visible.

Las Escrituras son claras en que esta clase de comunión es inseparable de la primera. La comunión de unos con otros está basada en nuestra comunión con Dios. Este es un énfasis importante del Nuevo Testamento. De hecho, el Nuevo Testamento (especialmente las epístolas) dedica más espacio a esta dimensión de comunión que a ninguna otra. Los pasajes clave son 1 Corintios 12-14, Romanos 12 y Efesios 2-5. Pero la mayoría de los pasajes del Nuevo Testamento enseñan o dan por sentado esta clase de comunidad.[3] «Si vivimos en la luz, así como él está en la luz, tenemos comunión unos con otros, y la sangre de su Hijo Jesucristo nos limpia de todo pecado» (1Jn 1:7).

Cuando nos convertimos o hacemos una genuina profesión de fe en Cristo, comenzamos a participar y disfrutar de una comunión nueva, una realidad social nueva: la iglesia, el cuerpo de Cristo. Entramos en una nueva clase de comunidad humana. Experimentamos la *koinonia* cristiana, la «vida compartida» o la «vida en común» (Hch 2:42 y otros pasajes relacionados). Ésta es la dimensión horizontal esencial de la reconciliación vertical que experimentamos con Dios a través de Jesucristo por el Espíritu. Tal comunidad existe y se expresa en un tiempo y espacio local, dentro de una historia y cultura particular.

Las Escrituras dejan en claro que esta dimensión de la comunión cristiana es inseparable de la primera, la comunión con Dios. La comunión con Dios por medio de Jesucristo ya implica comunión con otros hermanos y hermanas en una comunidad cristiana local. Bíblica y teológicamente, es imposible separar o divorciar la dimensión vertical de la horizontal. Usando una imagen distinta, diríamos que son dos aspectos de la misma realidad.

---

[3] Este es un tema mayor en Snyder, *Problem of Wineskins* (Problema de odres); Snyder, *Community of the King* (La comunidad del Rey); Snyder, *Liberating the Church* (La liberación de la iglesia); y Snyder, *Decoding the Church* (La decodificación de la iglesia).

3. La comunión con la iglesia más amplia en nuestro propio país o región

Es evidente que esta es una dimensión más amplia de la comunión cristiana, pero está también presente claramente en el Nuevo Testamento. La iglesia del primer siglo en todo el Imperio Romano fue edificada e interconectada por Pablo y los otros apóstoles y por una gran cantidad de conexiones y relaciones informales. En el primer siglo esta comunión más extensa creció y floreció a través de gran parte del Imperio Romano. La manera en que Pedro, Pablo, Juan y otros apóstoles y profetas mantuvieron contacto con la red creciente de comunidades locales cristianas es impresionante, y nos enseña mucho tanto teológica como socialmente.

La iglesia del Nuevo Testamento usó de manera eficaz las redes translocales. Sostuvo una interconexión vital entre sus cientos de iglesias locales, usando el ir y venir de apóstoles, profetas y otras personas, además de muchas cartas llevadas por mano y mensajes orales. Esta conexión en redes no era una estructura denominacional o una organización formal. Por otro lado, tampoco quería decir que cada cuerpo local de creyentes estaba aislado o era totalmente independiente. El modelo de la iglesia del primer siglo era la interdependencia y una interconexión vital. Los primeros cristianos mantuvieron un sentido de comunidad más allá de la congregación local, un sentido del cuerpo católico o universal de Cristo.

Tenemos muchos indicios de esto en el Nuevo Testamento. Considere las muchas referencias a las personas que viajaban con Pablo y otros apóstoles y líderes, o eran enviados de un lado a otro por ellos.[4] Después de la reunión de apóstoles y ancianos registrada en Hechos 15, las decisiones tomadas fueron llevadas a todas iglesias por medio de dos líderes: Judas y Silas. En Hechos 15:30-33 leemos: «Una vez despedidos, ellos bajaron a Antioquía, donde reunieron a la congregación y entregaron la carta. Los creyentes la leyeron y se alegraron por su mensaje alentador. Judas y Silas, que también eran profetas, hablaron extensamente para animarlos y fortalecerlos. Después de pasar algún tiempo allí, los hermanos los despidieron en paz, para que regresaran a quienes los habían enviado».

---

[4] Ver, por ej., Hech 8:14; 9:32, 38; 10:23; 11:1, 12, 25-30; 13:3-6; 12:25; 13:49; 14:21-27; 15:1-4; 15:22—16:5; 18:22-28; 20:1-6, 17; 21:8-10; 27:1-2; 1 Cor 16:3-12,17-18; Efe 6:21; Col 4:7; Tit 3:12.

Consideremos también lo que implica la comunión y el trabajo en redes de Hechos 20:1-4, y los siete «trabajadores en red» que se identifican además de Pablo:

> [Pablo] se despidió y salió rumbo a Macedonia. Recorrió aquellas regiones, alentando a los creyentes en muchas ocasiones, y por fin llegó a Grecia, donde se quedó tres meses. Como los judíos tramaban un atentado contra él cuando estaba a punto de embarcarse para Siria, decidió regresar por Macedonia. Lo acompañaron Sópater hijo de Pirro, de Berea; Aristarco y Segundo, de Tesalónica; Gayo, de Derbe; Timoteo; y por último, Tíquico y Trófimo, de la provincia de Asia.

Además de estos contactos cara a cara, que sin duda fueron numerosos, las muchas cartas a las iglesias que forman una parte tan rica del Nuevo Testamento son en sí mismas evidencias y ejemplos de este trabajo en red. Estas eran las maneras en que la iglesia primitiva mantenía un sentido de comunión y de vitalidad continua.

Lo que Hechos presupone (y también otras partes del Nuevo Testamento) es que las muchas congregaciones locales componían, en un sentido más amplio, una iglesia que de maneras prácticas estaba conectada a través de una gran variedad de contactos. Esto parece ser una parte normal y básica de la eclesiología bíblica.

Sin embargo, debemos señalar que este alcance translocal más amplio no toma el lugar de la comunidad local. Todos necesitamos estas dos formas de comunidad cristiana. No obstante, esta tercera dimensión es distinta, simplemente debido a las realidades del espacio y el tiempo. Es obvio que podemos gozar de una comunión más íntima y constante con nuestros hermanos y hermanas locales que con la iglesia a nivel regional o nacional. Pero ambas son necesarias y normativas. Más adelante veremos por qué ambas son importantes.

Hoy día las redes y asociaciones denominacionales de varios lugares pueden ser útiles para mantener este sentido de cuerpo de Cristo «más que local». Aunque tal vez no incluyan a todos los cristianos dentro de una región o país, las denominaciones y las asociaciones ciertamente dan a los cristianos algún sentido de la realidad y la interdependencia de la iglesia más amplia.

4. Comunión con la iglesia mundial: todos los cristianos hermanas y hermanos de toda la tierra

¿Es posible tener realmente comunión con todo el cuerpo de Cristo en todo el amplio mundo? ¡Sí! Desde luego que no podemos sentarnos con todos nuestras hermanas y hermanos cristianos de todo el mundo y conversar o adorar con ellos cara a cara. Esta *koinonia* generalmente solo se encuentra en la iglesia local. Aun así, tiene sentido hablar de *koinonia* también en el sentido mundial. Nuestras hermanas y hermanos cristianos de toda la tierra son realmente nuestra familia en Cristo. Todos estamos emparentados y somos responsables los unos por los otros. «Por lo tanto, ustedes ya no son extraños ni extranjeros, sino conciudadanos de los santos y miembros de la familia de Dios» (Ef 2 :19), tanto local como mundialmente.

Aunque la comunión cristiana global no puede ser cara a cara, puede ser una comunión genuina en términos de afecto y preocupación mutuos, de «amor desinteresado» y «beneficencia» (Wesley) hacia todos los cristianos del mundo. Las expresiones prácticas incluyen la oración, la distribución económica (dependencia mutua), varias formas de comunicación (hoy incluye Internet) y la circulación de información en otras formas.

La comunidad cristiana mundial (la iglesia en todo el mundo) debería definirse como una comunión genuina, una forma de *koinonia*. Pero enfocarnos en esta dimensión mundial no significa que debamos menospreciar o devaluar, o dejar de encarnar, la dimensión local. El hecho es que la vida de la iglesia fluye desde las dimensiones uno y dos (comunión con Dios y de unos con otros localmente). Algunos cristianos ponen énfasis en estas dimensiones más grandes y mundiales de la iglesia, pero descuidan la iglesia local. Esto es un gran error. Todo creyente necesita experimentar la iglesia en las dos primeras dimensiones; es decir, la comunión con Dios, y en y a través de la iglesia local. He aquí la fuente de vida que dinamiza a toda la iglesia.

Notemos que las dimensiones dos, tres y cuatro (comunión cristiana local, regional y mundial) no son solo espirituales sino también físicas. Cada una es material, económica y social-relacional. La mayor diferencia entre estas dimensiones es la ausencia del contacto cara a cara en la dimensión cuatro, como también normalmente en la dimensión tres. La transformación personal profunda requiere relaciones frecuentes cara a cara con hermanas y hermanos en la iglesia local (dimensión dos, combinada con la dimensión uno). Pero la comunión cristiana mundial también puede ser transformadora en la medida en que amplía nuestra visión de lo que la iglesia es en todo el mundo. Al darnos una visión más amplia del reino de Dios, nos ayuda a debilitar el nacionalismo y el falso patriotismo, el materialismo y el etnocentrismo. Tenemos un cuadro más amplio de quién es Dios y de lo que él está haciendo e intenta hacer. Esta conciencia de la iglesia mundial ayuda a librarnos de ser cautivos de nuestra propia cultura. Nos ayuda a ver las maneras en que Dios está realmente formando «una multitud tomada de todas las naciones, tribus, pueblos y lenguas» (Ap 7:9).

Muchos pasajes bíblicos hablan de esta dimensión más amplia de la comunión. La Biblia se refiere a la iglesia no solo como una comunidad local, sino como el cuerpo de Cristo en el mundo.[5] Cuando Jesús dice que edificará su iglesia, se refiere a la iglesia mundial, ya que sus discípulos deben ser sus testigos «hasta los confines de la tierra» (Hch 1:8). Los escritos de Pablo y de Pedro y el libro de Apocalipsis retratan a la iglesia como una comunidad global.

Los movimientos ecuménicos y otros movimientos cooperativos se han enfocado especialmente en esta dimensión. Las denominaciones que tienen una presencia mundial también dan a los cristianos un sentido de conexión con la iglesia global. En un nivel muy práctico, John y Sylvia Ronsvalle de *The Empty Tomb, Inc.* (La tumba vacía, Inc.), en Champaign-Urbana, Illinois, proveen recursos para ligar a congregaciones de varios países, y así trabajan para ampliar este sentido de interdependencia de la familia cristiana global.[6]

Esta cuarta expresión de la comunión cristiana, entonces, es *koinonia* en el sentido de asociación e interdependencia dentro de la iglesia cristiana en todo el mundo. Pero hay dos dimensiones más de la comunión cristiana que también merecen nuestra atención y enriquecen nuestra experiencia de comunidad.

---

[5] Por ej., Rom 7:4; 12:5; 1 Cor 10:16-17; 12:12-28; Efe 1:23; 3:6; 4:4,12-16,5:30; Col 1:18.

[6] Véase, «Yoking Map at the empty tomb» (Mapa de ayuntamiento en la tumba vacía), sitio de internet, http://www.emptytomb.org/index.html. También Ronsvalle, *State of Church Giving* (Estado de las ofrendas eclesiásticas).

5. Comunión con todo el pueblo de Dios en todos los tiempos y lugares en el cielo y en la tierra, por el Espíritu y en la Trinidad

En el Credo de los Apóstoles, los cristianos afirman «la comunión de los santos». ¿Qué lugar de comunión cristiana es éste? ¿Hoy los cristianos experimentan algún sentido de comunión con todo el pueblo de Dios más allá de las limitaciones del espacio y el tiempo, incluidos la «noble compañía de santos y mártires» que han ido delante de nosotros? ¿Existe realmente una «comunión de los santos» en este sentido?

Parece haber aquí una realidad que muchos cristianos experimentan y de la que dan testimonio. Ya que esta dimensión de la comunión trasciende las limitaciones del espacio y el tiempo, es mucho menos «tangible» en nuestra experiencia diaria. Pero ciertamente parece ser real, y tiene consecuencias importantes para la vida y la misión de la iglesia.

Hay varios pasajes bíblicos que se refieren a esta dimensión, o por lo menos la insinúan. Hebreos 11:1-2 es en especial pertinente. Leemos:

> Por tanto, también nosotros, que estamos rodeados de una multitud tan grande de testigos, despojémonos del lastre que nos estorba, en especial del pecado que nos asedia, y corramos con perseverancia la carrera que tenemos por delante. Fijemos la mirada en Jesús, el iniciador y perfeccionador de nuestra fe, quien por el gozo que le esperaba, soportó la cruz, menospreciando la vergüenza que ella significaba, y ahora está sentado a la derecha del trono de Dios (Heb 12:1-2).

En la historia de la iglesia, esta dimensión de comunión cristiana parece cobrar conciencia especialmente en la adoración y en la experiencia de los grandes santos de la historia de la iglesia.[7] Para muchos cristianos, esta dimensión se vuelve real en especial durante los tiempos de oración y meditación.

En la visión de Dios de Julia Foote que vimos antes se menciona que «había muchas otras personas en el lugar, pero ella no podía distinguir si

---

[7] Ver la discusión en Snyder, *Models* (Modelos), pp. 56-66, donde este sentido de comunión cristiana se la ve como una característica del reino de Dios que se la interpreta y se la experimenta como «comunión mística».

eran ángeles o personas».[8] Aquí tenemos una imagen de una comunión mística.

Los himnos cristianos están llenos de imágenes que retratan este lugar de comunión. Por ejemplo:

> Hay un cuadro en que los espíritus se mezclan,
> donde el amigo tiene comunión con el amigo;
> aunque lejos y separados, por fe se encuentran,
> ante el mismo trono de gracia.[9]

Desde luego, nos encontramos frente a misterios espirituales que van más allá de nuestra comprensión actual, misterios aún no revelados completamente. ¿Están los creyentes de otras épocas en realidad hoy con nosotros, rodéandonos? ¿Tenemos, de hecho, un tipo de comunión con esos cristianos que han ido al cielo? No podemos ser dogmáticos aquí. Sin embargo, a lo largo de la historia, la iglesia ha afirmado la realidad de la «comunión de los santos», si bien con significados variados.

Desde el punto de vista bíblico, podemos afirmar por lo menos esto: los cristianos que nos han precedido en la muerte, que ya han cruzado la línea entre esta vida terrenal y la vida venidera, todavía viven. La Biblia afirma esto en muchos lugares, incluyendo el libro de Apocalipsis. Podemos reflexionar también aquí sobre la experiencia de Jesús y sus discípulos en el Monte de la Transfiguración.

Indudablemente, lo que diferencia esta dimensión de todas las demás es que involucra una experiencia espiritual que no está limitada por el espacio y el tiempo. Aquí tenemos una dimensión espiritual en el presente que ya tiene el carácter de la vida que gozaremos cuando la salvación haya llegado en su totalidad, cuando la creación esté plenamente sanada. Esta dimensión nos recuerda el misterio de los alcances más amplios y más vastos de la vida espiritual, y de las dimensiones más amplias de la realidad de la iglesia.

Sin embargo, esta dimensión también tiene consecuencias prácticas para nuestra vida en Cristo y la sanación de la creación. Primero, dado que nuestra vida está rodeada y es observada por los fieles que han ido delante de nosotros, adquirimos un profundo sentido de responsabilidad de ate-

---

[8] Heath, *Mystic Way* (El camino místico), p. 87
[9] Hugh Stowell, *From Every Stormy Wind That Blows* (De todo viento tormentoso que sopla) (1828), estrofa 2.

sorar y proteger el legado de fe y de servicio que hemos recibido de nuestros antepasados espirituales, aun cuando a veces tengamos una actitud crítica de tal legado. Y, segundo, de igual manera, tenemos un sentido de responsabilidad de ser fieles al llamado de Dios a nuestra vida por el bien de aquellos que vendrán después de nosotros, aquellos cuya vida observaremos luego de que nuestra (¡primera!) vida terrenal llegue a su fin. De estas dos formas, adquirimos una perspectiva a largo plazo del significado duradero de nuestras vidas y acciones, las consecuencias a largo plazo de las verdaderas elecciones que hacemos en nuestra vida hoy.

6. Solidaridad con toda la familia humana en la tierra y con toda la creación

Desde la perspectiva bíblica, ¿hasta dónde llega la comunión cristiana realmente? Si incluye «la comunión de los santos», ¿llega también «hasta el fin de la tierra», literal y físicamente? Ciertamente la Biblia enseña la interdependencia y la realidad de la conexión de toda la familia humana y todo el orden creado. Los cristianos adoran y confían en Dios el Padre «de quien recibe nombre toda familia en el cielo y en la tierra» (Ef 3:15). Los humanos existen en una relación de mutua interdependencia basada en la creación, la gracia común, la encarnación y la expiación de Cristo, y la obra del Espíritu Santo; una relación basada de manera muy fundamental en la verdad y el amor de la Santa Trinidad.

Ya que estamos refiriéndonos a la relación con toda la familia humana (incluyendo a no cristianos y muchos enemigos de la fe cristiana), es claro que el concepto de «comunión cristiana» no parece encajar aquí. Pero sí podemos hablar correctamente de *solidaridad* con todos los pueblos y todo el orden creado. Lo reconozcan o no, todos los humanos comparten un interés común en el bienestar del planeta Tierra, en el entorno físico. Juntos con nuestros amigos judíos recordamos el pacto registrado en Génesis 9 que Dios estableció con «la tierra»: «Yo establezco mi pacto con ustedes, con sus descendientes, y con todos los seres vivientes que están con ustedes» (Gn 9:9-10). Como parte de esos «descendientes» hoy tratamos de ser fieles al pacto.

¿Pero es esto *comunión* real? ¿Y es realmente cristiana? En un sentido importante, la solidaridad con todos los pueblos y toda la creación no puede denominarse comunión *cristiana*. Aun así, no está desconectada de la comunión cristiana y se debe entenderla en relación con ella. La solidaridad con toda la creación no es comunión cristiana porque no participa directamente de las cinco dimensiones que acabamos de presentar. Obviamente, la mayor parte de la humanidad no está reconciliada con Dios por medio de Jesucristo, y no experimenta la *koinonia* en el Espíritu Santo que viene por medio de la fe en Jesús.

Pero este no es el panorama completo. En otro sentido, la solidaridad con toda la familia humana y con toda la creación puede verse como una dimensión de la comunión cristiana. A través de la comunión con Jesucristo en el Espíritu y con el cuerpo de Cristo entramos en una relación de interdependencia y responsabilidad mutuas con la creación que Dios hizo. La fuente y el poder de esto es el amor de Dios. Pensemos en los muchos pasajes bíblicos que muestran la íntima interrelación entre la humanidad y el orden creado, comenzando por el relato de la creación en Génesis 1 y 2. Recordamos la responsabilidad que Dios dio a Israel de cuidar la tierra (por ejemplo, en Levítico 25 y 26), y la interdependencia entre el pueblo de Dios y la tierra que se reitera en los primeros capítulos de Deuteronomio.

Tanto en el Antiguo como en el Nuevo Testamento se nos recuerda que Dios es el Dios de todas las naciones, el Padre «de quien recibe nombre toda familia en el cielo y en la tierra» (Ef 3:15). El apóstol Pablo podía afirmar que, en un sentido amplio, aunque no específicamente en el sentido cristiano, en Dios todos «vivimos, nos movemos y existimos» (Hch 17:28).

Considerando la enseñanza bíblica sobre la unidad de la raza humana debido a nuestra creación común y por la preocupación misericordiosa de Dios y su involucramiento con todos los pueblos, podemos extender legítimamente el concepto de comunión cristiana a esta dimensión más amplia. Esto se cumple en tres sentidos: primero, en términos de nuestra interdependencia mutua; segundo, en términos de la misión; y tercero, en términos de la escatología.

En primer lugar, es innegable la interdependencia mutua. Aunque la solidaridad con toda la humanidad y la creación física no es comunión cristiana, es una preocupación cristiana porque por revelación divina entendemos la condición de interconexión de toda la creación. La comunidad cristiana depende, de hecho, de toda la tierra para su misma existencia, como ya lo hemos notado en capítulos previos. Por el amor de Dios derramado en nuestros corazones por el Espíritu Santo, los cristianos comparten una preocupación por todos los pueblos y por el bienestar del entorno físico del cual todos los pueblos, incluidos nosotros, dependemos para la vida física.

En segundo lugar, la solidaridad con todos los pueblos y lugares es una dimensión de la comunión cristiana porque los cristianos han recibido una misión para toda la tierra. Tienen interés en alcanzar a las personas de todos los lugares para Cristo. La misión cristiana es para todo el mundo, tanto en el sentido de todos los pueblos del mundo como en el sentido del bienestar del planeta.

El tercer sentido en el cual la solidaridad con todos los pueblos y la tierra es una dimensión de la comunión cristiana es la perspectiva de la escatología. Los cristianos creen firmemente que, visto esctológicamente, «el reino del mundo ha pasado a ser de nuestro Señor y de su Cristo, y él reinará por los siglos de los siglos» (Ap 11:15). El Antiguo y el Nuevo Testamento anuncian una comunidad terrenal renovada, «un cielo nuevo y una tierra nueva, en los que habite la justicia» (2P 3:13; cf. Is 65:17; 66:22; Ap 21:1). Este es el *shalom* universal con todos los pueblos y toda la tierra: «cada uno se sentará bajo su parra y su higuera; y nadie perturbará su solaz» (Mi 4:4; cf. 2R 18:31; Is 36:16). Escatológicamente, la comunidad cristiana es una comunidad de la tierra restaurada, refinada y purificada por el juicio y la renovación de Dios.

Los cristianos en misión procuran vivir este futuro ahora. Los seguidores fieles de Jesús dicen un firme «¡No!» a las alienaciones, divisiones y explotaciones del orden actual y un decisivo «¡Sí!» a todas la promesas de Dios. Tanto como les es posible aún hoy, viven en el Sí y rechazan el No. Por lo tanto, al vivir en dos mundos se dan cuenta de que la solidaridad con toda la tierra aún no es comunión cristiana, pero que lo será. Y si el futuro de Dios es en realidad más cierto y real que nuestro presente, los cristianos pueden incluso ahora afirmar, con audaz esperanza y fe, que la solidaridad entre la tierra y la humanidad es comunión cristiana. «¡Todo el amplio mundo es para Jesús!»

Esta dimensión provee una base teológica práctica para el involucramiento cultural cristiano y una ética ambiental cristiana. Los cristianos deberían ver el cuidado de la creación como una mayordomía humana fiel y como misión cristiana. Como cristianos, podemos y debemos cooperar con otras personas y organizaciones que luchan por una cultura humana saludable y por el bienestar del entorno físico. Desde luego, los cristianos cooperan desde su propio punto de vista y perspectiva especiales. Reconocen la soberanía de Dios, la salvación que ha llegado al mundo a través de Jesucristo y la meta final del plan de Dios: una nueva creación, la reconciliación de todas las cosas por medio de Jesucristo (Ef 1:10). En otras palabras, el reino de Dios en su plenitud.

Esta sexta dimensión de la comunidad proporciona la base para la comunidad humana (no explícitamente cristiana) con toda las personas de buena voluntad y corazón sincero de todas partes, independientemente de la religión, la cultura, la cosmovisión, la etnicidad o la posición social. Aquí tenemos un fundamento bíblico sólido para la cooperación internacional a fin de cubrir la necesidad humana y ambiental. Aunque esto no es todavía comunión cristiana, la comunión cristiana (la vida juntos en Cristo) ciertamente provee el terreno común sobre el cual los cristianos pueden cumplir un papel redentor en la comunidad humana más amplia.

Así que ciertamente es posible ver la solidaridad con toda la creación como parte de la comunión cristiana en este sentido más extendido. Esta es una legítima preocupación de los cristianos, de la iglesia, porque entienden, a través de la revelación bíblica y el evangelio, la verdadera naturaleza de la relación entre Dios, la totalidad de la familia humana y el entorno físico-social-espiritual. Por medio de Jesucristo, conocemos el secreto, el «misterio» del plan de Dios (Ro 16:25; Ef 1:9; 3:3-9; 6:19; Col 2:2-3; 4:3) para toda su creación.

Por lo tanto esta sexta dimensión es un foco misional apropiado y convincente para la iglesia. Los discípulos de Jesús comprenden que tienen responsabilidad por el bienestar de toda la creación y de toda la familia humana. Éste es nuestro llamado y nuestro gozo. Es parte de nuestra mayordomía, como humanos y como cristianos, nuestra ecoevangelización y nuestra visión de la creación sanada.

La práctica de la comunidad cristiana hoy

Estas dimensiones de la comunidad cristiana son inmensamente prácticas para la vida, la renovación y la misión de la iglesia, y para nutrir la visión de la creación sanada. He aquí algunas implicaciones clave:

1. *Cuantas más de estas dimensiones encarne, más honda y más rica será la experiencia de la comunidad cristiana.* Crecemos en nuestro entendimiento, apreciación y experiencia de la verdadera comunidad cristiana en la medida en que participamos en todas estas dimensiones. Experimentamos la comunión cristiana más profundamente cuando participamos en ella

más ampliamente. Por esta razón, crecer en la experiencia de estas diferentes dimensiones es parte del crecimiento espiritual de una comunidad cristiana.

2. *Estas dimensiones no son estrictamente secuenciales.* Aunque la comunión con Dios (dimensión 1) y con los demás en el cuerpo de Cristo (dimensión 2) son fundamentales, distintas personas, y tal vez personas de diferentes culturas, pueden sentirse atraídas o experimentar más fácilmente diferentes dimensiones, ya sea inicialmente o en forma continua.

Esto puede ser de ayuda en nuestra evangelización. Inicialmente las personas tal vez comiencen a entender el evangelio en una u otra de estas dimensiones. Diferentes personas pueden ser atraídas a Cristo de diferentes maneras. A menudo las personas llegan a la fe por «pertenecer» (que se puede experimentar en la dimensión 2) antes de «creer» (necesario para la experiencia de la dimensión 1).

Veamos un ejemplo. Kathy, quien no sabe nada de las buenas nuevas ni de Jesús, tiene pasión por el medioambiente. Al conocer a cristianos que tienen la misma preocupación, ella comienza a entender que hay razones más profundas para el cuidado de la creación. Se entera de que Dios mismo, y la iglesia, comparten esta preocupación. Este descubrimiento puede terminar atrayéndola a Jesucristo, y después a vivir las otras dimensiones de la comunión cristiana. Estas son algunas dimensiones de la ecoevangelización.

Sin embargo, otras personas tal vez encuentren la vía de entrada a la comunión cristiana en un lugar distinto, probablemente en uno de los otros tipos de comunión cristiana. Puede ser que diferentes personas, dependiendo de su temperamento, dones o cultura, se sientan atraídas inicialmente a una de estas seis dimensiones en particular. La participación en esta dimensión puede guiarlas entonces a las demás.

3. *El crecimiento continuo es posible en todas las dimensiones, en la medida en que caminamos con Dios en una comunidad cristiana, abiertos al Espíritu.* El crecimiento en el Espíritu, en santificación, en estar «en Cristo», se enriquece al ver cómo la vida cristiana involucra todas estas dimensiones. El Espíritu nos guía a experiencias cada vez más amplias de comunión cristiana, mientras crecemos «en la gracia y en el conocimiento de nuestro Señor y Salvador Jesucristo» (2P 3:18).

4. *Similarmente, estas diferentes dimensiones de comunión ayudan a la iglesia a discernir sus dones, llamados y ministerios específicos.* Todo cristiano

debería experimentar todas estas dimensiones, pero algunas personas probablemente recibirán el llamado de Dios a centrarse especialmente en una o dos. Por ejemplo, Dios podrá llamar a algunos a ministrar principalmente en la evangelización o en el discipulado, dentro de la primera y segunda dimensión de comunión, pero podrá llamar a otros a trabajar principalmente en otras dimensiones como, por ejemplo, en ayudar a traer unidad y cooperación en toda la iglesia a nivel mundial (dimensión 4), o a trabajar para aliviar el hambre en el mundo o en ser un promotor del cuidado de la creación (dimensión 6).

¿Qué quiere Dios que cada uno de nosotros haga conforme cumplimos nuestro llamado dentro del sacerdocio de todos los creyentes? Los dones y llamados específicos dentro de la iglesia son diversos (1Co 12:4-7; Ef 4:7). Pero considerar estas dimensiones variadas de la comunidad cristiana puede ser un factor importante que ayude a la iglesia a discernir el ministerio y el llamado de cada creyente. Amplía el rango de las auténticas opciones de ministerio. Al reconocer las diversidades de dones e intereses, las congregaciones dinámicas abren muchas puertas y oportunidades para el ministerio y el servicio.

5. Cada una de estas expresiones de comunión cristiana puede ser considerada en términos del pacto. El pacto significa una relación que involucra compromiso y fe en Dios y sus promesas. Recordamos los pactos que Dios hizo con toda la creación (Génesis 9), con su pueblo Israel, y especialmente el nuevo pacto en la sangre de Jesucristo. Esta realidad del Dios que realiza pactos es, por lo tanto, el fundamento de las seis dimensiones de la comunión cristiana.

Por cuanto Dios es el Señor que inicia el pacto, todas estas dimensiones son reales e importantes en la economía de la salvación. Todas pueden conducir a experiencias genuinas de comunión cristiana porque son todas esencialmente de carácter relacional. Todas estas dimensiones de comunión están basadas en Dios mismo, el Dios que es a la vez trascendente e inmanente, último e íntimo, el Espíritu Santo que se ha manifestado a sí mismo a través de la encarnación, la vida, la muerte, la resurrección y el reinado continuo de Jesucristo en el poder del Espíritu Santo.

6. Un énfasis exagerado o exclusivo de cualquiera de estas dimensiones conduce a un evangelio distorsionado y a una misión desequilibrada. Un evangelio integralmente bíblico y una misión auténticamente integral requieren una visión y una experiencia de todas estas dimensiones combinadas. Aquí, entonces, puede haber una prueba importante de la fidelidad bíblica en relación con las misiones hoy. Estas seis dimensiones combinadas nutren a la iglesia como agente de Dios para la sanación de la creación.

Todas estas dimensiones son, por lo tanto, inmensamente valiosas. Tienen el poder de enriquecer la vida comunitaria de una iglesia, el caminar espiritual individual de cada cristiano y la práctica de la misión. Todos necesitamos experimentar todas estas dimensiones para nuestro propio bien, para la salud y vitalidad de la iglesia, y para la misión de la creación sanada.

Sin embargo, todo discípulo cristiano debe prestar atención especial a la primera dimensión —comunión con Dios— no sólo en su propia vida espiritual sino también en términos de todas las otras dimensiones. Esto es así por la más básica de las razones: la mayor necesidad humana, en toda la tierra y en todas las culturas y sociedades, es la reconciliación, la «amistad» (Jn 15:13-15) que Dios quiere traer a las personas en todas partes; todos los individuos, toda la raza humana y toda la creación.

Encarnar estas seis dimensiones puede renovar la iglesia. Esta renovación de la iglesia se basa, en su forma más importante, en la experiencia de Dios por medio de Jesucristo por el Espíritu, y en nuestra comunión mutua en el cuerpo de Cristo conforme el Espíritu hace de la iglesia una comunidad reconciliada y reconciliadora. Pero reconocer las otras dimensiones ayuda también a transformar a la iglesia.[10]

Cuando una iglesia reconoce que es mundial y universal, no solo local, esto le da un sentido más amplio de sí misma y de su misión. Enriquece la adoración, porque los cristianos ahora sienten que forman parte de la «gran multitud» que Dios está formando de todos los pueblos de la tierra en todo el mundo. Una iglesia puede enfocarse demasiado en sí misma, reduciendo a Dios a las dimensiones de sus propias preocupaciones y cultura. Estas dimensiones más amplias ayudan a la iglesia a captar la visión de Dios para la creación sanada.

El reconocimiento de la «multitud tan grande de testigos», que incluye a la iglesia que está ahora más allá de los límites del espacio-tiempo, renueva a la iglesia, porque le da un sentido del mundo espiritual y de los

---

[10] Como se sugiere en Snyder, *Signs of the Spirit* (Señales del Espíritu). En la renovación de la iglesia, hay cinco aspectos clave: personal, comunitaria, conceptual (o teológica), estructural y misionera. Todos estos aspectos se relacionan con las seis dimensiones elaboradas aquí. Las iglesias vigorosas viven estas seis dimensiones en su propia experiencia. *Signs of the Spirit*, pp. 285-94.

millones de predecesores que vivieron la fe antes que nosotros pero que todavía están con nosotros. Este es el mensaje de Hebreos 11 y 12:1-3.

Finalmente, reconocer nuestra solidaridad con toda la tierra y la familia humana del mundo nos da un sentido ampliado de nuestra misión presente de reconciliación y sanación. Mantiene la vida de la iglesia «arraigada», «con los pies en tierra» en el mundo real en el cual todos vivimos de manera interdependiente. Esto ayuda a la iglesia a comprender el papel ecoevangelístico que Dios ha asignado a la humanidad de «[cultivar] y [cuidar]» el jardín (Gn 2 :15).

Dios promete renovar la faz de la tierra, «la restauración de todas las cosas» (Hch 3:21) por medio de Jesucristo. Este es el sentido más grande de la renovación. Pero Dios también promete enviar «tiempos de descanso» a su pueblo si se vuelve plenamente a Jesús y se abre plenamente al Espíritu Santo (Hch 3:19).

Reconocer y vivir estas seis dimensiones de la comunión cristiana son esenciales para la participación de la iglesia en el plan de Dios de sanar toda la creación. Estas seis dimensiones, y algunas de las maneras en que afectan la vida y la vitalidad de la iglesia, pueden indicarse de la siguiente forma:

Las seis dimensiones de la comunión cristiana

Conclusión
Vivir la nueva creación hoy

La belleza de la visión de salvación presentada en estas páginas es que confirma completamente el concepto histórico de la iglesia de que Jesucristo es Salvador y Señor. «Cristo murió por nuestros pecados según las Escrituras, …fue sepultado, y resucitó al tercer día según las Escrituras» (1 Co 15:3-4). Todavía cantamos alabanzas a Jesucristo y procuramos servirle fielmente, pero ahora vemos su gran obra salvadora en el inmenso panorama de toda la creación sanada.

Consideremos estas parábolas cortas: el señor de un gran reino estaba por comenzar un largo viaje. Llamó a sus tres mayordomos principales y les dijo: «Los pongo a ustedes a cargo mientras esté ausente. A cada uno le entrego $50.000 para que lo inviertan. Háganlo con cuidado de modo que cuando vuelva mi capital haya crecido sustancialmente. Usen cualquier método honesto que deseen».

El señor estuvo ausente por cinco años. Cuando volvió, llamó a sus mayordomos y les pidió cuenta de sus resultados.

El primer mayordomo le dijo: «Señor, invertí los $50.000 en bienes inmuebles, y el valor de dicha propiedad ahora ha crecido hasta cerca de medio millón de dólares». «Bien hecho», dijo el señor. «Continúa administrando estos bienes».

El segundo mayordomo informó: «Señor, invertí el dinero en fondos de capital de alto riesgo, y ahora su valor se acerca a un millón de dólares. Las perspectivas a futuro son buenas».«Bien hecho», dijo el rey. «Continúa administrando estos bienes».

El tercer mayordomo dijo: «Señor, puse el dinero en una cuenta de ahorro pero su valor apenas ha crecido debido a la inflación. De todos modos, quiero que sepa que lo aprecio mucho, pienso en usted y leo libros sobre su majestad todos los días».

El amo respondió: «Esto es inaceptable. Yo deseo que mi dinero se invierta, para que produzca ganancias y se mantenga activo. ¿Cómo justificas tus acciones?»

El mayordomo suplicó: «¡Oh, majestuoso rey! ¡Cuán grande es! ¡Lo alabo y elevo alabanzas a Dios por usted! ¡Medito sobre usted a la noche! ¡Oh mi rey, solo deseo estar cerca de su trono, alabando su grandeza por siempre!»

El amo le dijo: «¡Miserable sirviente! Has malentendido mis órdenes por completo. Has malinterpretado lo que yo espero, mi carácter y la naturaleza de mi reino. Tus alabanzas están bien, pero servirme implica mucho más que eso. Mi meta no es únicamente ser alabado. Tengo grandes proyectos a desarrollar. Ahora, tienes un trabajo importante que hacer, así que vamos, ¡a trabajar se ha dicho! A realizar el trabajo de mi reino».

Así, el mayordomo salió a llevar a cabo el trabajo del reino, habiendo comprendido finalmente que aquel era el verdadero servicio y la verdadera alabanza. Y a través de su fidelidad y creatividad, el reino llegó a ser una hermosura.

* * * * * *

Otro gran rey estaba por partir por un largo tiempo. Nombró a uno de sus asistentes para que administre durante su ausencia. «Te dejo a cargo de todo. Administra bien mi reino».

Años más tarde, cuando el rey regresó, llamó a su asistente y le pidió cuentas de lo realizado.

«Su majestad,» dijo el administrador, «he manejado bien sus asuntos. Nuestra riqueza ha crecido. La población ha aumentado y prospera. Hemos comenzado varios proyectos nuevos».

El rey estaba satisfecho. Sin embargo, salió luego a recorrer su reino. Pronto notó que los ríos estaban contaminados por las malas prácticas agrícolas. La cosecha había disminuido por la sobreexigencia de los recursos. Árboles que debían mantenerse en pie habían sido talados. Las lomas se estaban erosionando. Descubrió también que había serios conflictos entre su gente, hasta violencia y homicidios.

Así que el rey llamó a su administrador una vez más: «¿Cómo explica todos estos problemas que he visto?», le preguntó.

El administrador le respondió: «Señor, los veo como problemas menores; son parte del precio a pagar por el incremento de nuestras riquezas y el desarrollo de nuestras actividades».

El rey le dijo: «Esta visión es limitada. El reino en su totalidad debe prosperar en cada uno de sus aspectos. Vínculos saludables y tierra vigorosa son más importantes que el incremento de nuestras riquezas».

El rey reemplazó a este administrador por otro que comprendiera realmente sus deseos. Envió a su asistente infiel a trabajar con sus colaboradores más fieles y aprendiera cuál es el trabajo del reino. Y el reino fue bendecido.

Vivir en la nueva creación

Al final de una de sus últimas parábolas —la del terrateniente que arrienda su viñedo (Mt 21:33-44)— Jesús advierte: «el reino de Dios les será quitado a ustedes y le será entregado a un pueblo que produzca sus frutos» a la hora de la cosecha (Mt 21 :43). Pero Jesús dijo que aquellos que lo sigan fielmente serán «dichosos». ¿Qué quiso decir con «dichosos»? Se refería a algo más que simplemente "felices". Las bienaventuranzas son mucho más que deseos de felicidad, como algunos las piensan. Oímos que Jesús dice:

- Dichosos los pobres en espíritu, porque el reino de los cielos les pertenece.
- Dichosos los humildes, porque recibirán la tierra como herencia.
- Dichosos los que trabajan por la paz, porque serán llamados hijos de Dios (Mt 5:3,5,9).

Está claro que Jesús no quiso decir "felices" o "dichosos", ni tampoco "protegidos". Estas afirmaciones resuenan todas con la riqueza del reinado de Dios según el Antiguo Testamento. Jesús se estaba refiriendo a la soberanía de Dios y al discipulado, que es arriesgado y difícil. Enraizado en las Escrituras hebreas, Jesús estaba hablando —entendemos ahora— de la sanación del cielo y la tierra, no de la transición de uno al otro: «Venga tu reino, hágase tu voluntad en la tierra como en el cielo».

Así que lo que Jesús quiso decir con «dichosos» fue esto: ¡Regocíjense! ¡Ustedes participan del proyecto de Dios! Ustedes conocen los secretos y el misterio del reino. Ustedes tienen el privilegio bendito de participar con Dios en la sanación de la creación, en la boda de los cielos y la tierra.

Pueden ahora vivir anticipando la gran celebración: «¡Dichosos los que han sido convidados a la cena de las bodas del Cordero!» (Ap 19:9). La cena de la boda del Cordero es la gran celebración de la redención consumada; es el matrimonio final del cielo con la tierra.

El Sermón de la Montaña es malentendido si no se lo interpreta a la luz del reino de Dios y el llamado a ser discípulos en la comunidad cristiana, que es el cuerpo de Cristo.

Considere la tierra

Considere ahora una enseñanza que nos da la Tierra. El naturalista y oceanógrafo Carl Safina nos recuerda: «Toda vida se relaciona por el linaje, por el fluir de energía, y por los ciclos de agua, carbón, nitrógeno y otros elementos; ...los recursos son limitados y las criaturas, frágiles». Pero los humanos aún no hemos comprendido que «somos capaces de forzar los sistemas del planeta hasta su disfunción».[1]

Debemos prestar atención a la Tierra, a la buena creación de Dios. Como Safina lo expone, «En términos de contabilidad, tenemos un déficit; estamos consumiendo nuestras reservas y liquidando nuestro capital natural. Algo está por desplomarse». Safina analiza el balance de la situación:

> El crecimiento poblacional añade cerca de setenta millones de personas al mundo cada año, que es el doble de la población total de California. Mientras tanto, desde 1970 la cantidad de peces, anfibios, mamíferos, reptiles y aves en el mundo ha bajado aproximadamente un 30%. Especies enteras se están extinguiendo alrededor de mil veces más rápido que el «reciente» promedio geológico; la última ola de extinción de esta magnitud se tragó a los dinosaurios. Estamos consumiendo agua dulce en menos tiempo de lo que le lleva caer a la lluvia; pescando más rápido que el ritmo de reproducción de los peces. Alrededor de un 40% de los arrecifes de coral tropicales están en veloz deterioro, y ninguno está considerado fuera de peligro. Los bosques y las selvas desaparecen con un promedio de 41.000 metros cuadrados por segundo... Fertilizantes sintéticos han duplicado el flujo de nitrógeno hacia los sistemas vivos, recorriendo los ríos y, desde la década del 70, creando cientos de "zonas muertas" por la falta de oxígeno en los suelos marítimos... La Convención sobre Diversidad Biológica concluye que «La bio-

---

[1] Safina, *View fRo Lucy Point* (Mirada de Lucy), p. 16.

diversidad está desapareciendo en todos los niveles y en todas las escalas geográficas».[2]

Pero la visión cristiana es de sanación, de restauración, para revertir los efectos de la Caída. El evangelio prevé personas espiritual y físicamente saludables en una tierra abundante y sana.

La sanación de la tierra requiere la salud del suelo. Un suelo saludable es un amalgama enorme de intrincadas raíces, insectos, microbios, infinidad de criaturas diminutas. Un campo saludable no se compone de prolijas hileras de maíz o frijoles, libres de hierbas e insectos. Un campo saludable es una mezcla inmensa de organismos vivos que se nutren entre sí, aún dando su vida para mantener la totalidad del sistema ecológico. Esto se llama simbiosis —vivir con otros, vivir juntos. Cualquier ecologista podría decir esto.

La naturaleza detesta el monocultivo. Es abundante en cuanto es diversa. El monocultivo es lo que causó la gran hambruna Irlandesa de la papa de 1945-1949, produciendo millones de muertes y la gran emigración de irlandeses a Estados Unidos. En 1845 un tercio de la población Irlandesa subsistía gracias al consumo de la papa (originalmente de Sudamérica), pero cuando una plaga de hongos invadió los sembríos por dos años consecutivos, se desató el desastre.[3]

Esto es así también en la sociedad humana: la salud requiere diversidad, simbiosis. El genocidio es el paralelo cultural humano del monocultivo. Ambos son mortíferos, en última instancia letales para toda forma de vida, aún para la de los momentáneamente victoriosos. Así es para todo lo que tiene vida, incluyendo la iglesia.

Las plantas extienden sus raíces hacia abajo y alrededor. El tamaño de su raigambre es más o menos equivalente al del crecimiento de la planta sobre la tierra. Normalmente sólo vemos lo que está sobre la superficie. Pero para que en una planta haya salud abajo, debe haber salud arriba, y viceversa. Las sociedades humanas son similares. Dependen de sus raíces: su historia, sus relatos, su genealogía, sus antepasados, sus tradiciones y sus mitos. En este caso también la salud del crecimiento externo depende

---

[2] *Ibid*, p. 13

[3] Killeen, *Short History of Ireland* (Breve historia de Irlanda), pp. 50-51; Weatherford, *Indian Givers* (Dadores Indios), pp. 66-71. Weatherford menciona que, «Si los irlandeses hubieran seguido la técnica indígena de sembrar distintos tipos de patatas en lugar de unos pocos, el efecto de la plaga posiblemente hubiera sido mucho menor», p. 70.

de la salud de su raigambre interna, y viceversa. Por eso necesitamos la narración entera de la salvación: la gloriosa saga completa de la creación sanada.

En las Escrituras percibimos la simbiosis, la ecología total del cielo y la tierra. La vemos a través de la obra y resurrección de Jesús, por el Espíritu. Vemos, meditamos y realmente vivimos la conexión entre todo esto, realizada por el Trino Dios. Como refleja la oración de Jesús: «yo en ellos y tú en mí» (Jn 17:23).

El discipulado bienaventurado: la creación sanada

Aquí tenemos, entonces, nuestro dichoso llamado al discipulado. Podemos participar de la creación sanada, hoy y para siempre, cuando por fin Dios restaurará todas las cosas (Hch 3:21). Por gracia se nos concede involucrarnos en el proyecto de Dios.

El hermoso, bendecido discipulado implica nutrir, por medio del Espíritu, nuestra relación con Jesucristo. También quiere decir que, como Jesús, sustentamos nuestra relación con su cuerpo, la iglesia, y con la tierra que Dios ama y busca restituir. El verdadero discipulado bienaventurado es, entonces, tridimensional: Dios, las personas, la tierra. En realidad, es multidimensional, porque Dios es Trino, la iglesia es diversa y la creación es inmensamente compleja. Se nos ha llamado a habitar en Dios, en la iglesia y en la buena tierra que Dios ha hecho y sustenta. Jesús dijo: «El que permanece en mí, como yo en él, dará mucho fruto; pues separados de mí no pueden ustedes hacer nada» (Jn 15:5). Dicho discipulado multidimensional puede ser esquematizado de la siguiente manera:

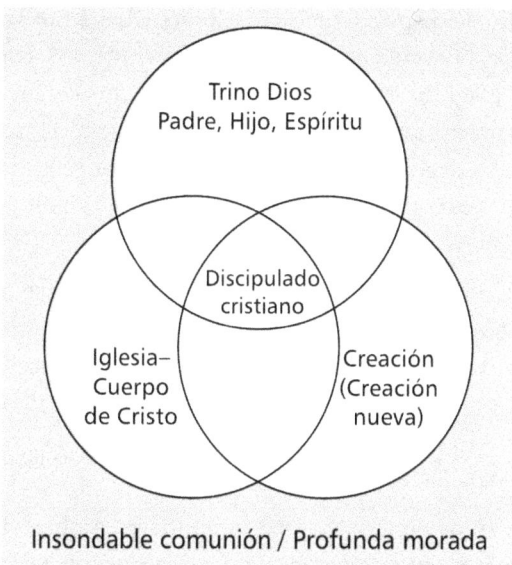

Figura 1. Habitar en Dios, crecer en gracia, sanar la creación

Comunión profunda

Crecer en gracia significa ahondar continuamente nuestra relación con el Dios Trino, con nuestros hermanos y hermanas en el cuerpo de Cristo (la iglesia en todas sus dimensiones) y con «la naturaleza», la buena creación de Dios; todo esto en anticipación de la nueva creación que rebosará en su plenitud.

Jesús expresó a su Padre: «Yo les he dado la gloria que me diste, para que sean uno, así como nosotros somos uno: yo en ellos y tú en mí. Permite que alcancen la perfección en la unidad, y así el mundo reconozca que tú me enviaste y que los has amado a ellos tal como me has amado a mí» (Jn 17:22-23; ver Jn 14-16).

El apóstol Juan, discípulo de Jesús, escribió: «nuestra comunión es con el Padre y con su Hijo Jesucristo» (1 Jn 1:3).

Jesús dijo: «No te pido que los quites del mundo, sino que los protejas del maligno» (Jn 17:15).

EL DISCIPULADO PRÁCTICO CON RAÍCES

Se puede extraer el sentido de este dichoso discipulado de sanación de la creación en distintas dimensiones:

1. Por medio del Espíritu hemos recibido, y debemos siempre desarrollar y vivir, la honda comunión con el Trino Dios, con nuestros prójimos en la iglesia y con el orden creado. Estas son interrelaciones de carácter profundo, y cada una se realiza según la naturaleza de esa realidad. La relación con nuestro Santo Señor es la más importante y define a las otras. Vivir en estas relaciones es virtud y santificación.

2. Estas tres relaciones se refuerzan y enriquecen entre sí. El crecimiento en una, profundiza el crecimiento en las otras dos. Conforme ahondamos nuestra relación con Dios, también profundizamos el vínculo entre nosotros. Conforme crecemos en nuestra *koinonia* unos con otros, intensificamos nuestra comunión con la creación. Una comunión más profunda con la creación fortifica nuestra relación con Dios.

Si nos centramos en Cristo, esto funciona en ambas direcciones. Una vivificante relación con la creación enriquece nuestra relación con Dios y con el cuerpo de Cristo. Todo esto sucede siempre y cuando nuestra teología y nuestras prácticas alienten este crecimiento conjunto (Figura 2). Cada relación es mutuamente fortificante y, en los designios de Dios, conduce al florecimiento. Por ejemplo, a través de la mayordomía y el cuidado nutrimos nuestro espíritu y nuestro cuerpo con la belleza de la tierra.

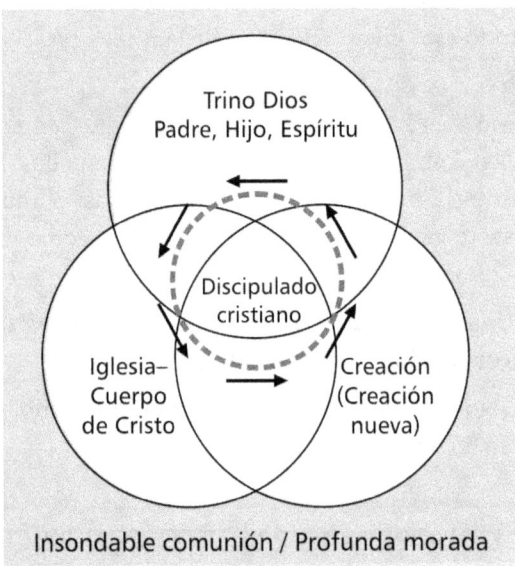

Figura 2. Crecimiento integral en gracia y discipulado

3. Todo esto es la obra del Espíritu Santo, y el ejemplo perfecto es Jesucristo. En la Trinidad, fuente y fundamento de todo, él tenía y tiene una relación íntima con el Padre y el Espíritu. Jesús mantuvo una profunda comunión con sus más cercanos discípulos y continúa haciéndolo. Vivía en armonía, en Shalom, con toda la creación, aunque juzgaba la maldad. Él «sostiene todas las cosas con su palabra poderosa» (Heb 1:3) y al final guiará todo a una inmaculada perfección.

4. El discipulado consiste entonces en encontrar respuestas prácticas a las preguntas: ¿cómo puedo yo (con los demás) nutrir, profundizar y enriquecer mi (nuestra) relación con Dios, entre nosotros en el cuerpo de Cristo, y con toda la creación? ¿Qué estoy haciendo ahora? ¿Qué se necesita hacer? ¿Cómo puedo (podemos) alimentar una espiral ascendente de salud que nos permita crecer y fortalecernos mutuamente en todas estas dimensiones?

5. Todo esto es clave para alcanzar *shalom*. Es parte del gran panorama de la salvación como creación sanada. La relación con Jesús por el Espíritu es el fundamento para que la iglesia sea una comunidad reconciliada y sanadora, y es el fundamento y la fuente de la misión que la iglesia tiene de participar en la obra divina de sanar toda la creación —toda, desde el hijo pródigo o la hija, hasta la tierra dañada.

¡CRISTO REGRESA!

Concluyo con mi testimonio personal. Un día, cuando acababa de cumplir setenta años, un nuevo pensamiento me sorprendió con fuerza: es absurdo pensar que Jesús murió y resucitó para salvar nuestras almas, y no nuestros cuerpos y toda la creación. ¿Por qué Jesús resucitó físicamente para salvarnos sólo espiritualmente? ¿Creemos realmente en la resurrección en el espacio, el tiempo y la historia? De ser así, ¿cómo no podemos creer en la creación sanada en el espacio, en el tiempo y en la historia? ¿En realidad habría sido necesaria la encarnación de Jesús si Dios sólo hubiese querido salvar nuestras almas? ¿Era necesaria una resurrección física? ¿Nos hemos olvidado de la promesa bíblica de que Jesús volverá para restaurar todas las cosas?

Me sobresalté con estos pensamientos. En esos días me crucé con un himno antiguo, «It May Be at Morn» («Podría ser por la mañana»). Inmediatamente lo recordé de mi niñez, pero no lo había oído por años. Me topé con él en mis meditaciones diarias ya que estaba trabajando con el «*Free Methodist Hymnal*»[4] (Himnario de la Iglesia Metodista Libre) de 1910. Allí estaba, el número 100. Los versos fueron escritos por H. L. Turner en 1878, cuando el premilenialismo estaba en crecimiento. James Granahan compuso la música en 1906, y lo publicó por primera vez Ira Sankey, directora del coro Moody, en sus «Gospel Songs No. 3».

El himno tiene un estribillo llamativo:

¡Oh Señor Jesús!, ¿cuánto, cuánto tiempo
debemos exclamar el gozoso canto?
¡Cristo vuelve! ¡Aleluya, aleluya, amén, aleluya, amén!

Las dos primeras estrofas comienzan así: «Podría ser por la mañana», «Podría ser al mediodía». Lo que me llamó la atención fue la última estrofa:

¡Qué alegría! ¡Qué regocijo! Que nos vayamos sin morir,
Sin enfermedad, sin tristeza, sin temor y sin llanto,
Reunidos en las nubes con nuestro Señor en gloria,
Cuando Jesús reciba a «los suyos».

Bueno, con buena conciencia, ya no puedo cantar esos versos. Para ser bíblico, tendrían que decir algo así:

¡Qué alegría! ¡Qué regocijo! Verlo sin morir,
Sin enfermedad, sin tristeza, sin temor y sin llanto,
Habitar en la tierra a la luz de su gloria,
Cuando Jesús recupere «lo suyo».

Esta es mi esperanza. Esta es nuestra esperanza como cristianos bíblicos. Lo que nos espera es un futuro mejor que el cielo, por la resurrección de Jesús. «Según su promesa [de Dios], esperamos un cielo nuevo y una tierra nueva, en los que habite la justicia» (2 P 3:13). Nuestra meta no es alcanzar el cielo, sino tener plena comunión con Dios y entre nosotros ahora y en la nueva creación por venir. ¡Creación sanada! Esto es la salvación, la verdadera y sanadora salvación. Este es el evangelio.

---

[4] Conferencia General de la «Free Methodist Church of North America», *Free Methodist Hymnal*, [Himnario Metodista].

Nuestra respuesta es, entonces, oír una vez más las palabras de Jesús:

«Vayan por todo el mundo y anuncien las buenas nuevas a toda criatura» (Mc 16:15).

«Hagan discípulos de todas las naciones» (Mt 28 :19).

«Como el Padre me envió a mí, así yo los envío a ustedes» (Jn 20 :21).

«Estaré con ustedes siempre» (Mt 28 :20).

BIBLIOGRAFÍA

Abraham, William J., et al, editors. *Canonical Theism: A Proposal for Theology and the Church*, Grand Rapids: Eerdmans, 2008.

Alcorn, Randy. *Heaven*. Carol Stream, Il: Tyndale House, 2004.

Anderson, Ray S. *An Emergent Theology for Emerging Churches*. Downers Grove, Il: InterVarsity, 2007.

Andrews, William, editor. *Sisters in the Spirit: Three Black Women's Autobiographies of the Nineteenth Century*. Bloomington, In: Indiana University Press, 1986.

Arias, Mortimer. *Announcing the Reign of God: Evangelization and the Subversive Memory of Jesus*. Philadelphia: Fortress, 1984. Traducido del castellano: *Anunciando el Reino de Dios desde la memoria subversive de Jesús*, Visión Mundial, San José, Costa Rica, 1998.

Ball, Jim. *Global Warming and the Risen Lord: Christian Discipleship and Climate Change*. Washington, DC: Evangelical Environmental Network, 2010.

Balmer, Randall. *The Making of Evangelicalism: From Revivalism to Politics and Beyond*. Waco, TX: Baylor University Press, 2010.

Barnhart, Clarence L, and Robert K. Barnhart, editors. 2 vols. *The World Book Dictionary*. Chicago: Field Enterprises, 1976.

Barth, Karl. "The Christian Community and the Civil Community." In Barth, *Against the Stream: Shorter Post-War Writings 1946-52*. New York: Philosophical Library, 1954. Hay traducción al castellano: *La comunidad cristiana y la comunidad civil*, Marova, Madrid, 1976.

Baumol, William J., et al. *Good Capitalism, Bad Capitalism, and the Economics of Growth and Prosperity*. New Haven: Yale University Press, 2007.

Bellah, Robert N., et al. *Habits of the Heart: Individualism and Commitment in American Life*. Berkeley, CA: University of California Press, 1985.

Berkouwer, G. C. *The Church*. Translated by James E. Davison. Grand Rapids: Eerdmans, 1976.

Berry, Wendell. *The Gift of Good Land*. New York: North Point, 1981.

Bevans, Stephen B., and Roger P. Schroeder. *Constants in Context: A Theology of Mission for Today*. Maryknoll, NY: Orbis, 2004.

"Biofools." *The Economist* (April 11, 2009) 81.

Bloesch, Donald G. *Essentials of Evangelical Theology.* Peabody, MA: Hendrickson, 2006.

Blumenthal, Les. "Group Sounds Alarm on Ocean Acidity Rise." The Sacramento Bee (April 23, 2010). Online: http://www.sacbee.com/2010/04/23/2700093/group-sounds-alarm-on-ocean- acidity.html.

Boff, Leonardo. *Trinity and Society.* Maryknoll, NY: Orbis, 1988. Hay traducción al castellano: *La Trinidad, la sociedad y la liberación,* Ediciones Paulinas, Madrid, 1987.

Bonhoeffer, Dietrich. *Dietrich Bonhoeffer's Meditations on Psalms.* Edited and translated by Edwin Robertson. Grand Rapids: Zondervan, 2002. Hay traducción al castellano: *Los Salmos: El libro de oración,* Desclee de Brouwer, Bilbao, 2010.

Bosch, David J. *Transforming Mission: Paradigm Shifts in Theology of Mission.* Maryknoll, NY: Orbis, 1991. Hay traducción al español: *Misión en transformación: Cambios de paradigma en la teología de la misión.* Libros Desafío, Grand Rapids, Michigan, 2000.

Brown, Edward R. *Our Father's World: Mobilizing the Church to Care for Creation.* 2nd ed. Downers Grove, Il: InterVarsity, 2008.

Browning, Christopher R. *Ordinary Men: Reserve Police Battalion 101 and the Final Solution in Poland.* New York: HarperCollins, 1998.

Callen, Barry L. *Radical Christianity: The Believers Church Tradition in Christianity's History and Future.* Nappanee, IN: Evangel, 1999.

Carpenter, Joel A., and Wilbert R. Shenk. *Earthen Vessels: American Evangelicals and Foreign Missions, 1880-1980.* Grand Rapids Eerdmans, 1990.

Chaturvedi, B. K. *Tales from the Mahabharat.* Delhi, India: Diamond, 2008.

Chenu, Marie-Dominique. *Nature, Man and Society in the Twelfth Century.* Chicago: University of Chicago Press, 1968.

Colson, Charles, with Ann Morse. "Reclaiming Occupied Territory," *Christianity Today* (August 2004) 64.

Crouch, Andy. *Culture Making: Recovering Our Creative Calling.* Downers Grove, InterVarsity, 2008.

Daly, Herman E., and Joshua Farley. *Ecological Economics: Principles and Applications.* Washington, DC: Island, 2004.

Davis, Leo Donald, S.J. *The First Seven Ecumenical Councils (325-787): Their History and Theology.* Collegeville, MN: Liturgical, 1983.

De Lubac, Henri, S.J. Medieval Exegesis. Vol. 2: The Four Senses of Scripture. Translated by E. M. Macierowski. Grand Rapids: Eerdmans, 2000.

DeWitt, Calvin. "Ecology and Ethics: Relation of Religious Belief to Ecological Practice in the Biblical Tradition." *Biodiversity and Conservation* 4 (1995), 838-48.

Dolan, Jay P. *Catholic Revivalism: The American Experience 1830-1900.* Notre Dame, IN: University of Notre Dame Press, 1978.

Driver, John. *Images of the Church in Mission.* Scottdale, PA: Herald, 1997. Hay traducción al castellano: *Imágenes de la iglesia en misión,* Ediciones Semilla, Guatemala, 1998.

Dulles, Avery. *Models of the Church.* Rev. ed., Garden City, NY: Doubleday, 1987. Se tradujo del castellano: *Modelos de la iglesia,* Sal Terrae, Santander, 1975.

Durant, Will, and Ariel Durant. *The Age of Reason Begins.* The Story of Civilization, Part VII. New York: Simon and Schuster, 1961. Hay traducción al castellano: *La edad de la razón,* Editorial Sudamericana, Buenos Aires, 1964.

Durnbaugh, Donald F. "Free Church Tradition in America." In *Dictionary of Christianity in America,* edited by Donald G. Reid, 450-52. Downers Grove, IL: InterVarsity, 1990.

— *The Believers' Church: The History and Character of Radical Protestantism* New York: Macmillan, 1986.

Edwards, David L. *Christianity: The First Two Thousand Years.* Maryknoll, NY: Orbis, 1997.

Empty Tomb, The. "Yoking Map for Churches." Online: htttm://www.emptytomb.org/index.html.

Esser, Cajetan, O.F.M. *Origins of the Franciscan Order.* Translated by Aedan Daly and Irina Lynch. Chicago: Franciscan Herald, 1970.

Faupel, D. William. *The Everlasting Gospel: The Significance of Eschatology in the Development of Pentecostal Thought.* Journal of Pentecostal Theology Supplement Series 10. Sheffield, UK: Sheffield Academic, 1996.

Ferguson, Niall. *The Ascent of Money: A Financial History of the World.* New York: Penguin.2008.

Field, David. "Confessing Christ in the Context of Ecological Degradation" (Sin fecha).Online:htpp//web.uct.ac.za/depts./ricsa/projrctspublicli/environ/field-ec.htm.

Green, Joel B. *Salvation.* Understanding Biblical Themes. St. Louis, MO: Chalice, 2003.

Guder, Darrell L., editor. *Missional Church: A Vision for the Sending of the Church in North America.* Grand Rapids: Eerdmans, 1998.

Gunton, Colin E. *Christ and Creation.* Grand Rapids: Eerdmans, 1992.

— *The Promise of Trinitarian Theology.* 2nd ed. Edinburgh: T. & T. Clark, 1997.

Hampshire, Stuart. *The Age of Reason: The 17th Century Philosophers.* New York: New American Library, 1956.

Hardt, Philip F "'A Prudential Means of Grace': The Class Meeting in Early New York City Methodism." PhD diss., Fordham University, 1998.

Hatch, Nathan O. *The Democratization of American Christianity*. New Haven, CT: Yale University Press, 1989.

Heath, Elaine A. *The Mystic Way of Evangelism: A Contemplative Vision for Christian Outreach*. Grand Rapids: Baker, 2008.

Hempton, David. *Methodism: Empire of the Spirit*. New Haven, CT: Yale University Press, 2005.

Hertsgaard, Mark. *Hot: Living through the Next Fifty Years on Earth*. New York: Houghton Mifflin, 2011.

Hirsch, Alan. *The Forgotten Ways: Reactivating the Missional Church*. Grand Rapids: Brazos, 2006.

Holloway, Mark. *Heavens on Earth: Utopian Communities in America 1680-1880*. Rev. ed. New York: Dover, 1966.

Holmes, Richard. *The Age of Wonder: How the Romantic Generation Discovered the Beauty and Terror of Science*. New York: Pantheon, 2008.

Hughes, Richard T., editor. *The American Quest for the Primitive Church*. Urbana: University of Illinois Press, 1988.

Huntington, Samuel P. "The Clash of Civilizations?" *Foreign Affairs* 72.2 (Summer, 1993) 22-49.

Hynson, Leon O. "Original Sin as Privation: An Inquiry into a Theology of Sin and Sanctification." *Wesleyan Theological Journal* 22.2. (Fall 1987) 65-83.

Jones, E. Stanley. *Christ's Alternative to Communism*. New York: Abingdon, 1935.

Jones, James. *Jesus and the Earth*. London: SPCK, 2003.

Kärkkänen, Veli-Matti. *The Trinity: Global Perspectives*. Louisville, KY: Westminster John Knox, 2007.

Killeen, Richard. *A Short History of Ireland*. Dublin: Gill & Macmillan, 1994.

Kinlaw, Dennis F. *Let's Start with Jesus: A New Way of Doing Theology*. Grand Rapids: Zondervan, 2005.

Kloberdanz, Kristin. "Global Warming: The Culprit?", *Time* 166.14 (October 3, 2005) 43.

Land Institute, The. Online: www.landinstitute.org.

Latourette, Kenneth Scott. *A History of Christianity*. New York: Harper & Brothers, 1953. Hay traducción al castellano: *Historia del Cristianismo*, Casa Bautista de Publicaciones, El Paso, Texas,

Lee, Young-Hoon. "Christian Spirituality and the Diakonic Mission of the Yoido Full Gospel Church." Address, Edinburgh 2010 Missionary Conference, June 4, 2010.

Leffel, Gregory P. *Faith Seeking Action: Mission, Social Movements, and the Church in Motion*. Lanham, MD: Scarecrow, 2007.

Littell, Franklin Hamlin. *The Free Church*. Boston: Starr King, 1957.

Loth, Calder, and Julius Trousdale Sadler, Jr. *The Only Proper Style: Gothic Architecture in America*. Boston: New York Graphic Society, 1975.

Lotz, Anne Graham. *Heaven: My Father's House*. Nashville: Thomas Nelson, 2001.

Macchia, Frank D. "Justification through New Creation: The Holy Spirit and the Doctrine by which the Church Stands or Falls." *Theology Today* 58 (2001) 202-217.

Maddox, Randy L. "John Wesley's Precedent for Theological Engagement with the Natural Sciences." *Wesleyan Theological Journal* 44 (2009) 23-54. Marsden, George M. *Fundamentalism and American Culture: The Shaping of Twentieth Century Evangelicalism: 1870-1925*. New York: Oxford University Press, 1980.

McCoy, Charles Sherwood. "The Covenant Theology of Johannes Cocceius." PhD diss., Yale University, 1956.

McGrath, Alister E. *A Brief History of Heaven*. Oxford: Blackwell, 2003.

— *The Re-enchantment of Nature: Science, Religion and the Human Sense of Wonder*. London: Hodder & Stoughton, 2002.

McKibben, Bill. *Eaarth: Making a Life on a Tough New Planet*. New York: Times, 2010.

Medin, Amber. "My Eco-Conversion" *Priority!* (Fall 2008) 40-41.

Merritt, Jonathan. "Keeping an Eye on the Sparrow." *Creation Care* 39 (Spring 2010) 32.

Meyendorff, John. *Byzantine Theology: Historical Trends and Doctrinal Themes*. New York: Fordham University Press, 1979.

Middleton, J. Richard. "A New Heaven and a New Earth: The Case for a Holistic Reading of the Biblical Story of Redemption." *Journal for Christian Theological Research* 11 (2006) 73-97.

Milgram, Stanley. *Obedience to Authority: An Experimental View*. New York: Harper, 1974.

Miller, Lisa. *Heaven: Our Enduring Fascination with the Afterlife*. New York: HarperCollins, 2010.

Minear, Paul. *Images of the Church in the New Testament*. Philadelphia: Westminster, 1960.

MIT Joint Program on the Science and Policy of Global Change. "Greenhouse Gamble: Comparison of Projections: 2009 update vs. 2002.» Online: http://globalchange.mit.edu/resources/gamble/comparison.html.

Monastersky, R. "Global Warming: Politics Muddle Policy." *Science News* 137.25 (June 23, 1990) 391.

Neill, Stephen. *A History of Christian Missions*. Rev. ed. New York: Penguin, 1986.

Niebuhr, H. Richard. *The Social Sources of Denominationalism*. Cleveland, OH: World, 1957.

Noll, Mark A. *America's God: From Jonathan Edwards lo Abraham Lincoln*. New York: Oxford University Press, 2002.

— *The Rise of Evangelicalism: The Age of Edwards, Whitefield, and the Wesleys*. Downers Grove, IL: InterVarsity, 2004.

Nürnberger, Klaus. *Prosperity, Poverty and Pollution: Managing the Approaching Crisis*. Pietermaritzburg, South Africa: Cluster, 1999.

Oden, Thomas C. *John Wesley's Scriptural Christianity*. Grand Rapids: Zondervan, 1994.

Olin, Stephen. *The Works of Stephen Olin, D.D., LL.D., Late President of the Wesleyan University*. 2 vols. New York: Harper & Brothers, 1852

Pelikan, Jaroslav. *The Christian Tradition: A History of the Development of Doctrine. Vol. 1. The Emergente of the Catholic Tradition (100-600)*. Chicago: University of Chicago Press, 1971.

Peterson, Eugene H. *Christ Plays in Ten Thousand Places: A Conversation in Spiritual Theology*. Grand Rapids: Eerdmans, 2005.

Phillips, Kevin. *Wealth and Democracy: A Political History of the American Rich*. New York: Broadway, 2002.

Piper, John. *Future Grace*. Sisters, OR: Multnomah, 1995.

— *Let the Nations Be Glad! The Supremacy of God in Missions*. Grand Rapids: Baker, 1993.

— *The Future of Justification: A Response to N. T. Wright*. Wheaton, IL: Crossway, 2007.

Pollan, Michael. *The Omnivore's Dilemma: A Natural History of Four Meals*. New York: Penguin, 2006.

Prestige, G. L. *God ín Patristic Thought*. London: SPCK, 1952.

Prusak, Bernard P. *The Church Unfinished: Ecclesiology through the Centuries*. New York: Paulist, 2004.

Putnam, Robert. *Bowling Alone: The Collapse and Revival of American Community*. New York: Simon and Schuster, 2000.

"Quotation Marks," *Christianity Today* 53.5 (May 2009) 15.

Ramabai, Pandita. *A Testimony of Our Inexhaustible Treasure*. In *Pandita Ramabai through Her Own Words: Selected Works*, compiled and edited by Meera Kosambi, 295-324. New Delhi: Oxford University Press, 2000.

Reumann, John. *Stewardship and the Economy of God*. Grand Rapids: Eerdmans, 1992.

Richey, Russell E., editor. *Denominationalism*. Nashville: Abingdon, 1977. Richter, Sandra. "A Biblical Theology of Creation Care." *The Asbury Journal 62.1* (Spring 2007) 67-76.

Rifkin, Jeremy. *The Age of Access: The New Culture of Hypercapitalism Where All of Life is a Paid-For Experience*. New York: Tarcher/Putnam, 2000.

Robert, Dana L. *Occupy unta I Come: A. T Pierson and the Evangelization of the World*. Grand Rapids: Eerdmans, 2003.

Roberts, Benjamin T. "Free Churches" *The Earnest Christian* 1.1 (January 1860) 7.

Ronsvalle, John, and Sylvia Ronsvalle. *The State of Church Giving through 2006: Global Triage, MDG 4, and Unreached People Groups*. Champaign, IL: Empty Tomb, 2008.

Rosell, Garth M. "Charles Grandison Finney and the Rise of the Benevolence Empire." PhD diss., University of Minnesota, 1971.

Russell, Jeffrey Burton. *Paradise Mislaid: How We Lost Heaven--and How We Can Regain it*. New York: Oxford University Press, 2006.

Sabin, Scott C. *Tending lo Eden: Environmental Stewardship for God's People*. Valley Forge, PA: Judson, 2010.

— "Whole Earth Evangelism." *Christianity Today* 54.7 (July 2010) 26-29. Safina, Carl. *The View from Lazy Point: A Natural Year in an Unnatural World*. New York: Holt. 2011.

Sandeen, E. R. *The Roots of Fundamentalism: British and American Millenarianism, 1800-1930*. Chicago: University of Chicago Press, 1970.

Schaeffer, Francis A. *Pollution and the Death of Man: The Christian View of Ecology*. Wheaton, IL: Tyndale House, 1970. Hay traducción al castellano: *Polución y ma muerte del hombre: Enfoque cristiano a la ecología*, Editorial Mundo Hispano, El Paso, Texas, 1976.

"Scientists: Pace of Climate Change Exceeds Estimates." *Washington Post* (February 15, 2009) A03.

Simpson, D. P. *Cassell's New Latin Dictionary*. New York: Funk and Wagnalls, 1968.

Sleeth, J. Matthew, MD. *Serve God, Save the Planet: A Christian Call to Action*. White River Junction, VT: Green, 2006.

Sleeth, Nancy. *Go Green, Save Green: A Simple Guide to Saving Time, Money, and God's Green Earth*. Carol Stream, IL: Tyndale House, 2009.

Smalley, Beryl. *The Study of the Bible in the Middle Ages*. 2nd ed. Notre Dame, IN: University of Notre Dame Press, 1964.

Snyder, Howard A. "The Church as Holy and Charismatic." *Wesleyan Theological Journal* 15.2 (Fall 1980) 7-32.

— *Coherence in Christ: The Larger Meaning of Ecology*. New York: General Board of Global Ministries, United Methodist Church, 2000.

— *The Community of the King*. Rev. ed. Downers Grove, IL: InterVarsity, 2004. Hay traducción al castellano: La comunidad del Rey, Ediciones Kairós, Buenos Aires, 2da. ed., 2005.

— *Earth Currents: The Struggle for the World's Soul*. Nashville: Abingdon, 1995.

— *Kingdom, Church, and World: Biblical Themes for Today*. Eugene, OR: Wipf & Stock, 2002.

— *Liberating the Church: The Ecology of Church and Kingdom*. Downers Grove, IL: InterVarsity, 1983.

—"The Marks of Evangelical Ecclesiology." In *Evangelical Ecclesiology: Reality or Illusion?* Edited by John Stackhouse, 77-103. Grand Rapids: Baker, 2003.

— *Models of the Kingdom*. Nashville: Abingdon, 1991.

— *Populist Saints: B. T. and Ellen Roberts and the First Free Methodists*. Grand Rapids: Eerdmans, 2006.

— *The Problem of Wineskins: Church Structure in a Technological Age*. Downers Grove, IL: Inter-Varsity, 1975.

— *Radical Renewal: The Problem of Wineskins Today*. Houston, TX: Touch, 1996.

— *The Radical Wesley and Patterns for Church Renewal*. Downers Grove, IL: Inter-Varsity, 1980.

— *Signs of the Spirit: How God Reshapes the Church*. Grand Rapids: Zondervan, 1989.

— *Yes in Christ: Wesleyan Reflections on Gospel, Mission, and Culture*. Tyndale Studies in Wesleyan History and Theology 2. Toronto: Clements Academic, 2011.

— with Daniel V. Runyon. *Decoding the Church: Mapping the DNA of Christ's Body*. Grand Rapids: Baker, 2002.

Stackhouse, John G., Jr., editor. *Evangelical Ecclesiology: Reality or Illusion?* Grand Rapids: Baker, 2003.

— *Canadian Evangelicalism in the Twentieth Century: An Introduction to Its Character*. Vancouver, BC: Regent College, 1999.

Stafford, Tim. *Shaking the System: What I Learned from the Great American Reform Movements*. Downers Grove, IL: InterVarsity, 2007.

Stark, Rodney. *The Rise of Christianity: A Sociologist Reconsiders History*. Princeton, NJ: Princeton University Press, 1996.

— *The Victory of Reason: How Christianity Led to Freedom, Capitalism, and Western Success*. New York: Random House, 2005.

Stearns, Richard. *The Hole in Our Gospel*. Nashville, TN: Thomas Nelson, 2009.

Steele, Daniel. *Anti Revivals or the Theology of the Called Plymouth Brethren Examined and Refuted*. Boston: McDonald, Gill & Co. 1887.

Synan, Vinson. *The Holiness-Pentecostal Tradition: Charismatic Movements in the Twentieth Century.* Grand Rapids: Eerdmans, 1997.

Tennent, Timothy. *Christianity at the Religious Roundtable: Evangelicalism in Conversation with Hinduism, Buddhism, and Islam.* Grand Rapids: Baker, 2002.

Tickle, Phyllis. *The Great Emergence: How Christianity is Changing and Why.* Grand Rapids: Baker, 2008.

Tillard, J.-M.-R. *Flesh of the Church, Flesh of Christ: Al the Source of the Ecclesiology of Communion.* Collegeville, MN: Liturgical, 2001.

Torrance, Thomas F. *The Trinitarian Faith: The Evangelical Theology of the Ancient Catholic Church.* London: T. & T. Clark, 2004.

Tucker, Ruth. *From Jerusalem to Irían Jaya: A Biographical History of Christian Missions.* 2nd ed. Grand Rapids: Zondervan, 2004.

Uberoi, Meera. *The Mahabharata.* New Delhi, India: Penguin, 2005.

United Nations Environmental Programme 2005. Online: http://www.unep.org/Documents.multilingual/Default.asp?DocumentID=67&ArticleID=5125&l=en.

Van Bierma, David. "The New Calvinism." *Time* (March 23, 2009) 50.

Van Dyke, Fred, et al. *Redeeming Creation: The Biblical Basis for Environmental Stewardship.* Downers Grove, IL: InterVarsity, 1996.

Van Gelder, Craig. *The Essence of the Church: A Community Created by the Spirit.* Grand Rapids: Baker, 2000.

Volf, Miroslav. *After Our Likeness: 'The Church as the Image of the Trinity.* Grand Rapids: Eerdmans, 1998.

Walsh, Brian, and Sylvia C. Keesmaat. *Colossians Remixed: Subverting the Empire.* Downers Grove, IL: InterVarsity, 2004.

Ward, W. R. *The Protestant Evangelical Awakening.* Cambridge: Cambridge University Press, 2002.

Weatherford, Jack. *Indian Givers: How the Indians of the Americas Transformed the World.* New York: Fawcett Columbine, 1988.

Webber, Robert E. *Ancient-Future Worship: Proclaiming and Enacting God's Narrative.* Grand Rapids: Baker, 2008.

— *Who Gets to Narrate the World? Contending for the Christian Story in an Age of Rivals.* Downers Grove, IL: InterVarsity, 2008.

Weiner, Jonathan. *The Next Hundred Years: Shaping the Fate of Our Living Earth.* New York: Bantam,1990.

Wesley, John. *The Bicentennial Edition of the Works of John Wesley.* Edited by Frank Baker, Richard Heitzenrater, et al. Nashville: Abingdon, 1984.

— *Explanatory Notes Upon the New Testament.* [1754]. London: Epworth, 1958.

— *Explanatory Notes Upon the Old Testament*. 3 vols. [1765]. Reprint. Salem, OH: Schmul, 1975.

— *Primitive Remedies*. Reprint of Wesley, *Primitive Physick*. Santa Barbara, CA: Woodbridge, 1975. Hay traducción de las obras de John Wesley al castellano: *Obras de John Wesley,* Wesley Heritage Foundation, Henrico (EE. UU.), sin fecha.

Westin, Gunnar. *The Free Church through the Ages*. Translated by Virgil A. Olson. Nashville: Broadman, 1958.

Wheeler, Sara. *The Magnetic North: Notes from the Arctic Circle*. New York: Farrar, Straus and Giroux, 2011.

Wolffe, John. *The Expansion of Evangelicalism*. Downers Grove, IL: InterVarsity, 2007.

Wright, Christopher J. H. *The Mission of God*. Downers Grove, IL: InterVarsity, 2006. Hay traducción al castellano: *La misión de Dios,* Ediciones Certeza Unida, Buenos Aires, 2009.

Wright, N. T. *Surprised by Hope: Rethinking Heaven, the Resurrection, and the Mission of the Church*. New York: HarperOne, 2008.

Yates, Timothy. *Christian Mission in the Twentieth Century*. Cambridge: Cambridge University Press, 1994.

Young, William P. *The Shack*. Los Angeles: Windblown Media, 2007.

Zahniser, A. H. Mathias. *The Mission and Death of Jesus in Islam and Christianity*. Maryknoll, New York: Orbis, 2008.

www.ingramcontent.com/pod-product-compliance
Lightning Source LLC
LaVergne TN
LVHW021232080526
838199LV00088B/4312